规模
SCALE
复杂世界的简单法则

The Universal Laws of Growth, Innovation, Sustainability, and the Pace of Life in Organisms, Cities, Economies, and Companies

［英］杰弗里·韦斯特（Geoffrey West）_著
张 培_译 张 江_校译

中信出版集团·北京

图书在版编目（CIP）数据

规模／（英）杰弗里·韦斯特著；张培译．-- 北京：
中信出版社，2018.6（2025.5 重印）
书名原文：Scale
ISBN 978-7-5086-8789-6

Ⅰ．①规… Ⅱ．①杰… ②张… Ⅲ．①发展经济学
Ⅳ．① F061.3

中国版本图书馆 CIP 数据核字（2018）第 054522 号

Scale by Geoffrey West
Copyright © 2017 by Geoffrey West
Simplified Chinese translation copyright © 2018 by CITIC Press Corporation
ALL RIGHTS RESERVED
本书仅限中国大陆地区发行销售

规模

著　者：［英］杰弗里·韦斯特
译　者：张　培
校　译：张　江
出版发行：中信出版集团股份有限公司
　　　　　（北京市朝阳区东三环北路 27 号嘉铭中心　邮编　100020）
承　印　者：北京盛通印刷股份有限公司

开　　本：787mm×1092mm　1/16　　印　　张：31　　字　　数：409 千字
版　　次：2018 年 6 月第 1 版　　　　印　　次：2025 年 5 月第 28 次印刷
京权图字：01-2018-3370　　　　　　　审图号：GS 京（2023）2541 号
书　　号：ISBN 978-7-5086-8789-6
定　　价：98.00 元

版权所有·侵权必究
如有印刷、装订问题，本公司负责调换。
服务热线：400-600-8099
投稿邮箱：author@citicpub.com

致

杰奎琳（Jacqueline）、乔舒亚（Joshua）、德沃拉（Devorah）、多拉（Dora）和阿尔夫（Alf）爱意与谢意

目 录

01 大背景

简介、概述和总结 002　我们生活在一个呈指数级不断扩张的世界中 009　生命和死亡的问题 011　能量、新陈代谢和熵 013　规模真的很重要：规模缩放和非线性行为 016　规模缩放与复杂性：涌现、自组织和系统韧性 021　你是你自己的网络：从细胞到鲸的生长 026　城市与全球可持续发展：创新和奇点循环 030　公司与商业 033

02 万物的尺度：规模法则

从哥斯拉到伽利略 038　误导性结论和规模缩放的错觉：超人 046　数量级、对数、地震和里氏震级 049　举重与验证伽利略 052　个体表现与规模缩放的偏差：世界上最强壮的人 054　更多的误导性结论和规模缩放的错觉：从大象的LSD剂量到儿童泰诺药剂量 055　BMI、凯特勒、平均人和社会物理学 060　创新与增长的极限 064　"大东方号"、宽轨铁路和伟大的伊桑巴德·金德姆·布鲁内尔 067　威廉·弗劳德和建模理论的起源 073　相似性和比拟：无量纲量和尺度不变量 080

03
生命的简单性、一致性和复杂性

从夸克、字符串到细胞、鲸 088　代谢率和自然选择 095　潜藏在复杂性下的简单性：克莱伯定律、自相似性和规模经济 096　普遍性和掌控生命的神奇数字"4" 099　能量、涌现规律及生命的层级结构 106　网络与1/4次幂异速生长规模法则的起源 110　当物理学遇上生物学：理论性质、模型和证明 112　网络原理和异速生长规模法则的由来 118　哺乳动物、植物的代谢率和循环系统 124　题外话：尼古拉·特斯拉、阻抗匹配、交流电/直流电 128　回到代谢率、心跳和循环系统 130　自相似性和神奇数字"4"的由来 132　分形：神秘的边界延长 136

04
生命的第四维：生长、衰老和死亡

生命的第四维 157　为什么没有体形小如蚂蚁般的哺乳动物？160　为什么没有体形大如哥斯拉般的哺乳动物？164　生长 169　全球变暖、温度的指数标度、生态学代谢理论 179　衰老和死亡 183

05

从人类世到城市世：一个由城市主导的地球

生活在以指数级速度不断扩张的宇宙中 216　城市、城市化和全球可持续性 219　题外话：指数发展究竟是什么？一些警世寓言 222　工业城市的崛起及不足之处 228　马尔萨斯、新马尔萨斯主义者和伟大的创新乐观主义者 233　一切都是能源，笨蛋 239

06

城市科学的序曲

城市和公司只是大型生物体吗？252　圣·简和巨龙 258　一段旁白：有关花园城市和新城镇的个人经历 268　中段总结和结论 271

07

走向城市科学

城市的按比例缩放 278　城市与社会网络 288　这些网络是什么？291　城市：晶体结构还是分形？295　城市是巨大的社会孵化器 302　你有多少亲密的朋友？邓巴和他的数字 311　词语与城市 316　分形城市：社会与自然一体化 321

08

从流动性和生活节奏，到社会联系、多样化、新陈代谢和增长

生活节奏的加快 333　在不断加速的跑步机上生活：城市是一台不断缩小的时光机 334　通勤时间和城市规模 339　步行节奏的加快 341　你并不孤单：移动电话成为人类行为探测器 343　检验和证实理论：城市中的社会连通性 347　城市移动的规则结构 352　表现过度和表现不佳 359　财富、创新、犯罪和系统韧性的结构：个体与城市排名 362　可持续性序曲：有关水的短暂离题 367　城市中商业行为的社会经济多样性 370　城市的增长与新陈代谢 378

09

迈向公司科学

沃尔玛是比例扩大的乔木材公司吗？谷歌是体形更大的熊吗？ 393　开放式增长的神话 399　令人惊讶的公司死亡率的简单性 404　安息吧 412　为何公司会衰亡，而城市则不会？ 416

10
有关可持续性的大一统理论的前景

不断加速的跑步机、创新循环和有限时间奇点 423

后　记 – 439

21世纪的科学 439　跨学科、复杂系统和圣塔菲研究所 442　大数据：范式4.0还是3.1？ 451

附言和致谢 – 461

注　释 – 471

图片说明 – 483

01
大背景

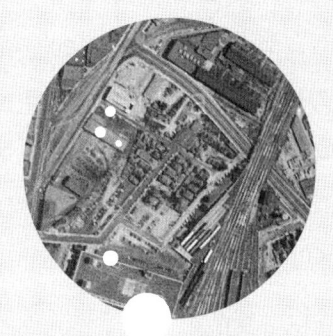

规 模

1. 简介、概述和总结

生命或许是宇宙中最复杂、最多样化的现象，它展现出了大大小小、纷繁异常的组织、功能和行为。据估计，地球上有超过800万个不同的生物物种。[1]它们体形不一，最小的细菌质量不足1皮克（1皮克等于一万亿分之一克），而最大的动物——蓝鲸则重100多吨。前往巴西的热带雨林，你可以在一块足球场面积大小的区域内找到100多种树木和分属数千个物种的数百万只昆虫。每个物种的孕育、出生、繁殖和死亡有太多令人惊异的不同。许多细菌仅能存活1小时，只需十万亿分之一瓦特的代谢率便能存活；而鲸类可以存活100年之久，其代谢率达到数百瓦特。[2]我们人类为这个星球所带来的社会生活的复杂性和多样性则在这幅绚丽多彩的生物生命画卷上增添了浓墨重彩的一笔，尤其是那些潜藏在城市外表下的商业、建筑及每位城市居民所表现出来的多样文化和他们背后隐藏的喜怒哀乐，以及所有这些非同寻常的现象。

当我们将以上任何一种复杂的现象与非常简单的行星围绕太阳公转的规律或手表和苹果手机的计时规律相比的时候，自然会思考：在所有这些复杂性和多样性的背后，有没有可能也存在一种类似的潜在规律呢？是否存在一些令人信服的简单法则，确实是从植物、动物等生物体到城市、公司等所有复杂系统都会遵循的？全球各地的森林、草原和城市中正在上演的一幕幕景象是否都是随机的、变化无常的，是一个又一个的偶然事件吗？鉴于产生多样化结果进化过程的随机性，与直觉不同的是，任何规律或系统性行为的出现似乎都不太可能。毕竟，组成生物圈的每个生物体、每个子系统、每个器官、每个细胞、每个基因都是在独特的历史轨迹上，在与众不同的生态环境中，通过自然选择过程进化而来的。

现在，让我们来看看图1-1~图1-4吧。每幅图都呈现一个已知变量与其规模大小的关系，这些变量都在人们的生活中扮演着重要的角色。图1-1是动物代谢率（即每天需要多少食物才能生存）与其体重的关系图。图1-2是不同动物一生中的心跳次数与其体重的关系图。图1-3是一座城市所产生的专利数量与该城市人口的关系图。图1-4是上市公司的净收入和总资产与其雇员人数的关系图。

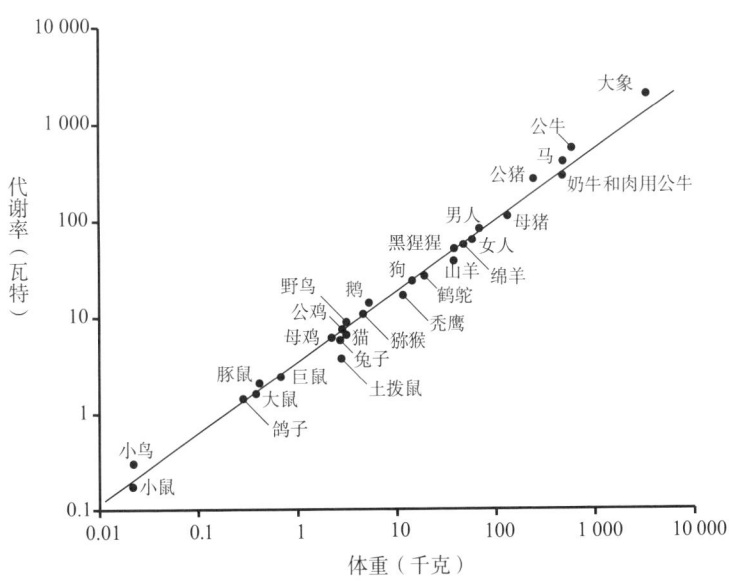

图1-1　动物代谢率与其体重的关系[①]

---

① 本书所有插图系原文插图。——编者注

规 模

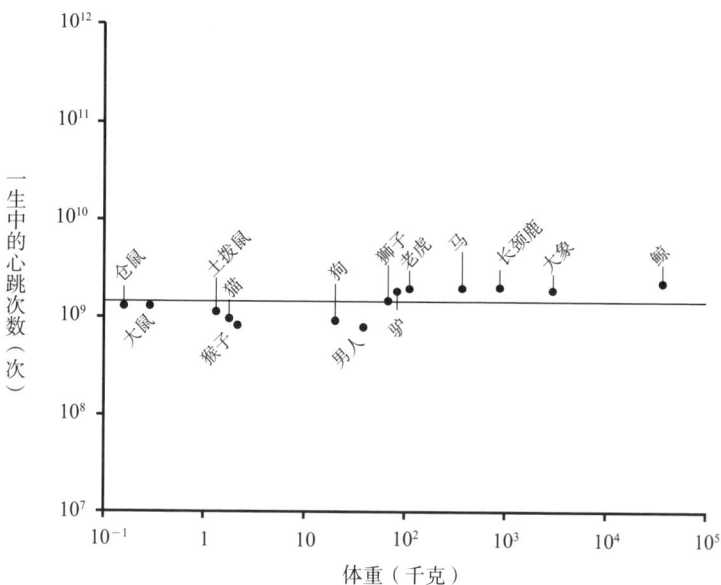

图1-2 动物一生中的心跳次数与其体重的关系

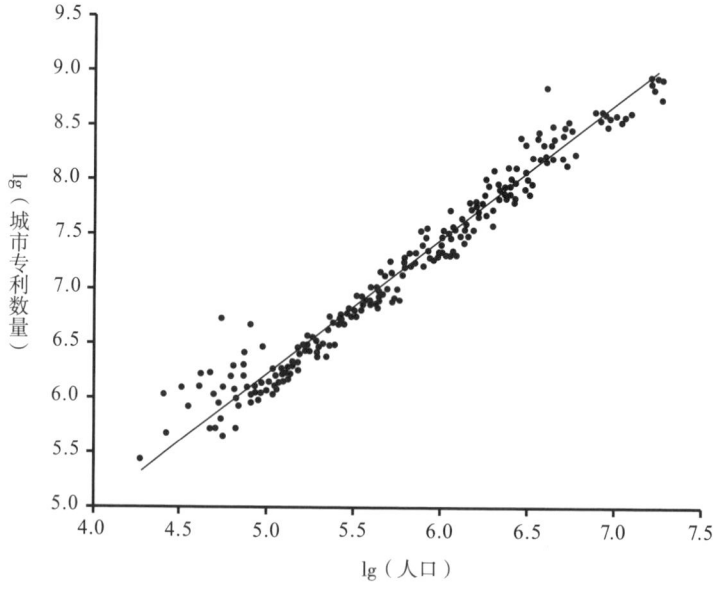

图1-3 城市专利数量与其人口的关系

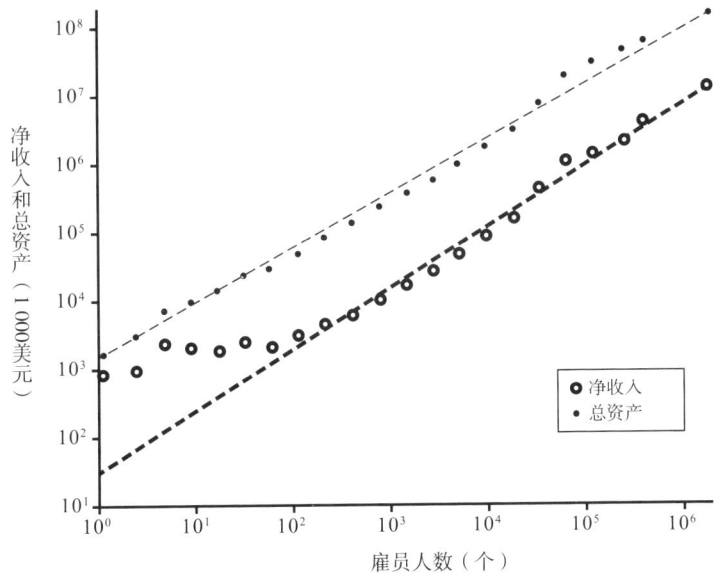

图 1-4 公司净收入和总资产与其雇员人数的关系

规模缩放（scaling）曲线的例子，表明了数量与规模变化之间的缩放关系：图 1-1 表明了动物代谢率[3]与其体重之间的缩放关系；图 1-2 表明了动物一生中的心跳次数[4]与其体重之间的缩放关系；图 1-3 表明了一座城市所产生的专利数量[5]与其人口规模之间的缩放关系；图 1-4 表明了公司的净资产和总收入[6]与雇员人数之间的缩放关系。需要注意的是，这些图涵盖了大范围的缩放关系，如动物（从老鼠到大象）的体重和公司（从仅有一人的公司到沃尔玛和埃克森美孚）的雇员人数有着百万数量级的差异。为了使这些图能够涵盖所有动物、公司和城市，每个坐标轴的刻度都以 10 为增长倍数单位。

无须成为一名科学家或以上任何一个领域的专家，你马上就可以发现，尽管它们代表了我们在生命中遇到过的最复杂、最多样化的过程，但每幅图都揭示了一些简单、系统性、规律性的东西。在每一幅图中，所有的数据都奇迹般地差不多排列成一条直线，并没有出现任意分布的现象。而我们此前曾预测，由于每一种动物、每一座城市、每一家公司的历史和所处地理环境不同，可能会出现任意分布的状况。或许最令人吃惊的是图1-2，所有哺乳动物一生中的平均心跳次数大致相当，尽管体形较小的老鼠只能存活几年时间，而大型动物鲸则可以存活100年之久。

图1-1~图1-4中的例子只是为数众多的缩放关系中的一小部分，动物、植物、生态系统、城市和公司中几乎任何可量化的特点都与规模存在可量化的缩放关系，在本书中你还会发现更多这样的例子。这些显著规律的存在表明，在所有这些迥异的高度复杂现象中，都存在着共同的概念框架——动物、植物、人类社会行为、城市与公司的活力、增长和组织事实上都遵循类似的一般规律。

这是本书的焦点。我将会阐述这些系统性规模法则（scaling law）的特性和来源，它们是如何相互联系，如何令我们深入而广泛地理解生命中的诸多领域，并最终理解全球可持续发展挑战的。综合分析这些规模法则将为我们打开一个洞悉背后原则和概念的窗口，以构建一个可量化的预测框架，解决科学和社会领域面临的一系列重大问题。

本书讲述的是一种思维方式，我们将提出一些宏观的问题，并相应地给出同样宏观的答案。本书讲述的是人类当今面临的一些重大挑战和问题如何能够在统一的概念框架下得以解决，这些问题涵盖了快速城市化、经济增长和全球可持续发展，以及对癌症、新陈代谢、衰老和死亡的产生原因等各个领域问题的理解。本书讲述的是城市、公司、肿瘤及人类肌体极为相似的运作方式，它们均代表着从"主旋律"衍生出来的各种"变奏曲"，其组织、架构和发展表现出了惊人的系统性规律与相似性。它们都具有一个共同的特点——高度复杂，由大量独立成分组成，无论是分子、细胞还是人，都通过不同时空层次上的网络化组织相互联系，不断进化。其中一些网络很明显、很具体，比如城市中的循环系统或道路；也有一些网络十分抽象、很虚拟，比如社交网络、生态系统和互联网。

这种宏观性框架可以帮助我们解决一系列问题，其中一些问题激发了我的研究兴趣，一些问题将会在后文中加以解决。以下选录一些问题：

• 为何我们最多只能活到120岁，而不是1 000岁或100万岁？为何我们会死亡？是什么限制了人类的寿命？人们能否通过组成自身肌体的细胞和复杂分子计算出自己的寿命？它们能否被改变？寿命是否可以延长？

• 为何身体成分与我们几乎相同的老鼠只能存活两三年时间，而大象却能活到75岁？尽管存在这样的差异，但是为何包括大象、老鼠在内的所有哺乳动物一生中的心跳次数几乎相同，都达到了大约15亿次？[7]

• 从细胞、鲸类到森林，为何生物体和生态系统都以一种普遍、系统性和可预测的方式与规模大小存在比例关系？看上去能够控制它们从生到死的大部分心理和生理历史的神奇数字"4"源自哪里？

• 为何我们会停止生长？为何我们每天必须睡8个小时？为何我们长肿瘤比老鼠少得多，而鲸类几乎不长肿瘤？

• 为何几乎所有公司都只能生存数年时间，而城市却能不断增长，且能够避开即便是最强大、看上去最完美的公司也无法逃避的命运？我们能否预测各家公司的大致生存周期？

• 我们能否发展出一门城市和公司科学，通过一种可量化、可预测的概念性框架了解它们的活力、增长和进化？

• 城市规模大小有限制吗？是否存在最优规模？动物和植物的生

长规模有限制吗？是否会出现巨型昆虫或巨型城市？

• 为何生活节奏持续加速？为何创新速度必须持续加速才能维持社会经济生活？

• 我们如何确保人类设计的仅有1万年进化历史的系统能够继续与已经进化了数十亿年的自然生物世界共存？我们能否维持一个受思想和财富创造所驱动、充满生机活力、不断创新的社会？地球是否注定会变成一个充斥着贫民窟、冲突和破坏的星球？

为了解答诸如此类的问题，并强调相关概念，我将斗胆从一名理论物理学家的视角，以跨学科的精神综合各种科学思想，把生物学的基础性问题与社会科学和经济科学的基础性问题结合在一起来考虑。同时，我还会谈及规模法则如何使得基础粒子和自然界基本要素呈现出一致的发展景象，以及它将会为宇宙大爆炸以来的宇宙进化带来何种宇宙哲学影响。本着这种精神，我也会适时尝试推理和争论，但这些几乎都会以现有的科学成就为基础呈现给读者。

尽管本书所呈现的许多结论和解释都有论据支撑，出处来自数学语言，但本书绝非专业书籍，而是秉承教育精神，写给"聪明的外行"看的。这为我带来了极大的挑战，它意味着我在提供解释时要打破学术框架。如果其他科学家发现我在将数学或技术语言转变为通俗语言时过于简化，请试着不要那么挑剔。对于那些对数学有着更多偏好的读者，我推荐他们阅读贯穿本书的参考文献。

2. 我们生活在一个呈指数级不断扩张的世界中

本书的一个中心主题是，城市和全球城市化在决定地球未来的过程中将扮演怎样的关键角色。城市已经成为自人类社会化以来地球所面临最大挑战的源头。人类的未来和地球的长期可持续发展与城市的命运紧密地联系在一起。城市是文明的熔炉，创新的中心，财富创造的发动机，权力的中心，吸引有创造性个体的磁石，观点、增长和创新的驱动力。然而，城市也有其阴暗的一面：它是犯罪、污染、贫穷、疾病及能源和资源消耗的中心。快速城市化和社会经济的加速发展带来了多重全球性挑战，包括气候变化及其对环境的影响，粮食、能源、水资源、公众健康、金融市场、全球经济的早期危机等。

鉴于城市所具有的双重属性，即它一方面是我们面临的许多挑战的根源，另一方面则是创新和观念的蓄水池并因而成为问题解决方案的来源，我们是否可以创建一门"城市科学"并延伸至"公司科学"的问题就变得极为迫切。换句话说，我们要在一个量化的可预测的体系下建立一个概念性的框架，理解它们的动力学、增长和发展演变。这对于设计能够实现长期可持续发展的严肃战略具有十分重要的意义。尤其是在21世纪下半叶，绝大多数人都将成为城市居民，大量人口将居住在前所未有的规模超大的城市中。

我们所面临的问题、挑战和威胁几乎都不是新出现的。最晚从工业革命时期开始，它们就伴随我们一路走来，仅仅是由于城市化的指数级发展速度，人们才感觉到，它们就像日益逼近的海啸，有可能会将我们淹没。指数级扩张的性质决定，未来将会以更加迅猛的速度来临，并可能会为我们呈现出无法预见的挑战，而等我们意识到它们的威胁时则为时已晚。因此，直到最近，我们才意识到全球变暖，长期环境变化，能源、水和其他自然资源的限制，健康和环境污染，金融市场的不稳定等问题。即使我们已经开始担忧，我们也依然坚定不移地认为这些问题只是暂时的，最终都将被解决并消失不见。毫不令人吃惊的是，大多数政治家、经济学家和决策者继续秉持相当乐观的态度，认为我们的开拓创新和足智多谋将会像过去一样让我们战无不胜。正如后文将要阐释的那样，我对此并不十分确定。

在人类存在的几乎整个时间段内，大多数人都居住在非城市环境中。仅仅在200年前，美国还是一个以农业为主的国家，只有不到4%的人口居住在城市中，而今天这一比例已经超过80%。这是几乎所有发达国家的典型状况，如法国、澳大利亚和挪威；许多被视为发展中国家的国家也面临同样的状况，如阿根廷、黎巴嫩和利比亚。现在，地球上没有任何一个国家的城市人口不足4%，即便是所有国家中或许最贫穷、最欠发达的布隆迪，其城市人口比例也已经超过10%。2006年，地球跨过了一个引人注目的历史分水岭：全世界已经有超过一半的人口居住在城市中了，而100年前这一比例还仅为15%，1950年时仅为30%。到2050年，城市人口比例有望超过75%，有超过20亿人口正在迁往城市，其中大多位于中国、印度、东南亚和非洲。[8]

这是一个天文数字。它意味着未来35年间，平均每周将会有大约150万人口城市化。我们可以这样理解其含义：假设今天是8月22日，那么到10月22日，地球上将会出现一个与纽约都会区相当的大都市；而到圣诞节，又会增加一个；到次年2月22日，又会增加一个……从现在到21世纪中叶，地球上每隔两个月便会出现一座新的纽约大都市。请注意，我们谈论的是拥有1 500万人口的纽约都会区，而不仅仅指拥有800万人口的纽约市。

或许，地球上最令人震惊、最野心勃勃的城市化项目正在中国上演，中国政府已经步入快车道，未来20~25年将建设300座人口规模超过

100万的新城市。从历史上看，中国的城市化和工业化进程较为缓慢，但现在中国正在弥补落后的时间。1950年，中国的城市化率仅为10%，但2017年很可能超过50%。①按照现在的速度，再有20~25年时间，中国迁入城市的人口总量将等同于美国全国人口（超过3.5亿）。紧随其后的是印度和非洲。这将是迄今为止地球上规模最大的人口迁移，而且很可能未来也不会再现。由此带来的能源和资源可获得性的挑战及对全球社会结构的巨大压力都将是令人难以想象的……解决这些挑战的时间表很紧张。每个人都将受到影响，根本无处可藏。

3. 生命和死亡的问题

城市毫无限度的指数级扩张与我们在生物学中所见到的情形形成了鲜明的对比：如同人类一样，大多数生物体在年轻时生长很快，但后来便缓慢下来，继而停止生长，最终死亡。大多数公司也遵循类似的模式，几乎所有公司最终都会消失不见，而大多数城市则不然。尽管如此，当人们在撰写有关城市和公司的主题时，通常还是会用生物做比喻。典型的短语包括"公司的DNA（脱氧核糖核酸）""城市的新陈代谢""市场生态"等。这些只是比喻，还是它们对某些具有真正科学实质的东西进行了编码？如果是的话，城市和公司在多大程度上算得上非常庞大的生物体？毕竟，它们是从生物学中发展而来，并由此拥有众多生物特征的。

城市的一些特征明显与生物学无关，这些将在后文中详细论述。如果城市真的是某种超级生物体，那么，为什么几乎没有一座城市会死亡？当然，也有一些城市死亡的经典案例，尤其是古代城市，但它们都

---

① 据国家统计局公布的数据，截至2017年年底，中国城市化率达58.52%。——编者注

是因冲突和滥用周围环境所致的特殊案例。总体而言,它们只代表了一小部分曾经存在过的城市。城市显然很有韧性,绝大多数城市也一直存在。想想70年前人类所做的可怕试验,两座城市遭到了原子弹轰炸。然而,仅仅30年之后,它们就又繁荣起来。杀死一座城市极其困难!而杀死动物或公司却相对容易,几乎所有动物和公司最后都会死亡,即便是那些最强大、看上去无懈可击的也是如此。尽管在过去200年间,人类的平均寿命持续增长,但人类的最长寿命一直没有改变。没有任何人的寿命超过123岁,也很少有公司能够存活这么长的时间——大多数公司在经营10年之后便消失了。那么,为什么几乎所有城市都能维持下去,而大多数公司和生物体却会死亡呢?

死亡是所有生物体和社会经济生命不可或缺的一部分:几乎所有生物都会出生、生存,最终死亡。而与出生和生存相比,作为研究和思考的重点,死亡往往容易被压制和忽视,无论是在社会领域还是在科学领域。从个人角度而言,我直到50岁时才开始认真思考衰老和死亡。在我20岁、30岁、40岁,直至50岁之前,我都没有太过关心自己的死亡,无意识地相信"年轻人"中颇为常见的神话,即我是不朽的。然而,我的家族中有许多寿命不长的男性。因此,在50多岁的某个阶段,我将不可避免地意识到自己或许会在5~10年内死亡,那么我明智的做法就是开始思考这意味着什么。

我认为,所有有关宗教和哲学的思考均源于我们如何把死亡不可避免的逼近与日常生活结合在一起。因此,我开始思考并阅读有关衰老和死亡的书籍。最初我是以个人、心理、宗教和哲学视角来接触的,但留给我的是更多的问题,而非答案。然后,由于其他一些我将在本书后文中讲述的事件,我开始从科学角度对其进行思考,这意外地将我引导到一条改变我个人生活和职业生涯的道路上来。

作为一名思考衰老和死亡的物理学家,很自然的是,我不仅要探究衰老和死亡的可能机制,同样重要的是,还要探究人类寿命长短的原因。为什么没有人的寿命能够超过123岁?为什么《旧约全书》中认为神秘的70岁可用来衡量人类寿命的长短?我们能否像神秘的玛士撒拉(Methuselah)[①]一样活上1 000年之久?而大多数公司只能存活几年时间。美国有一半上市公司在进入市场之后的10年内就消失了。尽管有一小部分存活的时间相当长,但几乎所有公司最终都将步蒙哥马利 – 沃德公司(Montgomery Ward)、环球航空公司(TWA)、斯蒂庞克公司(Studebaker)和雷曼兄弟公司(Lehman Brothers)的后尘。为什么会这样呢?我们能否研究出一套严肃的机制性的理论,用于理解我们自身的死亡和公司的倒闭?我们能否定量理解衰老的过程和公司倒闭的过程,并由此"预测"人类和公司大致的寿命?城市又是如何成功地绕过这一似乎不可避免的命运的呢?

4. 能量、新陈代谢和熵

解答这些问题很自然地会让人们发问:生命的其他所有规模从何而来?例如,我们为什么一晚上睡大约8个小时,而老鼠要睡15个小时,大象只睡4个小时?为什么最高的树只有数百英尺[②]高,而非1英里[③]高?为什么规模最大的公司会在资产总值达到5 000亿美元时停止增长?为什么人体每个细胞中都有大约500个线粒体?

---

① 玛士撒拉,《圣经》中的人物,活到969岁。——编者注
② 1英尺 ≈0.304 8米。——编者注
③ 1英里 ≈1.609 3千米。——编者注

若要回答此类问题，并从可量化和机制的角度理解衰老、死亡等过程，无论是人类、大象、城市还是公司，我们都必须首先正视每一个系统是如何生长、如何存活的。在生物学中，这些系统都是由新陈代谢过程控制和维持的。这在数量上是通过代谢率体现的，即维持一个生物体存活一秒所需的能量总量。对我们人类而言，每天需要大约 2 000 卡路里的食物热量，令人吃惊的是，这仅相当于 90 瓦特的代谢率，与一只标准的白炽灯灯泡的电功率相当。正如图 1-1 所示，我们的代谢率对我们这般体形的哺乳动物而言是"适当的"。这是我们作为自然进化动物的生物代谢率。作为生活在城市中的社会动物，我们只需要相当于一只白炽灯灯泡能量的食物便可以存活。但除此之外，我们还需要住房、暖气、灯光、汽车、道路、飞机、计算机等。因此，支持一个普通人在美国生活所需的代谢率便增至令人惊讶的 1.1 万瓦特。这一社会代谢率相当于大约 12 头大象的需求总量。此外，在从生物向社会动物转变的过程中，我们的总人口也从几百万增至 70 多亿。能源和资源危机日益迫近也就不足为奇了。

无论是天然系统还是人工系统，离开能够转化为某些"有用的东西"的能源和资源的持续供应都无法继续运转。用生物学概念来说，我会把所有这些能量转化的过程称作新陈代谢。根据这些系统的先进程度，这些有用能量的产出被分配于体力劳动及维护、生长和繁殖之中。作为社会中的人类，与其他生物不同的是，我们新陈代谢能量的一大部分被用于组建社区和机构，如城市、村庄、公司和集体，用于制造一大批人工制品，并创造出一连串的观念，从飞机、手机、大教堂到交响乐、数学、文学等。

然而，人们通常意识不到的是，离开能量和资源的持续供应，我们不仅不会生产出以上任何事物，或许更为重要的是，也不会有观点、创新、增长、进化。能量是最重要的，它是所有事物的基础，无论是我们所做的事情，还是在我们身边发生的一切，它在所有需要解决的问题中扮演的角色将会是贯穿本书始终的另一条绵延不绝的线索。这似乎不证自明，但令人惊讶的是，普适的能量概念在经济学家和社会学家的概念思维中扮演着何等弱小的角色。

在能量转化的过程中，我们总要付出代价，不会有免费的午餐。因为能量是所有事物变化和运行的基础，任何体系的运行都会产生某种结果。的确，有一条基本自然法则不可违背，它被称作"热力学第二定律"，即每当能量转化为有用的形式时，同时也会产生"无用"的能量作为副产品：一些我们"不期待的后果"总是以难以获取的无序热能或不可用的物质形式不可避免地产生出来。世上不存在永动机。你必须吃东西才能生存，维持并服务你的思想和身体高度组织性的功能，但在你吃完之后，你早晚都会去厕所。这就是个人熵产生的物理表现。

1855年，德国物理学家鲁道夫·克劳修斯（Rudolf Clausius）提出了熵的概念，即所有事物通过能量和资源的交替变化相互作用所带来的基本的、普遍的性质。每当能量被利用或转化以制造或维持一个封闭系统的秩序时，某种程度的混乱便是不可避免的——熵趋于增大。顺便提一下，"熵"一词是"变化"或"进化"的希腊语翻译。为了避免你认为这一定律可能存在漏洞，我们援引爱因斯坦在这个问题上的看法："它是宇宙中唯一一个永不被推翻的物理理论。"他也把自己的相对论纳入该理论中。

如同死亡、税收和达摩克利斯之剑一样，热力学第二定律悬挂在我们所有人头顶上及我们周边所有事物之上。耗散力（类似于通过摩擦产生的无序热量）一直在持续且不可避免地做着功，这使得所有系统都将退化。设计最为精巧的机器、最具创新组织力的公司、进化得最完美的生物都无法逃脱这一最为严酷的死神。维持一个进化中系统的秩序与结构需要源源不断地供应和使用能源，而其副产品则是无序。这就是为了存活我们必须持续进食以应对熵产生的不可避免的破坏力的原因。熵能杀人。最终，我们都将屈服于各种形式的磨损和衰竭。无论生物体、公司还是社会，如何为增长、创新、维护和修复持续提供更多的能量以对抗熵，都成了任何有关衰老、死亡、系统韧性和可持续发展等严肃主题的讨论基础。

5. 规模真的很重要：规模缩放和非线性行为

为解决这些彼此不同、似乎又不相关的问题，我将主要从规模缩放这一科学概念框架的角度进行分析。规模缩放和可缩放性，即事物如何随着规模的变化而发生变化，以及它们所遵守的基本法则和原则，是贯穿本书始终的核心主题，也是形成本书几乎所有论点的出发点。从这个角度看，城市、公司、植物、动物、我们的肌体，甚至肿瘤，在组织形式和功能上存在惊人的相似度。每一方面都呈现出普通主题的精彩变化，这表现在它们的组织、结构和动力学有着令人吃惊的系统的数学规律与相似性上。这些将被证实是一个广泛的、宏观的概念框架所衍生的结果，这一框架可以用统一的方式来理解完全不同的系统，许多重大问题也可以通过这一框架得以解决、分析和理解。

从最基本的形式来看，规模缩放是指一个系统在规模发生变化时如何做出响应。如果规模扩大一倍，一座城市或者一家公司会发生什么呢？或者，如果规模缩小一半，一栋建筑物、一架飞机、一国经济、一只动物又将如何呢？如果一座城市的人口增加一倍，它的道路是否也会增加一倍，犯罪率是否会翻番，产生的专利数量是否会增加一倍？如果一家公司的销售量增长一倍，它的利润会同样增长一倍吗？如果一只动物的体重减少一半，它所需的食物量是否也会减少一半？

解决这些关于系统如何随规模变化而变化的问题，给科学、工程学、技术等领域带来了深远的影响，并且已经影响到了我们生活的方方面面，尽管这些问题看上去似乎无足轻重。规模缩放的观念使人们能够深刻理解临界点、相变（如液体如何冻结成固体或汽化）、混沌现象（"蝴蝶效应"，即一只蝴蝶在巴西扇动翅膀会引起得克萨斯州的一场龙卷风）、夸克（构成物质的基本单元）的发现、自然界基本力的统一、宇宙大爆炸后的进化等背后的驱动力。这些是规模缩放观念帮助启发我们发现重要的宇宙原理或结构的众多例子中的一部分。[9]

从更加贴近实际的角度而言，规模缩放在大型人类工程和机器（如建筑物、桥梁、轮船、飞机和计算机）的设计中扮演着关键的角色，如何以一种高效、节约成本的方式由小推大是一个持续性的挑战。更具挑战性，或许也更加紧迫的是，我们需要理解如何衡量规模越发扩大和复杂化的社会机构的组织结构，如公司、企业、城市和政府等，人们通常不太理解它们的基础原理，因为它们是不断演化的复杂适应系统。

一个被严重忽视的例子是规模缩放在医学中的潜在作用。许多有关疾病、新药、治疗流程的研发都是利用小白鼠作为"模型"系统的。这随即带来了如何将在小白鼠身上所做的实验和所得的发现运用在人体上这一关键问题。例如，人们每年都耗费大量资源研究小白鼠身上的癌症。然而，正常鼠类平均每年每克身体组织所产生的肿瘤数量要远超人类，而鲸则几乎不长肿瘤，此类研究是否可以关联到人类身上尚未得到证实。

换句话说，如果我们想要通过此类研究更好地了解并解决人类面临的癌症挑战，我们就必须知道如何可靠地从老鼠身上按比例放大到人类身上，从鲸身上按比例缩小到人类身上。诸如此类的困境我们将在第4章解决生物医学和健康领域与生俱来的规模缩放问题时加以讨论。

为了介绍本书将会用到的一些语言，并确保我们在开始探索时能够保持一样的步调，我想要回顾一下大多数人都熟悉（因为它们通常会出现在口语中）但同时又都存在着误解的某些常见概念和用语。

那么，让我们回到上面所提到的简单问题上：如果一只动物的体重减少一半，它所需的食物量是否也会减少一半？你或许认为这个问题的答案是肯定的，因为体重减少一半，需要提供食物的细胞也将减少一半。这意味着"一半体重需要一半食物量"；反之，"两倍体重需要两倍食物量"。这是典型的线性思维的简单一例。令人惊讶的是，尽管线性思维如此简单明了，但识别它并不容易，因为它往往倾向于是隐性的，而非显性的。

例如，人们通常意识不到，利用人均量对国家、城市、公司或经济进行描述和排名的常见做法便是线性思维的微妙表现。让我再举一个简单的例子。2013年，美国的GDP（国内生产总值）据估计约为人均5万美元，这意味着，平均下来，每个人实际上被认为生产了价值5万美元的"产品"。那么，拥有120万人口的俄克拉何马城的GDP约为600亿美元，因此其人均GDP（600亿美元除以120万）的确与美国的平均数相接近，约为5万美元。如果按此推算另一座拥有10倍人口的城市，即人口为1 200万的城市，其GDP预计将为6 000亿美元（用人均5万美元乘以1 200万），是俄克拉何马城的10倍。然而，的确拥有1 200万人口、人口数量是俄克拉荷马城10倍的洛杉矶市的GDP实际上超过了7 000亿美元，比通过人均线性推算得出的预计值高出15%。

当然，这只是一个简单的例子，你或许认为它是个特例——洛杉矶是一座比俄克拉何马城更加富有的城市。尽管这的确属实，但结果是，对比俄克拉何马城和洛杉矶市所产生的过低估计并不是一个特例。相反，它事实上是全球所有城市的系统化趋势的一例，表明了利用人均数值的简单线性规模缩放几乎从来不会奏效。与一座城市或者任何复杂系统的几乎所有可量化特征相比，GDP的规模缩放通常是非线性的。我将在后文中更加准确地解释这意味着什么及这说明了什么，但目前，我们可以将非线性行为简单地认为是一个系统的可量化特征通常不会因其规模扩大一倍而同样增长一倍。在以上所列举的例子中，我们也可以用下列方式重申：随着城市规模的扩大，其人均GDP会呈现系统性增长的特点，平均工资、犯罪率及其他许多城市指标也是如此。这反映出了所有城市的基本特征，即社会活动和经济生产率将随着人口规模的扩大而系统性提高。这一伴随规模扩大而出现的系统性"附加值"奖励被经济学家和社会学家称作"规模收益递增"，而物理学家则会使用更加时髦的术语——"超线性规模缩放"（superlinear scaling）。

当我们观察动物（也包括人类）为了存活下去每天消耗的食物和能量的数量时，一个有关非线性规模缩放的重要例子便从生物学的世界中浮现出来。令人惊讶的是，一只动物的体形是另一只动物的两倍，因此便拥有两倍的细胞，前者每天所需的食物和能量只比后者多75%，而非用线性规模缩放可能得出的天真结论100%。例如，一名体重120磅[①]的妇女每天通常需要1 300卡路里的食物热量，才能在不做任何活动或执行

[①] 1磅≈0.453 6千克。——编者注

任何任务的情况下存活。这被生物学家及医生称作她的基础代谢率，以区别于她的活动代谢率，后者包括每天所有额外的活动。她的英国牧羊犬体重为她的一半，约为 60 磅，因此细胞数量也是她的一半，人们或许认为它每天只需要主人食物热量的一半便可以存活，即 650 卡路里的食物热量，但事实上，她的牧羊犬每天需要约 880 卡路里的食物热量。

尽管一只狗并不是一名体形较小的妇女，但这个例子是普遍的规模法则的特殊一例，即代谢率随着体形的变化而发生规模缩放变化。这一原则适用于所有哺乳动物，从体重只有几克的小鼩鼱到体重是其数亿倍的蓝鲸。这一法则所带来的一个深远影响便是，以每克为单位，体形更大的动物（在这个例子中是那名妇女）事实上比体形更小的动物（她的狗）更加高效，因为她的每一克组织需要的能量支持更少（少了大约25%）。顺便说一下，她的马会比她还要高效。这一规模扩大带来的系统性节约被称作规模经济。简单地说，就是你的体形越大，保持存活的人均所需（或者对动物来说，平均每个细胞或平均每克组织所需）便越少。请注意，这与城市 GDP 的例子中所说的规模收益递增或超线性规模缩放相反。后者意味着，规模越大，人均数量越多。而在规模经济中，规模越大，人均数量越少。这一比例关系被称作"亚线性规模缩放"（sublinear scaling）。

规模和规模缩放是高度复杂、不断进化的系统的通用行为的主要决定因素。本书的许多内容将致力于揭示并理解此类非线性行为的缘由，以及如何利用非线性行为来解决科学、技术、经济、商业、日常生活、科幻小说、体育运动等领域的一系列问题。

6. 规模缩放与复杂性：涌现、自组织和系统韧性

在以上简短的几页内容中，我已经数次使用"复杂性"一词，而且还满不在乎地把系统形容为"复杂的"，似乎这一名称既为人所熟知又定义明确。但事实上，二者皆非如此，我想在此稍微兜个圈子，讨论一下这个"使用过度"的概念，因为我即将谈到的几乎所有系统都被认为是"复杂的"。

我绝对不是唯一一个随意使用这个词语或未经定义便使用其衍生词的人。在过去的25年中，复杂适应系统、复杂性科学、涌现行为、自组织、系统韧性、适应性非线性动力学等术语不仅开始遍布科学文献，而且也出现在商业和企业世界及大众媒体中。

为做好铺垫，我想引用两位杰出思想家的话，其中一位是科学家，另一位则是律师。第一位便是著名物理学家斯蒂芬·霍金（Stephen Hawking），他在千禧年之交接受采访[10]时曾被问到以下问题：

> 有人说20世纪是物理学的世纪，而我们现在正在进入生物学的世纪。您对此有何看法？

他的回应是：

> 我认为，下一个世纪将是"复杂性"的世纪。

我发自内心地同意他的观点。正如我希望我已经阐释清楚的那样，我们亟须一门复杂适应系统的科学，来解决我们所面临的一系列极具挑战性的社会问题。

第二位是美国最高法院著名大法官波特·斯图尔特（Potter Stewart）。在1964年一次标志性判决的过程中，他在讨论淫秽作品与言论自由的关

系时发表了如下著名论断：

> 我不打算进一步定义什么是"硬核色情"，而且也许我永远也不可能给出一个明确的定义，但当我看到它的时候，我就能认出它来。

只需把"硬核色情"替换成"复杂性"，就变成了我们许多人将要说的话：我们或许无法定义它，但当我们看到它的时候，我们就能认出它来！

然而，不幸的是，虽然"我们看到它的时候就能认出它来"对美国最高法院来说或许已经足够，但对科学而言还不够好。科学的进步来自对研究对象及所援引概念的简洁和准确把握。我们通常要求它们准确、明晰，并且在操作上可测量。尽管动量、能量、温度都是典型的物理学已经精确定义的量，但在日常用语中它们还经常被通俗或比喻性地引用。然而，我们仍然有大量真正宏大概念的精确定义会引发激烈的讨论，包括生命、创新、意识、爱、可持续发展、城市及复杂性。因此，与其给出一个关于复杂性的科学定义，还不如保持中立态度，我更愿意描述在我看来属于典型复杂系统的一些基本特征。这样一来，我们就可以在看到它的时候认出它来，并将它与那些被我们描述为"简单的"或"只是"非常混乱但不一定复杂的系统区分开来。这个讨论不可能是全面的，它的目的在于帮助我们澄清一些更加重要的特征，即当我们把一个系统称作复杂系统时，我们指的是什么。[11]

一个典型的复杂系统是由无数个个体成分或因子组成的，它们聚集在一起会呈现出集体特性，这种集体特性通常不会体现在个体的特性中，也无法轻易地从个体的特性中预测。例如，你远远不是组成你肌体的细胞的集合体那么简单；同样，你的细胞也远远不是组成它们的分子的集合体那么简单。你所认为的你自己（你的意识、你的个性、你的性格）是你大脑中的神经元和突触多次发生相互作用的集合表现。它们会和你肌体内的其他细胞持续不断地相互作用，而这些细胞则是心脏或肝脏等半自主性器官的组成部分。此外，所有这些都在不同程度上持续不断地与外界环境相互作用着。有些自我矛盾的是，这些组成你肌体的约 100 万亿个细胞都不具备你所认为的自己身上的特性，它们也没有意识，不知道自己是属于你的一部分。可以说，每个细胞都有其自身特性，遵循其自身的行为和相互作用的规则，如此一来，它们近乎奇迹般地与其他细胞组合在一起，构成了"你"。尽管涵盖了巨大的范围，但无论是在时间上还是在空间上，它们都在你的体内运行着，从微观分子层面到宏观规模层面，与你至多 100 年的日常生活相辅相成。你便是一个卓越的复杂系统。

同样，一座城市不仅仅是所有建筑、道路和人的集合体，一家公司远远不是其雇员和产品的集合体，一个生态系统也远大于居住在其中的植物和动物的总和。一座城市或一家公司的经济产出、繁荣、创意和文化都根植于其居民、基础设施、环境的多重反馈机制的非线性特质。

我们都熟悉的一个绝佳例子便是蚁群。在数日内，它们一次搬运一个颗粒，从无到有地建起了自己的城市。这些令人惊叹的大厦是由隧道和房间的多层网络、通风系统、食物储存及孵化单元构成的，并且由复杂的交通路线提供供给。这些建筑的效率、灵活性、功能性堪与人类最好的工程师、建筑师和城市规划师的设计与建造相比，这将会让它们赢得大奖。然而，蚁群中并不存在任何聪明绝顶的（甚至平庸的）小蚂蚁工程师、建筑师或城市规划师，从来就没有过。没有人指挥这一切。

蚁群的建筑事先没有筹划，没有得到任何个体观念、集体讨论或磋商的帮助，也没有蓝图或总体规划，只是成千上万只蚂蚁在黑暗中无意识地工作，将数以百万计的沙土颗粒搬来，创造了令人惊叹的建筑结构。这一功绩的取得是每只个体蚂蚁都遵守受化学诱因和其他信号调节的几项简单规则而产生的结果，带来了非常连贯的集体结晶。看上去，它们好像是被编程并按照庞大的计算机算法来执行微观行动的。

谈到算法，人类对蚁群的这一过程进行了计算机模拟，并成功地得出了结论，不同个体对异常简单规则的不断重复便可产生复杂的行为。这一模拟使人们确信，令人困惑不解的动力和高度复杂系统的组织均源自非常简单的规则，而这些规则支配不同个体组成部分的相互作用。这一发现大约是在30年前做出的，因为那时计算机已经强大到足以执行如此大规模的运算。现在，这些运算在你的笔记本电脑上便可以轻松完成。这些计算机研究具有十分重要的意义，为如下观点提供了强大的支撑：我们在许多系统中看到的"复杂"的背后或许真的蕴藏着"简单"，它们因此或许可以被科学地分析。如此一来，这便存在发展出严肃的定量复杂性科学概念的可能性，我们稍后会谈到这一点。

总的来说，复杂系统的普遍特点是整体大于其组成部分的简单线性总和，而且整体通常也与其组成部分存在极大的不同。在许多情况下，整体似乎会自行发展，几乎与其组成个体的特性相分离。此外，即便知道组成个体（无论是细胞、蚂蚁还是人）之间如何相互作用，我们也不太可能预测出它们所组成的整体的系统行为。这一整体的系统行为被称作"涌现行为"，即一个系统所表现出来的特性与它的组成个体简单相加所表现出来的特性存在很大不同。这是经济、金融市场、城市社区、公司和生物体很容易被识别出来的性质。

我们从这些研究中获得的重要结论是，许多系统并没有中央控制。例如，在蚁群中，任何一只蚂蚁对它正在参与建设的宏大事业都毫无概念。一些蚁种甚至将自己的身躯当作建筑砖块，用以建设复杂的建筑结构。行军蚁和火蚁会自己集结成桥梁和筏子，以在觅食远征的过程中跨越水路，克服障碍。这些都是自组织的例子。这便是一种涌现行为，构成要素聚集起来组成全新的整体，就像读书俱乐部、政治集会等人类社会组织的构成一样；或者你的器官，它们可以被看作各自组成细胞的自组织；或者一座城市，它是居住在该城市中的居民自组织的表现形式。

与涌现、自组织概念密切相关的是诸多复杂系统的另一个重要特点，即具有根据不断变化的外部条件不断适应和进化的能力。这一复杂适应系统的典型例子便是呈现出从细胞到城市等所有不同表现形式的生命。达尔文的自然选择学说，科学地阐释并帮助人们了解了生物体和生态系统如何根据不断变化的环境进化和适应的过程。

对复杂系统的研究教导我们，要警惕幼稚地将系统拆分为相互独立的组成部分。此外，系统一个组成部分的小小不安或许会给其他组成部分带来重大的影响。系统容易突然且难以预料地发生改变，市场崩溃就是一个经典例子。一个或多个趋势能够强化正反馈回路中的其他趋势，直至局面迅速失控，并跨过临界点，使得行为发生极端变化。这一点在2008年给社会和商业带来毁灭性潜在后果的全球金融市场崩溃中得到了体现，小范围内的美国本土抵押贷款行业出现的错误动态行为导致了市场的崩溃。

科学家直到30年前左右才开始认真研究如何理解复杂适应系统这一挑战，并寻找新途径来克服这一挑战。一个自然而然的结果便是出现了综合性、系统性、跨学科的研究方法，涵盖了来自生物学、经济学、物理学、计算机科学、工程学、社会经济学等广泛科学领域的技巧和概念。这些科学研究得出的一条重要经验是，尽管通常不太可能针对此类系统做出详细预测，但有时可能会得出对该系统重要特点的粗粒度描述。例如，尽管我们永远无法精确地预测一个人的死亡时间，但我们应该能够预测出人类的寿命大约为100岁。利用这样一个量化视角来应对地球的可持续发展和长期生存是非常重要的，因为它本身便承认了当前的研究方法中经常被忽视的事物之间的相关性和相互依赖性。

按规模缩放从小到大的增长通常伴随着从简单向复杂的进化过程，同时也能保持系统的基本要素或基石不发生变化或被保存下来。这在工程、经济、公司、城市、生物体及或许最为引人注目的进化过程中十分常见。例如，与小城镇中的普通家庭住宅相比，大城市中的摩天大楼是更加复杂的物体，但不管建筑的规模大小，包括力学问题、能量和信息分配、电源插座的大小、水龙头、电话、笔记本电脑、门等在内的建设和设计的基本原则都几乎相同。建筑的基本组成部分并不会因从普通住宅到帝国大厦的规模变化而发生大的变化，所有建筑都有这些组成部分。相似的是，生物体在进化过程中有了各种不同的体形和形态，这反映了不断增长的复杂性，但细胞、线粒体、毛细血管，甚至树叶都并不会随着体形及其内在的系统复杂性的变化而发生明显变化。

7. 你是你自己的网络：从细胞到鲸的生长

我在本章开头便指出一个令人吃惊且与直觉相反的事实：尽管进化动力学中天生便存在难以预测的情况和偶然性，但生物体中几乎所有最基本、最复杂的可量化特征，都以一种非常简单和规律的方式随着规模的变化而发生缩放变化。例如，图1-1便清楚地阐释了这一点，一系列动物的代谢率与其体重呈现出了规模缩放关系。

这一系统性规律遵循精确的数学公式，用专业术语来说便是，"代谢率随体重的约3/4次幂发生变化"。我将在后文中详细解释，但在这里，我想通俗、简单地解释下它的意思。大象的体重差不多是老鼠的10 000（10^4）倍。相应地，大象的细胞数也是老鼠的10 000倍。3/4次幂规模法则（3/4 power scaling law）认为，尽管要为10 000倍的细胞提供支持，但大象的代谢率（即保持大象存活所需的能量）只是老鼠的1 000（10^3）倍。3∶4是指10^3和10^4的指数的比例。这是伴随着体积的增大而取得规模经济的绝佳例子，这表明大象细胞的代谢率是老鼠细胞的1/10。顺便说一句，尤其值得指出的是，由此而来的代谢过程中的细胞损伤率的下降也成了大象更加长寿的基础，并为人们理解衰老和死亡提供了一个基本框架。规模法则也可以用我之前使用过的不同方式来阐释：如果一种动物的体重是另一种动物的两倍（无论是10磅∶5磅还是1 000磅∶500磅），我们都可能会天真地认为，前者的代谢率也将是后者的两倍，这便是典型的线性思维模式。然而，规模法则是非线性的，代谢率并没有翻番，实际上只增长了75%，规模每扩大一倍，便会产生25%的节余。[12]

请注意，3/4是图1-1中的斜率。图1-1中（代谢率和体重）的数量是用对数标绘的，这意味着纵轴和横轴上刻度的增长倍数都是10。采用这种方式绘制的图，其斜率便是幂律（power law）的指数。

代谢率规模法则又称作克莱伯定律（Kleiber's law），是以首位阐述该定律的生物学家克莱伯的名字命名的，该定律适用于所有种群，包括哺乳动物、鸟类、鱼类、甲壳动物、细菌、植物和细胞。然而，更为引人注目的是，类似的规模法则适用于所有生物数量和生命史特征，包括增长率、心率、进化速率、基因组长度、线粒体密度、大脑灰质、寿命、树木高度，甚至树叶的数量。此外，当我们用对数标绘时，一系列规模缩放的图形看上去都与图1-1相类似，并因此拥有相同的数学结构。它们都是"幂律",并且指数(图中直线的斜率)都是1/4的整数倍,经典的例子便是代谢率的3/4。因此,如果一只哺乳动物的体重增长一倍,它的心率便会下降25%。因此,数字"4"在所有生命体中都扮演着基础性的、神奇的角色。[13]

这一令人惊讶的规律是如何从统计过程及自然选择内在的历史偶然性中显现出来的呢?幂的指数1/4的普遍性和主导地位表明,自然选择受到超越具体设计的其他物理学一般原理的限制。无论是细胞、生物体、生态系统、城市还是公司,高度复杂的、自我维持的结构需要其无数构成单元进行密切的整合,而这些构成单元在所有规律层面上都需要得到高效的维护。这在生命系统内已经通过碎片化的分级网络系统的不断进化得以实现,而这些网络系统因自然选择固有的、持续不断的竞争性反馈机制而得到优化。这些网络系统所共有的物理、几何和数学特性构成了这些规模法则的起源的基础,包括幂的指数1/4的普遍存在。例如,包括我们人类在内,最大限度地减少将血液通过哺乳动物的循环系统输送到身体各个部分所需的能量,这样一来,就能最大限度地增加我们用于繁殖的能量。克莱伯定律就是由此得出的。此类系统的其他例子还包括呼吸系统、肾脏系统、神经系统,以及植物的维管系统。后文我们将会详细阐释这些观点及空间填充(为体内所有细胞提供氧分的需求)和分形(网络的几何形状)的概念。

哺乳动物、鱼类、鸟类、植物、细胞和生物系统等多个网络也遵循相同的基本原理,具有相同的性质,即使它们会进化成为不同的结构。在用数学语言表达时,这些原理和性质会引导出对普遍存在的1/4次幂规模法则起源的解释,但与此同时,它们也会预测出许多控制这些系统重要特征的定量结果,包括最小哺乳动物(鼩鼱)和最大哺乳动物(鲸)

的体形、所有哺乳动物循环系统血管的血流量和脉搏率、美国各地最高树木的高度、大象或老鼠的睡眠时间、肿瘤的血管构造等。[14]

它们还引导出了生长的理论。生长可以被看作特殊的规模缩放现象。一个成熟的生物体本质上便是婴儿的非线性规模扩大的版本，比较一下你身体的各个部位与婴儿的各个部位便可知晓。任何发展阶段的生长都是通过把代谢能量分配给构成新组织的新细胞完成的，这些代谢能量通过网络输送到现有的细胞中。这一过程可以用网络理论来进行分析，并由此预测出一个普遍适用的定量生长曲线理论，该理论适用于任何生物体，包括肿瘤在内。生长曲线只不过是一张将生物体的体积作为其年龄的函数绘制而成的图。如果你有孩子，你或许会熟悉这样的生长曲线，儿科医生经常会向家长展示生长曲线，让他们知道自己孩子与婴儿正常生长预期之间的对比。生长理论还可以解释另一个你或许思考已久的似是而非的现象，即即使我们继续进食，我们最终仍会停止生长。这被证明是代谢率的亚线性规模缩放比例及网络结构所表现出来的规模经济的结果。在后文中，同样的图还将被用于描绘城市、公司、经济体的增长，以帮助人们了解一些基本问题，如开放式增长的由来及其可持续发展等。

由于网络决定了能量和资源被输送到细胞中的速度，这也就决定了所有生理学进程的速度。由于细胞在大型生物体内的运行速度要慢于在小型生物体内的运行速度，生命的节奏便会随着体形的增大而系统性地变慢。因此，在很大可预测的程度上说，大型哺乳动物更加长寿，需要更长的时间发育成熟，心率更慢，细胞的代谢率不及小型哺乳动物。小型生物的生命在快车道上，而大型生物则一辈子都在笨重地移动，尽管其效率更高。你不妨脑补一下一只急匆匆前行的老鼠与一头悠闲漫步的大象的情景。

在构筑好这一思维模式之后，我们的问题便会转向网络和规模缩放范式如何能够应用于城市和公司的动力学、生长和结构上来，我们将发展出相类似的城市和公司科学。这套框架转而又将成为解决全球可持续发展、可持续创新的挑战及生命节奏不断加快等宏观问题的出发点。

8. 城市与全球可持续发展：创新和奇点循环

规模缩放作为一种基础网络理论的表现形式意味着，尽管外观和栖息地不同，但是从可量化特征来看，一头鲸近似于一头按照比例放大的大象，一头大象则是一只按比例放大的狗，一只狗则是一只按比例放大的老鼠。在80%~90%的水平上，它们都是遵照可预测的非线性数学法则，彼此按比例缩放后的新版本。换句话说，包括你我在内，所有曾经存在过的哺乳动物平均来说都是一只理想化的哺乳动物按比例缩放后的版本。城市和公司同样如此吗？纽约是放大版的旧金山吗？旧金山是放大版的博伊西吗？博伊西是放大版的圣塔菲吗？东京是放大版的大阪吗？大阪是放大版的京都吗？京都是放大版的筑波吗？即便在它们本国的城市系统内，这些城市也肯定看上去各不相同，每一座城市都有其与众不同的历史、地理环境和文化。然而，鲸、大象、狗和老鼠也同样如此。认真回答这些问题的唯一途径便是观察数据。

对此类数据的分析显示，作为人口规模的一个函数，无论在美国、中国、日本、欧洲还是拉丁美洲，城市的基础设施（如道路、电线、水管的长度及加油站的数量）都以相同的方式按比例缩放。正如在生物学中一样，这些数量随着规模的变化而亚线性规模缩放，这显示出系统性的规模经济特性，但其指数大约是0.85，而非0.75。例如，在全球范围内，大城市人均所需的道路和电线长度更短。如生物体一样，城市也是彼此按比例缩放的版本，至少在它们的物理基础设施领域是这样的，尽管它们有着不同的历史、地理环境和文化。

或许更引人注目的是，它们在社会经济领域也是彼此按比例缩放的版本。社会经济指数，如工资、财富、专利数量、艾滋病病例、犯罪率、教育机构数量等（这在生物界没有对比对象，在人类于1万年前发明城市之前甚至还不存在），也随着人口规模的变化而按比例缩放，但以近似1.15的超线性指数变化。例子之一便是图1-3所示的一座城市产生的专利数量。按照人均计算，所有这些数量都随着城市规模的增长以相同的幅度呈现系统性增长。与此同时，所有的基础设施数量都会出现规模经济的节余。尽管全球各地的城市有着丰富的多样性和复杂性，尽管其城市规划不同，但城市都显示出惊人的粗粒度的简单性、规律性和可预测性。[15]

简单地说，规模缩放意味着，如果一座城市的人口规模是本国另一座城市的两倍（无论是4万：2万还是400万：200万），它的工资、财富、专利数量、艾滋病病例、犯罪率及教育机构数量都会以近似相同的比例增长（大约是1.15倍），它的基础设施也会出现相似的节余。城市越大，人均拥有、生产、消费的商品、资源或观点就越多。好的一面、坏的一面、丑陋的一面都会整合成为一个近似可预测的包裹：一个人或许被更多的创造、更大的"行动"感觉和更高的工资吸引迁往另一座更大的城市，但他/她同样也会面临按同比例上升的犯罪率和疾病率的威胁。

全球各地进化历史各不相同的城市和城市系统的变量都遵守相同的规模法则的事实显然表明，正如生物学一样，存在一种超越了历史、地理环境和文化的基础普适原理，一个基本的、粗粒度的城市理论是有可能存在的。我将会在第8章中谈到，社会和基础设施网络所带来的益处与成

规　模

本之间密不可分的紧密关系是如何被追溯到社会网络组织及人类互动集群的普适的基本动力学的。城市提供了一种天然机制，让不同的人以不同的方式思考和解决问题，收获他们之间社会高度互联所带来的益处。我将会谈到这些社会网络组织的本质和动力学，并向读者展示规模法则是如何出现的，包括所有社会经济活动15%的提高（无论好坏）和物理基础设施15%的节余之间的奇妙联系。

当人类开始组成一定规模的社区时，他们便为地球带来了一种全新的根本动力。随着语言的产生及随之而来的社会网络空间内的信息交流，我们发现了如何创新和创造财富及观念，并最终以超线性规模缩放显示出来。在生物学中，网络动力学要求生命的节奏要随着其体形的增大而按照1/4次幂规模法则而相应减缓。与之相比，作为财富创造和创新基础的社会网络动力学则会带来相反的行为，即生活节奏会随着城市规模的增长而系统性加快：疾病传播速度加快，企业的诞生和消亡更加频繁，商业交易更加迅速，人们甚至会走得更快，所有这一切都遵循近似15%的法则。我们都感觉到，大城市的生活节奏要比小城镇快。在我们的一生之中，只要城市发展、经济增长，生活节奏就会无一例外地加快。

资源和能源是增长的必要燃料。在生物学中，生长是由新陈代谢驱动的，生物的亚线性规模缩放变化会让它的体形在成熟之后可预测地近似稳定下来。这样的行为在传统经济学思想中会被视作灾难，无论城市还是国家，健康经济的特点都是持续的开放式指数级增长，或者至少以个位数的百分率每年循环往复。就像生物学中的受限生长要遵循代谢率的亚线性规模缩放法则一样，财富创造和创新（如专利的生产）的超线性规模缩放会带来与开放经济相一致的无限、超越指数级的增长。这种一致性令人满意，但在令人生畏的技术名词——有限时间奇点的名义下，还存在着一个大陷阱。简而言之，问题在于，该理论还预测出，如果缺少无限的资源或无法催生范式转移，即在可能的崩溃发生之前"重置"时钟，无限的增长就是不可持续的。通过持续的范式转移的创新，如人类历史上大规模地发现铁、煤炭，发明蒸汽机、计算机及近来的数字信息科技，我们已经维持了开放式增长，避免陷入崩溃。的确，这些连续的大大小小的发现都证明了人类集体智慧的精巧。

然而，还有另一个严重的问题。该理论认为，这些发现或发明必须以不断加快的速度实现，连续创新之间的时间间隔必须系统性地、不可避免地缩短，再缩短。例如，与石器时代、青铜时代和铁器时代之间相隔的数千年相比，"计算机时代"与"信息和数字时代"之间的时间间隔可能为20年。如果我们坚持持续开放式增长，那么不仅我们的生活节奏要不可避免地加快，而且我们必须以越来越快的速度创新。我们都熟悉的是，新设备和新模式出现的速度越来越快。我们似乎身处一连串不断加速的跑步机上，必须以不断加快的速度从一台跑步机跳到另一台跑步机上。这显然是不可持续的，并可能会导致整个城市化社会经济结构的崩溃。如果不对创新与财富创造推动社会体系的发展加以遏止，我们就可能会种下不可避免的崩溃的种子。这一局面可以避免吗？我们是否受困于注定将要失败的自然选择的迷人实验中？

9. 公司与商业

人们很自然地会进一步延伸这些讨论，问及它们与公司有何关系。是否存在一种可量化、可预测的公司科学？公司是否会表现出超越规模和商业特性的系统性规律？例如，在销售和资产领域，收入均超过5 000亿美元的沃尔玛和谷歌是不是销售额不足1 000万美元的小型公司的放大版？令人惊讶的是，这个问题的答案是肯定的，正如图1-4所示：如同生物体和城市，公司也遵照简单的幂律按比例缩放。同样令人感到惊讶的是，它们会作为规模的函数呈亚线性规模缩放变化，而不是像城市的社会经济指标那样呈超线性规模缩放变化。从这个意义上说，公司更像生物体而非城市。公司的规模缩放指数约为0.9，而城市基础设施的规模缩放指数为0.85，生物体的规模缩放指数则为0.75。然而，与生物体或城市相比，公司会围绕精确的缩放指数出现更多变化，尤其是在公司发展初期要在市场上博得一席之地时。尽管如此，其典型行为出人意料的规律性仍然表明，即使存在多样性和个体性，公司的增长与运行也要遵守超越其规模和商业领域之外的普遍限制及原理。

对生物体而言，代谢率的亚线性规模缩放构成了生长停止和成熟后体形保持稳定直至死亡的基础。公司同样遵循类似的生命历史轨迹。它们在成立初期迅速增长，但在成熟之后便会逐渐停止，如果能够存活下来，它们相比GDP而言将最终停止增长。在初创阶段，许多公司都受一连串的创新思维支配，因为它们要努力优化自己在市场中的地位。然而，随着它们的增长，以及变得越来越稳定，公司产品的开拓空间越来越窄。与此同时，它们需要建立起烦琐的行政机构和管理组织。很快，在高效管理如此大型、复杂机构面临的重要挑战之下，规模经济和亚线性规模缩放下的创新思想，最终导致了公司的停滞与衰亡。美国上市公司中有一半在10年内便消失了，极少数公司存活到50年，更别提100年了。[16]

随着公司的不断增长，它们倾向于变得越来越线性化，这部分是源于市场力量，同时也受到自上而下的管理和官僚机制所带来的不可避免的僵化后果的影响，而这一机制被认为是运行现代传统公司所必需的。

改变、适应、重塑变得越来越难以实现,尤其是当外部社会经济时钟持续加速,外部条件的变化速度越来越快时。另外,随着规模的扩大,城市也变得越来越多维。的确,与几乎所有公司相比,随着规模的扩大,城市的多样性会持续地、系统性地以可预测的方式增长,这可以通过构成其经济格局的不同种类的就业岗位和企业测算出来。从这个角度来看,公司的增长和死亡曲线与生物体的生长和死亡曲线近似也就不足为奇了。二者都显示出了系统性亚线性规模缩放、规模经济、受限生长和有限寿命的特点。此外,生物体和公司的死亡率(通常指死亡数与生存数的比率)都相同,无论其年龄或生存年限如何。无论它们有多么强大,无论它们做了什么,上市公司都以相同的速率通过并购、破产等方式死亡。我将在第9章中更加详细地阐述和分析公司增长、死亡、组织动力学的基础机理,并把它们与生物体的生长和死亡、城市的无限生长和显而易见的"不朽"进行对比。

02
万物的尺度：规模法则

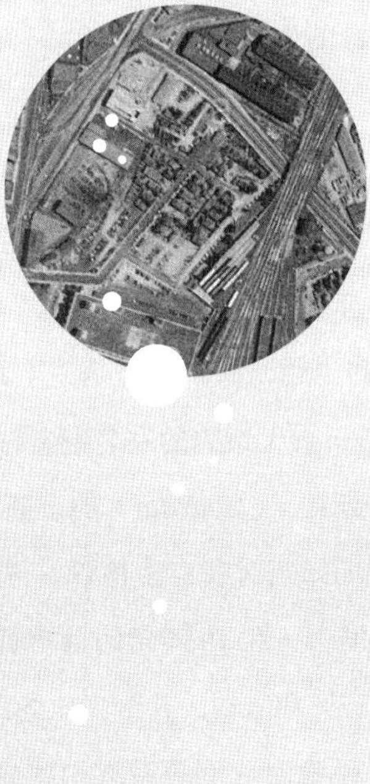

在转向第 1 章中所提到的许多话题和问题之前，我想要利用本章对贯穿本书始终的一些基础概念做一个概括性的介绍。尽管有的读者可能熟悉其中的一些材料，但我想要确保我们都有相同的基础。

我们的概述主要从历史角度进行阐述，以伽利略解释为何不会出现巨型昆虫作为开端，并以瑞利（Rayleigh）勋爵解释天空为何是蓝色的作为结尾。中间我将会谈到超人、LSD[①]与药物剂量、BMI（身体质量指数）、船舰灾难和模型理论的起源，以及这一切如何与创新的起源和本质、增长的极限相互关联。尤为重要的是，我想要通过这些例子说明使用比例这一术语进行量化思维的强大之处。

1. 从哥斯拉到伽利略

同许多科学家一样，我也不时收到记者们的采访请求，通常是一些关于城市、城市化、环境、可持续发展、复杂性、圣塔菲研究所（Santa Fe Institute）的问题和主题，偶尔甚至是关于希格斯粒子的问题。《大众力学》（Popular Mechanics）杂志的一名记者曾联系我说，好莱坞打算发行日本经典影片《哥斯拉》（Godzilla）的全新版本，她很想知道我关于哥斯拉的观点，可想而知当时我有多惊讶。你或许会回忆起来，哥斯拉是一只大多时候都在城市（在 1954 年的最初版中是东京）漫步的体形巨大的怪物，它会带来破坏和浩劫，并给当地老百姓带来恐怖感。

这名记者曾经听说我对比例关系有一些研究，她希望以一种有趣、滑稽且书呆子的方式阐述哥斯拉的生命机理（配合新电影的上映）……如此庞大的动物能走多快，它的新陈代谢会产生多少能量，它的体重有多

[①] LSD，麦角酸二乙酰胺，一种半人工致幻剂。——译者注

少，等等。不消说，这个21世纪全新的美国式哥斯拉是这一角色迄今为止最大的化身，达到了350英尺的高度，是日本最初版哥斯拉的两倍多，后者"只有"164英尺高。我立即做出回应，告诉那名记者，她所能联系到的几乎任何一位科学家都会告诉她，像哥斯拉这样的怪兽根本不可能存在，原因在于，如果它也是由构成人体（所有生命）的基础材料构成的，它不可能正常运转，而会因自己的体重而崩塌。

早在400多年前现代科学刚刚开端时，伽利略便已经阐明了这一论断的科学依据。它在本质上是简单的关于规模缩放的论断：伽利略曾经发问，如果你尝试无限度地按比例扩大一只动物、一棵树或一栋建筑物，结果会怎么样？他的回答是，他发现增长是有限度的。他的论点确定了今天所有有关比例参数研究的基础模板。

人们在提到伽利略时，通常把他称作"现代科学之父"，这是实至名归的，他对物理学、数学、天文学、哲学做出了影响深远的贡献。或许，他最为人所知的便是在比萨斜塔塔顶所做的那个神秘实验：让两个尺寸、构成成分完全不同的物体自由落体，以证明它们最终会同时落地。这一非直观的观察与当时人们普遍接受的亚里士多德的理论相矛盾。后者认为，较重的物体的下落速度比较轻的物体快，而且下落速度与物体重量呈比例关系，这一根本性的错误观念在2 000年的时间里为人们所普遍信服，直到伽利略对其进行检验。现在回想起来，在伽利略进行研究之前，似乎没有人曾经想过，更别说动手检验这一"不言而喻的事实"了，这实在令人感到惊讶。

图2-1　35岁（左）和69岁（右）的伽利略

他在不到79岁时便去世了。我将在第4章中详细地阐述在这些画像中栩栩如生地表现出来的衰老和即将到来的死亡。

伽利略的实验彻底改变了人们对运动和动力学的认知，并为牛顿提出著名的万有引力定律铺平了道路。这些定律为理解地球乃至整个宇宙的所有运动提供了一个精确的定量化和预测性的数学框架，并由此用同样的自然规律将天空与大地统一在一起。这不仅重新定义了人类在宇宙中的地位，而且为之后的所有科学提供了黄金标准，也为即将到来的启蒙时代及过去200年的技术革命奠定了基础。

伽利略还因改良了望远镜和发现木星的卫星而闻名于世，这使他坚信哥白尼的日心说。由于继续坚持基于自己观察所得的日心说，伽利略最终付出了沉重的代价。在69岁高龄时，拖着病体的伽利略被带到罗马宗教裁判所，并被裁定为异端。他被迫放弃自己的观点，在经历短暂的关押之后，他在软禁中度过了余生（他又活了9年时间，其间还双目失明）。他的作品被禁，并登上了罗马教廷的《禁书目录》(*Index Librorum Prohibitorum*)。直到200多年后的1835年，他的作品才从该目录中被撤下。直到将近400年后的1992年，教皇约翰·保罗二世（John Paul II）

才公开就伽利略的遭遇表达歉意。我们应该清醒地认识到,人类在很久以前是使用希伯来文、希腊文、拉丁文等语言表达基于观念、直觉甚至偏见的文字的,这要远远重于基于科学观察的证据及数学逻辑。但很不幸的是,我们今天依然无法摆脱这种被误导的思维方式。

尽管可怕的悲剧降临到了伽利略的头上,但人类从他的监禁中得到了好处。幸运的是,正是在被软禁期间,他写出了可能是他一生中最好的作品,同时也是科学文献史上真正伟大的书籍之一,这就是《关于两种新科学的对话与数学证明》(*Discourses and Mathematical Demonstrations Relating to Two New Sciences*)。[1] 这本书基本上是他40年来如何系统性地应对"以逻辑、理性的框架理解我们周遭自然世界"这一挑战的研究成果。就其本身而言,它奠定了牛顿所做出的同样伟大的贡献及之后许多科学成就的基础。爱因斯坦在赞扬这本书时把伽利略称作"现代科学之父",这一点儿也不夸张。[2]

这是一本伟大的书籍。尽管被禁,且语言和体例有些老旧,但它出人意料地具备很强的可读性和趣味性。他在书中采用了三人[辛普利西奥(Simplicio)、萨格雷多(Sagredo)、萨尔维亚蒂(Salviati)]对话的形式。在他们三人见面的四天时间里,他们就不同的大小问题展开讨论和辩论,这些问题也是伽利略希望解答的。辛普利西奥代表的是普通"外行人",他对这个世界充满好奇,询问了一系列显而易见且幼稚的问题;萨尔维亚蒂是那个聪明的家伙(伽利略自己),知道所有问题的答案,并且以一种既引人入胜又充满耐心的方式进行了解答;而萨格雷多则是中间人,他一方面挑战萨尔维亚蒂,另一方面又鼓励辛普利西奥。

在对话的第二天,他们将注意力转移到有些晦涩难懂的有关绳索和横梁强度的问题上来。正当你思考这一沉闷乏味的、迷失方向的讨论时,

规　模

浓雾渐渐散去，太阳出来了，萨尔维亚蒂做出了如下声明：

> 就像已经论证过的那样，你显然可以看到，不可能将艺术界或自然界中组织的规模扩大到巨大无比的尺寸；同样，也不可能建造巨大无比的轮船、宫殿或寺庙，让它们的船桨、院子、横梁、铁螺栓及其他所有部件组装在一起；自然界也不可能长出巨大无比的树木，因为树枝将会因其自身重量而断裂；同样，如果人、马或其他动物的身高无限度地增长，就无法构造出其骨骼框架并使其发挥正常的功能……因为它们自身的重量也会无限度地增长，导致它们跌倒并被自身的重量碾碎。

情况是这样的：我们有关巨型蚂蚁、甲虫、蜘蛛或者哥斯拉的不切实际的幻想早在近400年前就被伽利略猜测出来了。他当时便极为聪明地证明，它们在物理学上是不可能存在的，尽管我们可以通过动画或电影工业手段形象地将它们展示出来。或者更为精确地说，它们能够长到多大要受到基本的限制。因此，许多科幻形象真的就是虚构出来的。

伽利略的观点简单直接，却有着深远的影响。此外，其观点还为我们将在后文提到的许多概念做了很好的介绍。其观点主要包括两个部分：一个是基于几何的论据，它表明了一个物体的面积和体积随着其边长的增长而成比例增长（见图2-2）；另一个是基于结构的论据，它表明了支撑建筑物的柱梁、支撑动物的四肢或支撑树木的树干的强度与它们的横截面面积是成正比的（见图2-3）。

在下面这个方框内，我描述了其观点第一部分的非技术性版本。它显示出，如果一个物体的形状是固定的，当它按比例扩大时，它所有平面的面积都按照边长的平方扩大，而它们的体积将按照边长的立方扩大。

伽利略有关面积和体积比例变化的观点

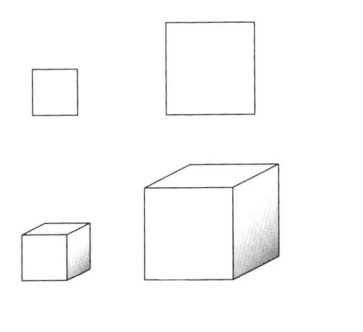

当所有边长增长一倍时，它的
面积增长至 $2 \times 2 = 4$（2^2）倍
体积增长至 $2 \times 2 \times 2 = 8$（2^3）倍

强度与横截面面积成正比

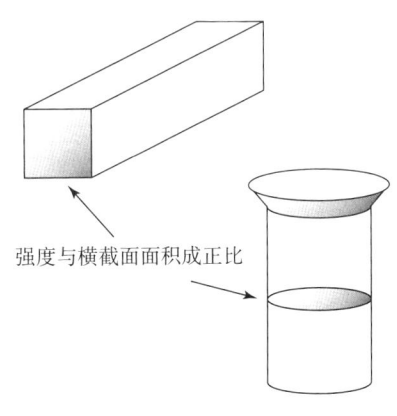

图 2-2　面积和体积与边长的比例关系　　图 2-3　强度与横截面面积成正比

图 2-2 表明了正方形的面积和立方体的体积如何按比例变化。图 2-3 表明柱梁或肢干的强度与横截面面积成正比。

我们从最简单的几何物体开始考虑，比如一块正方形的地砖，想象一下把它按比例扩大到更大的尺寸，见图 2-2。具体来说，让我们把它的边长确定为 1 英尺，它的面积，即相邻两边边长相乘为 1 英尺 ×1 英尺 =1 平方英尺。现在，让我们来假设所有边长增长一倍，由 1 英尺变成 2 英尺，其面积将增长至 2 英尺 ×2 英尺 =4 平方英尺。相似地，如果我们把边长增长至 3 英尺，其面积将增长至 9 平方英尺，以此类推。概括起来的规律是明确的：面积将按边长的平方倍数增长。

这一关系适用于所有二维几何图形，不仅仅是正方形，只要其形状是固定的，则其所有的线性尺寸都会按照相同的倍数增长。

043

> 一个简单的例子便是圆形，例如，如果其半径增长一倍，其面积将增长至原来的2×2=4倍。一个更加普遍的例子是，将你的房子的每条线的边长增长一倍，并保持其形状和结构布局不变，比如其墙面和地板等所有平面的面积将增长至原来的4倍。
>
> 这一论断可以直接从面积延伸到体积。让我们先看一个简单的立方体：如果它的边长增长一倍，从1英尺增长至2英尺，它的体积就将从1立方英尺增长至2英尺×2英尺×2英尺=8立方英尺。同理，如果其边长增长至3英尺，其体积就将增长至3英尺×3英尺×3英尺=27立方英尺。如同面积一样，这同样可以直接概括所有其他物体，无论其形状如何，只要保持固定不变，我们就可以得出结论：如果我们扩大比例，其体积将按照线性尺寸的立方倍数增长。

因此，当一个物体的边长增长时，它的体积的增速要远快于面积的增速。让我来举一个简单的例子：如果你把自己家房屋每条线的边长都增长一倍，它的形状不会发生变化，它的体积将增长至原来的2^3=8倍，它的占地面积只会增长至原来的2^2=4倍。举一个更加极端的例子，假设每条线都增长至原来的10倍，那么包括地面、墙面和天花板在内的所有平面的面积都将增长至原来的10×10=100倍，而房屋的体积则将增长至原来的10×10×10=1 000倍。

这对我们周围世界的设计和功能都将产生巨大的影响，无论是我们工作和生活于其中的建筑物，还是自然界中动物和植物的结构。例如，大多数暖气、冷气和光线都分别与暖气片、空调和窗户的表面积存在比例关系。因此，它们的效率增速将远远慢于需要加热、冷却或照明的生活空间的体积。当一座建筑扩大时，其体积也同样会不成比例地增长。同理，对大型动物而言，消耗掉通过新陈代谢和身体活动所产生的热量可能也会成为一个问题，因为与小型生物相比，消耗热量的身体表面积和体积之间的比例要小得多。例如，大象便进化出了面积不相称的庞大耳朵，通过增加身体表面积消散更多的热量，这才解决了这个挑战。

在伽利略之前的许多人可能都曾意识到面积和体积按比例缩放的根本不同。他所贡献出来的新洞见在于将这一几何学上的发现和他的发现结合在一起，即柱梁和肢干的强度是由它们的横截面面积决定的，而不是由它们的长度决定的。因此，假设一根柱子的矩形横截面面积为 2 英寸 × 4 英寸（=8 平方英寸），那么它便可以支撑 4 倍于横截面边长只有它一半的类似材料制成的柱子所能支撑的重量，而无论这些柱子有多长。第一根柱子可以是 4 英尺长，第二根柱子可以是 7 英尺长，这都没有关系。这就是参与建筑的建筑工人、建筑师、工程师都要根据横截面面积挑选木材的原因，也是家得宝和劳氏公司的木材区在展示木材时要注明"2×2、2×4、4×4"等尺寸的原因。

现在，当我们放大一栋建筑物或一只动物时，其重量也会随着体积的增长而相应增长，前提是其构成材质不能发生变化，以使密度保持一致。因此，体积增长一倍，重量便增长一倍。这样一来，一根柱子或一条腿所能够支撑的重量的增长幅度就要高过强度的增长幅度，因为重量（就像体积一样）的增长幅度是线性尺寸的立方倍数，而强度的增长幅度只是线性尺寸的平方倍数。为了强调这一点，假设一栋建筑物或一棵树的高度增长至原来的 10 倍，并保持形状不发生变化，那么需要被支撑的重量就将增长至原来的 1 000（10^3）倍，而支撑建筑物或树的柱子或树干的强度值增长至原来的 100（10²）倍。因此，安全支撑额外重量的能力只有此前的 1/10。由此一来，无论是什么组织或结构，如果它的规模尺寸任意增长，它的自身重量都终将会把它压垮。尺寸和增长都是有限度的。

换句话说，随着规模尺寸的增长，其相关强度会逐步变弱。或者，就像伽利略生动地表述的那样："体形越小，其相对强度越大。因此，一只小狗能够背负两三只与自身同等大小的狗，但我相信，一匹马连一匹与自身同等大小的马都驮不了。"

2. 误导性结论和规模缩放的错觉：超人

超人首次出场于1938年，至今依然是科幻世界中最伟大的偶像之一。我复制了1938年最初版《超人》漫画书中的第一页，该页解释了超人的来源。[3] 他最初是来自氪星的一个婴儿，"该星球居民的身体构造比我们人类要先进数百万年。在成年之后，这个种族的人就会拥有巨大无比的力量。"在进入壮年期后，超人"可以很轻松地纵身一跃跨过1/8英里，跨越20层高的大楼，举起硕大无比的重物，跑得比特快列车还快"，这一切都在广播版、电视版和电影版《超人》的著名介绍中做了总结："速度快过子弹，力量大过火车头。他能够纵身一跃，跳过高楼大厦……这就是超人。"

这一切都可能是真实的。然而，在第一页的最后一幅图中，出现了另一个大胆的声明，它的重要性通过大写字母体现出来："对克拉克·肯特（Clark Kent）惊人力量的科学解释……不可思议？不！即便在今天，世界上依然存在拥有超级力量的生物！"为了支持这一说法，它还举了两个例子："蝼蚁能够举起数百倍于自身重量的物体"，"蚂蚱跳跃的距离相当于人类跨越几个街区的长度"。

02 万物的尺度：规模法则

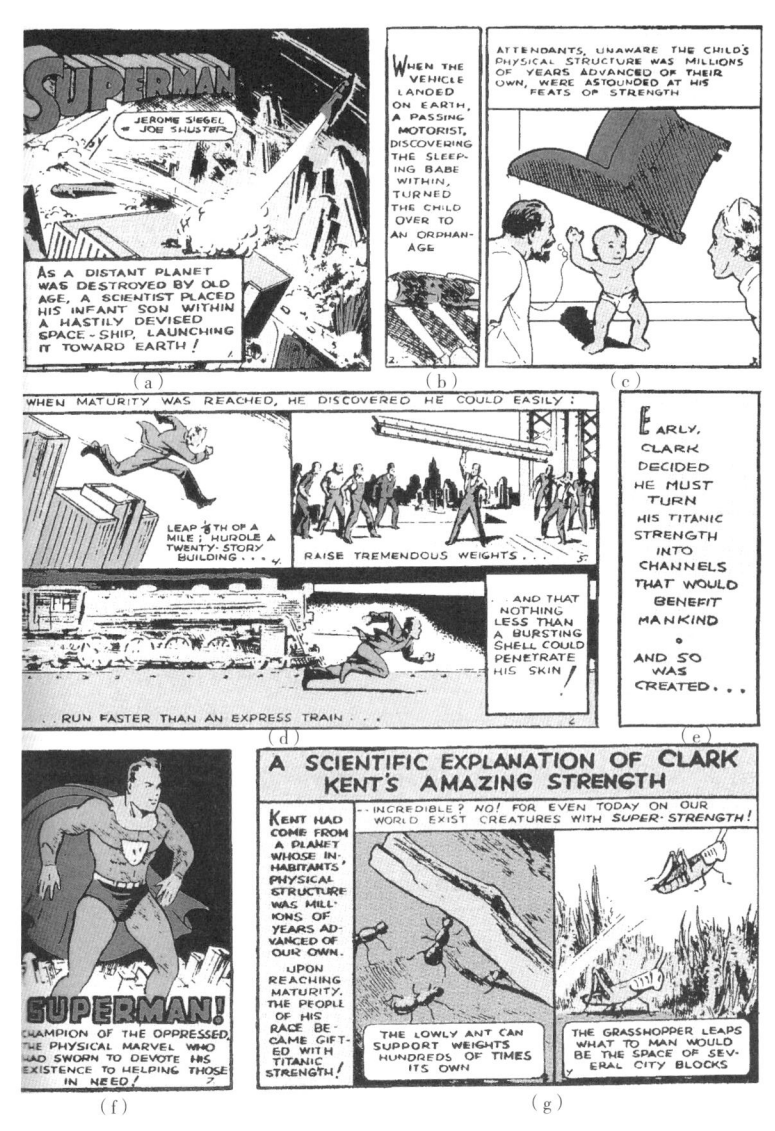

图 2-4 超人的神秘来源及关于他的超级力量的解释（节选自 1938 年最初版《超人》漫画书的第一页内容）

（a）随着一个遥远星球被摧毁，一位科学家将自己还是婴儿的儿子放入一个匆忙设计好的太空飞船中，并将它朝地球发射过去。

047

规　模

（b）飞船降落在地球上，一个路过的司机发现了熟睡中的婴儿，并把他带到了孤儿院。

（c）孤儿院的工作人员不知道这个婴儿的身体结构比他们要先进数百万年，对他的力量感到惊讶无比。

（d）在他成年后，他发现自己可以很轻松地纵身一跃跨过1/8英里，跨越20层高的大楼，举起硕大无比的重物，跑得比特快列车还快……爆炸的弹壳也无法穿透他的皮肤！

（e）年少的克拉克决定，他一定要把他巨大的力量转化为对人类有益的事情，由此产生了……

（f）超人！被压迫人士的捍卫者。物理界的奇迹发誓要帮助那些有需要的人。

（g）对克拉克·肯特惊人力量的科学解释：肯特来自一个星球，该星球居民的身体构造比我们人类要先进数百万年。在成年之后，这个种族的人就会拥有巨大无比的力量。不可思议？不！即便在今天，世界上依然存在拥有超级力量的生物！蚂蚁能够举起数百倍于自身重量的物体。蚂蚱跳跃的距离相当于人类跨越几个街区的长度。

　　正如这些例子看上去那么有说服力一样，它们代表了从正确的事实中得出错误和误导性结论的经典案例。至少从表面来看，蚂蚁似乎比人类强壮得多。然而，正如伽利略所说，随着体积的缩小，相对强度会系统性增加。因此，体形从一只狗缩小至一只蚂蚁要遵循力量随体积比例变化的简单法则。这表明，如果一只小狗能够背负两三只自身体形大小的小狗，一只蚂蚁就能够背负100只自身体形大小的蚂蚁。此外，由于我们的重量是一只普通蚂蚁的1 000万倍，相同的理论将表明我们只能背负一个体形相仿的人。蚂蚁事实上拥有与它体形相称的力量，我们人类也一样，由此蚂蚁能够举起数百倍于自身重量的物体没有什么令人吃惊的。

　　错误想法出现的原因是，人们天生倾向于线性思考，就像一只动物的体积加倍将促使其力量加倍的假设一样。如果真是这样的话，我们将会比蚂蚁强壮1 000万倍，我们将能够举起1吨重的物体，相应地我们也将能够举起10个人，就像超人一样。

3. 数量级、对数、地震和里氏震级

我们刚刚已经看到，如果一个物体的边长增长至原来的10倍，且保持形状或构成成分不变，它的面积（及强度）就会增长至原来的100倍，它的体积（及重量）就会增长至原来的1 000倍。与之相类似的连续的10次幂被称作数量级，通常以简化的 10^1、10^2、10^3 等来表示。其中，10的右上角的小数字又被称作指数，它代表1后面所跟的0的个数。因此，10^6 是 1 000 000 的简写，或称6个数量级，因为它是1后面跟了6个0。

按照这一语言表达方式，伽利略的理论成果可以这样表述：如果长度每增长至原来的1个数量级的倍数，面积和强度就增长至原来的2个数量级的倍数，体积和重量就增长至原来的3个数量级的倍数。据此我们也可以得出，如果面积每增长至原来的1个数量级的倍数，体积就增长至原来的3/2（即1.5）个数量级的倍数。强度和重量之间也有类似的关系：如果强度每增长至原来的1个数量级的倍数，其可以支撑的重量就增长至原来的1.5个数量级的倍数。相反，重量每增长至原来的1个数量级的倍数，强度只会增长至原来的2/3个数量级的倍数。这便是非线性关系的基本表现形式。线性关系则意味着，面积每增长至原来的1个数量级的倍数，体积也会增长至原来的1个数量级的倍数。

尽管我们许多人并不知道，但通过媒体对地震的报道，我们所有人都会接触到数量级的概念，包括分数数量级。我们经常听到有如"洛杉矶今天发生中等规模地震，震级为里氏5.7级，许多建筑物都有震感，但只造成非常小的破坏"的新闻报道。我们偶尔还会听到类似1994年的洛杉矶北岭地震的地震新闻，只大了1个单位的里氏震级，却造成了巨大的破坏。震级为里氏6.7级的北岭地震造成了超过200亿美元的损失，

规　模

60人死亡，它也因此成为美国历史上造成损失最大的一次自然灾害，而一场里氏5.7级的地震所造成的损失几乎可以忽略不计。尽管震级只有小幅增长，但造成了截然不同的影响，因为里氏震级是以数量级来定义地震规模的。

由此一来，增长1个单位意味着增长至原来的1个数量级的倍数。因此，一场里氏6.7级地震的规模实际上是里氏5.7级地震规模的10倍。同样，一场里氏7.7级的地震，如2010年发生在印度尼西亚苏门答腊的地震，其规模是北岭地震的10倍，也是里氏5.7级地震的100倍。苏门答腊地震发生地的人口相对较少，但仍然因引发海啸而造成了大面积的破坏，两万人被迫迁徙，近500人遇难。可悲的是，2005年，苏门答腊曾遭遇另一场更具破坏性的地震的袭击，其震级达到了里氏8.7级，规模也因此是2010年该地区地震的10倍。很明显，除了规模以外，一场地震所引发的破坏在很大程度上也取决于当地的条件，如人口规模和密度、建筑物强度和基础设施等。虽然1994年北岭地震及最近的2011年日本福岛地震的震级分别只有里氏6.7级和里氏6.6级，但均造成了巨大的破坏。

里氏震级其实测量的是地震在地震仪上所记录下的地震波幅度。其相应释放能量的数量则与这一地震波幅度呈非线性比例关系，所测量到的地震波幅度每增长至原来的1个数量级的倍数，其所释放的能量便增长至原来的1.5个数量级的倍数。这意味着地震波幅度上2个数量级的区别，即2个里氏震级的差别，相当于释放能量3个数量级的差别，而1个地震波幅度数量级的差别则相当于释放能量差别了1 000的平方根，即31.6。[4]

为了了解地震所带来的巨大能量，请阅读下列数字：引爆1磅（或0.5千克）TNT（梯恩梯）炸药所释放的能量大致相当于里氏1级地震所释放的能量；里氏 3 级地震所释放的能量则相当于约 1 000 磅（或约 500 千克）TNT 炸药爆炸所释放的能量，规模差不多相当于 1995 年俄克拉何马城爆炸释放的能量；里氏 5.7 级地震相当于 5 000 吨 TNT 炸药；里氏 6.7 级地震（北岭地震和福岛地震）相当于 17 万吨 TNT 炸药；里氏 7.7 级地震（2010 年苏门答腊地震）相当于约 540 万吨 TNT 炸药；里氏 8.7 级地震（2005 年苏门答腊地震）相当于 1.7 亿吨 TNT 炸药。迄今有记录的震级最大的一次地震是 1960 年的智利瓦尔迪维亚大地震，震级达到了里氏 9.5 级，相当于 23 亿吨 TNT 炸药爆炸释放的能量，几乎是北岭地震或福岛地震的 1 000 倍。

如果做一对比，1945 年被投到广岛的原子弹（"小男孩"）释放的能量相当于大约 1.5 万吨 TNT 炸药爆炸释放的能量。一颗氢弹所释放的能量通常为原子弹的 1 000 倍，等同于里氏 8 级地震。如果你意识到 1.7 亿吨 TNT 炸药爆炸，即 2005 年苏门答腊地震的规模，能够为拥有 1 500 万人口的城市（相当于整个纽约都会区）提供一整年的燃料，你就知道这些是多么巨大的能量了。

我们没有按照 1 倍、2 倍、3 倍、4 倍、5 倍……这样线性增长，而是以 10 的倍数增长，就像里氏震级一样：10^1 倍、10^2 倍、10^3 倍、10^4 倍、10^5 倍……这样的比例被称作对数。请注意，数量级的数字其实呈线性增长，就像 10 的右上角的指数那样。对数刻度允许人们在绘图时将差别巨大的数量标注在同一条轴上，如瓦尔迪维亚大地震、北岭地震和一管炸药之间的量级便覆盖了 10 亿（10^9）的范围，如果使用线性作图的办法，就不可能实现，因为几乎所有事件都将会堆积在图的下部。为了将可能相差 5~6 个数量级的所有震级的地震囊括在一张线性标绘的图上，可能需要一张长达数英里的纸，因此人们才发明了里氏震级。

因为它能够方便地使相差幅度很大的数量都在一张纸的一条线上体现出来，对数技巧在所有科学领域都被广泛使用。恒星的亮度、化学溶液的酸度（pH 值）、动物的生理特点、国家的 GDP 都是广泛使用这一技巧覆盖所有数量变化范围的例子。第 1 章中的图 1-1~ 图 1-4 也是用对数技巧绘制的。

4. 举重与验证伽利略

科学的基本构成要素之一，同时也是其区别于其他知识探索的因素在于，坚持通过实验和观察证实假说。这一点非比寻常，亚里士多德关于物体下落速度与其重量相关的声明花费了 2 000 多年的时间历经检验，且被发现存在错误。可叹的是，我们今天的许多信条和信念，尤其是非科学领域的，依然未经受检验。尽管人们从未进行过任何认真的证伪努力，但依然固执地坚持，这有时会给我们带来不幸，有时甚至会带来灾难性的后果。

因此，在我们就 10 的次方绕道前行之后，我想利用我们学到的数量级和对数来挑战验证伽利略所做的关于力量如何随重量变化的预言。我们能否证明，在现实世界中，力量真的会随着重量的增加而以 2/3 个数量级的比率相应增加呢？

1956 年，化学家 M. H. 利兹克（M. H. Lietzke）发明了一种简单直接的方式证明伽利略的预测。他意识到不同体重级别的举重比赛为我们提供了一个数据组，表明最大力量如何随着体重的变化而按比例变化，至少在人类中是这样的。所有的举重冠军都努力使自己能够举起的负荷最大化，为了达到这一点，他们都以大致相同的密度和强度训练，这样一来，我们是在近似相同的条件下对他们的力量进行比较的。此外，冠军是通过三种不同的举重形式（推举、抓举、挺举）决定的，综合汇总这三种形式的重量能够有效地获得举重个体在不同才能方面变量的平均值。这些总和也就成为最大力量的良好测试指标。

利兹克选取了1956年奥运会举重比赛中所有这三种举重形式的成绩总和，他出色地证明了力量随着体重的增加而以2/3个数量级的比率相应增加的预测。举重冠军的成绩总和与他们的体重在图2-5中用对数技巧绘制，每个轴的刻度增长幅度都是10的倍数。如果横轴上标注的体重数值每增长至原来的3个数量级的倍数，纵轴上标注的力量数值便增长至原来的2个数量级的倍数，那么，数据的分布就应该是一条斜率为2/3的直线。利兹克测出的值为0.675，非常接近预测值2/3（0.667）。他的图如图2-5所示。[5]

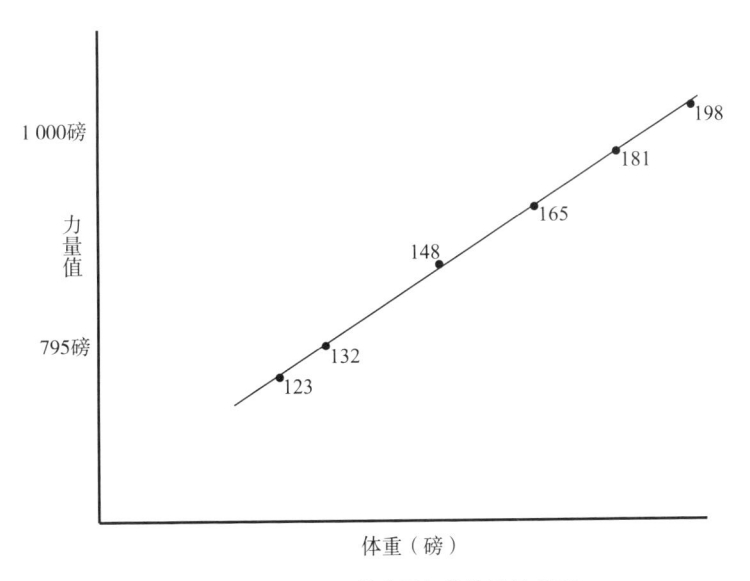

图2-5 举重冠军的力量与其体重的关系

图 2-6 举重比赛

1956年奥运会举重冠军举起的总重量和他们的体重用对数标绘，证实了斜率为2/3。谁是最强壮的？谁是最弱的？

5. 个体表现与规模缩放的偏差：世界上最强壮的人

鉴于比例观点的简单性，举重数据所表现出来的规律性及力量随着体重的增加而以2/3个数量级的比率相应增加的预言或许看上去令人吃惊。虽然我们每个人都有不同的体形、身体特征、历史、基因等，但都不会导致2/3的预言发生偏差。经过相似程度训练的冠军所举起的总重量有助于使这些个体差异达到平均数。另外，我们所有人差不多由相同的材料构成，生理机能也都十分相似。我们发挥的功能很相似，如图2-5所示，至少在力量方面，我们都是彼此按比例缩放的版本。的确，我希望看完本书后你会相信，这一广泛的相似性存在于你生理和生命史的方方面面。事实上，当我提到"我们"是彼此按比例缩放的版本时，并不仅仅指人类，而是指所有哺乳动物，从不同程度上来说，是指所有生命体。

另一个看待这些规模法则的途径是，它们提供了一条理想化的基线，抓住了最主要、最重要的特点，不仅将作为人类的我们统一起来，而且也把作为生物体和生命形式的不同变体统一起来。每一个个体、每一个物种，甚至每一个种群，都与规模法则所表现出的理想规范存在不同程度的偏差，这些偏差反映的是代表个性的具体特征。

让我用举重的例子来说明。如果你仔细观察图2-5，就会清楚地发现其中有4个点几乎都排列在线上，表明这些举重选手都精确地举起了他们的体重应该举起的重量。然而，请注意其余两个点，一个重量级选手和一个中量级选手，都稍微偏离了线，一个在线之上，一个在线之下。因此，那位重量级选手其实相对于他的体重而言表现不佳，尽管他举起的重量超过了其他人；而那位中量级选手相对于他的体重而言则表现超常。换句话说，从一位物理学家的竞赛场平等主义的角度而言，1956年奥运会上最强壮的人其实是那位中量级冠军，因为他的表现相对于他的体重而言是超常发挥的。具有讽刺意味的是，从这个科学比例角度而言，所有冠军中最弱的是那位重量级选手，尽管他举起的重量超过了其他人。

6. 更多的误导性结论和规模缩放的错觉：从大象的LSD剂量到儿童泰诺药剂量

规模和规模缩放的作用遍及医疗与健康领域，尽管规模法则内在的概念性框架并未明确无误地整合到生物医药专业中。例如，我们都知道，存在着标准表显示我们的身高、生长率、食物摄入量，甚至腰围应该如何与我们的体重相关联，或者这些指标在我们早期生长阶段应该如何发生变化。这些标准表正是被认为适用于普通健康人群的规模法则的表现。事实上，医生们接受培训来识别这些变量的平均值与病人的体重和年龄之间的关系。

同样为人所熟知的还包括相关联的不变量概念，如我们的脉搏或体温，它们不会随着普通健康个体的体重或身高的变化而发生系统性变化。这些不变量的平均值所发生的显著偏差通常被用于诊断疾病或不健康状态。体温达到 101°F（约 38.33℃）或者血压达到 275/154[①]就是身体出现问题的信号。现在，一次标准体检将产生大批此类数据，用于让医生评估你的健康状况。医疗与健康产业的一大挑战是，弄清楚生命的基础量化尺度，并由此扩大普通健康人群的一整套指标，包括能够容许的最大指标变化范围或偏差。

不足为奇，许多医学上的重要问题都可以通过规模缩放的方式加以解决。在后文中，我们将看到从衰老、死亡、睡眠到癌症等所有人都关心的几个重要健康问题都将通过这一框架得以解决。然而，我在这里想卖个关子，先思考一些同样重要的医学问题，这牵扯到伽利略有关面积和体积那有悖直觉的缩放的洞见。这些问题将告诉我们错误的想法有多么容易产生，无意中使用的线性推断方法将会导致严重的误导性结论。

在新药的研发及对许多疾病的研究中，许多工作都是在所谓的"模型动物"身上进行的，最典型的是标准的老鼠，它们被饲养并改良，专门用于研究。对医疗和医药研究而言，非常重要的一个问题是，这些研究得出的结论如何按比例放大到人类身上，以开出安全、有效的剂量，或者得出有关诊断和治疗流程的结论。一个关于如何实现这一目标的综合性理论尚未出现，尽管制药产业花费了大量资源用于在研发新药时解决该问题。

关于这样的挑战和陷阱，其中一个经典例子便是早期对 LSD 在人体中的潜在疗效的研究。尽管"迷幻剂"一词早在 1957 年便被创造出来，但在 1962 年，除了精神病学领域外，其他人对该药物几乎一无所知。精神病医师路易斯·韦斯特（Louis West）、俄克拉何马大学的切斯特·皮

[①] 275/154 为收缩压/舒张压的数值，收缩压和舒张压的单位均为毫米汞柱。1 毫米汞柱 =133.322 帕。——编者注

尔斯（Chester Pierce）及俄克拉何马城动物园的动物学家沃伦·托马斯（Warren Thomas）提议，用大象来研究这种药物的疗效。

大象？是的，大象，特别是亚洲象。尽管利用大象而非老鼠作为研究LSD疗效的"模型"或许听起来有些古怪，但这样做也有一些听上去不那么完全难以置信的理由。亚洲象会定期经历从正常的平静顺从状态向最长为期两周的高度攻击性，甚至危险性状态的无法预测的转变。韦斯特和他的合作伙伴认为，这一被称作狂暴状态的奇怪且通常具有破坏性的行为是由大象脑中自动产生的LSD引发的。因此，他们想要观察LSD是否确实将引发这一奇怪状态。如果果真如此，就可以通过研究大象如何反应获得有关LSD在人体上的疗效的信息。这很奇怪，但或许并非完全不合理。

然而，这随即引发了一个有趣的问题：你应该给大象多大剂量的LSD？

当时，没有人知道LSD的安全剂量。尽管它尚未广为人知，但人们知道，即使是不到0.25毫克剂量的LSD也会使人陷入幻觉。对猫来说，LSD的安全剂量是每千克体重0.1毫克。研究人员选择后面的数字来估算他们应该给大象图什科（Tusko）的LSD剂量。图什科是住在俄克拉何马城林肯公园动物园内的大象，也是他们的研究对象。

图什科体重为约3 000千克，因此，他们预计，根据已知对猫安全的剂量，对图什科安全且适当的剂量应该是每千克0.1毫克乘以3 000千克，即300毫克的LSD。他们实际的注射量是297毫克。请记得对你我而言，适当的LSD的剂量是不到0.25毫克。最终在图什科身上的结果是戏剧性和灾难性的。此处我直接引用他们论文中的话："在实施注射5分钟后，它（大象）开始大声叫起来，轰然倒下，重重地摔向右侧，排便，并进入持续癫痫状态。"可怜的老图什科在 1 小时 40 分钟之后便死亡了。或许与这一糟糕后果同样令人不安的是，研究人员得出结论，大象对 LSD 相当敏感。

当然，问题就是我们已经反复强调过几次的那个问题，即那诱人的线性思维陷阱。对图什科身上应该使用多大剂量 LSD 的计算基于以下这一隐含的假设，即有效、安全的剂量随体重的变化而呈线性比例变化，如此一来，每千克体重所使用的剂量被假定为适用于所有哺乳动物。从猫身上获取的每千克体重 0.1 毫克的剂量也因此被天真幼稚地乘以图什科的体重，得出了不切实际的 297 毫克的预测，并带来了灾难性的后果。

药物剂量应该如何从一种动物身上按比例缩放到另一种动物身上，这依然是一个开放性问题，在不同程度上取决于药物和需要面对的医疗状况的详细特性。然而，无论细节如何，都必须了解药物被运送到具体的器官和组织并被吸收的机制，由此获得可信的预测值。在其中涉及的诸多因素中，代谢率扮演着重要的角色。如同代谢物和氧气一样，药物通常被运输穿过细胞膜，有时通过扩散的方式，有时则通过网络系统运输。由此一来，决定剂量的因素便在很大程度上受制于一个生物体的表面积，而非其体积或重量，而且这些因素随着体重的变化而非线性地发生比例变化。利用把面积作为体重函数的 2/3 这一规模法则进行简单计算我们便可发现，对大象而言，更加适当的剂量应该接近几毫克，而非实际中执行的几百毫克。若如此，图什科毫无疑问会存活下来，研究人员也会得出完全不同的关于 LSD 疗效的结论。

我们得到的教训是清晰的：药物剂量的缩放变化是复杂的，如果不正确操作或未关注到药物输送和吸收的机制，天真幼稚的做法可能会导致不幸的后果和错误的结论。这显然是一个极其重要的问题，有时甚至关乎生死。这是新药需要很长时间才能获批普遍应用的一个主要原因。

为免你误认为这是某种边缘性的研究,我要注明这篇有关大象和LSD的论文被发表在全球最受推崇、最有声望的期刊之一——《科学》(*Science*)上。[6]

我们许多人都遇到过孩子发烧、感冒、耳痛及其他异常的情况,从中也熟知了药物剂量应该如何随体重变化而按比例变化的问题。我记得,许多年前,我曾经试着安抚发着高烧、在深夜哭闹的婴儿。当时我发现,儿童泰诺药瓶标签上标注的推荐剂量是随体重增减而线性变化的。由于熟知图什科的悲惨故事,我感到有些担忧。标签上有一个小表格,上面显示不同年龄和体重的儿童应该使用多大的剂量。例如,对一个6磅重的婴儿来说,推荐的剂量是1/4茶匙(40毫克),而对36磅重(6倍重量)婴儿的推荐剂量是1.5茶匙(240毫克),正好是前者的6倍。然而,如果遵照非线性的2/3次幂规模法则,后者的剂量应该只是前者的$6^{2/3}≈3.3$倍,即132毫克,只有推荐剂量的一半。因此,如果6磅重婴儿推荐使用1/4茶匙的剂量正确的话,推荐36磅重婴儿使用1.5茶匙的剂量则比正确剂量多了近一倍。

我希望这不会让孩子们处于风险之中,但我近年来注意到,此类表格未再出现在药瓶上或制药公司的网站上。然而,有些网站上仍然刊登有表格,表明对36~72磅重婴儿的推荐剂量是按线性比例增长的,尽管它们现在聪明地建议不足36磅重(不到两岁)的婴儿在使用药品前应该首先咨询医生。即便如此,其他值得信赖的网站还在推荐年龄不到两岁的婴儿使用的剂量按线性比例增长。[7]

7. BMI、凯特勒、平均人和社会物理学

另一个与规模缩放相关的重要医疗问题是，把 BMI 当作体脂量的代名词，并且根据外推法，将其作为健康的一项重要指标。近年来，由于在肥胖诊断过程中的普遍应用，以及与高血压、糖尿病、心脏病等许多有害健康问题的关联，BMI 已经成为热门话题。虽然 150 多年前比利时数学家阿道夫·凯特勒（Adolphe Quetelet）仅仅把 BMI 当作一个区分久坐人士的简单指标而提出这一概念，但如今它已在医生和普罗大众中获得了强大的权威性，尽管 BMI 的理论基础目前还存在一定的模糊性。

在 20 世纪 70 年代开始流行之前，BMI 其实被称为"凯特勒指数"。尽管凯特勒受过数学训练，但其实他是一名博学者，并在许多科学领域，包括气象学、天文学、数学、统计学、人口学、社会学和犯罪学领域，都做出了贡献。他的主要遗产便是 BMI，但这只是他热衷于用严肃的统计学分析和定量思维解决关乎社会利益问题的牛刀小试。

凯特勒的目标是理解犯罪、婚姻、自杀率等社会现象背后的统计学规律，并探索它们之间的相互关系。他最有影响力的书籍是出版于 1835 年的《论人和人类能力的发展：社会物理学论文》（*On Man and the Development of His Faculties, or Essays on Social Physics*）一书。在将其翻译为英文时，书名又被缩写为更加宏大的《论人类》（*Treatise on Man*）。在这本书中，他提出"社会物理学"一词，并阐述了他的"平均人"概念。这一概念非常符合我们此前讨论伽利略有关虚构的"平均人"的力量如何随着其体重和身高的变化而按比例变化的论点精神，或者关于我们的体温和血压等生理学特性存在平均基准值的观点。

"平均人"是由足够庞大的人口采样群体的不同生理指标和社会指标的平均值确定的，包括一切指标，从身高、寿命到婚姻次数、饮酒量及

疾病发生率等。然而，凯特勒在这些分析中引入了某些新的、重要的元素，即这些数量在其平均值上下的统计学变量，包括对它们的相关概率分布的预测。他发现，这些变化大多呈正态分布（高斯分布），这又被广泛称作"钟形曲线"。因此，除了对这些不同的数量进行平均值测量外，他还分析了它们相对平均值变化的分布。例如，健康的定义不仅要有这些指标的具体数值［如体温 98.6°F（37℃）］，而且它们还必须处于清晰的界限之内，这些界限是由所有人中的健康个体平均值的变化决定的。

　　凯特勒的观点及他对社会物理学的使用在当时颇具争议，因为它们被解读为暗示了社会现象存在着确定性框架，并由此与自由意志和选择自由的观念相抵触。现在看来，这是令人吃惊的，因为凯特勒沉迷于统计的方差，我们现在可以认为这提供了一种量化方式，决定了我们拥有偏离标准多远的选择自由。约束社会或生物系统结构和发展的基础"法则"的角色与它们可以在多大程度上被"违反"之间的矛盾，将会是一个在本书中反复出现的主题，后文我们还会谈到。我们在塑造个体和集体命运的过程中有多大的自由？在一个详细的、高分辨率的层面上，我们或许有很大的自由决定不远未来发生的事，而在一个粗粒度的、更为宏大的层面上，生命的确定性可能超出我们的想象。

　　"社会物理学"一词一度逐渐退出了科学舞台，最近又被来自不同背景的科学家"复活"，他们开始用更为定量分析的观点来解决社会科学问题，通常与传统物理学的范式框架相互关联。我和我的同事所从事的许多工作都可以被归入社会物理学领域，我将在后文详加解释，但我们都不会随意使用这一词语。颇具讽刺意味的是，它主要被计算机科学家选择用于形容对社会互动进行的大数据分析，而他们既非社会科学家，又非物理学家。正如他们所说："社会物理学是基于大数据分析理解人类行为的一种全新方式。"[8]尽管这一研究领域很令人感兴趣,但可以肯定地说,不会有物理学家把它称作"物理学",主要原因是它并不聚焦于基本原理、普遍法则、数学分析和机制阐释。

凯特勒的BMI被定义为体重除以身高的平方,因此,该指数的单位是磅/平方英尺或千克/平方米。BMI背后的观点是,健康个体,尤其是那些拥有正常体形和正常体脂率的人的体重被认为与身高的平方存在比例关系。因此,用体重除以身高的平方应该会得到一个数值,所有健康个体的这一数值大体相同,它只会在一个相对狭窄的范围(18.5~25千克/平方米)内变动。超出此范围被认为是与体重相对身高过重或过轻有关的这种潜在健康问题的表现。[9]

因此,BMI被认为是理想的健康个体人群中的相似不变量,这意味着无论体重和身高如何,这一数值基本不会发生变化。然而,它也意味着体重应该随着身高平方的增长而增长,这似乎与我们此前有关伽利略理论的讨论严重不符,根据伽利略的研究,我们得到的结论是体重应该增长得更快,与身高的立方成正比。如此一来,BMI就不应该是一个不变量,而是应该随着身高的变化而呈线性变化的,因此高个子就会被过度诊断为超重,而矮个子的体重则会被低估。的确,有证据表明,与高个子的真实体脂率相比,矮个子拥有不寻常的更高值。

那么,对人类而言,体重事实上是如何随身高发生比例变化的呢?不同的数据统计分析指向了不同的结论,包括对立方定律的确认到最近的分析认为,指数为2.7,或数值更小,接近2。[10]为了了解其中的可能原因,我们还必须提醒自己在推导出立方定律时的一个重要假设,即在尺寸增长时,系统的形状(在这里指的是我们的身形)应该保持不变。然而,人类的身形会随着年龄的变化而发生变化,从婴儿的极端情况——大脑袋、粗短的四肢，到发育成熟、比例匀称的成年人，再到像我这般年龄的人的松垮身形。此外，身形还取决于性别、文化和其他社会经济因素，它们可能会也可能不会与健康和肥胖存在联系。

许多年前，我分析了男性和女性的身高作为他们体重函数的数据，并得到了与经典的立方定律相同的结论。我后来偶然发现，我分析的数据来自50~59岁美国男性和40~49岁美国女性的相对狭窄范围。因为这些数据是分性别分析的，而且使用的是相对狭窄的年龄组别，这些分析对象总体便代表了拥有相似特性的普通健康男性和女性。具有讽刺意味的是，这与其他更加严肃、更加复杂的研究形成了鲜明对比，后者是对特性不同的所有年龄群组进行了平均，所得出的解释也就不那么明晰了。因此，他们得出的指数结论不同于理想化的数值3也就不足为奇了。这表明将整个数据组分拆到各个有着类似性质的群组，如按年龄拆分，并从由此得来的子群中获取指标，是更明智的做法。

与立方定律不同的是，BMI的传统定义没有理论或概念基础，因此也就没有那么明确的统计学显著性。与之相比，立方定律的确有一定的概念基础，如果我们能够控制群组的特性，它就会得到数据的支持。因此，人们也就给出了BMI的另一个定义：BMI等于体重除以身高的立方，这又被称作"重量指数"。与凯特勒的定义相比，尽管该指数能与体脂率相互关联起来，但它依然存在类似的问题，因为它也没有被分拆到具有相似特性的统计分组中。

当然，好医生会利用不同的BMI来评估健康状况，由此便减少了因个体的BMI处于边缘附近等例外情况而造成的误解。很明显的是，无论如何，传统的BMI研究都不应该不经进一步研究便被认真对待，要得出更加详细的数据才行，我们意识到年龄、文化等差别，尤其是对那些看上去可能存在风险的人而言更是如此。

我曾经用这些例子来说明规模法则的概念性框架如何构成了我们的健康医疗体系对重要指标的使用的基础，并由此揭示出这一做法的潜在陷阱和误解。正如药品剂量一样，这是医疗实践中复杂而又极其重要的组成部分，其潜在的理论框架尚未全面完成或被人们认识到。[11]

8. 创新与增长的极限

伽利略关于树木、动物、建筑物高度为何是有限度的这一貌似简单的论点给设计和创新带来了深远的影响。之前在解释他的论点时，我曾经用这句话总结："很明显，无论是什么组织或结构，如果它的规模尺寸任意增长，它的自身重量都终将会把它压垮。尺寸和增长都是有限度的。"这句话还应该加上一句关键的话——"除非有什么变化"。为了继续增长，避免崩塌，必须发生改变，即创新。增长和适应全新或不断变化的环境的持续需求（通常以提高效率的形式）是创新的主要驱动力。

同大多数物理学家一样，伽利略并不关心适应过程。我们不得不等到达尔文的出现才明白，这对于塑造我们周围的世界具有多么重要的意义。就这一点来说，适应过程主要是生物学、经济学和社会科学的范畴。然而，在伽利略思考过的力学例子中，他引入了规模缩放的基本概念，并且提到了增长，二者都在复杂适应系统中扮演着不可或缺的角色。由于限制系统不同特性的规模法则相互冲突，例如支撑系统的结构强度的比例变化与支撑体重的比例变化并不相同，增长不可能像开放式生长一样永久持续下去。

当然，除非出现创新。通过这些规模法则得出的一个重要假设是，系统的规模发生变化，但其物理特性如形状、密度、化学成分等不会发生变化。由此，要建设更大的结构或使大型生物体进化突破规模法则的限制，就必须创新，要么改变系统的物质组成，要么改变其结构设计，要么二者均发生改变。

第一种创新的简单例子是使用更强的材料，如用钢铁代替木材来建造桥梁或建筑物。第二种创新的简单例子是在建筑中采用弓形、拱形或穹顶结构，而非仅仅是水平梁和垂直柱。事实上，桥梁的进化便是愿望与需求促成材料和设计创新以应对新挑战的绝佳例子，即要用安全、有韧性的方式跨越越来越宽的河流、溪谷等。

最原始的桥梁只是一截简单的圆木，它恰好落在小河上，或者由人类有意放在小河上方，后者已经是一种创新行为。或许，桥梁建筑工程学中的首个重要创新行为便是使用有意砍伐的圆木或木板。受到安全性、稳定性、灵活性、便捷性的挑战及跨越更宽河流需求的驱动，又延伸至将石头建筑吸纳进两岸的支撑系统中，这便形成了我们所知的桥梁。鉴于木材的抗拉强度有限，很明显，通过这种方式横跨河流的距离会有限制。这个问题被一个简单的设计创新解决了，即在河流中间引入石头支撑墩，有效地把桥梁延伸至几座桥梁的连接体。

另一种战略则是更加复杂的创新，完全用石头建造桥梁，并利用拱形的物理学原理，由此既改变了材料，又改变了设计。此类桥梁有着巨大的优势，能够经受住此前设计的状况与环境不能抵抗的损坏或摧毁。不同寻常的是，拱形石桥可以追溯至 3 000 多年前的希腊青铜时代（公元前 13 世纪），其中一些沿用至今。古代最伟大的拱形石桥建设者是罗马人，他们在罗马帝国全境建造了大量漂亮的桥梁和引水渠，有许多屹立至今。

要跨越更宽、更深的峡谷，如英国的埃文河峡或美国的旧金山湾入口，就需要新的技术、新的材料和新的设计。此外，交通密度的增加及支持更大载荷的需求，尤其是铁路的出现，促进了拱形铸铁桥的发展和锻钢桁架系统的出现，并最终促进了钢铁使用和现代悬索桥的发展。这些设计还有许多变体，如悬臂桥、系杆拱桥（最著名的是悉尼海港大桥）和活动桥（如伦敦塔桥）。此外，现代桥梁建设现在也使用许多不同的材料，包括综合使用混凝土、钢铁和纤维增强聚合物等。这一切都是为应对各类工程学挑战而做出的创新，包括超越了每座桥梁个性的规模法则的限制，定义每座桥梁独特性和个性特征的地理、地质、交通、经济等多重挑战。

为满足跨越更宽河流和更具挑战性的峡谷的需求而做出的创新变体最终都会受到限制。在此背景下的创新可以被看作对持续不断按比例扩大的需要跨越的宽度的回应，最初是小溪流，最后则是最宽广的河流和最深不见底的峡谷。你不可能利用一块长木板跨越旧金山湾。为了在其上搭建桥梁，你需要走上一条长长的进化征途，跨越多个创新层次，最终发现铁矿，发明钢铁，并把它们与吊桥的设计概念结合起来。

这一有关创新的思维方式将会形成本书后文讲述的范式，用于解决更大层面上的生物学和社会经济学适应系统的类似创新问题。它与增长、扩大视野、在更为庞大的市场进行竞争的动力或需求相关，而且会不可避免地与物理约束带来的潜在极限发生冲突。

在后文中，我将进一步深入探讨建立系统模型的观念是如何出现的。现在，建模十分普遍，而且被认为是理所当然的，以至我们通常不会意识到它是一个相对现代的发明创造。我们无法想象有哪一段时间，它不是工业过程或科学活动中必不可少、不可分割的特征。数个世纪以来，各种各样的模型被建造出来，尤其是在建筑领域，但它们通常主要被用来阐释一件实物的美学特点，而非作为一个比例模型来测试、调查或展示正在建设中的系统的动力学或物理学原则。最为重要的是，它们通常都是按比例建造的，这意味着每一个具体的部件都与完整规模成固定比例，如1∶10，就像地图一样。模型的每个部分都是被"建模"的实际大小的船只、教堂或城市按线性比例缩小后的表现。这用于美学和玩具没有问题，但还不足以用于了解真实系统是如何运作的。

现在，从汽车、建筑、飞机、船只到交通堵塞、流行病、经济和天气，每一个可设想到的过程或实体对象都可以在计算机上进行模拟，以作为实物的"模型"。我前面曾讨论过经特殊饲养的老鼠是如何被当作按比例缩小后的人类模型以用于生物医学研究的。在所有这些例子中，重要的问题是，你如何现实地、可靠地把从模型系统上得到的结果和观察所得按比例放大到实物上。其实，这一思维方式可以追溯到19世纪中叶一位谦虚的工程师对未来如何避免重蹈覆辙的不可思议的洞见，这要从一个失败的船只设计开始讲起。

9. "大东方号"、宽轨铁路和伟大的伊桑巴德·金德姆·布鲁内尔

失败和灾难会为推动科学、工程学、金融、政治及个人生活的创新、新观念、发明带来巨大的动力与机遇。造船业的历史、建模理论的起源就是如此，一位名字响当当的非凡人物所扮演的角色也是如此，他便是伊桑巴德·金德姆·布鲁内尔（Isambard Kingdom Brunel）。

2002年，BBC（英国广播公司）进行了一项全国性的民意调查，选出"100位最伟大的英国人"。或许可以预料到的是，丘吉尔位列第一，戴安娜王妃位居第三（当时距离她去世仅5年），其后是达尔文、莎士比亚和牛顿，这三人令人印象深刻。那么谁位居第二呢？不是别人，正是

规 模

非同寻常的伊桑巴德。

当我在英国以外的地区演讲提到伊桑巴德时，我经常会问听众听没听说过他。最好的情况是只有一小部分人举手，他们通常是英国人。我随后告诉他们，根据BBC的民意调查，伊桑巴德超过了达尔文、莎士比亚、牛顿，甚至列侬和贝克汉姆，是英国历史上第二伟大的人物，听众大笑起来。更为重要的是，这件事促使我们自然地去进一步思考与科学、工程学、创新和规模法则相关的一些挑战性问题。

那么，谁是伊桑巴德·金德姆·布鲁内尔呢？他为什么如此有名？许多人把他视作19世纪最伟大的工程师，他的想象力和创新，尤其是对交通领域的贡献，帮助英国成为世界上最强大、最富有的国家。他是一名真正的工程学博学者，并强烈反对专业化的趋势。他通常会参与项目的各个方面，从概念创意到绘图的细节准备，实地展开测绘，并关注设计和制造的细枝末节。他的成就数不胜数，留下了大量的建筑遗产，包括船只、铁路、火车站，以及壮观的桥梁和隧道。

伊桑巴德1806年出生于英国南部的朴次茅斯。1859年，他在并不衰老的年龄便去世了。他的父亲——马克·布鲁内尔（Marc Brunel）出生于法国的诺曼底，同样也是一位多才多艺的工程师。当伊桑巴德只有19岁时，他们便合作在一条可通航的河流下方建造隧道，即伦敦东部罗瑟希德区的泰晤士河隧道。这是一条步行隧道，现在已经成为一个主要的旅游景点，几乎每年都有近200万人每人花费1便士横穿这一隧道。与许多地下通道一样，它不幸成为流浪汉、抢劫犯、妓女经常出没的地方，到1869年最终被改造成一条铁路隧道，成为时至今日仍在使用的伦敦地铁系统的一部分。

1830年，24岁的伊桑巴德赢得了一次十分激烈的竞争，在布里斯托尔的埃文河峡上修建一座吊桥。这是一个富有雄心的设计，桥梁直到他去世5年后才最终完工，它所跨越的距离是全世界最长的（702英尺，高出河面249英尺）。伊桑巴德的父亲并不相信跨越距离如此之长的桥梁存在现实可行性，他建议伊桑巴德为这座桥修建一个中央支撑，但被伊桑巴德忽视了。

图 2-7　伊桑巴德和他设计的作品

左上图为外表潇洒的伊桑巴德站在他发明的铁链前拍照，这些铁链是为1858年启动"大东方号"而设计的。右上图是正在建设之中的巨大轮船。下方图是埃文河峡上方的克里夫顿吊桥，这座桥是1830年他年仅24岁时设计的。

伊桑巴德之后成为大西部铁路（当时被称为世界上最好的铁路，从伦敦至布里斯托尔及更远地方）的首席工程师和设计师。在这个岗位上，他设计了许多壮观的桥梁和隧道（如巴斯附近的博克斯隧道是当时全球最长的铁路隧道），甚至火车站，如许多人都熟悉的伦敦帕丁顿火车站，它拥有无与伦比的锻铁工程。

他最吸引人的创新之一是为火车轨道引入了宽度为 7 英尺 0.25 英寸的宽轨。当时，全英国使用的都是 4 英尺 8.5 英寸宽的标准铁轨，这一标准也为全世界所采用，今天几乎所有铁路仍在使用这种宽度的铁轨。伊桑巴德指出，标准铁轨是矿山铁路的武断延伸，而矿山铁路是在 1830 年世界上首列乘客列车出现之前便已经存在的。它的轨道宽度只不过是由矿山中不同通风井之间拉动车厢的马车决定的。伊桑巴德正确地意识到，应该认真考虑最适宜的轨道宽度，并理性看待这个问题。他宣称，经过他的计算，并经一系列试验和试运行的验证，他所提出的宽轨是最优化的尺寸，能够提供更快的速度、更强的稳定性，以及更好的乘客舒适性。由此，英国大西部铁路成了一条独一无二的铁路，它的轨道宽度是其他铁路线上的轨道宽度的近两倍。不幸的是，1892 年，在全国铁路系统改进之后，英国议会强迫大西部铁路使用标准铁轨，尽管标准铁轨被公认为很差劲。

很明显，我们今天也同样面临类似的问题，创新优化与历史先例决定的统一标准之间存在不可避免的矛盾和妥协，尤其是在快速发展的高科技产业。铁轨宽度之争为我们提供了一个信息量颇丰的研究案例，它表明创新改革或许并不一定会带来优化解决方案。

尽管伊桑巴德的项目并不一定完全会取得成功，但它们都包含着针对存在已久的工程学问题的创新解决方案。或许，他最伟大的成就（同时也是失败之处）便是造船。随着全球贸易的发展，相互竞争的帝国建立起来，发展快速、高效的远距离海洋运输方式的需求变得越发迫切。伊桑巴德构想了一个伟大的计划，要实现大西部铁路和他新组建的美国西部汽船公司之间的无缝换乘，乘客可以在帕丁顿火车站买票，在纽约市下船，整个路途都依靠蒸汽机驱动的动力。他异想天开地把这称为海洋铁路。然而，人们都认为，单纯由蒸汽机驱动的轮船不可能在携带够整个旅程所需燃料的情况下还为商业货物留有足够空间，这在经济上不可行。

伊桑巴德的想法则不同。他的结论建立在简单的规模法则基础之上。他意识到，一艘轮船的载货量会随着轮船的尺寸按照立方倍数增长（就像其重量一样），而它在水中行驶时所需的拖曳力则会随着船体横截面面积的增长而增长，即随着尺寸按照平方倍数增长。这就像伽利略关于梁和四肢的强度如何随体重的增长而缩放变化的结论一样。在这两种情况下，相对自身重量的增长，其力量的增长速度要缓慢得多，因为这要遵守2/3次幂规模法则。因此，轮船行驶中每单位载货量所受到的流体的拖曳力会随船体长度的增长而成正比地减少。或者换句话说，轮船越大，引擎能够克服的阻力每增加一倍，其载货量便会系统性地增加。或者再换句话说，与一艘小轮船相比，一艘大轮船运输每吨货物所需的燃料会成比例地减少。因此，大轮船比小轮船更节能高效，这是规模经济的另一个绝佳例子，而且给全球贸易和商业的发展带来了巨大的影响。[12]

尽管这些结论都是非直观的，普罗大众也并不相信，但伊桑巴德和美国西部汽船公司都深信不疑。伊桑巴德开始大胆地设计公司的第一艘轮船——"大西部号"，这也是第一艘专门为跨越大西洋而建造的汽船。它是一艘由木材制成的蒸汽轮船（还有4个备用船帆，以防万一），在1837年建成后，是当时世界上最大、最快的轮船。

规　模

在"大西部号"成功落成及大轮船比小轮船更加高效的规模法则被证实之后，伊桑巴德开始建造另一艘更大的轮船，史无前例地将最新科技和材料整合在同一设计之中。1843年开始建造的"大不列颠号"由钢铁而非木材制造，由两侧明轮改为了尾部螺旋桨。如此一来，"大不列颠号"便成为所有现代轮船的雏形。它比此前制造的所有轮船都要长，是第一艘跨越大西洋的由螺旋桨带动的钢铁船。现如今，你还可以看到整修一新的"大不列颠号"，它就保存在伊桑巴德建在布里斯托尔的干船坞内，这里也是它的原产地。

在征服大西洋后，伊桑巴德将注意力转向更大的挑战——将新生的大英帝国的遥远触角连接起来，以巩固其作为世界主导力量的地位。他想要设计出一艘轮船，能够不间歇地从伦敦直达悉尼，再从悉尼返回伦敦，中间无须再添加燃料，只使用一次装载的煤炭（这是在苏伊士运河开通之前）。这意味着这艘轮船要有两倍于"大不列颠号"的长度，达到近700英尺，排水量（实际上就是它的重量）将是"大不列颠号"的近10倍。它被命名为"大东方号"，于1858年开始制造。直至50年后的20世纪，才有别的轮船达到它的规模。为了让大家对这一尺寸有个概念，我们可以做一对比，150年后，航行在今日大海上的超级油轮的尺寸只有"大东方号"的两倍。

然而，不幸的是，"大东方号"并不成功。尽管直至20世纪人们才再次达到这一令人惊叹的工程学成就的水平，但它陷入了与伊桑巴德其他成就相似的遭遇中，如工期耽误及预算超支等。更加尖锐的问题是，"大东方号"在技术上也不成功。它既笨重又难看，即使在中度波浪中也摇晃不已，而且行驶速度很慢。令人吃惊的是，它的效率也不高，因此从未被用于建造之初的目的，即运输大量货物和旅客往返于印度与澳大利亚之间。在被耻辱性地改造为布缆船之前，它只执行过少量跨大西洋的航行任务。第一条具有柔性的跨大西洋海底的通信电缆就是由"大东方号"于1866年铺设的，使得欧洲和北美之间的可靠通信成为可能，并由此为全球通信业带来了革命性的变化。

"大东方号"最终成了利物浦一座浮动的音乐厅和一块广告牌，并于1889年被拆卸。当初的宏大愿景落得如此下场令人慨叹。这一传奇还有一个奇怪的脚注，可能只有狂热的足球迷对之感兴趣：1891年，当英国著名的利物浦足球俱乐部成立之时，他们要为新球场寻找旗杆，于是买下了"大东方号"的顶桅。它今天依然屹立在利物浦足球俱乐部的球场上。

这一切是如何发生的？由有史以来最优秀、最具创造力的实践者之一负责监督的如此伟大的构想如何就成了一片狼藉？"大东方号"绝不是第一艘设计糟糕的轮船，但它的庞大身躯、它的创新构想及相对于其严重低效的巨大成本使得它成为一个引人侧目的失败。

10. 威廉·弗劳德和建模理论的起源

当系统失败或设计未能达到人们的预期时，问题通常来自多种多样的因素，包括糟糕的计划和执行、错误的工艺或材料、糟糕的管理，甚至概念性理解的缺乏。然而，也有像"大东方号"这样的重要案例，它失败的主要原因是，它的设计缺乏对基础科学和基本规模法则的深刻理解。事实上，在19世纪下半叶之前，在大多数手工艺品的制造过程中，科学和规模缩放都没有发挥重要作用，更不用说轮船了。

也有一些例外，最显著的是在蒸汽机的发展过程中，对压力、温度和蒸汽容量之间关系的理解助力推动了大型、高效的锅炉设计，使得工程师能够思考制造像"大东方号"这般尺寸、能够航行全球的轮船。更为重要的是,对高效引擎的基本原则和特性的研究,以及对热、化学、动力等不同形式能量的性质的研究促进了热力学这一基础科学的发展。最重要的是,热力学定律及能量和熵的概念被扩展到了蒸汽机这一狭隘范畴以外的领域,并普遍适用于所有发生能量交换的系统,包括轮船、飞机、城市、经济、人体,甚至整个宇宙。

即使是在"大东方号"时代,造船业也不存在这样的"真"科学。设计与制造船只的成功来自通过反复试验逐渐累积的知识和技巧,使得为世间所普遍接受的经验法则通过学徒和在职学习的机制不断传承下去。通常,每一艘新轮船都在前一艘轮船的基础上有细微变化,即因项目需求和船只用途的要求在这里或那里有一些小变化。这种从此前的经验中进行简单外推的方法也许会产生一些小的错误,但影响通常相对较小。例如,将船身长度增加5%或许会使得轮船不太符合设计预期,或者表现得不如预期,但通过在未来版本的轮船中进行一些适当的改进或创新,这些"错误"很容易被纠正,甚至有所改进。因此,从很大程度上来说,如同人工制造的几乎所有其他进展一样,造船业也酷似自然选择的过程按照类生物的方式发展。

叠加在这一渐进式线性过程中的是偶尔的创新性非线性飞跃,为设计或所使用的材料带来了重要的改变,如帆、螺旋桨的引入或者蒸汽机和钢铁的使用。尽管此类创新飞跃依然建立在此前设计的基础之上,但在新的成功样机出现之前,人们需要反复斟酌和经常性地做出重大调整。

只要改变是渐进式的,在设计和制造新轮船时,从此前的设计中进行简单外推的反复试验就很有成效。无须对事物运行的背后规律进行深刻的科学理解,因为此前成功轮船的不断延续有效地保证了大多数问题都可以获得解决。一个关于建造早期瑞典战船"瓦萨号"并带来灾难性失败的造船人的点评简单地总结了这一范式:"当时的困境在于,人们并不完全理解轮船设计的科学。不存在施工图纸,船只设计依靠的是经验法则,主要是基于先前的经验。"[13]造船者被告知总尺寸,并利用自己的经验生产具备良好航行质量的轮船。

这听起来很简单,"瓦萨号"或许本应该是在斯德哥尔摩造船厂此前建造的船只基础上有小幅改进。然而,国王古斯塔夫·阿道夫(Gustav Adolph)要求制造超出此前轮船长度30%的新轮船,而且还要加装一层甲板,上面装载重量超群的大炮。在这一极端要求下,设计中的小错误不再仅限于造成性能上的小错误。这一规模的轮船具有复杂的结构,其动力,尤其是稳定性天生便是非线性的。设计中的小错误会带来性能上的大失误,并带来灾难性的后果,事实也是如此。不幸的是,造船者并不掌握科学知识,不知道如何正确地按比例扩大这样一艘拥有如此大尺寸的船。事实上,他们也不掌握小尺寸的按比例扩大船只的科学知识,但这无关紧要。结果,最终制造出来的轮船太窄,头重脚轻,以至一阵轻风便足以令它倾覆。它的确沉没了,就发生在其处女航中,甚至还没有离开斯德哥尔摩港口,并导致了多人丧生。[14]

"大东方号"同样如此,船体尺寸的增长幅度更大,船体长度增长了一倍,重量增长了近10倍。伊桑巴德和他的同事并不具备正确的科学知识,也不懂如何按比例扩大如此大尺寸的轮船。幸运的是,这次并没有带来人员伤亡,只有经济上的损失。然而,在竞争激烈的经济市场中,性能不良无异于自取灭亡。

直到建造"大东方号"之前的10年内,"掌管"轮船运动的基础科学才开始为人所知并逐渐发展起来。流体力学首先是由法国工程师克劳德－路易·纳维（Claude-Louis Navier）和爱尔兰数学物理学家乔治·斯托克斯（George Stokes）正式提出的。被称作"纳维－斯托克斯方程"的基本方程式来自将牛顿定律应用于液体流动，并扩大到物体在液体中移动的动力学中，如船在水中的运动或飞机在空中的运动。

这或许听起来有些晦涩难懂，你也可能从未听说过纳维－斯托克斯方程，但它在你生命中的方方面面都扮演着重要的角色，而且还将继续如此。它是设计飞机、汽车、水电站、人工心脏的基础，是了解血液循环系统、河流和供水系统的水文学的基础。它也是了解并预测天气和洋流、分析污染的基础，由此也成为气候变化科学及预测全球变暖的重要工具。

我不知道伊桑巴德是否熟知这一"掌管"他所设计轮船的运动的公式，但他的确拥有去和那个可能掌握这一公式的人接触的洞见和直觉。那个人就是威廉·弗劳德（William Froude），他曾在牛津大学学习数学，在此之前数年还曾在大西部铁路从事工程师工作。

在"大东方号"的制造过程中，伊桑巴德曾要求弗劳德研究轮船起伏和稳定性的问题。这使得他最终找到了以下这一重要问题的答案：能够最大限度地减小水流黏性阻力的最优船形是什么样的？他的研究成果为航运业和全球贸易带来了巨大的经济影响。现代轮船设计科学就此诞生。然而，更重要及更具长远影响的是，他引入了系统建模的革命性概念，以确定真实的系统是如何运行的。

尽管纳维－斯托克斯方程描述了任何条件下的液体运动，但它在几乎所有情况下都难以求解，原因在于它在本质上是非线性的。粗略地说，这种非线性来自水与其自身相互作用的反馈机制。这一点在所有令人惊讶的行为和模式中都显现出来，如我们在江河、小溪中所看到的漩涡和涡流，船只在水中穿梭时留下的尾波，可怕的飓风幽灵及美丽多变的浪花等。这些都是湍流的表现，也都被概括在内涵丰富的纳维－斯托克斯方程中。

实际上，研究湍流让我们首次对复杂性的概念及其与非线性特征的关系有了重要的数学角度的了解。复杂的系统经常显示出混乱的行为，一个小的变化或者系统某一部分的不安会带来其他部分指数级提升的反应。正如前文所谈到的那样，在传统的线性思维下，一个小的动荡将带来相当小的反应。非线性系统高度非直观的提升通常被表述为"蝴蝶效应"，一只蝴蝶在巴西扇动翅膀会引起得克萨斯州的一场龙卷风。尽管经过了 150 年密集的理论和实验研究，我们已经得到了大量信息，但对湍流的了解依然是物理学的一个未解问题。著名物理学家理查德·费曼（Richard Feynman）将湍流形容为"经典物理学中最重要的未解问题"。[15]

弗劳德或许并未完全意识到他面临的是一个多么大的挑战，但他的确意识到需要一个新的战略才能满足造船业的要求。正是在这一背景下，他发明了建模的新方法论，进而创造了标度理论（scaling theory）的概念，以确定从小尺寸轮船的研究中得出的量化结论如何应用，帮助人们预测实际大小的轮船将会如何表现。依照伽利略的理论精神，弗劳德意识到，几乎所有规模缩放都是非线性的，按照 1∶1 的比例制造的传统模型无助于确定真实系统的运转状态。他所做出的影响深远的贡献是，提出了一个定量数学策略，用于找到如何从小尺寸模型到实际大小物体的缩放方法。

如同所有可能会改变我们思考传统问题方法的新观念一样，弗劳德的努力被当时的行家斥为毫不相关。于 1860 年创办了英国造船工程师学会以鼓励轮船设计师接受正式教育的约翰·罗素（John Russell）就嘲笑

规 模

弗劳德说:"你将会看到一系列关于小尺寸模型的美丽、有趣的小实验。我可以肯定,弗劳德先生在做实验的过程中会体会到无穷的乐趣,也会给那些听说这些实验的人带去无穷的乐趣。然而,这些实验对放大尺寸后的结果没有任何实际意义。"

我们许多人都能识别出这种通常针对学术研究的修辞手法,它暗指学术研究与"现实世界"脱节。毫无疑问,许多情况都是这样的,但也有许多情况并非如此,更重要的是,人们通常很难察觉到一些貌似晦涩的研究的潜在影响力。在我们的科技驱动的社会中和我们很多人享受到的高质量生活中,有许多发明创造就源于此类研究。在我们身处的社会中,支持被认为是空中楼阁、不会立即带来益处的基础研究与专注于"有用、现实世界"问题的高度导向型研究之间一直存在着矛盾。

1874年,在弗劳德彻底改革轮船设计之后,罗素转变了态度,欣然接受了弗劳德的方法论和观点,但他宣称他本人多年前便曾经思考过这些问题,并做了实验。事实上,罗素一直是伊桑巴德制造"大东方号"的主要合作伙伴,他也的确曾焊接过模型,但不幸的是,他从未意识到这些模型及其基础概念框架的重要性。

弗劳德制造了轮船的小模型,长度在3~12英尺之间不等,他拖着它们在长水箱中前行,并测量轮船模型的水流阻力和稳定性。得益于数学背景,他掌握了相关技术,知道如何将他的发现放大到大型轮船上。

他意识到决定它们相对运动特征的主要参数是后来被称作"弗劳德数"的东西。弗劳德数等于船只行驶速度的平方除以船只长度和重力加速度相乘的结果。这有些拗口,或许听上去有些令人生畏,但其实它很简单,因为这一表述中的重力加速度与所有物体的重力加速度相同,无论其尺寸、形状或构成成分如何。这不过是对伽利略观察所得的重申,即下落过程中重量不同的物体会同时落地。因此，在真正发生变化的参数中，弗劳德数只会随着船只行驶速度的平方除以船只长度的得数的变化而变化。这一比率在所有涉及运动的问题中都扮演着核心角色，从加速的子弹到奔跑的恐龙，再到飞行中的飞机和航行中的轮船，都是如此。

弗劳德意识到的关键点是，由于基础物理学原理相同，如果弗劳德数数值相同，不同尺寸、不同运行速度的物体的表现方式就是相同的。由此一来，只要让模型船只的长度和行驶速度与实际大小船只的长度和行驶速度拥有相同的弗劳德数数值，人们就能够在建造之前确定实际大小船只的动力学行为。

请允许我举一个简单的例子，如果要模仿700英尺长的"大东方号"以20节（略快于每小时20英里）的速度行驶，一艘10英尺长的模型船只的行驶速度需要有多快呢？如果它们拥有相同的弗劳德数数值（即行驶速度的平方除以长度的得数相同），行驶速度就必须根据长度的平方根变化。现在，它们的长度平方根的比值是$\sqrt{700 \text{英尺}/10\text{英尺}} = \sqrt{70}=8.4$。因此，10英尺长的模型若要模仿"大东方号"，就必须以近似于20/8.4=2.5节的速度行驶，大约为步行的速度。换句话说，10英尺长的模型船只以2.5节的速度移动就能够模拟700英尺长的"大东方号"以20节的速度移动。

其实，我把他的方法论过度简化了，其他类似弗劳德数的数值如水的黏度等也会带来一些问题，并产生明显的动力学影响。尽管如此，这个例子仍然说明了弗劳德的方法论的实质，并为建模和标度理论提供了一类样板。它代表的是从使用了数千年的反复试错、经验法则的原始方法向通过更有条理、有原则的科学战略解决问题和设计计算机、船只、飞机、建筑物，甚至公司等现代产品的转变。弗劳德的水箱设计直至今日依旧被用来研究船只，它的应用范围也扩大到了风洞，从而对莱特（Wright）兄弟产生了极大的影响，对飞机和汽车起到了类似的作用。现在，复杂的计算机分析成了设计过程的核心，从而模拟标度理论的原则，以使其表现最优化。"计算机建模"一词已经成为我们词汇中不可缺少的一部分。事实上，我们现在有能力"解"纳维–斯托克斯方程或模拟解决方案，从而使得预测的准确率大为提高。

这些进步所带来的意想不到的后果之一是，几乎所有的汽车都看起来很相像，原因在于，所有制造商都在解同一个方程式，以优化相似的表现参数。50年前，在我们获得如此高性能的计算机运算能力之前，我们预测结果的准确率也没有这么高，在我们变得如此关注燃油经济性和排气污染前，汽车设计的多样性更加丰富多彩，也更加有趣。可以拿1957年的斯蒂庞克鹰或1927年的劳斯莱斯与外观无趣的2006年的本田思域或2014年的特斯拉相比，即便后面这些汽车拥有更高级的配置。

11. 相似性和比拟：无量纲量和尺度不变量

弗劳德引入的规模缩放方法论现在已经成为科学和工程学工具箱中强大、复杂的组成部分，而且已经被广泛应用于多个领域。直至20世纪，它才正式成为一项通用技术，著名的数学物理学家瑞利勋爵在《自然》(Nature) 杂志上发表了一篇题为《相似法则》的令人兴奋、颇具影响力的论文。[16] 这是他用来形容我们所称的标度理论的用语。他着重强调的是特殊数值在一切物理系统中扮演的主要角色，这些数值都具有无量纲的性质。它们是一系列变量的集合，如弗劳德数，它的数值无论用什么单位制来衡量都是相同的。请允许我详细解释一下。

人们习惯在日常生活中测量的典型数量，如长度、时间和压力等，都取决于用来衡量它们的单位，如英尺、秒、磅、每平方英寸的磅数等。然而，同样的数量可以用不同的单位来衡量。例如，从纽约到洛杉矶的距离为 3 210 英里，但同样也可以被表述为 5 871 千米。尽管数字不同，但它们表达的是同一件事物。与之相似，伦敦和曼彻斯特之间的距离可以被表述为 278 英里或 456 千米。然而，纽约到洛杉矶的距离与伦敦到曼彻斯特的距离之间的比值（14.89）却是相同的（无论是 3 210 英里除以 278 英里，还是 5 871 千米除以 456 千米），无论我们使用的是什么单位。

这便是一个无量纲数的简单例子：它是一个纯数字，不会因衡量它的量纲的不同而发生变化。这一比例不变性表达了其所代表的数量的绝对性，对人类所选择的单位和量纲的依赖性被消除了。专门的单位是人类的便捷发明，用于在标准化语言中沟通度量，尤其是在建筑业、商业及商品和服务交换中。的确，标准度量的出现标志着文明发展和城市崛起的重要阶段，因为它们在发展令人信赖的、受制于法治的政治结构的过程中扮演了重要角色。

或许，最著名的无量纲数便是圆周率（π），即圆的周长与直径的比值。它没有单位，因为它是两个长度的比值，所有圆的圆周率都是相同的，无论其是大是小。因此，π 也就成了圆的共同特征。

这一"普遍性"的概念是重力加速度被囊括在弗劳德数的定义中的原因，即使它在从模型船只到真实船只的规模缩放中没有明确的角色。物体运动速度的平方与物体长度的比值并不是无量纲的，依赖所使用的单位。但如果再除以重力，它就成了无量纲数，具有比例不变性。

那么，为什么会选择重力加速度，而不是其他加速度呢？因为重力无所不在，限制着地球上的所有运动。这在我们走路和跑步时表现得十分明显，我们不得不持续对抗重力，在每一步向前的过程中都要抬起我们的双腿，尤其是在登山时。重力在船只运动中的作用并不明显，因为水的浮力会抵消重力（想想阿基米德原理）。然而，当一艘船在水中行驶时，它会持续制造尾流和表面波，它们的行为都要受到重力的约束——事实上，你所熟悉的海洋和湖泊中的波在技术上被称作重力波。因此，重力间接地在船只的运动中扮演重要角色。由此一来，弗劳德数代表了与地球上所有运动相关的"普遍性"特点，它超越了运动物体的具体细节。因此，它的数值不仅成了船只运动的主要决定因素，而且也成了汽车、飞机及我们自身运动的主要决定因素。此外，它还告诉我们，另一个与地球有着不同引力强度的星球上的运动会与地球上的相同运动存在什么差异。

任何可测量的本质都不能依靠人类随意做出的单位选择，物理定律同样如此。因此，所有的物理定律及实际上所有的科学定律都必须可表述为比例不变的无量纲数数量之间的关系，尽管它们通常不会这样写就。这便是瑞利勋爵那篇有重大影响的论文的深层信息。

他的论文巧妙地利用多个精心挑选的例子阐释了这一方法，其中一例为我们所有人曾经思考过的生命中的最大谜题之一提供了一个科学解释，即为何天空是蓝色的。通过一个完全基于相关的无量纲数数量的简单论点，他向人们表明，被小粒子散射的光强度与光波波长的四次方成反比。当由彩虹的7种颜色组成的太阳光被悬浮在大气中的微粒子散射时，波长最短的蓝光散射得多，也就占优势。

事实上，瑞利勋爵早就在另一篇精心之作中推导出了这一令人震惊的结论，他对这一问题进行了精彩的数学分析，就转向光谱中的蓝光的缘由给出了详细的机制性解释。他在论文中提出这一简单推论的目的在于向外界证明，利用包装在"伟大的相似法则"外表下的规模法则，无须通过详细的、复杂的数学推论，只需经过几分钟的思考，便可以得出相同的结论。他的比例论断表明，只要你知道哪些是重要的可变因素，进行任何分析都会不可避免地得出"转向较短波长光"的结论。而这一推导过程所缺乏的是对得出结论的机制的深刻理解。这也是许多比例观点的特点：可以得出结果，但它们背后的机制性来源的细节有时不为人所知。

瑞利对光波散射的数学分析奠定了"散射理论"的基础。该理论在多个问题上的应用变得极其重要，从水波到电磁波，尤其是雷达，最近又被应用于信息技术通信，尤其是在量子力学的发展过程中扮演了重要角色。它为日内瓦欧洲核子研究中心的大型粒子加速器等实施的散射实验得出的新发现提供了理论基础。著名的希格斯粒子便是最近在欧洲核子研究中心发现的。

如果你查阅1870年当他只有28岁时发表的这篇原始论文，你将会发现，作者的名字并不是瑞利勋爵，而是更加朴实的约翰·斯特拉特（John Strutt），听起来更像是托马斯·哈代（Thomas Hardy）小说中的角色，而非剑桥大学的著名物理学教授。这是瑞利在1873年继承父亲的贵族称号之前的名字，此后，他开始被称作瑞利勋爵。斯特拉特的名字为公众所熟知则缘于他的弟弟爱德华（Edward），后者成立了一家著名的房地产和物业管理公司——斯特拉特-帕克公司（Strutt & Parker），该公司目前已经成为英国最大的房地产合伙企业。当你下次来到伦敦市中心时，你会在高档住宅外看到该公司的标识。

瑞利是一名伟大的博学者，他还取得了其他许多重大成就，他发展了声音的数学理论，发现了氩气，并因此于1904年成为最早一批诺贝尔奖获得者之一（他是第四位诺贝尔奖获得者）。

03
生命的简单性、一致性和复杂性

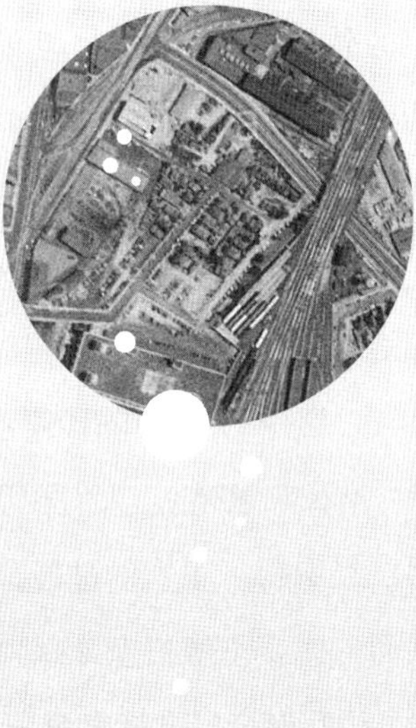

正如在第 1 章中所强调的，从最小的细菌到最大的城市和生态系统，生命系统是典型的复杂适应系统，运行在范围广阔的多个空间、时间、能量和质量的尺度上。仅在质量规模上，生命便跨越了 30 个数量级（10^{30}）以上，从为新陈代谢和遗传密码提供能量的分子到生态系统和城市。这一范围的广度大大超过了地球的质量与整个银河系的质量之间的比例，后者仅跨越了 18 个数量级，相当于一个电子的质量与一只老鼠的质量之间的比例。

在这一庞大的范围内，生命事实上利用相同的基本构成要素和建造过程创造了令人惊叹的各种各样的形式、功能和动力学行为。这是自然选择和进化动力学的强有力证明。所有生命的运行都是通过把物理或化学来源的能量转化为有机分子，这些有机分子通过新陈代谢过程构建、维持和繁殖复杂的、高度组织化的系统。这又是通过两个截然不同而又密切相互作用的系统运行实现的：遗传密码系统（储存及处理构建和维持生物体运作的信息与"指令"）和新陈代谢系统（获取、转化、分配能量和物质，用于维持、增长和繁殖）。人们在从分子到生物体的各个层级阐释这两个系统方面已经取得了很大的进展，稍后我会谈及如何将其延伸至城市和公司。然而，想要了解信息处理（基因组学）如何与能量和资源处理（新陈代谢）相互融合以维持生命，却依然是一个巨大的挑战。寻找作为这些系统结构、动力和结合的普遍基础原则是理解生命的根本所在，也是在医学、农业、环境学等不同背景中管理生物和社会经济系统的基础。

03 生命的简单性、一致性和复杂性

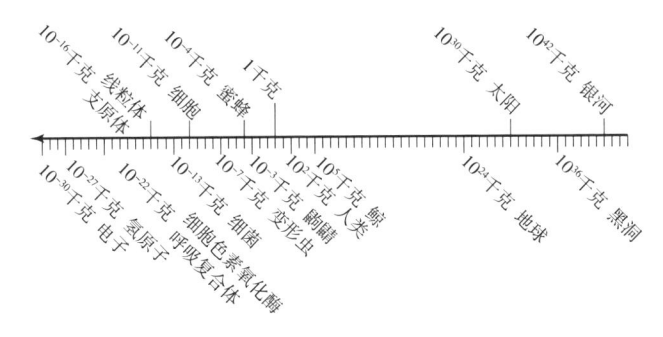

图 3-1　生命体重的跨度

从复杂分子、微生物到鲸、红杉，生命非凡的跨度堪比从银河系到亚原子的跨度。

理解遗传学的统一框架已经出现，它能够为基因的复制、转录和翻译及物种的进化起源等现象提供解释。而新陈代谢的统一理论则出现得较为缓慢，它阐释了细胞内的生物化学反应如何催生能量和物质的转化，以支持生命，为生物活动提供动力，以及为从生物体到生态系统的各个层级的重要过程设定时间表。

21世纪科学所面临的重大挑战之一便是寻找生命的复杂性如何诞生于根本的简单性这样的基本原则。尽管这曾经是而且还将继续是生物学家和化学家的主要研究范围，但其他学科正在扮演越发重要的角色，尤其是物理学和计算机科学。理解从简单性到复杂性的过程，即自适应进化系统的一个根本特点，就是新的复杂性科学。

物理学涉及所有层级组织的基本原则和概念，它们是可计量的、可量化的（这意味着可以进行计算），由此可以得出精确的预测，并且可以通过试验和观察加以证实。从这个角度而言，人们很自然地就会发问：是否存在可以计算的普遍生命法则，使得生物学同样可以用公式表达，成为类似物理学的可预测的定量科学？是否可以猜想，存在尚未被发现

的"牛顿生物学定律",它可以帮助人们得出任何生物进程的精确计算结果,可以使人们准确地预测出自己的寿命?

这看上去不太可能。毕竟,生命是非常复杂的系统,展现出了源自多段历史时期的、多个层次的涌现现象。然而,人们或许可以合理地猜想,生命系统的一般性粗粒度行为(generic coarse-grained behavior)或许遵从某种可量化的普遍法则,这种法则抓住了它们的基本特征。这一较为朴实的观点推测,在每一个结构层面上都能够构建起理想化的生物系统,而且其通用特性是可计量的。由此一来,我们应该可以计算出人类的平均寿命和最长预期寿命,即使我们仍无法计算出自己的寿命。这为量化理解真实的生物系统提供了一个出发点或一条基线——真实系统可以被视作理想化的标准系统因地区环境条件或历史进化差异而产生的多样性或扰动的结果。我在后文中将更加深入地阐释这个视角,因为它构成了解释第 1 章所提大多数问题的基本战略。

1. 从夸克、字符串到细胞、鲸

在进入此前提出的一些宏观问题之前,我想先绕一个小弯,谈谈一段偶然的旅程,正是这段旅程促使我从研究物理学的基本问题转向研究生物学的基本问题,最终进入社会经济学的基本问题,这些问题与全球可持续发展的重要问题密切相关。

1993 年 10 月,美国国会在得到总统克林顿的同意之后,正式取消了有史以来规模最大的科研项目,而在该项目上的投入已经接近 30 亿美元。这个特别的项目便是超导超级对撞机,如果再加上其探测器,可以说这是有史以来最大的工程学挑战。超导超级对撞机就像一个巨大的显微镜,能够探究数百万亿分之一微米的距离,其目的在于揭示物质基本成分的结构和动力学原理。它将会为检验由基本粒子理论预测提供重要的证据,有可能会发现新的现象,并为自然界所有基本力的所谓"大一统理论"奠定基础。这一宏大的愿景不仅将会加深我们对万物构成的理解,而且将为"宇宙大爆炸"以来宇宙的进化提供更加重要的洞见。从多层意义上来说,它都代表了人类作为唯一一个被赋予足够的意识和智力的物种以应对揭示宇宙最深层次秘密这一无穷挑战的最崇高理想,或许还会为我们作为宇宙自我认知主体的存在找到原因。

超导超级对撞机的规模庞大,它的周长超过 50 英里,能够把质子加速到 20 万亿电子伏特(eV)的能量,制造成本超过 100 亿美元。为了让读者有一个直观认识,电子伏特是构成生命基础的化学反应的基础能量,超导超级对撞机中质子的能量将是目前正在日内瓦运行的大型强子对撞机中质子能量的 8 倍,后者因最近发现了希格斯粒子而成为世界瞩目的焦点。

超导超级对撞机被叫停缘于许多可以预想到的因素,包括不可避免的预算问题、经济形势、针对超导超级对撞机制造地——得克萨斯州的政治怨恨、缺乏想象力的领导层等,但该项目被终结的一个主要因素是传统大型科学项目所处的负面环境,尤其是物理学。[1] 这种负面环境有多种形式,其中一种得到了我们许多人的认同,那就是我在前文中多次重申过的:"19 世纪和 20 世纪是物理学的世纪,21 世纪将是生物学的世纪。"

即便是最自大、最固执的物理学家也很难不同意,生物学很可能会超过物理学,成为 21 世纪占据主导地位的学科。但令我们很多人感到愤怒的是,有人经常直言不讳地就此宣称,没有必要再对基础物理学开展进一步的基础性研究了,理由是我们已经了解了所有需要了解的物理学知识。糟糕的是，超导超级对撞机就是这种误导性的狭隘思维的产物证明。

当时，我正负责洛斯阿拉莫斯国家实验室的高能物理项目，我们正在为超导超级对撞机制造两个主要探测器中的一个。有人可能不熟悉，"高能物理"是探讨关于基本粒子、基本粒子之间的相互作用及宇宙意义等基础问题的物理学分支。我是一名理论物理学家（现在依然是），当时的主要研究兴趣就是这个领域。针对关于物理学和生物学的轨迹不同的挑衅性说法，我的本能反应是：的确，生物学几乎肯定会成为21世纪占据主导地位的学科，但它若要真正取得成功，就必须接受物理学赖以取得成功的定量、分析、预测这样的文化。生物学需要在它们依赖于统计学、唯象学和定性观点的传统研究方式中整合一个全新的框架，即一个基于数学或可计算的基本原理而构建的理论框架。令我感到很羞愧的是，我当时并不了解生物学，这种情感上的迸发大多源自自大和无知。

尽管如此，我还是决定付诸行动，开始思考物理学的范式和文化如何才能帮助解决生物学面临的有趣挑战。当然，曾经有几位物理学家在生物学领域做出了极为成功的探索，其中最著名的或许就是弗朗西斯·克里克（Francis Crick），他和詹姆斯·沃森（James Watson）一道确定了DNA的结构，颠覆了我们对基因组的了解。另一位是伟大的物理学家薛定谔（Erwin Schrödinger），他是量子力学的奠基人之一，他在1944年出版的《生命是什么》（*What Is Life?*）一书对生物学产生了极大的影响。[2] 这些例子都表明，物理学或许会有一些有趣的事情要告诉生物学，这也促使一小部分但越来越多的物理学家跨界，为新生的生物物理学添砖加瓦。

当超导超级对撞机项目被取消之时，我刚刚50岁出头。就像我在

03 生命的简单性、一致性和复杂性

第 1 章中所说,我越来越清醒地感觉到衰老过程的入侵及生命的有限性。鉴于我的家族中男性的糟糕记录,我开始通过学习衰老和死亡思考生物学,这看上去非常自然。由于它们是生命最普遍、最基本的特征,我天真地以为人们已经了解了它们的全部。令我感到极为吃惊的是,并不存在为人们所普遍接受的关于衰老和死亡的理论,而且这个领域相对较小,仍然很闭塞。此外,物理学家很自然地会问到的一些问题也没有得到解答,如我在第 1 章中所提的那些问题。尤其是,人类 100 年的寿命从何而来?有关衰老的定量、可预测理论的构成成分是什么?

死亡是生命的本质特征。毫无疑问,它是进化论的必要特征。进化过程的必要组成部分之一便是个体最终会死亡,其后代才能遗传基因的全新组合,并最终通过自然选择新特点和新变化加以适应,实现物种的多样性。我们所有人都必须死亡,才能让新生代茁壮成长、探索、适应并进化。史蒂夫·乔布斯(Steve Jobs)曾说[3]:

> 没有人想死。即使那些想上天堂的人,也想活着上天堂。死亡是我们每个人的人生终点站,没有人能够成为例外。生命就是如此,因为死亡很可能是生命最好的造物,它是生命更迭的媒介,送走耄耋老者,给新生代让路。

鉴于死亡的重要性,以及死亡的先兆——衰老的重要性,我原以为我可能会拿起一本生物学入门教材,找到一个完整的章节阐释这些,作为讨论生命基本特征的一部分,如同讨论出生、生长、繁殖、新陈代谢等一样。我曾希望看到关于衰老机械论的教学总结,其中会包括一个简单的计算,表明我们为何只能活 100 年,并回答我在前面提到的所有问题,但我没有这个运气。教材中根本就没有提到这些,也没有任何提示

表明这些是人们感兴趣的问题。这实在令人感到惊讶。尤其是在出生之后,死亡是一个人生命中最惨痛的生物事件。作为一名物理学家,我开始怀疑,生物学在多大程度上算得上一种"真"科学(当然,这意味着它要像物理学一样),如果它不关心诸如此类的基本问题,它如何能够主宰 21 世纪?

除了一小部分醉心于此的研究人员之外,生物学领域的大部分人都明显缺乏对衰老和死亡的兴趣,这促使我开始思考这些问题。看上去几乎没有人从定量或分析的角度思考这些问题,或许可以用物理学方法获得某些小进展。于是,在与夸克、胶子、暗物质、弦理论打交道的间隙,我开始思考死亡。

在我开始涉足这个新方向之后,我反思生物学作为一门学科及它与数学关系的做法得到了令我意想不到的支持。我发现,我曾经认为是颠覆性的思考早在 100 年前就被知名且有些古怪的生物学家达西·温特沃思·汤普森(D'Arcy Wentworth Thompson)爵士在其出版于 1917 年的经典著作《生长与形态》(*On Growth and Form*)一书中清晰、深刻地表达过了[4]。这是一部精彩绝伦的著作,不仅在生物学界,而且在数学、艺术、建筑等领域都一直备受尊崇,影响了艾伦·图灵(Alan Turing)、朱利安·赫胥黎(Julian Huxley)、杰克逊·波洛克(Jackson Pollock)等思想家和艺术家。它持续受到欢迎的一个证明是,该书依然在重印。著名生物学家、"器官移植之父"、曾因移植物排斥和获得性免疫耐受理论获得诺贝尔奖的彼得·梅达沃(Peter Medawar)爵士把《生长与形态》一书称作"所有科学书籍中以英语口语记录的最佳文学作品"。

汤普森是一位多才多艺的巨匠,也是一大批跨领域、多领域科学家和学者中的代表人物,这些科学家现如今已经难寻踪迹。尽管他的主要影响是在生物学领域，但他同时也是一名成绩斐然的古典主义者和数学家。他曾当选英国古典协会主席、皇家地理协会主席。他在数学领域也取得了丰硕的成果，成为享有声望的爱丁堡数学学会的荣誉会员。他来自一个苏格兰知识分子家庭，就像伊桑巴德·金德姆·布鲁内尔一样，他的名字可能会让人联想到维多利亚时代小说中的虚构人物。

汤普森的书的开头引用了德国著名哲学家康德的话，康德曾经说过，他那个时代的化学"是一门学科，却不是真正的科学"。他的意思是，"真正科学的标准在于与数学的关系"。汤普森继续讲述道，现在存在以基本原理为基础的可预测"数学化学"，并因此将化学从"一门学科"提升至"真正的科学"。而生物学依然是定性研究，缺少数学基础或原理，因此只能算是一门学科。只有在吸收了数学物理原理后，才能"毕业"成为"真正的科学"。尽管几个世纪以来，生物学取得了非凡的进展，我发现，汤普森对生物学的具有挑衅意味的论断时至今日依然成立。

尽管1946年被英国皇家学会授予达尔文奖章，但汤普森依然对传统的达尔文进化论持批评态度。原因在于，他认为生物学家过度强调自然选择的作用，以及"适者生存"作为生物体形态和组织的基本决定因素，而未能认识到物理学定律的作用及其在进化过程中的数学表述的重要性。他质疑中的基本问题依然未得到解答：是否存在可以被数学化的"生命的普遍规律"，以使生物学可以被阐释为一门可以预测的定量学科？他是这样说的：

> 我们必须牢记，在物理学中，伟大的人发现了简单的事情。没有人可以预料，数学可以描述及物理学可以解释身体的构成到什么程度。或许所有的能量规律、所有的物质性质、所有胶体的化学性

质都无力解释身体构造，因为它们都无法理解灵魂，但我并不这么认为。物理学没有告诉我灵魂如何支配身体，生物如何影响思想和如何被思想影响是一个毫无头绪的谜题。生理学家的神经通路和神经元并不能解释意识，我也没有向物理学求教，上帝如何照耀人们的脸庞，恶魔如何背叛自身，但在身体的构造、生长和运行等世俗领域，依照我的浅薄认识，物理学是我们唯一的老师和向导。

这就很好地解释了现代"复杂性科学"的信条，意识是涌现系统现象，而不是大脑中的神经通路和神经元的总和所引发的后果。《生长与形态》一书是用学术语言写就的，但可读性很强，令人吃惊的是很少使用数学语言。这本书没有宏大原理的声明，只有一个信条，即用数学语言书写的物理学自然法则是生物学生长、形态和进化的主要决定因素。

尽管汤普森的书并没有解决衰老和死亡的问题，也没有提供特别的裨益或先进的技术，但其哲学为思考并运用物理学观点和技巧解决生物学中各种各样的问题提供了支持与灵感。在我看来，这指引我把人体比作机器，它需要喂料、维护、维修，但最终都会损坏并"死亡"，就像汽车和洗衣机一样。然而，为了理解衰老和死亡，无论是动物、汽车、公司还是文明，人们都先要了解是什么过程和机制让它们得以存活、运转，再了解它们是如何随着时间的推移而退化的。这很自然地会让人们思考维持存在与可能的增长所需的能量和资源，以及分配能量和资源用于维护与维修，减少损坏、退化、磨损等带来的破坏性力量所产生的熵。这一思路使我最初将重点放在新陈代谢在维系我们的生存方面所起到的核心作用上，而不是询问生命为何不能永久持续下去。

2. 代谢率和自然选择

新陈代谢是生命之火……是食粮，是生命的燃料。无论是大脑中的神经元还是基因中的分子，如果不能得到从你食用的食品中汲取的代谢能量，都将无法正常发挥作用。离开代谢能量的供应，你将无法行走、无法思考，甚至无法睡眠。代谢能量会为生物体提供维持、生长、繁殖及循环、肌肉收缩、神经传导等特殊过程所需的力量。

代谢率是生物学的基本速率，从细胞内的生物化学反应到成熟所需的时间，从一座森林中二氧化碳的增长速度到森林中垃圾的降解速度，它可以确定生物体几乎所有的生命节奏。正如我在本书第 1 章中所说，人类的平均基础代谢率只有大约 90 瓦特，相当于一只白炽灯灯泡，也相当于你每天通过饮食摄入 2 000 卡路里的食物热量。

如同所有生命一样，我们通过自然选择的过程进化，与我们的同类相互作用、相互影响并相互适应，无论是细菌和病毒、蚂蚁和甲壳虫、蛇和蜘蛛、猫和狗，还是草地和树木，包括所有处于这个充满不断的挑战和进化的环境中的生物在内。我们一直在永无休止的多维度相互作用、冲突和适应中共同进化。每一个生物体及其每一个器官和子系统，每一个细胞类型和基因组，都遵循自身的独特历史，在其不断变化的小生境中进化。由达尔文和艾尔弗雷德·拉塞尔·华莱士（Alfred Russell Wallace）提出的自然选择学说是进化论和物种起源的关键。自然选择或者"适者生存"是一个渐进的过程，一些可遗传特征的成功变异通过生物体的差异性繁殖的成功，在一个群体中固定下来，而这一特征又是通过与周围环境相互作用发展出来的。正如华莱士所言，存在足够多的变量，"总是会有朝某个有利方向发展的自然选择的物质"。或者像达尔文更为简洁的说法："每一个细微的变化都会被保留下来，只要它是有用的。"

规　模

得益于这个熔炉，每一个物种都会根据自己的生理特征不断进化，这些生理特征能够通过进化时间反映其独特的路径，并产生从细菌到鲸的整个生命谱系中非凡的多样性和变异。因此，经过数百万年的进化修补和适应后，或者说在经历了适者生存的游戏之后，人类最终开始直立行走，身高达到5~6英尺，能够存活100年，心率达到每分钟60次，收缩压达到100毫米汞柱，每天睡8个小时，主动脉约长18英寸，每个细胞中大约有500个线粒体，代谢率达到约90瓦特。

在我们漫长的历史中，数百万个小意外和细微波动的结果通过自然选择的过程加以固化。这一切都是随心所欲、变化无常的，还是其中存在某种规律、某种反映其他作用机制的潜在模式？

的确存在，若要解释它，我们要继续回到规模上来。

3. 潜藏在复杂性下的简单性：克莱伯定律、自相似性和规模经济

我们每天需要摄入2 000卡路里的食物热量才能存活，其他动物每天需要多少食物和能量呢？猫、狗、老鼠、大象呢？鱼、鸟、昆虫和树木呢？这些问题在本书第1章中便已提到，我强调称，尽管存在对自然选择的天真期待，尽管生命高度复杂、极度多样，尽管新陈代谢或许是宇宙中最复杂的物理化学过程，但是代谢率展示出了所有生物体的非凡系统规律。正如图1-1所示，在用对数相对于体重绘制时，代谢率以人们可以想象到的最简单的方式随着体重的变化而按比例变化，它成了一条直线，表明了简单的幂律规模法则（power law scaling）关系。

代谢率的比例变化已经被人们知晓超过80年时间。尽管其原始版本早在19世纪末便已被知晓，但其现代版本要归功于著名的生理学家马克斯·克莱伯（Max Kleiber），他在1932年发表于丹麦一本不知名期

03 生命的简单性、一致性和复杂性

刊的科研论文中正式提出了这一定律。[5]当我第一次了解到克莱伯定律时,我感到很兴奋,因为我曾经推测认为,每一个物种进化的随机性和独特的历史轨迹都会造成物种之间巨大的毫无关联的变化。即使是哺乳动物鲸、长颈鹿、人类和老鼠,除了一些一般特征外,看上去也都互不相像,每一个物种的生活环境也是完全不同的,充满了不同的挑战和机遇。

在这篇具有开创性意义的论文中,克莱伯调查了一系列动物的代谢率,从体重约为150克的小鸽子到身躯庞大、重达1吨的公牛。在随后的数年里,他的分析被许多研究人员延伸至所有的哺乳动物,从体形最小的鼩鼱到体形最大的蓝鲸,涵盖了8个数量级的体重等级。同样重要的是,相同的规模法则也适用于所有多细胞生物分类群,包括鱼类、鸟类、昆虫类、甲壳动物和植物,甚至还延伸到了细菌和其他单细胞生物体。[6]总的来说,它涵盖了令人惊讶的27个数量级,或许是宇宙中最持久、最系统化的规模法则。

因为图1-1覆盖的动物范围跨越了5个数量级,从体重仅为20克的小鼠到体重近10吨的大象,所以我们不得不用对数绘图,这意味着两条轴上的刻度都以10的倍数增长。例如,横轴上的体重(千克)为0.001、0.01、0.1、1、10、100,而非线性的1、2、3、4。如果我们尝试利用常规的线性刻度在一张标准尺寸的纸上绘制,除了大象之外,所有的数据点都将堆积在图的左下部。因为在大象之后的公牛和马的体重是前者的1/10。为了能够以合理的分辨率区分所有的动物,我们将需要一张宽度超过1千米的硕大无比的纸。而为了分解鼩鼱和蓝鲸之间的8个数量级,这张纸的宽度将要超过100千米。

因此,我们可以看到,在前文讨论地震的里氏震级时,我们有非常

实际的理由使用对数坐标来代表涵盖多个数量级的数据。这样做也有更深的概念上的原因，我们所研究的结构和动力都有着自相似的特点，都可以通过数学上的幂律呈现，让我来详细解释一下。

我们已经发现，用对数绘制的图中的一条直线代表了幂律，其指数就是这条直线的斜率（图2-5中的力量比例为2/3）。在图1-1中，你可以发现，体重每增长至原来的4个数量级的倍数（沿着横轴），代谢率仅增长至原来的3个数量级的倍数（沿着纵轴），直线的斜率为3/4，这也是克莱伯定律中的著名指数。为了更详细地解释它的含义，我们可以来看这个例子：一只体重为3千克的猫和一只体重为30克的老鼠，前者的体重是后者的100倍。我们可以直接利用克莱伯定律来计算它们的代谢率，猫为32瓦特，老鼠为1瓦特。如此一来，尽管猫的体重是老鼠的100倍，但其代谢率仅为老鼠的32倍，这便是规模经济的明确例子。

我们现在再来看一头奶牛，它的体重是猫的100倍。克莱伯定律预计，奶牛的代谢率是猫的32倍。如果我们再延伸至体重为奶牛的100倍的鲸，它的代谢率将是奶牛的32倍。这一重复性的行为，以及当我们按照100的倍数增加体重时，倍数32的重复出现就是幂律的自相似特点。一般来说，如果体重的增长幅度为任意倍数（在这个例子中是100），代谢率也会以相同倍数（在这个例子中是32）增长，无论最初的体重是多少，即无论它是老鼠、猫、奶牛还是鲸。这一系统性重复行为被称作标度不变性或自相似性，它也是幂律的内在特性。它与分形的概念密切相关，这一点将在后文中详细讨论。分形、自相似性在不同程度上普遍存在于宇宙之中，从银河系和星云到你的细胞、你的大脑、互联网、公司和城市等。

我们看到，一只体重为老鼠的100倍的猫只需要32倍于老鼠的能量便能够维持生命，尽管其细胞数量也是老鼠的100倍，这是克莱伯定律的非线性特征所产生的规模经济的典型例子。单纯的线性推理将会预测认为，猫的代谢率是老鼠的100倍，而非32倍。与之相似，如果一只动物的体形扩大一倍，它无须增加一倍的能量来维持生存，而只需增加75%的能量。如此一来，每一次翻番都能够节约25%左右的能量。因此，以一种系统性可预测和定量的方式来看，生物体的体形越大，每个细胞每秒钟所产生的用于维持每克细胞组织的能量便越少。你的细胞的工作强度不如你的狗的细胞，但你的马的细胞的工作强度更小。大象的体重大约为老鼠的1万倍，但它的代谢率仅有老鼠的1 000倍，尽管其要支撑的细胞数量是老鼠的1万倍。因此，一头大象的细胞的工作效率是老鼠的1/10，其细胞损伤率也会相应下降，大象也就由此更加长寿，这些将在第4章中详细解释。这就是系统性规模经济带来深远影响，在从出生到生长再到死亡的整个生命历程中不断回荡的例子。

4. 普遍性和掌控生命的神奇数字"4"

克莱伯定律的系统规律性令人惊叹，而同样令人惊讶的是，与之类似的系统性规模法则适用于从细胞到鲸再到生态系统的各种生命形态的几乎所有生理特征或生命史特征。除了代谢率，它还包括诸如增长率、基因组长度、主动脉长度、树木高度、大脑灰质数量、进化速率和寿命等，如图3-2~图3-5所示。可能有超过50种这样的规模法则，令人吃惊的是，它们的对应指数都接近1/4的整数倍（类似克莱伯定律中的3/4）。

例如，增长率对应的指数非常接近3/4，主动脉长度和基因组长度对应的指数均接近1/4，树木高度对应的指数接近1/4，主动脉和树干不同区域对应的指数均接近3/4，脑容量对应的指数也接近3/4，大脑白质体积和大脑灰质体积对应的指数接近5/4，心率对应的指数接近 $-1/4$，细胞中的线粒体密度对应的指数接近 $-1/4$，进化速率对应的指数接近 $-1/4$，黏膜扩散率对应的指数接近 $-1/4$，寿命对应的指数接近 $1/4$……数不胜数。这里的负数表示相应的数量会随着规模的扩大而减少，而非增加。例如，随着体形的增长，心率会按照1/4幂律下降，正如图3–3所示。我不禁想要提醒你的是，主动脉和树干也按照相同的方式缩放。

尤其引人注意的是，隐藏在幂的指数1/4中的数字4在所有指数中都有出现。它在生命的各个领域无所不在，似乎扮演着特殊、基础的角色，能够决定生物体的许多特征，无论其进化设计如何。仔细观察，一个普遍性的模式逐渐显现出来，这有力地表明，进化受到了自然选择以外的其他物理学原则的制约。

这些系统性比例关系与直觉非常不同，它们表明几乎所有生物体的生理特征和生命史特征都主要由其体形决定。例如，生物的生命速度随着体形的增长而系统性、可预测地下降：大型哺乳动物寿命更长，成熟期更长，心率更慢，细胞的工作强度弱于小型哺乳动物，而且所有的速度都可预测。哺乳动物的体重增长一倍，其寿命、成熟期等时间尺度平均增长25%，心率等速度也会按照相同的比例减缓。

鲸生活在海洋中，大象有象鼻，长颈鹿有长脖子，我们直立行走，睡鼠小步疾走，尽管存在这些显著的差别，但我们在很大程度上都是彼此按非线性比例缩放的版本。如果你告诉我一只哺乳动物的体形大小，我便可以通过规模法则告诉你有关它的可量化特征的平均值：它每天需要吃多少食物，它的心率是多少，它需要多长时间才能发育成熟，它的主动脉的长度和半径是多少，它的寿命有多长，它将会有多少个后代，

03 生命的简单性、一致性和复杂性

等等。鉴于生命所具有的极度复杂性和多样性,这一普遍事实实在令人感到惊讶。

图 3–2~ 图 3–5 是众多比例例子中的一小部分,表明了它们惊人的普遍性和多样性。图 3–2 展示的是昆虫群体或昆虫个体的生物量生产速度,表明它们都随着体重的增长而以 3/4 的指数发生比例变化,正如图 1–1 所示的动物代谢率。图 3–3 展示的是哺乳动物的心率随着体重的增长以 –1/4 的指数发生比例变化。图 3–4 展示的是哺乳动物大脑白质体积与大脑灰质体积随着体重的增长以 5/4 的指数发生比例变化。图 3–5 展示的是单个细胞和细菌的代谢率与它们的体重按照多细胞动物经典的克莱伯定律以 3/4 的指数发生比例变化。

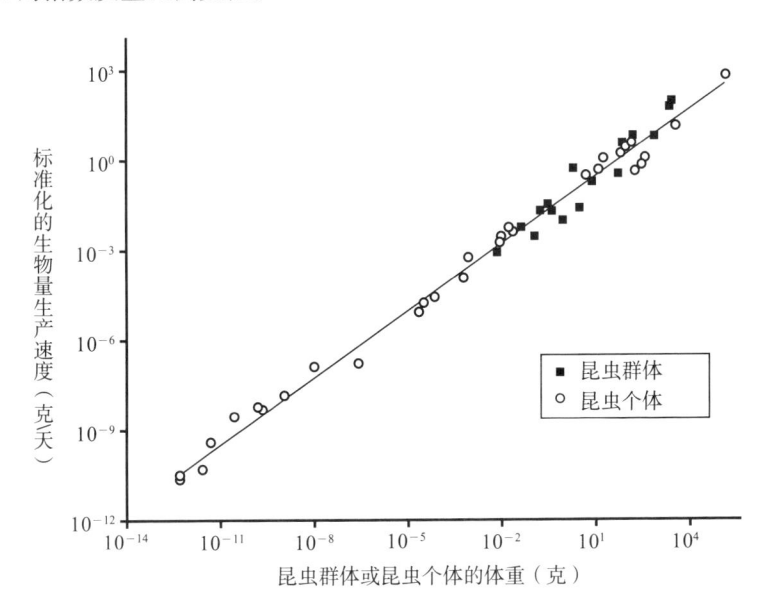

图 3-2 昆虫群落的生物量生产速度与其体重的关系

规 模

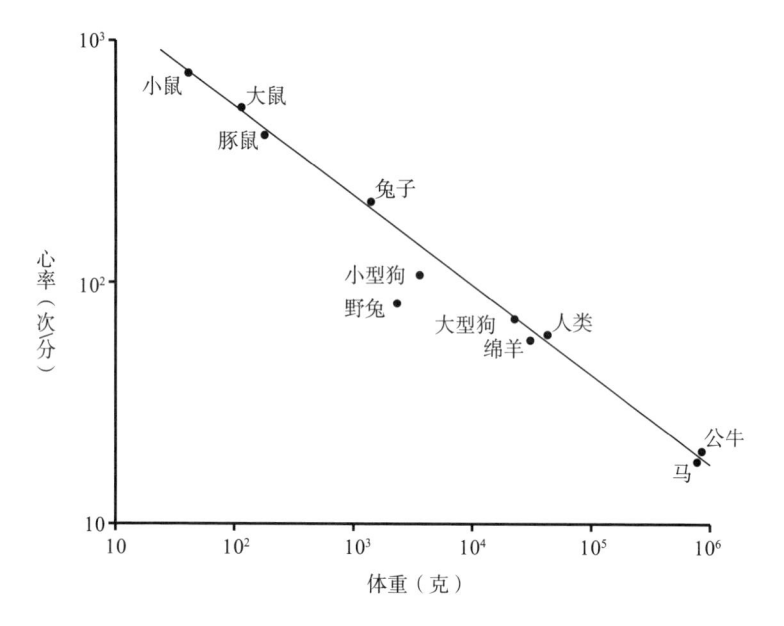

图 3-3 哺乳动物的心率与其体重的关系

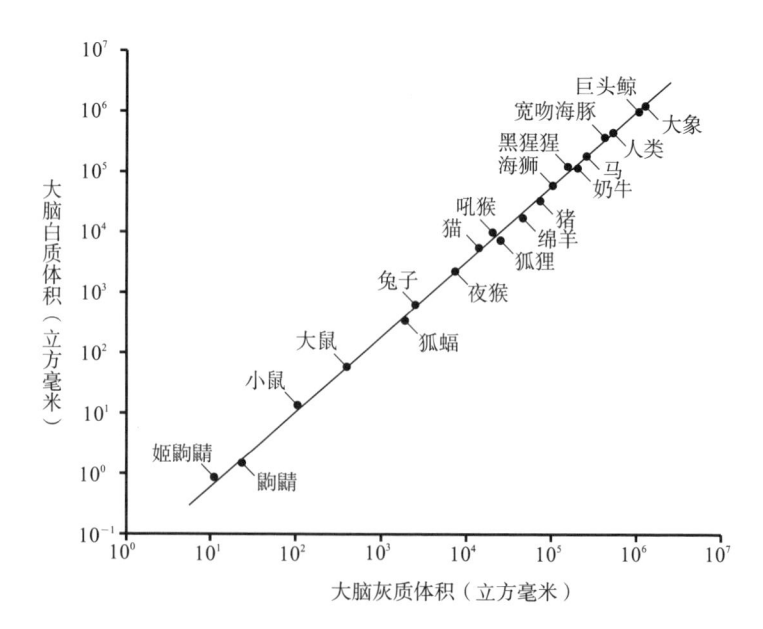

图 3-4 大脑白质体积与大脑灰质体积的关系

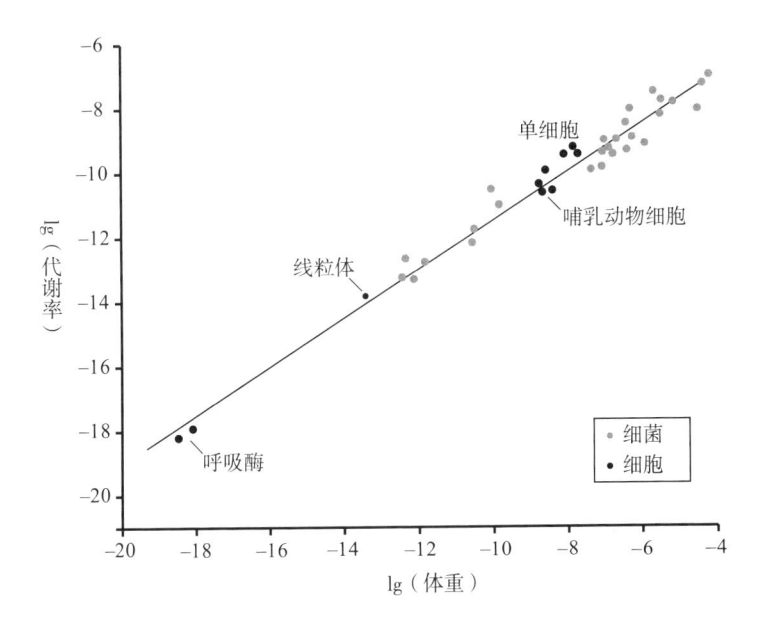

03 生命的简单性、一致性和复杂性

图 3-5 细菌和细胞的代谢率与其体重的关系

当我意识到对死亡谜题的一探究竟能让我意外地了解到生命中某些更为令人惊叹、更吸引人的谜题时，我感到异常兴奋。这个生物学领域显然是可量化的，是可以用数学语言表述的，同时又表现出了备受物理学家喜爱的"普适性"精神。除了这些普适规律似乎与自然选择论的单纯解释相互矛盾这一点让我们感到惊奇外，同样令我们感到惊讶的是，大多数生物学家并没有完全领会这一点，尽管他们许多人都对此知晓。此外，对克莱伯定律的起源也没有什么普适性的解释，而这恰好是对物理学家胃口的问题。

事实上，说生物学家完全没有领会规模法则并不准确。规模法则肯定一直存在于生态学中，在20世纪50年代生物学出现分子和基因组学革命前，它实际上受到了许多知名生物学家的关注，包括朱利安·赫胥黎、J. B. S. 霍尔丹（J. B. S. Haldane）和达西·汤普森。[7]朱利安·赫胥黎曾创造"异速生长"（allometric）一词，用来描述生物体的形态和生理特征如何随着体形的变化而按比例变化，但他关注的重点是它在生长过程中是如何出现的。异速生长是对上一章讨论过的伽利略有关规模缩放概念的归纳，身形不会因体形的增长而发生变化，而所有与生物体有关的长度则按照相同的比例增长。异速生长则通常是指身形会随着体形的增长而发生变化，但变化的比例各不相同。例如，树干的半径和高度，或者动物四肢的半径和长度都会随着体形的增长而发生不同比例的变化。半径会随着体重的变化而遵从3/8次幂变化，长度则会遵从1/4（即2/8）次幂变化，变化得更慢。结果，随着树木或动物体形的增长，树干或四肢变得更加短粗、更加结实，可以想象一下大象的腿与老鼠的腿。这是伽利略有关力量变化的最初的理论归纳结果。如果是等大的，半径和高度（长度）便会以相同的比例缩放，树干和四肢就不会发生变化，这会导致树木或动物在体形增长后支撑不稳。如果一头大象的腿和一只老鼠的腿一样纤细，它的自身重量便会把它压垮。

朱利安·赫胥黎的"异速生长"理论是从限制性更强的几何学、形态学和个体遗传学延伸而来的，以描述我在前文中谈到的规模法则，其中包括更富活力的现象，如能量和资源流如何随着体形的变化而发生变化，代谢率则是最重要的例子。所有这些现在都通常被描述为异速生长规模法则。

作为一位知名生物学家，朱利安·赫胥黎是著名生物学家托马斯·赫胥黎（Thomas Huxley）的孙子，后者支持达尔文和自然选择的进化论。朱利安·赫胥黎同时也是小说家、未来学家奥尔德斯·赫胥黎（Aldous Huxley）的兄弟。除了"异速生长"外，朱利安·赫胥黎还将其他几个新名词和新概念引入生物学中,包括用"种族"取代备受非议的"族裔群体"。

20世纪80年代,主流生物学家撰写了几本优秀的书籍,总结了关于异速生长的大量文献。[8]他们汇编并分析了所有生命规模和生命形态的数据,得出的一致结论是,1/4次幂规模法则是生物学的普遍特征。然而,令人惊讶的是,围绕为何会存在这样的系统性规律,它从哪里来,它与达尔文的自然选择论有何关系,几乎没有理论或概念讨论,也没有普适性的解释。

作为一名物理学家,我认为这些普遍的1/4次幂规模法则告诉了我们关于生命的动力学、结构和组织的基本要素。它们的存在显然表明,跨越了单个物种的一般性动力学过程制约着进化。这便打开了一扇了解生物学自然规律的窗口,并让人们得出生物系统的一般性粗粒度行为遵循体现其基本特征的量化法则的推测。

这些规模法则似乎不可能只是一个巧合,每一种规模法则都是一个独立的现象,具备独特性,反映其自身独特的动力学和组织规律,以及进化动力学中的一系列事件。因此,心率的规模缩放与代谢率的规模缩放、树木高度的规模缩放都不相同。当然,每一个独立的生物体、生物物种和生态组合都是独一无二的,反映了其基因构成中的不同、个体发育的路径、环境条件和进化历史。在没有其他物理约束的情况下,人们可能会认为,不同的生物体,或者至少是生活在相似环境中的每一组相关生物体,或许会展现出与体形相关的不同的结构和功能变化。事实并非如此,尽管存在体形的差异和复杂的多样性,数据都近似一个幂律,这便带来了一些具有挑战性的问题。这些幂律的指数通常都是1/4的整数倍,这带来了更加艰巨的挑战。

它们来源的潜在机制是什么？这个谜题似乎很值得思考，尤其是鉴于我对衰老和死亡的思考，我对寿命随 1/4 次幂（尽管存在大的方差）异速变化有着近乎病态的浓厚兴趣。

5. 能量、涌现规律及生命的层级结构

正如我所强调的那样，生命的任何一个方面离开了能量都无法运行。就像每一次肌肉收缩或任何活动都需要代谢能量一样，你的大脑的每一次随意思考，甚至你睡觉时身体的每一次颤动及细胞中 DNA 的复制也都需要代谢能量。在最基本的生物化学层面，代谢能量是在细胞中的半自动分子单位——呼吸复合体（respiratory complexes）中创造的。在新陈代谢中起关键作用的分子被称作腺苷三磷酸，通常简称为 ATP。新陈代谢的详细生物化学过程十分复杂，从本质上说，它要打破 ATP（其在细胞环境中相对不稳定）即从 ATP（有三个磷酸基）转化为 ADP（腺苷二磷酸，只有两个磷酸基），释放出储存在第三个磷酸基中的能量。打破这一磷酸键而得到的能量就是你的代谢能量的来源，也正是它使你能够继续存活。而相反的过程，则是通过像人类等哺乳动物的有氧呼吸（这就是我们为何必须在氧气中呼吸）或植物的光合作用，利用从食物中获取的能量将 ADP 转化回 ATP 的。通过打破 ATP 转化为 ADP 以释放能量及相反的过程，即从 ADP 转化为可以储存能量的 ATP，就形成了一个持续的循环过程，就像一块电池的充电和放电一样。图 3-6 展示了这一过程的漫画版。遗憾的是，它并没有恰当地描绘出这一为大多数生命提供能量的超凡机制的美丽和优雅。

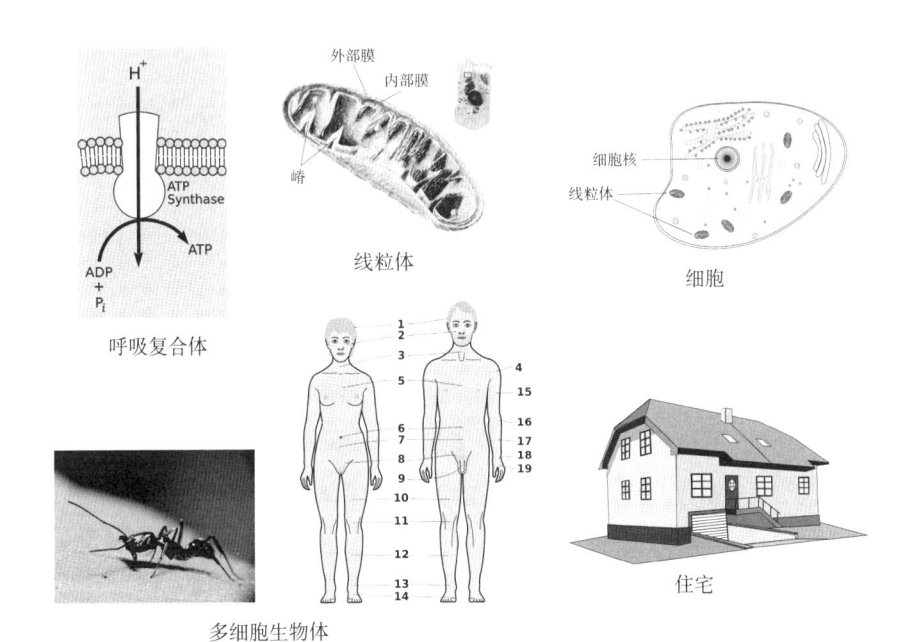

03 生命的简单性、一致性和复杂性

图3-6 生命的能量流等级系统

生命的能量流等级系统始于呼吸复合体（左上图），通过线粒体（中上图）和细胞（右上图）产生能量，提供给多细胞生物体和群落结构。从这个角度而言，城市最终是由我们的呼吸复合体生产的ATP提供动力和支持的。尽管上述结构看起来很不相同，但每一个结构的能量分配都是通过具有相似特性的空间填充分级网络实现的。

鉴于其重要作用，人们通常将ATP形容为几乎所有生命代谢所需的能量货币，也就不足为奇了。在任何时刻，我们体内都只有大约半磅（约

250克）的ATP，但你真的应该了解以下不同寻常之处：你通常每天制造 2×10^{26} 个ATP分子，相当于80千克（约175磅）的重量。换句话说，你每天都会生产并循环处理掉相当于你体重的ATP！所有这些ATP加在一起满足我们对新陈代谢的总需求，其速度为90瓦特，我们需要以此维持生存和体力。

这些小小的能量产生器——呼吸复合体位于线粒体内褶皱多的膜内。每一个线粒体都含有500~1 000个这样的呼吸复合体，而你的每一个细胞又都含有500~1 000个线粒体，具体多少取决于细胞的类型及其能量需求。由于肌肉要求获得更多的能量，其细胞内密布线粒体，而脂肪多的细胞内则线粒体数量较少。因此，平均来说，你体内的每一个细胞可能最多有100万个此类小引擎，分布在夜以继日地工作的线粒体中，集体制造出天文数字量级的ATP，让你保持存活、健康和强壮。这些ATP的制造频率便是你代谢率的指标之一。

你的身体由100万亿（10^{14}）个细胞组成。尽管不同的细胞功能大不相同，有神经元细胞、肌细胞、防护（皮肤）和储存（脂肪）的细胞，但它们具有相同的基本特征。它们加工能量的方式都很相似，都要通过呼吸复合体和线粒体。这便带来了一个巨大的挑战：你的线粒体中大约有500个呼吸复合体无法单独发挥作用，必须以整齐划一的方式集体行动，以确保线粒体能够高效发挥作用，并以适当的方式输送能量给细胞。同样，你的每一个细胞中的约500个线粒体也不能单独发挥作用，而是像呼吸复合体一样，必须以整齐划一的方式相互作用，以确保组成人体的100万亿个细胞都能得到高效发挥作用所需的能量。此外，这100万亿个细胞也必须组织成为大量次级系统，如你身体中的不同器官，它们的能量需求依照所需和功能不一而同，确保你能够进行组成生命的各种不同种类的活动,从思考到跳舞,再到性交和修复DNA。这一完全彼此联系的多层次动态结构必须足够强健和有韧性,才能在至多100年的时间内持续发挥作用。

这一生命等级系统很自然地从个体生物体扩展到群落结构。我在前文曾谈及蚂蚁是如何集体合作创造非凡的社会组织的,它们遵守源自集体合作的涌现规律,建造了卓越的结构。其他生物体,如蜜蜂和植物,也组成了类似的群落,呈现出了集体属性。

最极端、最令人吃惊的群落便是我们人类。在很短的时间内,我们从生活在人数相对较少的小型、原始的群体中进化到用涵盖数百万人口的庞大城市和社会结构统治地球的现况。正如生物体要受到细胞、线粒体、呼吸复合体层面上的涌现规律集体行动的约束,城市也来自并受限于社会互动的潜在的涌现动力学的约束。这些规律并非"意外之得",而是多个结构层面上的进化过程的结果。

这一构成生命的多面、多维度的进程在涵盖20多个数量级的体重的金字塔结构中,以各种各样的形式呈现和重复。大量动力因子覆盖从呼吸复合体和线粒体到细胞和多细胞生物体,再到生态群落的等级系统并相互作用。这一过程在超过10亿年的时间内保持强大、有韧性、可持续,这表明在各个层面上都已经涌现出了掌管其行为的有效规律。揭示、阐释并理解这些跨越所有生命的涌现规律是一个巨大的挑战。

我们应该在这一背景之下审视异速生长规模法则:其系统性规律和普遍性为理解这些涌现规律和基本原则提供了一个窗口。随着外部环境的改变,这些不同的系统都必须可按比例缩放变化,以应对适应性、可进化性和增长的持续挑战。相同的基本动力学和组织性原则必须在多个时空维度运行。生命系统的可扩展性构成了它们在个体层面和生命自身的超凡灵活性与可持续性的基础。

6. 网络与 1/4 次幂异速生长规模法则的起源

当我开始思考这些令人吃惊的规模法则从何而来之时,有一点是明确的,无论发挥作用的是什么,它都必须独立于任何特定生物体的进化设计之外,因为相同的法则体现在了哺乳动物、鸟类、植物、鱼类、甲壳动物、细胞等身上。从最小、最简单的细菌到最大的植物和动物,所有生物体的维持与繁殖都依赖无数子单位(分子、细胞器和细胞)的紧密结合,这些细微成分需要以一种相对"民主"和高效的方式得到服务,以提供代谢底物,清除废弃产物,并调节活动。

自然选择或许以一种最简单的方式解决了这个挑战,进化出了分级网络,在宏观的"储蓄池"与微观的节点之间分配能量和物质。从机能上来说,生物系统最终要受到通过上述网络供给能量、代谢物和信息的速率的限制。这样的例子包括动物的循环系统、呼吸系统、肾脏系统和神经系统,植物的维管系统,细胞内网络,以及向人类社会供应食物、水、电和信息的系统。事实上,仔细想一想,你就会意识到,在光滑的皮肤下面,你实际上是一系列网络的集合体,每一级网络都在忙着运输所在层级的代谢能量、物质和信息。图 3-7 展现了其中一些网络。

由于各个规模的生命体都是由此类分级网络支撑的,人们很自然地会推测,1/4 次幂异速生长规模法则起源的关键,同样也是生物系统粗粒度行为规律的关键,就在于这些网络那普遍的物理和数学特性。换句话说,尽管它们进化的结构存在丰富的多样性,有些像房子中的水管一样由管道构成,有些则由一束束像电线一样的纤维构成,还有一些是发散性的通路,但它们都受到同样的物理和数学原理的约束。

03　生命的简单性、一致性和复杂性

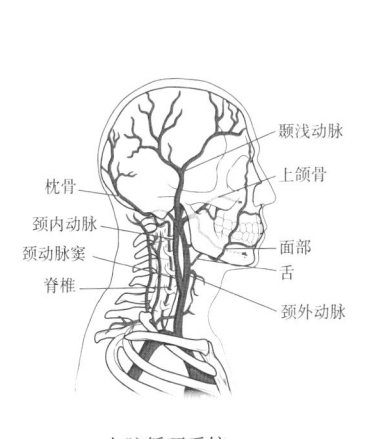

颞浅动脉
上颌骨
枕骨
颈内动脉
颈动脉窦　面部
脊椎　舌
　　　颈外动脉

大脑循环系统

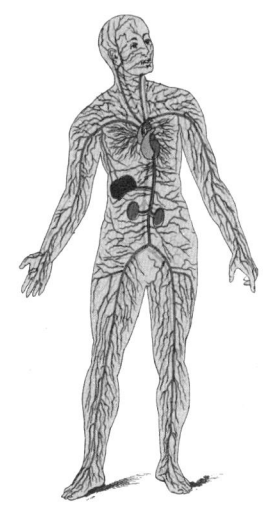

人体心血管系统

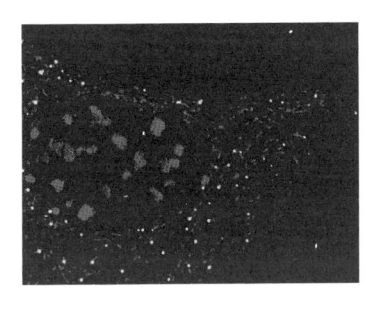

细胞内的微观和线粒体系统

一棵树

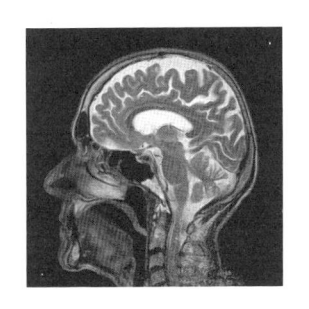

大脑白质和大脑灰质

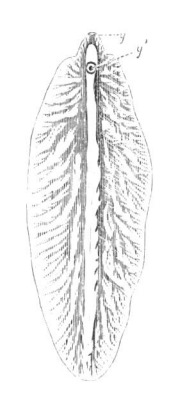

生活在大象体内的寄生虫

图 3-7　生物系统的例子

111

7. 当物理学遇上生物学：理论性质、模型和证明

当我努力为 1/4 次幂异速生长规模法则的由来构建网络理论时，发生了一件美妙的事情：我被偶然介绍给詹姆斯·布朗（James Brown）及他当时的学生布赖恩·恩奎斯特（Brian Enquist）。他们也一直在思考这个问题，也猜测网络运输是一个关键因素。詹姆斯是一位知名的生态学家（我们认识的时候，他是美国生态学学会主席），他在生态学一个日益重要的子领域——宏观生态学的创建过程中起到了关键作用，并因此闻名。[9] 正如其字面意思，宏观生态学要求采用大规模的、自上而下的系统性方式来理解生态系统，与复杂性科学内在的哲学有许多共同点，包括对系统进行粗粒度描述的认可等。宏观生态学被奇怪地形容为"为了树木而研究森林"的学科。随着我们越来越关注全球环境问题，以及对其起源、动力学和如何改善进行深入理解的迫切需要，詹姆斯通过宏观生态学展现出来的大图景视野正在变得越来越重要，也越来越受到重视。

我们初次见面时，詹姆斯刚刚跳槽至新墨西哥大学，他是该校的特聘学院教授。他同时与圣塔菲研究所保持联系，正是通过圣塔菲研究所，我们之间才建立了联系。詹姆斯、圣塔菲研究所、布赖恩及后来的优秀博士后和学生与其他和我们共事的高级研究人员之间才有了愉快的合作。在此后的数年间，我和詹姆斯、布赖恩始于 1995 年的合作极富成效，令人兴奋，也充满了乐趣。它改变了我的生活，我敢说，它也改变了詹姆斯和布赖恩的生活，可能也改变了其他人的生活。但如同所有卓越、成果显著、意义重大的关系一样，它也偶尔伴随着挫折和挑战。

我和詹姆斯、布赖恩每周五早上 9 点半左右会面，下午 3 点左右结束会面，中间只进行短暂的休息（我和詹姆斯都不吃午饭）。这是一个很大的负担，因为我和詹姆斯都要在其他地方管理大型团队：詹姆斯在新

03 生命的简单性、一致性和复杂性

墨西哥大学管理一个大型的生态学团队，而我则要在洛斯阿拉莫斯国家实验室进行高能物理学研究。詹姆斯和布赖恩毫不吝啬地几乎每周都从阿尔伯克基驱车到圣塔菲研究所，路上需要一个小时的车程，而我只是每隔几个月从圣塔菲研究所到阿尔伯克基一次。在打破不同领域间不可避免的文化和语言障碍的坚冰之后，我们开创了令人耳目一新的开放环境，所有问题和评论，无论多么初级、臆测或愚蠢，都受到鼓励、欢迎和尊重。我们争论、猜测、解释，努力应对大问题和小细节，走进过死胡同，偶尔幡然醒悟，这背后则是大量的方程式、手绘表格和插图。詹姆斯和布赖恩耐心地扮演我的生态学导师的角色，向我展示自然选择、进化和适应、健康、生理学和解剖学的概念世界，我对这些领域都陌生到令人尴尬。与许多物理学家一样，我惊恐地得知，有严肃的科学家把达尔文的地位置于牛顿和爱因斯坦之上。鉴于数学和计量分析在我看来如此重要，我对此感到难以置信。然而，随着我开始认真接触生物学，我对达尔文所取得的不朽成就的赞叹与日俱增，但我必须承认，我依然很难理解人们将他置于牛顿和爱因斯坦所取得的更伟大的成就之上。

我试图将复杂的非线性数学方程和技术分析简化为相对简单、直观的计算与解释。无论结果如何，过程都是绝妙而又令人满意的。我尤其享受这种唤醒我原初的那种喜欢做科学研究的兴奋：学习和发展概念、找出重要的问题、偶尔能够提出洞见和给出答案。在高能物理学领域，我们一直致力于在最微观层面揭示基本的自然法则，我们基本上知道了问题是什么，而将精力主要用于开展技术运算。在生物学中，我发现整个路径是相反的：我们花费数月时间寻找真正想要解决的问题是什么，我们应该发问的问题是什么，需要计算的相关数量是什么，一旦这些难题得到解决，实际的数学运算就相对简单了。

除了有充分的决心要解决长期存在的基本问题外，这些问题显然还需要物理学家和生物学家紧密合作。我们取得成功的一个重要原因是，作为杰出的生物学家，詹姆斯和布赖恩的思维方式很像物理学家，他们认可解决问题的根本原则在于所根植的数学框架的重要性。同样重要的是，他们在不同程度上认可所有理论和模型都是相近的。人们通常很难发现理论存在界限和局限性，无论其曾经多么成功。这并不意味着这些理论是错的，只是它们的适用范围是有限的。牛顿定律的经典案例便是一个标准范例。只有当探究原子级的微小距离或光速级的高速成为可能时，才会发现牛顿定律的预测存在重大偏差。这便促进了描述微观世界的量子力学的革命性发现，也促进了描述堪比光速的高速的相对论的出现。在这两个极端领域之外，牛顿定律依然可以适用，而且是正确的。非常重要的是，在这些领域修正和延伸牛顿定律会促使我们对万物运行的哲学概念性理解发生深刻而重大的转变。海森堡（Heisenberg）的不确定原理提出，物质本身的特性基本上是概率性的，时空不是固定的和绝对的，这些革命性的观点都是在解决经典的牛顿定律的局限性时出现的。

　　为了避免你认为我们对物理学基本问题的革命性理解都只是晦涩难懂的学术问题，我想要提醒你，它们对地球上每个人的日常生活都具有深远的影响。量子力学是理解物质的基本理论框架，在我们所使用的许多高科技机器设备中都起着关键性的作用。尤其是，它促进了激光的发明，而激光的许多应用已经改变了我们的生活，包括条形码扫描器、光盘驱动器、激光打印机、光纤通信、激光手术等。同样，相对论和量子力学促进了原子弹与核弹的出现，改变了国际政治的整体格局，而且持续笼罩着我们所有人，成为威胁到我们生存的东西，尽管其发展一直受到压制，且有时不为人知。

03 生命的简单性、一致性和复杂性

所有的理论和模型在不同程度上都是不完整的，它们需要不断接受更加广泛的领域内日益精确的实验和观察数据的测试与挑战，并由此得到修正或延伸。这是科学方法的重要组成部分。事实上，了解理论适用范围的边界、预测能力的局限性及对例外、反例和失败的不断研究引发了更深层次的问题与挑战，促进了科学的持续发展，并带来了新的观念、技术和概念。

构建理论和模型的一个重大挑战是，辨别出能够捕捉一个系统每个组织层面上的基本动态结构的重要数据。例如，在研究太阳系时，地球和太阳的质量很明显在决定地球的运动中居于重要地位，而它们的颜色（火星是红色的，地球是斑驳的蓝色的，金星是白色的，等等）则无关紧要，因为行星的颜色与计算它们运动的细节是不相关的。同样，我们在计算能够让我们通过手机进行通信的卫星的详细运动时，也无须知道它们的颜色。

然而，这很明显也是一个尺度效应观点，如果我们近距离观察地球，比如在地表上方几英里的地方，而非从太空中数百万英里外的地方，它的颜色是地表现象多样性的呈现，包括山脉、河流、狮子、海洋、城市、森林和人类等一切事物。因此，在一个尺度上不相关的因素在另一个尺度上就会变得具有决定性的作用。在每一个观察的尺度上都面临的挑战是，提取出能够决定系统中占据主导地位的行为的重要变量。

物理学家已经创造了一个概念来正式确定这一方法的第一步，他们称之为"玩具模型"。其策略是通过提取最重要的组成元素将复杂的系统简单化，由少量占据主导地位的变量代表，这些变量可以决定其主要行为。一个经典的例子便是19世纪人们首次提出的一个观点，气体是由分子构成的，分子可以被视作小硬球，它们快速移动、相互碰撞，它们与

115

容器表面的撞击是我们所认为的压力的来源。同样，被我们称作温度的东西也可以被视作分子的平均动能。这是一个极为简单的模型，究其细节不一定严格准确，尽管它首次捕捉到并解释了气体的宏观粗粒度特征，如其压力、温度、热导率和黏性。由此一来，它便提供了一个出发点，通过完善基本模型，并最终融入量子力学的复杂性，帮助我们发展出不仅有关气体而且有关液体和固体的现代的、更详细精确的理解。这一在现代物理学的发展中起到重要作用的简化玩具模型被称为"气体运动理论"，是由两位伟大的物理学家分别提出的：一位是詹姆斯·克拉克·麦克斯韦（James Clerk Maxwell），他把电学和磁学统一为电磁学，他预言的电磁波为世界带来了革命性的变化；另一位是路德维希·波尔茨曼（Ludwig Boltzmann），他为我们带来了统计物理学和对熵的微观了解。

与玩具模型相关的一个概念是一个理论的"零阶"近似，即简化的假设是为了得出近似最终结果。它通常被用于定量背景下，例如，"2013年芝加哥都市区人口的零阶预测为1 000万"。在对芝加哥有了更多了解后，人们或许会做出"一阶"预测——芝加哥人口为950万，这更加精确，也更接近实际数字（人口普查得到的精确数字为9 537 289）。你会发现，在经过更加细致的调查之后，一个更加精确的预测值将会产生954万这一数字，这被称作"二阶"预测。每上一"阶"都代表一次改善、一个经过改进的近似值，或者一个更好的解决方案，基于详细调查和分析而得出更精确的结果。在后文中，我会把"粗粒度"和"零阶"互换使用。

这就是我和詹姆斯、布赖恩在合作之初所要探究的哲学框架。我们能否先构建一个粗粒度零阶理论，以理解大量基于可以说明生物体基本特征潜在规律的基本原则的1/4次幂异速生长规模法则？然后，我们能

03 生命的简单性、一致性和复杂性

否把它当作一个出发点,定量得出更加精确的预测值和更高阶的纠正值,以理解在实际的生物系统中占据主导地位的行为?

我后来得知,与大多数生物学家相比,詹姆斯和布赖恩能够认可这一方式纯属异数,而非主流。尽管物理学和物理学家为生物学做出了一些意义重大的贡献,如揭示 DNA 的构造,但许多生物学家仍然对理论和数学推理持保留意见,并不十分认可。

物理学从理论的发展与通过专门做实验测试其预测值及其影响之间持续的相互作用中获益良多。一个典型的例子便是最近通过位于日内瓦的欧洲核子研究组织的大型强子对撞机发现了希格斯粒子。许多年前,几名理论物理学家便曾经做出有关希格斯粒子的预测,这是我们理解基础物理学的必要和重要组成部分,但用了将近 50 年时间才发展出技术设备,并组建大型实验团队,对其进行成功的搜索。物理学家认为只从事理论研究的"理论家"的概念是理所当然存在的,但许多生物学家不这么看。一位"真正"的生物学家必须有一个实验室或者一块场地,配备实验设备、助手和负责观察、测量、分析数据的技术人员。类似许多人从事物理学研究,只用笔、纸和笔记本电脑从事生物学研究被认为是业余的、不专业的。当然,生物力学、遗传学和进化生物学等重要生物学领域的情况有所不同。我认为这种情况会随着大数据和密集的计算机运算日益侵入所有科学学科而发生改变,我们开始积极地向某些重大问题发起进攻,如了解大脑和意识、环境可持续发展和癌症等。然而,我同意悉尼·布伦纳(Sydney Brenner)的观点,他是一位知名生物学家,因在遗传密码领域的成就而获得了诺贝尔奖,他曾经肯定地说:"技术给我们带来了分析各个尺度生物体的工具,但我们被淹没在了数据的海洋中,亟须某些能够让我们理解这些数据的理论框架……我们需要理论,需要

牢牢抓住我们所研究对象的性质,才能预测其他。"顺便提一句,他在他文章的开头便发出了惊人之语:"生物学研究处在危机之中。"[10]

许多人都认识到了生物学和物理学之间的文化差异。[11]尽管如此,我们还是见证了极为激动人心的时刻,两个领域正在日益密切结合,产生出新的跨学科子领域,如生物物理学和系统生物学。看来是时候重温达西·汤普森的挑战了:"没有人可以预料,数学可以描述及物理学可以解释身体的构造到什么程度。或许所有的能量规律、所有的物质性质、所有的……化学……都无力解释身体构造,因为它们无法理解灵魂,但我并不这么认为。"许多人会认同这段话的精神,尽管或许还需要新的工具和概念,包括更加密切的合作来达到他的远大目标。我认为,我和詹姆斯、布赖恩及我们所有的同事、博士后、学生之间非常愉快的合作已经为这一愿景做出了小小的贡献。

8. 网络原理和异速生长规模法则的由来

在离题阐释生物学文化和物理学文化之间的关系之前,我曾表示,规模法则在生物学中的机理源头根植于多重网络的通用数学、动力学和组织特性,这些网络将能量、物质和信息分配至细胞、线粒体等渗透进生物体内的细微点。我还曾表示,由于生物网络的结构如此多样,并与规模法则的同一性形成鲜明对比,它们的一般属性必须独立于它们各自的进化设计之外。换句话说,无论这些网络由类似哺乳动物循环系统的管道构成,还是由类似植物的纤维构成,抑或是由类似细胞中的分散通道构成,都必须具有一些共同的网络属性。

事实证明,构思出一套通用的网络总则,并提取出超越生物网络多样性的基本特征,是一项需要花上数月时间才能解决的重大挑战。正如进入未知领域并尝试发展新的观点和研究方式一样,一旦有了发现或突破,最终结果似乎就明朗了。很难相信这会花费这么长的时间,人们想知道为何不能在几天之内完成。挫折、低效、走入死胡同及偶尔的顿悟时刻组成了创造过程。似乎天然地有一个构思期,这是在所难免的。一旦问题得到关注并得到解决,就会让人感到非常满足、非常兴奋。

这是我们在阐释异速生长规模法则过程中的共同经历。待尘埃落定,我们提出了一整套网络属性,它们被认为是自然选择过程的结果,在转变为数学运算时,它们便促进了1/4次幂规模法则的出现。在对这些法则进行思考时,我们同时考量它们在城市、经济、公司中的可能类似法则或许会有所裨益,我们将在后文中更加详细地进行阐述。

空间填充

空间填充背后的理念很简单,也很直观。粗略地说,它意味着网络的触角必须延伸至它所服务的整个系统的各个角落,正如图3-7所示。更加具体地说,无论网络的几何学和拓扑结构如何,它都必须服务生物体的所有生物子单元或子系统。我们可以用一个更加熟悉的例子来理解:人体循环系统是一个经典的分级网络,心脏会向始于主动脉的多层次网络输送血液,经过规模不断缩小的血管到达最小的毛细血管,然后再通过网络系统返回至心脏。空间填充就是指毛细血管作为终端单元或网络的末支,必须服务于人体内的每一个细胞,高效地为细胞供给足够的血液和氧气。事实上,这一切只需要毛细血管距离细胞足够近,以使得足够的氧气能够高效地穿透毛细血管壁,并通过细胞的外膜。

极为类似的是,城市中的许多基础设施网络也是空间填充的,例如,天然气、水和电等公用事业网络的终端单元或终点都必须为构成城市的所有不同建筑物提供供给。连接你的房屋与城市水路和电路的管道就像毛细血管,可以把你的房屋想象成细胞。与此相似的是,公司的所有雇员都可以被看作终端单元,他们必须通过连接首席执行官与管理层的多重网络获得资源(如工资)和信息的供给。

终端单元的恒定性

这意味着一个给定网络的终端单元,如我们刚刚讨论过的循环系统中的毛细血管,都有近似相同的尺寸和特点,无论生物体的体形多大。终端单元是网络的重要组成部分,因为它们是能量和资源交换的传输点与分配点。其他例子还包括细胞内的线粒体、身体内的细胞、植物的叶柄(末枝)。当个体从新生儿成长为成年人时,或者当不同体形大小的新物种进化时,终端单元不会重新改造,也不会重组或重新调节。例如,所有哺乳动物的毛细血管都是相同的,无论是儿童、成年人、老鼠、大象还是鲸,尽管它们的体形各不相同,而且覆盖了巨大的体形范围。

终端单元的恒定性可以放在自然选择的节约天性的背景下来了解。毛细血管、线粒体、细胞等是新物种的相应网络的"现成"基石,会相应地进行调节。终端单元的恒定性构成了分类的特性。例如,所有的哺乳动物都有相同的毛细血管。这一类别中的不同物种,如大象、人和老鼠之间的区别就在于网络布局的大小。从这个角度而言,分类之间的差别,即哺乳动物、植物和鱼等之间的差别,是由它们自身不同网络的终端单元的不同特性决定的。尽管所有的哺乳动物都有相似的毛细血管和线粒体,鱼类也同样如此,但哺乳动物的毛细血管和线粒体与鱼的毛细血管和线粒体存在大小及整体特点的不同。

相类似的是,服务并支持城市建筑物的网络终端单元,如电源插座或水龙头，同样是近似恒定的。例如，你家中的电源插座和世界上任何地方的任何建筑物中的电源插座都是相同的，无论建筑物是大是小。或许在细节设计上存在差异，但它们的尺寸都是相同的。即使是纽约市的帝国大厦和迪拜、上海或圣保罗等地比你家房屋高 50 多倍的建筑物，其内的电源插座和水龙头与你家的也都是十分相似的。如果电源插座随着建筑物的高度而等体积地成比例变化，那么，帝国大厦中的电源插座将会是你家中电源插座的 50 多倍大，它将会有超过 10 英尺高、3 英尺宽，而非几英寸。正如在生物学中一样，基本的终端单元，如电源插座和水龙头不会因我们设计新建筑物而每次都进行改造，无论这些建筑物地处何方，体积多大。

优化

最后一个假设认为，在自然选择过程中隐含的连续的多重反馈和调整机制在过去长期发挥作用，使得网络性能得到了"优化"。举例来说，包括我们人类在内，任何哺乳动物的心脏用来通过循环系统输送血液的平均能量值都最小化，即它是在既定的设计和不同的网络限制条件下能够得到的最小可能。换句话说，在循环系统的架构和动力学的无限种可能中，那些能够进化并最终为所有哺乳动物所共有的充满恒定终端单元的空间是能够将心脏输出最小化的。网络不断进化的结果是维持个体生命、完成生命日常生活任务的能量被最小化，以使得留给性生活、繁殖、抚育后代的能量最大化。这被称作达尔文适应度，是普通个体为下一代基因库所做的基因贡献。

这很自然地引出以下问题：城市与公司的动力学和架构是否也是类似的优化原则的结果？在它们的多重网络系统中，得到优化的是什么？

城市的组织是为了使社会互动最大化吗？通过移动时间最小化来优化交通吗？它们是否最终受到每个公民、每家公司都要将自己的资产、利益和财富最大化的野心驱动？我将在第 8 章、第 9 章和第 10 章回到这些问题上来。

优化原则位于自然界所有基本法则的核心，无论是牛顿定律、麦克斯韦的电磁学理论、量子力学、爱因斯坦的相对论，还是基本粒子的大一统理论。它们的现代构成都是一个数学框架，其中一个被称作"作用量"的数值被最小化，这个数值与能量存在松散关系。所有的物理学定律都源自"最小作用量原理"，该原理认为，在一个系统能够拥有或遵循的所有可能配置中，最终得以实现的是作用量最小的那个配置。因此，宇宙自大爆炸以来的动力学、架构和时间演化，来自黑洞及传输手机信息所用的卫星和信息本身，所有的电子、光子、希格斯粒子，以及物理学中的一切，都是由这个优化原则决定的。那么，为何生命不是呢？

这个问题使我们回到此前关于简单性和复杂性之间差别的讨论上来。你或许能够想起来，物理学中几乎所有的定律都归于简单性，主要原因是它们可以用几个简短的数学方程来表达，如牛顿定律、麦克斯韦方程组、爱因斯坦的相对论等，都是根据最小作用量原理公式化的。这是科学至高无上的成就之一，为我们理解周围世界、发展现代科技社会做出了巨大的贡献。是否可以想象，无论生物体、城市还是公司，复杂适应系统的粗粒度动力学和结构都可以用同一原理得出类似的推导与表述呢？

以上三种假设要在粗粒度的平均意义上去理解，认识到这一点很重要。让我来解释一下。你或许会想到，在人类个体内近 1 万亿根毛细血管中，肯定会存在一定的偏差，正如在给定分类组的所有物种中也会出现偏差一样。因此，严格说来，毛细血管不可能是恒定不变的。然而，这一变量必须用相对依赖规模的方式来观察。重点在于，与身体尺寸的多个数量级变量相比，毛细血管中的任何变量都很微小。例如，即使哺乳动物毛细血管的长度有两倍的差异，与它们体重1亿倍的差异相比，也是微不足道的。同样，作为树木的末枝，叶柄的差异也相对微小，连树叶尺寸的差异也很微小，一棵树从幼苗成长为大树后可能会达到100多英尺高。不同物种的树木同样如此：树叶的尺寸有所差异，但相差的数量级相对较小，它们的高度和重量相差的数量级则很庞大。一棵树的高度为另一棵树的20倍，但前者树叶的直径不会是后者的20倍。因此，一个给定设计的终端单元变量的次生效应相对较小。其他假定中的可能变异也是如此：网络或许不会精确地填充空间或精确地优化。从我们前文的讨论来看，这些偏差或变异所带来的修正被认为有着"高阶"效应。

这些假设构成了生物网络的结构、组织和动力学的零阶、粗粒度理论的基础，并使得我们可以计算出一个给定规模的理想生物体的诸多重要特性的平均数。要实施这一战略并计算诸如代谢率、增长率、树木高度、细胞中线粒体的数量等数值，这些假设就必须转化为数学运算。目标是确定理论的结论、结果和预测，并用数据和观察来对其进行检验。数学运算的细节依赖特定的网络种类。正如我们之前所谈到的那样，我们的循环系统就是一个由不停跳动的心脏驱动的管道网络，而植物则是由稳定的非搏动性流体静力压驱动的无数细纤维构成的网络。该理论概念框架的基础是，尽管这些是完全不同的物理学设计，但两种网络都受到相同的三种假设的限制：它们是空间填充的，有恒定的终端单元，将液体输送至整个系统所需的能量最小化。

事实证明，实施这一战略是一项艰巨的挑战，无论在概念上还是在技术上均是如此。我们花了将近一年的时间处理所有的细节，但我们最终说明了有关代谢率的克莱伯定律和1/4次幂规模法则如何从优化的、空间填充的分支网络的动力学与几何学中而来。最令人满意的或许是说明了神奇数字"4"从何而来，是如何出现的。[12]

下面我将用文字阐述这一切如何出现的数学运算，让你洞悉我们身体运转的某些惊人的方式，以及我们如何与所有生命体和整个物理世界密切联系。这是一个非凡的体验，我希望你会像我一样感到陶醉和兴奋。同样令人感到满足的是，将这个框架延伸至解决所有其他问题，如森林、睡眠、进化速率、衰老和死亡，我将在后文回到其中一些问题上来。

9. 哺乳动物、植物的代谢率和循环系统

正如前文所述，氧气对维持ATP分子的持续供给而言十分重要，这是我们必须持续呼吸的原因。ATP是使得我们存活下去的代谢能量的"基本货币"。吸入的氧气被输送到我们布满毛细血管的肺部的表面膜上，并被我们的血液吸收，继而通过心血管系统输送到我们的细胞中。氧分子和血液细胞中充当氧气载体的富含铁元素的血红蛋白结合在一起。这个氧化过程使我们的血液呈红色，正如铁在空气中氧化成铁锈一样。在血液将氧气输送到细胞中后，红色就变成了浅蓝色，这是静脉呈蓝色的原因。静脉是将血液输送回心脏和肺部的血管。

因此，氧气输送到细胞的速度及血液通过循环系统传输的速度也就成了我们代谢率的指标。同样地，氧气吸入我们口中的速度及其进入呼吸系统的速度也是代谢率的指标。这两个系统紧密相连，血流速度、呼吸速度和代谢率都彼此互成比例，存在简单的线性关系。因此，无论哺乳动物的体形有多大，每呼吸一次，均心跳四次。氧气运输系统的紧密相连就是心

03 生命的简单性、一致性和复杂性

血管网络与呼吸网络的特点在决定和约束代谢率中起重要作用的原因。

利用能量将血液输送到循环系统的脉管系统内的速度被称作心脏输出功率。所消耗的这一能量被用于克服血液流经不断变窄的血管时产生的黏滞力或摩擦力。在整个旅程中，血液首先从主动脉出发，这是距离心脏最近的动脉，其次流经多重网络，最后到达为细胞供给养分的毛细血管。人类的主动脉类似一个圆柱形的管道，长约18英寸（约45厘米），直径约为1英寸（约2.5厘米），而我们的毛细血管只有5微米（约0.01英寸）粗，比一根头发丝还要细。[13]尽管一头蓝鲸的主动脉的直径几乎达到1英尺（30厘米），但它的毛细血管的粗细和你我的相同。这就是这些网络的终端单元恒定性的例子。

将液体输送到狭窄的管道中要比输送到更宽的管道中困难得多，因此，你的心脏支出的几乎所有能量都被用于推动血液通过网络末端最细的血管。这有点儿像把果汁压过筛子，而且是由大约100亿个小洞组成的筛子。另外，你使用相对较小的能量将血液运输通过动脉或者网络中其他更粗的血管，即使那里是你大部分血液的储存场所。

我们理论的一个基本假设是，网络结构已经进化到可以使心脏输出最小化，即输送血液至系统所需的能量最小化。对像我们的心脏这样的由脉动驱动流动的任意网络而言，除了血液流经毛细血管和小血管时的黏滞力外，还有另一个潜在的能量损失来源。这是来自其脉动性质的微妙影响，恰好表明了我们因优化性能而产生的心血管系统设计的美妙之处。

当血液离开心脏时，它会通过由心脏跳动引发的波动沿着主动脉流动。这一波动的频率与心率一致，大约为每分钟60次。主动脉又分为两个动脉，当血液抵达第一个分支点时，一些血液流向其中一个通道，另一些血液则流向另一个通道，都是以波动的形式流动的。波动的特点是，当遭

遇障碍时会产生反射，镜子是最明显的例子。光线是一种电磁波，因此，你所看到的图像只是镜子表面对源自你身体的光波的反射。其他常见的例子还包括水波在遇到障碍时的反射或者声波遭遇硬表面时反射的回声。

相类似的是，在主动脉中传输的血液波在遭遇到分支点时会部分反射，剩余的血液会继续传输至子动脉。这些反射可能会带来很糟糕的后果，因为它们意味着你的心脏其实是在对自己泵血。此外，随着血液沿着不同层级的血管流动，在网络的每一个分支点都会产生相同的现象，上述效应会大大增强，你的心脏需要支出大量能量来克服这些多重反射。这是一个极端低效的设计，为心脏带来了巨大的负担，也浪费了很多能量。

为了避免这一潜在的问题，并尽量减少我们心脏必须承担的工作，我们的循环系统的几何结构不断进化，使得网络中的任何分支点都不存在反射现象。有关这一点如何实现的数学原理和物理学原理有些复杂，但结果是简单明了的：该理论预测认为，如果从分支点出发的子血管的横截面面积总和与抵达分支点的母血管的横截面面积总和相等，那么在任何分支点都不会出现反射。

举一个例子，两根一样的子血管，有着相同的横截面面积（在真实的循环系统中近似正确），假设母血管的横截面面积为 2 平方英寸，为了确保没有反射，那么每一个子血管的横截面面积就必须都是 1 平方英寸。由于任何血管的横截面面积都与其半径的平方呈比例关系，另一种表述这个结果的方式便是，母血管半径的平方必须是每一根子血管半径平方的两倍。因此，为了确保不会有能量因反射而损失，连续的血管的半径都必须以规律的自相似方式按比例变化，每一个分支的半径都是其分支半径的 $\sqrt{2}$ 倍。

所谓的等面积分支其实就是我们的循环系统构建的方式，这已经由

03 生命的简单性、一致性和复杂性

对许多哺乳动物、植物的详细测量数据证实。植物虽然没有心跳,通过维管系统的流动是稳定的、非搏动性的,但它们的维管就像搏动性的循环系统一样按比例变化,这乍看上去有些令人吃惊。然而,如果你把树木看作一捆紧紧捆绑在一起的纤维,从树干开始,继而延伸至它的枝杈,整个分级结构的横截面面积就必须保持一致。图3-8展示了这一纤维束结构与哺乳动物的管道结构的比较。等面积分支的有趣结果便是,树干的横截面面积与网络末端(叶柄)所有小枝杈的横截面面积总和相当。令人吃惊的是,达·芬奇知道这一点。我复制了他的笔记本中重要的一页,他在这一页中呈现了这个事实,如图3-9所示。

哺乳动物　　　　植物

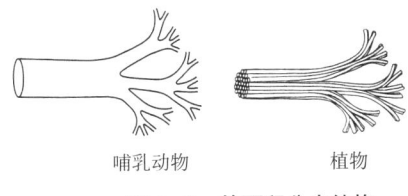

图 3-8　等面积分支结构

图 3-9　达·芬奇笔记中关于等面积分支的记载

图3-8中左图为哺乳动物的分级血管结构,右侧为植物的脉管纤维束结构。纤维的连续"分散"构成了它们的物理分支结构。在这两种结构中,减少任何层级的分支,增加横截面面积,都会得出整个网络的相同数值。达·芬奇笔记本中的一页(图3-9)显示,他知晓树木的等面积分支。

尽管这个简单的几何图形显示出了树木遵循等面积分支的原因,但它还是过于简单了。然而,利用此前提及的空间填充和优化网络通用原则,再加上生物力学的限制要求枝杈有足够的韧性以抵御风的扰动,使其能够弯曲不受到损害,可以通过更加现实的树木模型推导出等面积分支法则。这一分析表明,植物同哺乳动物一样按比例变化,无论在个体内部还是在不同的物种之间,包括代谢率的3/4幂律,即使它们的物理结构完全不同。[14]

10. 题外话:尼古拉·特斯拉、阻抗匹配、交流电/直流电

我们自身循环系统的优化设计遵循与植物相同的等面积分支法则,这是一个美妙的想法。同样令人感到满意的是,脉动网络分支点波动的非反射性条件本质上与全国电网一致,后者的设计旨在提高电力的远距离传输效率。

这一非反射性条件被称作阻抗匹配。它不仅应用于人体的运转,而且应用于许多在日常生活中扮演重要角色的技术之中。例如,电话网络系统利用阻抗匹配使得远距离线路的回声最小化;大多数扬声器系统和音乐器材都包含阻抗匹配机制;中耳里面的骨头为鼓膜和内耳提供了阻抗匹配。如果你曾亲眼见到或亲身经历超声波检查,你就会很熟悉,护士或技师在你的皮肤上滑动超声波探头之前,会在你的皮肤上涂抹一层黏稠的凝胶。你或许会认为这是出于润滑的目的,但事实上是为了阻抗匹配。缺少了这层凝胶,超声波检测中的阻抗失配便会导致几乎所有的能量都从皮肤处反射回来,很少有能量进入身体内部,到达被检测的器官或胎儿身上再反射回来。

对"阻抗匹配"的一个非常有用的比喻就是社会中的交往活动。例

如，无论是在一个社会、一家公司，还是一次群体活动中，尤其是在婚姻关系和朋友关系中，社会网络的平稳、高效运转都需要良好的通信，信息要如实地在集体和个体之间传输。当信息被驱散或"反射"时，例如有一方不在听，它就不可能得到如实或高效的处理，并不可避免地会造成误解，这个过程类似阻抗失配带来的能量损失。

随着19世纪的发展，当我们越来越依赖电力作为主要能量来源时，远距离传输电力的必要性就成为紧迫的问题。不足为奇，爱迪生是考虑如何实现这一点的主要人物。他随后大力提倡直流传输。你或许熟知，电能分为直流电和交流电。爱迪生钟爱的直流电是指电荷像河流一样沿着不变的方向流动；而交流电是指电荷像海浪或动脉中的血液一样以波动的形式流动。直到19世纪80年代，所有商业电流还都是直流电，部分原因是交流电动机尚未发明，大多数电流传输的距离也相对较短。然而，支持交流电传输有着很好的科学理由，尤其是远距离传输。此外人们还可以利用其波动的性质，通过在电网分支节点的阻抗匹配实现电量损失最小化，就像我们在循环系统中所做的那样。

1886年，天才发明家和未来学家尼古拉·特斯拉（Nikola Tesla）发明了交流感应电机和变压器，这是一个转折点，标志着"电流战争"的开端。在美国，这演变成了托马斯·爱迪生公司（即后来的通用电气公司）和乔治·西屋公司之间的混战。具有讽刺意味的是，特斯拉从他的家乡塞尔维亚来到美国为爱迪生工作，进一步完善直流电传输。尽管他在这一领域取得了成功，但他转而研发更加高级的交流电系统，最终将他的专利卖给了乔治·西屋公司。尽管交流电最终获得了胜利，在全球的电力传输市场占据主导地位，但直流电仍一直坚持到了20世纪。我在英国长大，当时住的房子里面使用的就是直流电，我还记得我的邻居在20世纪转而使用交流电，我们也加入其中。

你肯定听说过尼古拉·特斯拉，主要原因是他的名字被广为人知的某汽车公司借鉴，这家公司生产时髦的高端电动汽车。此前他几乎已经被除了物理学家和电气工程师外的所有人遗忘了。在他的一生中，他不仅因在电气工程技术领域的重大成就而闻名，而且因疯狂的想法和反常的演技而出名，他也因此登上了《时代周刊》（*Time*）的封面。他在闪电、死亡射线、通过电脉冲提高智力、相机存储器等领域的研究和思考，以及他对睡眠或亲密人际关系的漠不关心、他的中欧口音，使得他成为"疯狂科学家"的典型。尽管他的专利为他赢得了可观的财富，但他将这些钱都用在了自己的研究上。1943年，穷困潦倒的他在纽约去世。在过去20年里，他的名字在流行文化中经历了重大的复兴，并在某汽车公司使用他的名字后达到了顶峰。

11. 回到代谢率、心跳和循环系统[15]

前文讨论的理论框架解释了从鼩鼱到蓝鲸的不同物种的心血管系统如何按比例缩放。同样重要的是，它还阐释了在普通个体内部从主动脉到毛细血管的规模缩放问题。因此，如果你无来由地想要知道河马的循环系统的第十四层分支的半径、长度、血流速度、脉搏率、速度、压力等，该理论将会为你提供答案。事实上，这一理论将会回答你提出的有关任何动物的任何网络层级的任何数量问题。

当血液在网络中流向越来越细的血管时，黏滞力就会变得越来越重要，导致越来越多能量的浪费。这一能量浪费的效应会在其通过网络层级结构的过程中阻挠波动，直至其失去脉动特性变成定常流。换句话说，流动的特性促进了从较粗血管的脉动向较细血管的平缓的转变。这就是你只能在主动脉感受到脉搏的原因，在较细的血管中根本没有任何痕迹。用电传输的语言来说，当血流在网络中流动时，它的性质便从交流变为直流。

因此，当血液到达毛细血管时，它的黏性确保血流不再脉动，流动十分缓慢。血流的速度减缓至大约每秒1毫米，与它离开心脏时每秒钟40厘米的速度相比太过缓慢。这十分重要，因为这样舒缓的速度能够确保血液携带的氧气有充足的时间高效地渗入毛细血管壁，并快速传输到细胞中。有趣的是，该理论预计，所有哺乳动物在网络两端（毛细血管和主动脉）的血流速度都是相同的，据观察也是如此。你很可能意识到毛细血管和主动脉之间血流速度的巨大差异。如果你刺破皮肤，血液会从毛细血管缓慢地渗出，带来的损伤也微不足道。然而，如果你切到了主动脉、颈动脉或股动脉等大动脉，血液便会喷涌而出，你可能会在几分钟内死亡。

但真正令人感到惊讶的是，所有哺乳动物的血压也都是相同的，无论其体形是大是小。因此，尽管鼩鼱的心脏只有大约12毫克重，相当于25粒盐的重量，其主动脉半径只有大约0.1毫米，几乎不可见，而鲸的心脏约有1吨重，几乎相当于一辆迷你酷派汽车的重量，其主动脉半径达30厘米，但它们的血压几乎是相同的。只要想一想鼩鼱的小主动脉和动脉壁遭受的巨大压力相比你我的主动脉壁所面临的压力就已经相当惊人了，更不用说鲸的动脉壁了。鼩鼱这种可怜的生物只有一两年的寿命也就不足为奇了。

第一位研究血流物理学的人是通识学家托马斯·杨（Thomas Young）。1808年，他推导出了血流速度取决于动脉壁的密度和韧性的公式。他的研究成果意义重大，十分重要，为了解心血管系统如何工作、利用脉冲波形与血流速度来检查和诊断心血管疾病铺平了道路。例如，随着年龄的增长，我们的动脉硬化，导致它们的密度和韧性都发生了巨大的变化，血液的流动和脉冲速度也发生了可预料的变化。

除了在心血管系统领域的研究，杨还因其他几项意义深远的发现而蜚声海外。他最著名的成就便是创造了光的波动理论，根据该理论，每种颜色都与特殊的波长有关。他也为最初的语言学和古埃及象形文字研究做出了贡献，他是破译现存于大英博物馆的著名的罗塞塔石碑的第一人。为了向这位杰出人物致敬，安德鲁·鲁滨逊（Andrew Robinson）为杨撰写了充满生气的传记，书名为《最后一位通才：托马斯·杨，匿名的博学者，他证明了牛顿的错误，解释了我们如何看到事物，治愈了病人，破译了罗塞塔石碑，还取得了其他天才般的成就》（*The Last Man Who Knew Everything: Thomas Young*, *the Anonymous Polymath Who Proved Newton Wrong*, *Explained How We See*, *Cured the Sick*, *and Deciphered the Rosetta Stone*, *Among Other Feats of Genius*）。我特别喜欢杨，因为他出生在英国西部萨默塞特郡的米尔弗顿，这里距离我的出生地汤顿只有几英里的距离。

12. 自相似性和神奇数字"4"的由来

循环系统等大多数生物网络都展示出了作为分形的几何学特性。你或许熟悉这一观点。简单来说，分形就是在所有比例或所有放大倍数下看起来都极为相似的物体。一个经典的例子是图3–10所示的西蓝花头部。分形在自然界中普遍存在，从肺部、生态系统到城市、公司、云和河流，无处不在。我想在这一节阐释它们是什么，它们意味着什么，它们如何与幂律规模法则相关，以及它们如何在我们前文讨论过的循环系统中体现出来。

03 生命的简单性、一致性和复杂性

如果把西蓝花分为几个小块，每一个小块看上去都像按比例缩小的原版西蓝花。如果再将小块放大到整体的比例，每一小块都与之前原来的那块难以分辨。如果把这些小块再分为更小的块，它们同样看上去就像按比例缩小的原版西蓝花。你可以想象，多次重复这一过程，得到的结果基本上是相同的，每一个次单元都与按比例缩小后的原版整体相像。换句话说，如果你为每一块西蓝花拍照，无论它们的尺寸大小，将它们的尺寸放大到原版头部大小，你都很难分辨出放大后的版本与原版的差别。

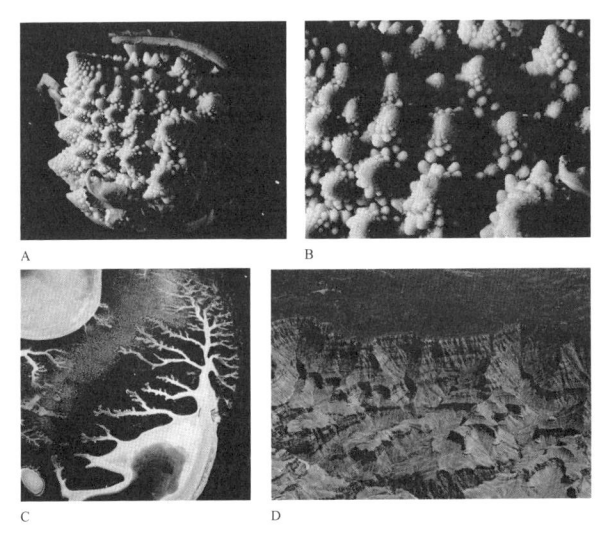

图 3-10 分形和比例恒定性的例子

在所有例子中，都不能直接分辨出绝对比例。A 和 B：两张不同分辨率下的西蓝花照片，显示了它的自相似性。C：加利福尼亚一条干涸的河床。很明显与冬天的树木、干枯的树叶及我们的循环系统相类似。D：大峡谷。它就像在大风暴后通往我家的受到侵蚀的泥泞道路。

这与我们通常所见形成了鲜明的对比。例如，我们用显微镜放大观

133

察一个物体,利用越来越高的分辨率找出更详细的细节及其与整体在本质上不同的新结构。组织内的细胞、物质内的分子或原子内的质子便是显而易见的例子。另外,如果该物体是分形的,当分辨率提高时,不会出现新的图案或细节:相同的图案会一遍又一遍地自我重复。这当然是一个理想化的描述,在现实中,不同分辨率层次上的图案都会有细微的差别,最终递归重复停止,新的结构设计图案会出现。如果你持续将西蓝花分为越来越小的块,它们终将会失去西蓝花的几何特征,并最终展示出它们的组织、细胞、分子的结构。

这一重复现象被称作自相似性,是分形的一般特征。与西蓝花所展示出的重复缩放相类似的是平行镜的无限反射或俄罗斯套娃,每一个套娃的尺寸有规律地缩小。在创立这个概念之前,《格列佛游记》(*Gulliver's Travels*)的作者、爱尔兰讽刺作家乔纳森·斯威夫特(Jonathan Swift)曾富有诗意地在这首异想天开的四行诗中阐释过自相似性:

> 博物学家告诉我们,
> 跳蚤身上有小跳蚤叮咬;
> 这些小跳蚤又被更小的跳蚤叮咬;
> 如此这般,没完没了。

这就是我们一直在谈论的分级网络。如果你分割这一网络的一小部分,并适当地将其按比例放大,得到的网络就跟最初的网络没什么两样。每一层级的网络都是相邻网络按比例缩放复制后的版本。当我们谈论循环系统的脉动特性中的阻抗匹配的结果时,我们看到了一个明确的例子,等面积分支导致连续血管半径按照$\sqrt{2}$的倍数缩小。因此,举例来说,如果我们将分为10个分支的血管的半径进行比较,它们都与$(\sqrt{2})^{10}=32$的倍数相关。由于我们的主动脉半径约为1.5厘米，这意味着，第十个分支层的血管半径只有0.5毫米。

因为血流在沿着网络流动时会从脉动变为平缓，所以我们的循环系统实际上并不是持续性的自相似，也不是精确的分形。在平缓区域内，血液流动受到黏滞力的影响，将耗费的力量最小化，这就带来了自相似性，相连续的血管的半径按照$\sqrt[3]{2}$（=1.26…）这一常数因子不断缩小，而不是按照脉动区域的$\sqrt{2}$（=1.41…）这一常数因子缩小。因此，循环系统的分形特征在从动脉到毛细血管时发生了细微的改变，反映了血液在从脉动区域向平缓区域流动时的特征的变化。另外，树木从树干到树叶维持了近似相同的自相似性，其半径按照$\sqrt{2}$的等积率连续缩小。

空间填充要求网络必须服务于各个层级的生物体，这便要求血管的长度具有自相似性。为了填充三维空间，连续血管的长度必须按照$\sqrt{2}$这一常数因子缩小，与半径相比，这在整个网络中持续有效，包括脉动区域和平缓区域。

在确定了个体内部的网络如何根据这些简单法则按比例缩放后，最后要确定的便是如何在不同体重的物种之间建立联系。能量最小化原则所带来的进一步结果帮助我们完成了这个任务，即网络的体积（体内的血液总量）必须与身体体积成正比，因而与体重成正比。换句话说，血液体积与身体体积的比值是一个常数，无论体形是大是小。对一棵树来说，这很明显，因为其树枝网络构成了整棵树，网络的体积便是树的体积。[16]

现在，网络的体积便是其所有血管或分支的体积的总和，可以通过它们的长度和半径计算出来，由此我们便将内部网络的自相似性与体形大小联系在一起。这是长度的立方根规模法则和半径的平方根规模法则之间的数学关系,受到血液体积的线性缩放和终端单元恒定性的约束,由此产生了1/4次幂异速生长指数。

由此而来的神奇数字"4"便成为网络所构成的常规三维体积的有效延伸,另一个维度则来自网络的分形特征。我会在后文中更加详细地阐释分形维数的一般性概念,但现在我要说的是,自然选择利用分形网络的数学奇迹,优化了其能量分配,让生物体就像在四维空间而不是标准的三维空间内运转。从这个意义上说,普遍存在的数字4其实应该是3+1。一般来说,那个1是空间维度。如果像我那些信奉弦理论的朋友所说的那样,我们生活在11维度的宇宙中,神奇数字就应该是11+1=12,我们讨论的就应该是1/12次幂规模法则的普遍性,而非1/4次幂规模法则。

13. 分形:神秘的边界延长

数学家很早就认识到,在自古以来构成数学和物理学基础的经典欧几里得几何的规范边界之外还有几何形状。我们许多人曾经痛并快乐地学习的传统知识框架认为,所有的线和面都是光滑流畅的。产生中断和褶皱概念(已经成为现代分形概念的一部分)的新奇观念被数学家从严格数学中延伸出来,但在真实世界中并没有被普遍认为起着重要作用。法国数学家伯努瓦·曼德尔布罗(Benoit Mandelbrot)提出了重要的洞见,褶皱、中断、粗糙和自相似性,即分形,事实上是我们生活的复杂世界的普遍特点。[17]

回想起来,这一洞见在2 000多年的时间里与伟大的数学家、物理学家和哲学家失之交臂,这实在令人吃惊。与许多伟大的进步一样,曼德尔布罗的洞见现在看起来"十分明显",令人无法相信他的结论未能在此前数百年出现。毕竟很长一段时间以来,"自然哲学"一直是人类

03 生命的简单性、一致性和复杂性

智力劳动的重要领域，几乎所有人都熟悉西蓝花、血管网络、小溪、河流和山脉，这些现在都被认为是分形。然而，几乎没有人思考过它们的结构和组织的普遍规律，也没有用数学语言来对它们进行描述。或许，就像更重的物体下降速度更快这样的亚里士多德式的错误假设一样，根植于欧几里得几何的柏拉图式的平滑理想状态在我们的灵魂深处根深蒂固，我们必须要等待很长时间，等到某个人真正检验其是否属实。这个人就是非同寻常的英国博学者——刘易斯·弗赖伊·理查森（Lewis Fry Richardson），他几乎是偶然地为曼德尔布罗发明分形奠定了基础。有关理查森如何实现这一点的故事很有趣，我简短叙述一下。

曼德尔布罗的洞见是，当使用不同分辨率的粗粒度镜头观察时，隐藏的简单性和规律性就显露出来，构成了我们周遭世界的复杂性和多样性的基础。此外，用于描述自相似性及其内在递归比例变化的数学与我们在前几章中谈到的幂律规模法则相同。换句话说，幂律规模法则便是自相似性和分形的数学表达。由于动物在个体（它们内部网络结构的几何形状和动力学）和物种范围内均遵循幂律规模法则，它们和我们都是自相似性分形的生动体现。

刘易斯·弗赖伊·理查森是一位数学家、物理学家和气象学家，他在46岁时还获得了心理学学位。他生于1881年，他在职业生涯早期还对我们现代的天气预报方法做出了重大贡献。他通过流体动力学的基本方程式（此前讨论船只建模时提到的纳维－斯托克斯方程），并利用气压变化、温度、密度、湿度和风速等实时气候数据的持续反馈加以强化和更新，开创了天气计算建模的理念。他早在现代高速计算机发明之前的20世纪初就构思了这一策略。因此，他的计算必须要痛苦地手动执行，预测力也很有限。尽管如此，这一策略及他所研发的一般性数学技巧还是为以科学为基础的

天气预测奠定了基础,并为现在用来做出未来几周相对准确的天气预报提供了模板。后来高速计算机的出现,再加上全球搜集的以分钟计的大量数据的更新,都大大提高了我们预测天气的能力。

理查森和曼德尔布罗都有着相对不平凡的背景。尽管两人都接受过数学训练,但都没有走上标准的学术之路。理查森是一名教友派教徒,在"一战"中是一名"良知拒绝服役者",并因此被禁止在任何大学担任学术职务,这或许在今天会让我们感到震惊。曼德尔布罗直到75岁才获得第一个教授教职的任命,他也因此成为耶鲁大学历史上获得教职时年纪最大的教授。或许,的确需要像理查森和曼德尔布罗这样主流研究圈的局外人和特立独行之士来推动我们认识世界方式的革命。

理查森在战争爆发前曾在英国气象局工作,在战争结束后再次回到气象局,几年后出于同样的良知理由,他在气象局成为英国空军管辖的航空部的一部分之后,又辞去了职位。说来奇怪,正是他内心深处的和平主义及由此导致的与全球主流学术研究界的边缘联系才使得他得出了最有趣、最重要的研究结论,即长度的测量并不像看上去那样简单,由此让人们感受到了分形在我们日常生活中的重要角色。为了了解他是如何得出这一结论的,我需要先说说他的其他成就。

受到他饱含热情的和平主义的激励,理查森开始了一项雄心勃勃的项目,要研究一个定量理论来理解战争和国际冲突的起源,以找到最终预防冲突的策略。他的目的只是研究战争科学。他的主要论点是,冲突的动力学主要是由各国建立军备和累积军备的速度决定的,这是战争的主要原因。他把武器装备的累积看作集体心理力量的代表,反映但又超越了历史、政治、经济和文化,这种集体心理力量带来的动力学又不可避免地导致冲突和不稳定的出现。通过用来了解化学反应动力学和传染

03 生命的简单性、一致性和复杂性

疾病扩散的数学运算,理查森为不断升级的军备竞赛建立了模型,每个国家的军火库都会因其他国家军火库的扩大而扩大。

他的理论并未试图解释战争的根本起因,即我们为何共同寻求通过武力和暴力的方式解决冲突,而是展现了导致灾难性冲突的军备竞赛不断升级的动力学。尽管理查森的理论过于简单,但他在用数据进行比较分析方面取得了一些成功,更为重要的是,他提供了一个定量理解战争起源的框架。此外,其理论的价值还在于展示出了哪些参数重要,尤其是提供了达到并维持和平局面的情景设定。与传统的更重定性的冲突理论相比,领导层的角色、文化和历史仇恨、特定事件和人物在他的理论中没有明确的作用。[18]

为了实现创建经得起检测的科学框架的目标和愿望,理查森搜集了大量有关战争和冲突的历史数据。为了将它们定量,他引入了一个一般性概念,称之为"致命争吵",它被定义为人类之间导致死亡的暴力冲突。根据死亡人数的不同,他确定了它们的数量级:只有1个人死亡,致命争吵的规模便是1,"二战"的致命争吵规模因此超过了5 000万,这是根据平民死亡的人数计算得出的数字。而后,他又迈出了大胆的一步,质疑是否存在连续性的致命争吵,从一个个体开始,进而升级到团伙暴力、社会动荡、小型冲突,并以两次世界大战告终,这也因此覆盖了近8个数量级的范围。他在试图将上述数量级绘制在一条轴上的时候,遇到了我们此前试图在一个简单的线性比例上放下所有地震或哺乳动物代谢率时面临的挑战。实际上,这是不可能实现的,人们必须使用对数比例才能看到死亡争吵的整个序列。

因此,根据里氏震级类推,理查森的比例要从1人死亡的0级开始,以两次世界大战的接近8级结束(8级代表数亿人死亡)。在此之间,造

成10人死亡的小型骚乱将是1级，100名战士死亡的小规模战斗是2级，以此类推。显然，很少有战争能够达到7级，大多数冲突都是0级或1级。当他按照对数比例绘制一定规模的致命争吵的数量与它们的数量级的关系时，便发现了一条近似直线，就像我们在绘制代谢率等生理学数量与动物体重的比例时一样（详见图1-1）。

因此，战争的频数分配遵循简单的幂律规模法则，表明冲突是近似自相似的。[19]这一不同寻常的结果使得我们得出惊人的理论——从粗粒度的意义上说，大型战争只不过是小型冲突按比例扩大的版本，正如大象是老鼠按比例扩大的版本一样。因此，战争和冲突异常复杂的背后似乎就是控制所有比例的普遍动力学。最近的研究成果也从最近的战争、恐怖主义袭击，甚至网络袭击中证实了上述发现。[20]目前尚没有一种普遍性理论能够用来理解这些规律，尽管它们很可能反映了国家经济、社会行为、竞争力的分形网络特征。无论如何，任何最终的战争理论都需要考虑以上结论。

最后，这就引出了讲述理查森故事的关键点。他把冲突幂律规模法则视作与战争相关的其他系统性规律的一部分，希望借此发现支配人类暴力的一般性规律。为了形成一个理论，他假定两个邻国之间爆发战争的可能性与两国边界线的长度成比例。为了检验自己的理论，他将注意力集中到如何测量两国边界线的长度这一问题上，并因此偶然发现了分形。

为了验证自己的观点，他开始着手搜集边界线长度的数据，并惊讶地发现已经发布的数据存在大量差异。例如，他得知西班牙和葡萄牙之间边界线的长度有时被引述为987千米，有时被引述为1 214千米。同样，荷兰与比利时之间的边界线长度有时是380千米，有时却是449千米。人们很难相信如此巨大的差异是由测量的失误导致的。当时，测绘

03 生命的简单性、一致性和复杂性

已经是一门高度发达、公认的准确的科学。例如，19 世纪末，人们所知的珠穆朗玛峰的高度仅有几英尺的偏差。因此，边界线长度相差数百千米就很奇怪了。很明显，其中一定存在着其他原因。

在理查森进行实证研究之前，测量长度的方法完全被视作是理所当然的。这看上去很简单，人们很难发现哪里出错。接下来，让我们分析一下测量长度的过程。假设你想要粗略估计起居室的长度。你可以直接沿直线放置 1 米长的米尺，并计算两面墙之间共放置了多少次米尺。你发现，米尺放置了 6 次，因此可以得出结论，起居室的长度大约为 6 米。不久后，你发现自己需要一个更加精确的预测值，便使用细粒度的 10 厘米尺子来测量。仔细地在两端之间放置之后，你发现共放置了 63 次，于是得出更加精确的近似值，即 63 × 10 厘米，结果为 630 厘米，即 6.3 米。很明显，结果取决于你想要的答案的精度，你可以用更加精确的度量工具重复这一过程。如果你要的结果需要精确到毫米，你或许会发现这一长度为 6.289 米。

事实上，我们不会端到端地放置尺子，但为了方便，会使用适当的长卷尺或其他测量设备，把我们从这一乏味的过程中解放出来，但原则依然是一样的：卷尺或其他测量工具只是一系列给定标准长度的短尺（如 1 米长或 10 厘米长的尺子）"缝合"在一起得到的。

在我们测量的过程中，不管测量的是什么，有一点是明确无误的，那就是随着测量精度的提高，测量结果会越发接近准确数值，即起居室的实际长度。在上述例子中，随着精度的提高，它的长度值从 6 米到 6.3 米再到 6.289 米。这一向实际长度值的汇聚看上去很明显，数千年来一直没有人质疑，直至 1950 年理查森偶然发现了边界线和海岸线不断延长的秘密。

现在，让我们想象一下按照上述标准程序测量两个邻国间边界线的长度或一国海岸线的长度。为了得到粗略的估值,我们开始或许会端到端地使用 100 英里的分段,并覆盖整个边界线的长度。假设我们发现按照这一精度,边界线近似为 12 个分段,其长度因此大约为 1 200 英里。为了得到更加精确的测量结果,我们可能会使用 10 英里的分段来预估边界线长度。根据起居室例子中阐释的一般测量法则,我们或许会发现大约有 124 个分段,进而得到更加精确的 1 240 英里的估值。将精确度提高到 1 英里,我们会得到更加准确的数字,或许会发现 1 243 个分段,即 1 243 英里。我们可以通过越来越高的精度,继续这一过程,直至最终获得所需的精确数字。

然而,令理查森吃惊的是,当他在详细的地图上用游标卡尺重复这一标准程序时,情况并非如此。事实上,他发现,精度越高,准确度越高,边界线长度就越长,而不会汇聚到某个特定的数值!与起居室的长度不同的是,边界线和海岸线的长度会持续变长,而不会集中到某个固定数值,这违反了数千年来基本的测量法则。同样令人吃惊的是,理查森发现,地图上测量的长度系统性地递增。当他用对数比例绘制不同边界线和海岸线长度及所使用的测量精度时,就会出现一条我们曾在其他许多地方见到过的指向幂律规模法则的直线(见图 3–12)。这太奇怪了,它表明,与传统信条相反的是,这些长度似乎依赖用于测量的单元的比例,而且从这个意义上来说,这并不是被测量对象的客观属性。[21]

那么,究竟是怎么回事呢?稍微思考一下,你很快就会意识到发生了什么。与你的起居室不同的是,大多数边界线和海岸线并不是直线,而是蜿蜒的线,它们要么遵循当地的地理环境,要么就是由政治、文化或历史原因随意决定的。如果你测量时在海岸线或边界线的两点之间放置长度为 100 英里的直尺,就像实际测绘中所做的那样,你就明显会错失两点之间所有的蜿蜒和摆动（详见图3-11）。然而，如果你转而使用10英里长的尺子，你就会对在大于10英里的尺子下错失的那些蜿蜒和摆动感到敏感。这一更高的分辨率将会发现那些细节，跟随蜿蜒之处，由此得出的预测值肯定要大于使用粗粒度的100英里直尺时获得的数据。同样，使用10英里的尺子将难以发现在那些小于10英里的尺子下的蜿蜒和摆动，但如果我们将分辨率提高至1英里，这些蜿蜒和摆动就会被包括进最终的测量数据中了，长度也将会进一步增加。因此，对于像理查森研究的带有许多蜿蜒和摆动的边界线与海岸线，我们可以很容易理解，随着分辨率的提高，它们的测量长度如何持续增长。

由于这一增长遵循简单的幂律规模法则，这些边界事实上是自相似的分形。换句话说，一种长度尺子下的蜿蜒和摆动是另一种长度尺子下的蜿蜒和摆动按比例缩放的版本。因此，当你在看到一条小溪流岸边的侵蚀看上去就像规模更大的河流岸边侵蚀按比例缩小的版本，甚至像大峡谷的迷你版本，并为此而感到惊讶时，你并非沉溺于幻想之中，它事实上的确就是如此（见图3-10）。

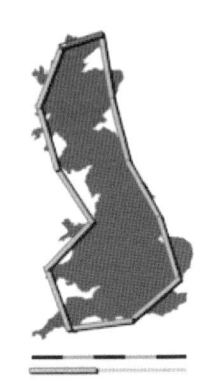

单元 = 200千米
长度 = 2 400千米（近似值）

单元 = 100千米
长度 = 2 800千米（近似值）

单元 = 50千米
长度 = 3 400千米（近似值）

图3-11 利用不同精度测量英国大不列颠岛海岸线的长度

这实在令人惊叹。我们再一次发现,当用粗粒度比例滤镜观察时,在自然界令人畏惧的复杂性的背后,潜藏着惊人的简单性、规律性和一致性。尽管理查森在研究边界线和海岸线时发现了这一奇特的、革命性的非直观行为,并理解它们的来源,但他并没有完全意识到其非凡的普遍性和深远的影响力。这一更深刻的洞见落在了曼德尔布罗的身上。

理查森的发现几乎为整个科学界所忽视。这并不太令人感到惊讶,因为它是在一本相对晦涩的期刊上发表的,而且掩藏在了他对于战争起因的实证研究之中。他发表于 1961 年的论文也采用了非常晦涩的题目:"关于接近的问题:致命争吵统计数据附录"。即便在行家看来,这个题目也未能透露出文章的内容是什么。谁又能知道这即将宣告具有重大意义的范式转换呢?

伯努瓦·曼德尔布罗知道。他理应获得赞誉,不仅因为他重新唤醒了理查森的工作,而且因为他意识到了它所具有的更加深刻的重要意义。1967 年,曼德尔布罗在著名的期刊《科学》上发表了一篇论文,题目清晰易懂:"英国海岸线有多长?数据自相似性和分形维数"。[22]通过发展理查森的发现,并概括其观点,理查森的工作得见天日。后来被称为"分形"的褶皱是由理查森的对数表中的直线的斜率决定的,斜率越大,曲线的褶皱越多。这些斜率是长度与精度相关的幂指数,类似代谢率与生物体体重相关的指数 3/4。对像圆这样十分平坦的传统曲线而言,斜率或指数为零,因为它的长度不会随着精度的提高而改变,而是会汇聚到一个固定的数值,正如起居室的例子一样。然而,对崎岖不平、有褶皱的海岸线而言,斜率并不为零。例如,对英国西海岸线而言,斜率为 0.25;对挪威那样有着峡湾和多层次海湾的褶皱更多的海岸线而言,斜率为极大的 0.52。另外,理查森发现,南非海岸线与其他任何海岸线都不相同，斜率只有0.02，十分接近平坦的曲线。至于西班牙和葡萄牙之间的边界线，之前出入很大的数据曾激发了理查森的兴趣，他发现其斜率为0.18，详见图3-12。

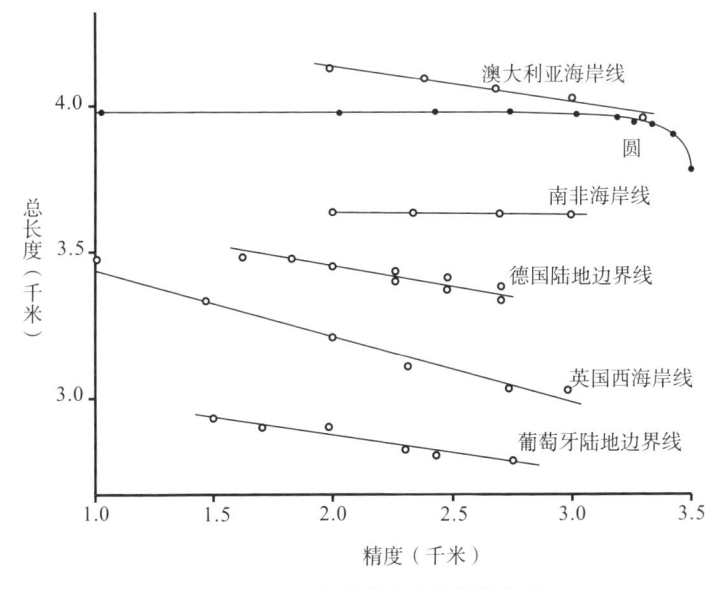

图 3-12　海岸线和边界线的分形

利用不同精度测量海岸线的长度（例子中的英国）。图3-11：随着精度的变化，长度按照图中的幂律系统性增长。图3-12：斜线给出了海岸线的分形维数，弯曲越多，斜线越陡峭。

为了理解这些数字的含义，想象一下，将测量的精度提高至原来的两倍，英国西海岸线的测量长度将会增加约25%，挪威海岸线的测量长度将会增加约50%。这是一个很大的差别，此前则完全被忽略，直至理查森于70年前偶然发现。因此，若想要让测量的过程有意义，就必须知道精度很重要，它是整个过程中必不可少的一部分。

要点很明确。通常而言，如果不阐明用于测量的尺子的精度，引用测量数值就是毫无意义的。从原则上来说，如果不给出测量的单位，只是说长度为543、27或1.289 176，是毫无意义的。正如我们要知道长度单位是英里、厘米还是埃一样，我们也需要知道所使用的精度。

曼德尔布罗引入了分形维数的概念，通过将幂指数（斜率值）增加1的方式来对其进行定义。因此，南非海岸线的分形维数是1.02，挪威海岸线的分形维数为1.52，等等。增加1的目的在于，将分形的概念与第2章中所讨论的普通维度概念联系起来。一条平坦的线的维度为1，一个平缓的表面的维度为2，立体维度为3。因此，南非海岸线非常接近平坦，因为它的分形维度为1.02，很接近1，而挪威海岸线则很不平坦，因为它的分形维度为1.52，比1要大得多。

你可能会想象到极端的情况，即一条线太过曲折和复杂，以至有效地填充了整个区域。虽然它仍然是一条有着普通维度1的线，但就其标度特征而言，它表现得就像一片区域，因而也就拥有分形维度2。这一奇怪的额外维度的获得是空间填充曲线的普遍特点，我将在下一章中详细阐述。

在自然界中，几乎没有什么东西是平缓的——大多数事物都是有褶皱的、不规则的、细圆齿状的，通常都以一种自相似的形式存在。想想森林、山脉、蔬菜、云和海洋表面。由此一来，大多数自然物体都没有绝对的客观长度，在陈述测量结果时，很重要的一点是要报告分辨率是多少。那么，人们为何花了超过2 000年的时间才意识到如此基本、现已显而易见的事情呢？这很可能源于二元论，随着我们逐渐从与自然世界的紧密联系中分离出来，越来越远离决定生物学的自然之力，这种二元论开始出现。当我们发明语言，学习如何利用规模经济的优势，组成社区，开始制作手工艺品时，我们事实上改变了我们日常生活及其周边环

03 生命的简单性、一致性和复杂性

境的几何形状。在设计和制造人类工程学产品时,无论是原始的罐子和工具,还是现代化的复杂汽车、计算机和摩天大楼,我们都使用并且追求直线、平滑曲线和平滑表面的简单性。量化测量的发展及数学的发明,尤其是欧几里得几何的理想化范式,完美地展现了这一点。这种与我们创造的手工艺品世界相适应的数学,伴随我们从一种哺乳动物进化到社会智人。

在这个人工制品的新世界中,我们不可避免地习惯于通过蒙蔽我们的欧几里得几何(直线、平滑曲线和平滑表面)的滤镜观察世界,至少科学家和技术专家如此,而我们所处的环境是一个混乱、复杂、令人费解的世界。这在很大程度上是留给艺术家和作家想象的领域。尽管度量在这一新鲜的、更加常规的人工世界中扮演着核心角色,但它具有欧几里得几何简单明了的特点,因此无须担心精度等刁钻的问题。在这个新世界中,长度便是长度,仅此而已。然而,在我们周围直观的"自然"世界中却并非如此,它高度复杂,而且被褶皱、波纹和小褶皱主导。正如曼德尔布罗简单明了地概述:"平缓的形状在野外很少见,但在象牙塔和工厂中极为重要。"

从19世纪初开始,数学家便已经开始思考不那么平缓的曲线和平面,但他们并非受到自然界中此类几何图形普遍存在的激励。他们的动机仅仅是出于学术兴趣发掘新的观点和概念,如是否有可能构造出违反欧几里得神圣教条的一致几何形状。

这个问题的答案是肯定的,曼德尔布罗也很好地利用了这一点。与理查森相比,曼德尔布罗接受的是更加正式、传统的经典法国数学教育,熟悉充满抽象、褶皱、非欧几里得曲线和平面的奇怪世界。他的伟大贡献在于,他意识到理查森的发现有着坚实的数学基础,学术数学家一直

147

不那么认真应对、似乎与现实没有关联的奇怪几何图形事实上和现实紧密相关,而且从某种意义上来说,其关联度甚至超过了欧几里得几何。

或许,重要的是,他意识到这些论点具有普遍意义,远远不仅是边界线和海岸线,而且可以延伸至任何可测量的物体,甚至包括时间和频率,这些例子包括我们的大脑、弄皱的纸球、闪电、河流网络及心电图和股市等时间序列。例如,平均而言,在1个小时的交易中,金融市场的波动模式与1天、1个月、1年,甚至10年的波动模式相同。它们彼此呈非线性比例关系。因此,当你的面前呈现某些时间段内道琼斯指数的典型曲线图时,你不知道它是过去1个小时还是过去5年的表现,下跌、波动和上涨都是相同的,无论其位于哪个时间段内。换句话说,股票市场的表现是自相似的分形模式,在所有的时标内以一种由指数或分形维数定量的幂律不断自我重复。

你或许认为,掌握了这一知识,你可能会迅速致富。尽管它肯定可以让你对股票市场隐藏的规律有新的洞见,但不幸的是,它的预测力只局限于平均粗粒度意义上,并不能给出单独一只股票的详细信息。尽管如此,它仍然是理解不同时间框架内市场动力的一个重要因素。这催生出了金融物理学这一全新的跨学科的金融学子领域,并促使投资公司开始雇用物理学家、数学家和计算机科学家,通过这些论点开发新的投资战略。[23]许多公司做得很好,尽管我们并不清楚它们的物理学家和数学家在获得的成功中起到了多大的作用。

同样,心电图中的自相似性也是评判我们心脏状况的重要指标。你或许曾经想过,心脏越健康,心电图越平缓、越规律。与生病的心脏相比,健康心脏的分形维数更低。然而,恰恰相反,健康心脏的分形维数相对更高,心电图的变化也更多;而生病的心脏则有着相对平缓的心电

03 生命的简单性、一致性和复杂性

图,分形维数更小。事实上,那些最具风险的心脏的分形维数接近1,心电图也异常的平缓。因此,心电图的分形维数为定量心脏病和心脏健康提供了一个强大的辅助诊断工具。[24]

健康和强壮等同于更大的变化和波动,心电图中的分形维数更大,这与这些系统的韧性有关。太过僵硬和受限意味着系统缺乏足够的灵活性来进行必要的调整,以抵御不可避免的小冲击和摄动。想一想你的心脏每天遭受的压力和紧张,许多都是未曾预料到的。能够容纳并自然地适应这些冲击对你的长期生存至关重要。这些持续的改变和冲击要求你的所有器官,包括大脑及其精神状态,既灵活又要有弹力,也因此要具有更大的分形维数。

这些可以从个体扩展到公司、城市、州,甚至生命本身。多样化,拥有更多可交替、适应性强的成分是这一范式的另一种表现。自然选择因更强的多样性而发展,同样也制造出了更强的多样性。有韧性的生态系统也有更多样的物种。成功的城市是那些提供更多元就业机会和商业形态的城市,成功的公司则拥有多样化的产品及根据市场变化而做出灵活变通的人,这并非巧合。我将在第8章和第9章谈到城市与公司的时候对此进行进一步详述。

1982年,曼德尔布罗出版了一部非常有影响力、非常具有可读性的半通俗著作《大自然的分形几何学》(*The Fractal Geometry of Nature*)[25],通过展示出分形在科学界和自然界的普遍存在,引起了人们对分形的极大兴趣。它催生了一个寻找分形的迷你产业,测量它们的维数,表现它们的神奇特性如何带来奇特的几何图形。

曼德尔布罗展示了基于分形数学的相对简单算法规则如何产生了令人惊讶的复杂模式。他及后来的许多人都制造出了山脉和风景的逼真模

拟与引人入胜的迷幻图案。这为电影和媒体行业所欣然接受,无论是逼真的战斗场面、壮丽的风景还是未来幻想,你现在在荧幕上和广告中看到的许多东西都是以分形范式为基础的。如果没有对分形的早期研究和洞见,《指环王》《侏罗纪公园》《权力的游戏》都将成为无生机版本的现实幻想。

分形甚至还出现在了音乐、绘画和建筑领域。据说,乐谱的分形维数能够用来确定不同作曲家的标志性特点,如贝多芬、巴赫和莫扎特,而杰克逊·波洛克的画作的分形维数则被用来分辨真伪。[26]

尽管描述和量化分形有着数学框架,但没有发展出基于潜在物理学原则的基础理论,用以机制性地理解它们为何会出现,或用来计算它们的维度。海岸线和边界线为何会分形?它们惊人的规律性的背后动力是什么?是什么决定了南非应该有一条相对平缓的海岸线,而挪威就有一条崎岖的海岸线?将这些完全不同的现象与股票市场、城市、心血管系统和心电图的行为联系在一起的普遍原则及动力是什么?

分形维数只是定义这些系统特征的诸多指标之一。我们会在这些指标中各自投入多少储存令人吃惊。例如,道琼斯工业平均指数几乎被虔诚地认为是美国整体经济状况的指示剂,就像体温通常被当作我们自身整体健康的指示剂一样。更好的做法是,要有类似的一系列指标,例如你从年度体检中得到的指标,或者经济学家为了了解整体经济状况而设计的一系列指标。然而,在此基础之上更进一步的是,要有一个整体的量化理论和概念性框架,并搭配动态模型,以机制性地理解为何不同的指标会是其本身所表现的那样,为何它们能够预测出未来如何发展。

由此而论,仅仅知道代谢率按比例变化的克莱伯定律,甚至了解生物体所遵循的其他异速生长率,都无法构成一个理论。相反,这些现象

03　生命的简单性、一致性和复杂性

规律都是揭示和概述生命系统性、一般性特点的大量数据的复杂总结。能够从几何学和动态网络等一系列普遍原则中分析得出更加精细的结论，将会使得我们对它们的起因有进一步的加深理解，并有可能会由此应对并预测其他新的现象。在下一章中，我将会向你们展示这一网络理论如何提供框架，并通过一些例子说明这一点。

最后要说明，令人感觉出乎意料的是，曼德尔布罗并未表现出对理解分形的机制性起因有丝毫的兴趣。在向世界展示了分形的普遍性之后，他的热情更多地被倾注到它们的数学描述上，而非物理原因上。他的态度似乎是，它们是自然界的奇妙财产，我们应该因它们的普遍性、简单性、复杂性和美丽而感到高兴。我们应该努力用数学来描述和使用它们，但我们不应该太过于关注它们如何产生的潜在原理。总而言之，他更像一名数学家而非物理学家一样在研究它们。这或许是他的伟大发现并没有在物理学界和科学界获得其本应获得的高度赞誉的原因之一，他也因此没有获得诺贝尔奖，尽管他的成就在许多领域都得到了广泛认可，并且还获得了一连串的奖项和奖励。.

04
生命的第四维：生长、衰老和死亡

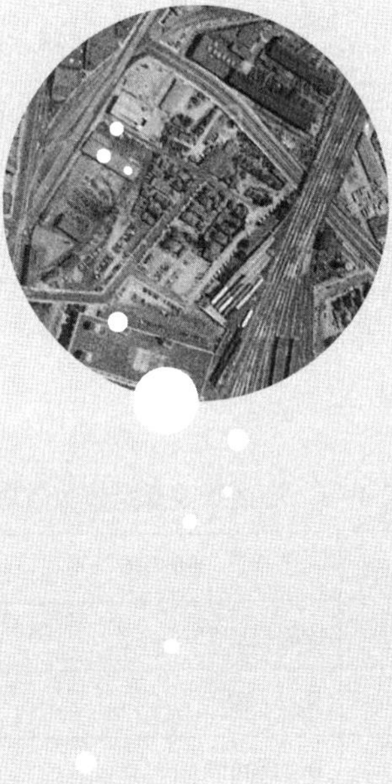

几乎所有维持生命的网络都有自相似分形的特点。在上一章中,我解释了这些分形结构的性质和起源是如何通过几何、数学和包括优化与空间填充等在内的物理原理产生的,从而推导出网络是如何在普通个体和跨物种间进行比例缩放的。

我的大部分讨论集中于循环系统,但同样的原则也适用于呼吸系统、植物、树木、昆虫和细胞。事实上,该理论的一大成功之处在于,同一套网络理论可以推导出相似的规模法则,尽管这些法则存在于完全不同的进化设计系统中。它们不仅解释了不同分类群体中无处不在的1/4次幂规模法则的起源,也说明了为什么主动脉和树干之间存在比例缩放关系等问题。利用该理论可以计算出很多这样的数值,以下表格由《科学》和《自然》杂志发表的原始论文复制而来,它提供了一个样本,足以说明其预测能力的强大程度。该样本显示的是与观察值相比,大量与循环、呼吸、植物和森林系统有关的变量的预测值。你可以很容易地看出预测值和实际观察值大体一致。

表4-1 心血管变量的预测值与观察值

变量	预测值	观察值
主动脉半径	3/8 = 0.375	0.36
主动脉压	0 = 0.00	0.032
主动脉血速	0 = 0.00	0.07
血量	1 = 1.00	1.00
循环时间	1/4 = 0.25	0.25
循环距离	1/4 = 0.25	无数据
心脏搏动量	1 = 1.00	1.03
心率	−1/4 = −0.25	−0.25

（续表）

变量	预测值	观察值
心脏输出量	3/4 = 0.75	0.74
毛细血管数	3/4 = 0.75	无数据
服务区域半径	无数据	无数据
沃姆斯莱数	1/4 = 0.25	0.25
毛细血管密度	−1/12 = −0.083	−0.095
血液的氧亲和力	−1/12 = −0.083	−0.089
总阻抗	−3/4 = −0.75	−0.76
代谢率	3/4 = 0.75	0.75

表 4-2 呼吸系统变量的预测值与观察值

变量	预测值	观察值
气管半径	3/8 = 0.375	0.39
胸膜间压力	0 = 0.00	0.004
气管内气流速度	0 = 0.00	0.02
肺容积	1 = 1.00	1.05
肺流量容积	3/4 = 0.75	0.80
肺泡容积	1/4 = 0.25	无数据
潮气容积	1 = 1.00	1.041
呼吸频率	−1/4 = −0.25	−0.26
功率耗散	3/4 = 0.75	0.78
肺泡数量	3/4 = 0.75	无数据
肺泡半径	1/12 = 0.083	0.13
肺泡面积	1/6 = 0.167	无数据
肺面积	11/12 = 0.92	0.95
氧的扩散能力	1 = 1.00	0.99
总阻抗	−3/4 = −0.75	−0.70
氧的消耗率	3/4 = 0.75	0.76

规 模

表4-3 植物维管系统的生理和解剖学变量标度指数的预测值与观察值

变量	根据植物生物量 指数 预测值	根据树干和根茎的半径 指数 预测值	观察值
叶子数	3/4（0.75）	2（2.00）	2.007
枝条数	3/4（0.75）	−2（−2.00）	−2.00
管数	3/4（0.75）	2（2.00）	无数据
枝干长度	1/4（0.25）	2/3（0.67）	0.652
枝干半径	3/8（0.375）		
导电区域面积	7/8（0.062 5）	7/3（2.33）	2.13
管半径	1/16（0.062 5）	1/6（0.167）	无数据
电导率	1（1.00）	8/3（2.67）	2.63
叶比导率	1/4（0.25）	2/3（0.67）	0.727
流体流量		2（2.00）	无数据
代谢率	3/4（0.75）		
气压梯度	−1/4（−0.25）	−2/3（−0.67）	无数据
流体速度	−1/8（−0.125）	−1/3（−0.33）	无数据
分支阻抗	−3/4（−0.75）	−1/3（−0.33）	无数据

尽管这些预测基于相同的原理，但每一个例子中的真实数学运算和动力学都不尽相同，反映了这些网络的不同物理结构。我将不再赘述这些不同的系统是如何利用这套原理的，但所有例子的结果都非常相似，1/4次幂规模法则就此诞生。

这一切都非常令人满意，但有一个问题始终困扰着我们：为什么不同的网络均体现了1/4次幂规模法则，而不是一个网络体现1/6次幂规模

04 生命的第四维：生长、衰老和死亡

法则，另一个网络体现 1/8 次幂规模法则，以此类推？换句话说，当同一套原理应用于不同结构和动力学的网络系统时，是什么导致了相同的缩放指数？是否有其他超越动力学的设计原理，使得几乎所有生物群体都体现 1/4 次幂规模法则？这是一个非常重要的概念性问题，对于理解为什么这种普遍现象甚至延伸到了诸如细菌这样一个分级分支网络结构体现得不那么明显的系统尤其重要。

1. 生命的第四维

通过认识下面这一点我们可以得出解决这个问题的通用论证：除能量损失最小化外，自然选择也会导致代谢能力的最大化，因为代谢会产生维持和繁殖生命所需的能量和物质。[1]这自然是通过最大限度地扩大运输资源和能量的表面积实现的。这些表面实际上是网络中所有终端单元的总表面积。例如，我们所有的代谢能量都会经由毛细血管的所有表面传播，从而促进细胞生长。正如一棵树的代谢由能量和水的传输控制一样，树叶通过阳光进行光合作用获得能量，根系的所有终端纤维通过土壤汇集水分。因此，正如内部的毛细血管和外部的叶子，终端单元起着关键作用，不仅因为它们是不变的，还因为它们与资源环境相连。我们将在后面的章节中看到，从决定你的睡眠时间到你的寿命长短，这一能量交换门户的核心作用在生活的诸多方面都非常关键。

自然选择已经利用空间填充网络的分形特征使得这些终端单元的总有效表面积最大化，从而使代谢输出最大化。从几何学角度讲，分形结构中固有的连续分支和褶皱通过表面积最大化优化信息、能量和资源的传输。由于其分形性质，这些有效的表面积远大于其表观的物理面积。让我举一些来自你自身的非常好的例子，从而说明这一点。

尽管你的肺只有一个足球那么大,体积为 5~6 升(约 1.5 加仑),但是,血液中负责氧气和二氧化碳交换的肺泡(呼吸系统的终端单元)的总表面积几乎有一个网球场那么大。所有气流通路的总长度约为 2 500 千米,这几乎是从洛杉矶到芝加哥或者从伦敦到莫斯科的距离。更令人震惊的是,如果把你循环系统中的所有动脉、静脉和毛细血管平铺开来,首尾相连,它们的总长度约为 10 万千米,差不多可以绕地球 2.5 圈,或者说比地月距离的 1/3 还长一点……所有这一切整齐地排列在你 5~6 英尺高的身体内。这实在令人难以置信,也是你身体中另一个令人感到神奇的特征,即自然选择利用了物理、化学和数学的神奇之处。

这一引人瞩目的现象正是理查森发现、曼德尔布罗阐释的有关海岸线和边界的极端例子,它反映出长度和面积的内涵并不总是看上去的那样。正如前一章所述,一条空间填充的、足够弯曲的线可以像面积一样按比例缩放。它的分形性有效地赋予了它另一个维度。如果第 2 章讨论的常规欧几里得曲线维度仍为 1,这表明它是一条线,但其分形维数为 2,这表明它可以最大限度地分形,并且可以像面积一样缩放。以类似的方式,如果面积足够弯曲,它就可以表现得像体积一样,从而获得一个有效的额外维度:其欧氏维数为 2,这表明它是一个面积,但其分形维数为 3。

我们用一个熟悉的例子便可以将这一点解释清楚:洗床单。为了节约能源,同时又想节省自己的时间和金钱,你会等上几周,直到脏床单多到可以塞满洗衣机的整个滚筒。等到脏床单足够多时,你会尽可能多地往里塞。现在回想一下,普通的体积要比面积缩放得更快,所以如果你能在保持其形状不变的前提下使洗衣机的边长翻番,那么洗衣机的实际容量会变为原来的 8(2^3)倍,而表面积将变为原来的 4(2^2)倍。因此,你可能会得出结论,因为床单基本是二维的面积(它的厚度可以忽略不计),你可以通过将洗衣机的尺寸翻番来容纳4倍于原来数量的床单。然而,如果我们将所有床单都塞入滚筒内,床单完全填充整个空间,因为滚筒的体积是原来的8倍,所以很清楚地可以得出其实你可以塞8倍的床单进去,而不是4倍。换句话说,填入三维洗衣机里的二维床单的有效面积是按体积进行比例缩放的,而不是面积。所以,如此一来,我们便把面积变成了体积。

其原因在于我们用到的是光滑的欧几里得平面——床单,把它们弄皱,产生大量褶皱,从而将它们变成分形。实际上,褶皱的大小分布遵循经典的幂律:长的褶皱非常少,但短的褶皱有很多,它们的数量遵循幂律分布。[2]现实中,你不能将床单完全弄皱塞进洗衣机里,同样的例子还有用纸团成的球,所以它们是完全空间填充的,但你只能无限接近;而且这反映在它们测得的分形维数上,实际上略小于2。你也不想完全弄皱床单,因为如果被塞得太满,洗衣机也不能很好地清洗。

然而,由自然选择的力量驱动使其交换表面最大化,生物网络的确实现了空间填充的最大化,因此得以像三维空间而不是二维的欧几里得平面般缩放。这种由优化网络性能而产生的额外维度导致生物像是在四维空间中活动一样。这是1/4次幂规模法则的几何学起源。因此,生物网络以1/4次幂缩放,而不是经典的1/3次幂——如果它们是平滑的非分形欧几里得物体,那么它们就会遵循1/3次幂规模法则了。尽管生物生活在三维空间中,但它们的内部生理和解剖结构就像四维的一样运行。

因此,尽管不同的解剖结构带来了不同的动力学可能,但许多生物网络都表现出保面积分支就并不是偶然的了。与在生命历史上只进化了一次的遗传密码不同,赋予人们额外有效的第四维度的分形式分配网络已进化了很多次,实例包括树叶、鳃、肺、肠、肾和线粒体的表面积以及从树木到海绵动物等不同呼吸和循环系统的分级结构。因此，即使是单细胞生物（如细菌）也已经利用这一点并体现了1/4次幂，这并不奇怪。

1/4次幂规模法则可能与新陈代谢的生物化学过程、遗传密码的结构和功能，以及自然选择过程一样具有普遍性和独特性。绝大多数生物组织表现出非常接近于3/4的代谢率和1/4的内在时间和距离。这些分别是有效表面积和体积填充分形式网络的线性参数的最大值和最小值。这表明，自然选择能够利用这种分形主题的变化，产生令人难以置信的各种生物形式和功能。但这也证明了所有这些生物都遵循共同的1/4次幂规模法则，而且其代谢过程有着严格的几何和物理学限制。简单地说，分形几何赋予了生命一个新的维度。

与此形成鲜明对比的是，任何人造工程和系统（无论是汽车、房屋、洗衣机还是电视机）几乎都不会通过分形的力量实现性能优化。在很大程度上，与你身体的运行机制相比，电子设备（如计算机和智能手机）非常原始。另一方面，在有限的范围内，诸如城市等有机发展着的人造工程系统也无意识地发展出了自相似的分形结构，以优化其性能。详见第8章和第9章。

2. 为什么没有体形小如蚂蚁般的哺乳动物？

理想的数学分形会"永远"继续下去。重复的自相似是无限无止境地存在着的，从无穷小到无限大。而在现实生活中，它却有明显的限制。你可以将西蓝花一直分解下去，直到其最终失去自相似特征，并显现其组织、细胞和最终的分子构成的基层结构和几何特征。那么，一个相关的问题是，你可以缩小到多少，或者扩大到多少，直到一个哺乳动物不再是哺乳动物呢？换句话说，是什么决定了哺乳动物的最大和最小尺

04 生命的第四维：生长、衰老和死亡

寸？或者根本就没有任何限制，这样的话，人们还是会问，为什么没有比鼩鼱（重量仅为几克）更小的哺乳动物，或者为什么没有比蓝鲸（重量高达100多吨）更大的哺乳动物？

这个问题的答案就在于网络的微妙之处，以及伽利略有关结构的最大尺寸是有限制的最初论点。与大多数生物网络不同，哺乳动物的循环系统不是单个的自相似分形，而是两个不同分形的混合，这反映了血液从主动脉向毛细血管流动时，从动脉"交流电"到非动脉"直流电"的流量变化。大多数血液都位于"交流电"主导的网络上部较大的血管中，这导致代谢率以3/4次幂规模律法则缩放。

虽然分支一直在变化，从一种模式到另一种模式，但变化范围相对不大，而且其地位（可通过测量毛细血管的分支数量得到）与体积无关，因此对所有哺乳动物来说都一样。换句话说，所有哺乳动物都有相同的分支数量，大约为15个，其中的血流主要是稳定的非动脉"直流电"。随着体积的增加，哺乳动物的主要区别在于动脉"交流电"血流流经的血管越来越多。比如，我们人类有7~8个，鲸有16~17个，而鼩鼱只有1~2个。这些血管的阻抗匹配确保泵血无须很多能量，所以数量越多越好。几乎所有的心脏输出量都用于将血液从非脉动系统中小得多的血管泵出，所有哺乳动物的非动脉系统血管数量大致相同。相对而言，随着哺乳动物体积的增大，消耗心脏大部分能量的网络比例会系统性地减少，这再次说明体形较大的哺乳动物比小型哺乳动物更高效——鲸为细胞供血消耗的能量仅为鼩鼱的1%。

现在让我们设想动物的体形不断变小。相应地，那些保面积的分支数量也在不断减少，这些分支都是一些大到足以支持脉动波的血管。直到我们到达一个临界点，网络只能支持非动脉"直流电"血流为止。在

这个阶段，甚至连主动脉也变得很小且压缩，以致它无法再支持脉动波。在这样的血管中，脉动波由于血液的黏度不能再传送，而且血流变成了完全稳定的"直流电"。这就像房子管道中的水流一样：心脏跳动产生的脉动波在进入主动脉时立刻受阻。

这真的很奇怪。这样的动物心脏依旧跳动，却没有了脉搏！这不但奇怪，更重要的是，这是一种非常低效的设计，因为它完全失去了阻抗匹配的优势，并将导致整个循环系统内的所有血管产生大量能耗。这种性能效率的损失反映在代谢率的缩放中。通过计算我们可以发现，它不再遵循经典的亚线性3/4次幂规模法则，现在将呈线性缩放，也就是说与身体重量成正比，从而失去了规模经济的优势。在这种纯粹的"直流电"情况下，无论体形大小，支持1克重的组织所需的能量是相同的，而不是随体形1/4次幂变化时系统性地缩小。在这种情况下，动物的体形增大不会产生进化优势。

这个论点表明，哺乳动物只有大到它们的循环系统能够支撑脉动波通过至少第一对分支水平时，它们才能进化发展，这便道出了最小尺寸存在的根本原因。[3]该理论可用于推导出一个临界点何时出现的公式。其实际值取决于一些常见的变量，比如血液的密度和黏度以及动脉壁的弹性。从计算结果可以看出，最小的哺乳动物重量只有几克，与伊特鲁里亚鼩鼱大小相当，这是目前已知的最小的哺乳动物，它只有约4厘米长，可以轻易地坐在你的手掌上。它微小的心脏每分钟跳动超过1 000次，约每秒20次，因为它的心脏泵血的血压和速度与人类一样。更惊人的是，和蓝鲸也一样。所有这一切都通过鼩鼱微小的主动脉实现，它大约只有几毫米长、几十分之一毫米宽，不比一根头发粗多少。正如我前面所说，难怪低等的生物寿命不长。

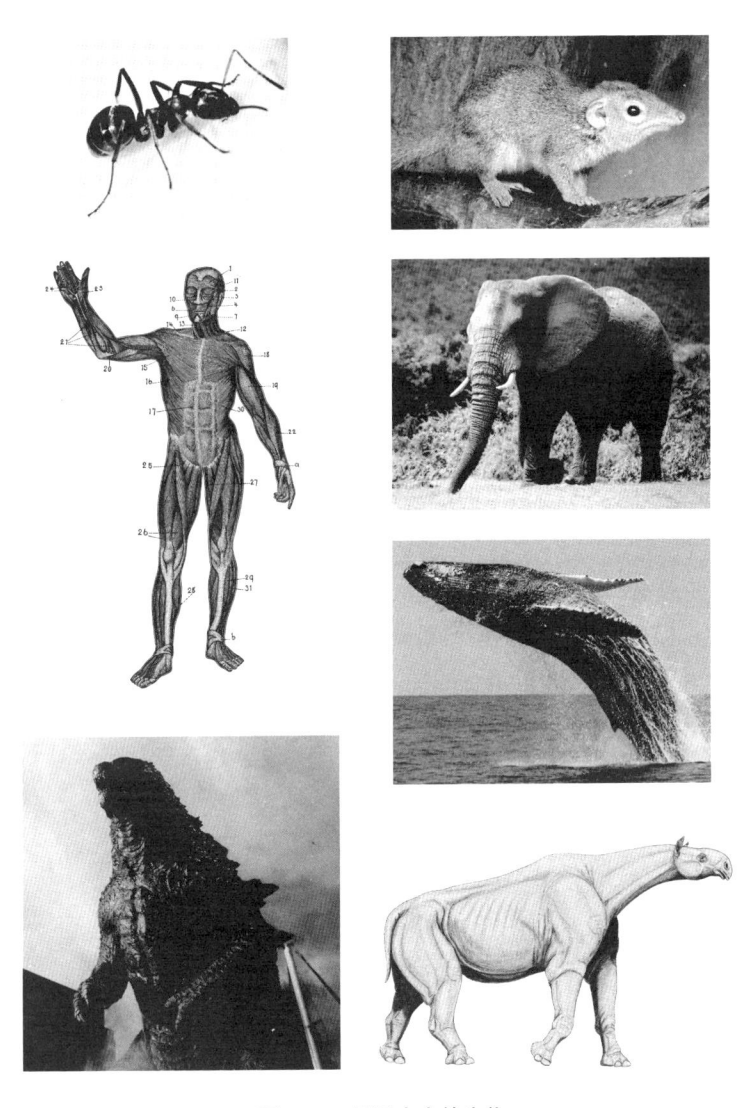

04 生命的第四维：生长、衰老和死亡

图 4-1 不同大小的生物

哺乳动物小到 2 克的鼩鼱（右上角），大到 20 吨的蓝鲸。为什么不能是 2 克的蚂蚁或者 2 万吨的哥斯拉呢？右下方的动物是重达 20 吨的巨犀，是迄今为止陆地上最大的哺乳动物。

163

3. 为什么没有体形大如哥斯拉般的哺乳动物？

这是伽利略提出的有趣的重要问题之一，当然，他并没有提及哥斯拉那样的怪物。从第 2 章中我们得知，伽利略的论点基于一个简单的想法，即动物体重的增长比肢体的支撑能力增长得更快，因此如果结构、形状和构成物质保持不变，随着体重增加，它将被压垮。这为动物、植物和建筑的尺寸极限提供了充分的证据，也为我们思考成长和可持续性的极限等问题提供了模板。

然而，为了证实这一观点，即对动物的最大尺寸进行定量测算，我们需要对它们的生物力学进行详细分析，而不是仅仅停留在伽利略所设想的静态情况。我们知道，最大的机械应力出现在动物的行进过程中，特别是在奔跑过程中，而奔跑对很多动物来说是重要的生存特征。最大的陆生哺乳动物是巨犀，它是现代犀牛的前身，长约 10 米（超过 30 英尺），重达 20 吨，见图 4-1。体形最大的陆生动物应该是恐龙，长达 25 米，重达 50 吨。也有一些证据显示还有比这更大的动物，但这些证据大都是骨头碎片，需要我们对其结构和骨骼进行大量推断才能确认。甚至有人猜测，恐龙太大了以至它们不得不半水生以支撑其自身的重量，尽管没有实质性的证据证明这一点。无论这一猜测是真是假，它确实提供了另一种猜想，为了扩大体形，动物需要返回海洋以减轻自身重力的负担。

如果无须对抗重力，伽利略的论点就会变得毫无意义。所以，已知的最大的动物一直存活至今，直至现代人类出现，它们在广阔的海洋中繁衍生息，这并不奇怪。其中最大的就是蓝鲸，一种长度可达 30 米（约 100 英尺）的哺乳动物，体重 100 多吨，比令人恐惧的霸王龙重 20 倍以上。那么地球上可能存在更大的哺乳动物尚未进化吗？就像陆生动物有生物力学和生态学的限制一样，海洋动物也有。鲸需要长距离快游才能获得足够的食物,以支持其巨大的代谢率,它们需要每天进食100万卡路里,是人类摄取量的400倍左右。将这些限制条件纳入数学和物理学以确定海洋动物的最大尺寸,这比确定陆生动物的最大尺寸更具挑战性,而且到现在为止还没有可靠的预测。

然而,我现在要展示的是,除了生态生物力学以外,还存在其他限制体形的最大尺寸的条件,即确保所有细胞都会得到足够的氧气供应。这涉及网络供应系统的几何和动力学特性。让我为你描述一个简化版的论证,来解释如何估算体形的最大尺寸。

网络理论的一个更神秘的结果是,毛细血管等终端单位之间的平均距离与身体重量之间呈幂指数缩放,其指数为1/12(等于0.083 3……)。这是一个异常小的指数,代表着一种身体尺寸非常缓慢的变化。它预测网络将变得越来越张开,也越来越稀少。比如,较大树木的树冠通常比小树更大,而且随着树木尺寸非常缓慢地增大,树叶间的平均距离也在缓慢增大。同样,虽然蓝鲸的体重是鼩鼱的1亿(10^8)倍,但其毛细血管的平均距离仅为鼩鼱的(10^8)$^{1/12}$倍,约为4.6倍。

毛细血管为细胞服务,所以网络的张开意味着随着尺寸增加,相邻毛细血管之间有更多的组织需要被服务。因此,平均来说,每个毛细血管必须系统地服务更多的细胞,这反映了前面讨论过的规模经济效应。然而,这种增长不可能是无限制的。作为不变单元的每个毛细血管能向组织供应的氧气是固定的。所以如果需要由单个毛细血管供氧的细胞组变得太大,其中一些细胞将不可避免地被剥夺氧气,技术上称之为缺氧。

诺贝尔奖得主、丹麦生理学家奥古斯特·克罗(August Krogh)在100多年前首次定量地解释了氧气如何扩散到毛细血管管壁和组织给细胞供氧。他意识到,在没有足够的氧气以维持距离太远的细胞之前,氧气的扩散距离是有限的。这个距离被称为最大克罗半径,它是围绕毛细血管长度的假想圆柱体的半径,就像一个护套,包含了所有能够维持的细胞集合(提醒你,毛细血管的长度约为半毫米,是其直径的5倍左右)。由此,人们可以计算出一个动物最大可以有多大,因为其毛细血管之间的距离如果变得过大会导致缺氧。由此,我们可以大致推算出动物的体重最多也就100多吨,这大致相当于最大的蓝鲸的重量,这意味着它们是哺乳动物家族链的体形顶端。

在探讨毛细血管和细胞之间接触面的细微之处的关键含义,包括它们如何影响人们的成长、衰老和随后的死亡等问题之前,我想先简单地回顾一下哥斯拉的问题。从之前的讨论中,我们可以清楚地看到,如果哥斯拉与生物圈中的其他生物一样,它将会是一个神话。即使它没有被自己的体重压垮(根据伽利略的观点),它也无法为大部分细胞供氧,所以是不可能存在的。当然,像超人一样,它可以由不同的材料制成,可以承受支撑其体重和移动性的巨大压力,而且具有允许其内部网络为其假定的细胞提供足够营养的属性,所以它能像科幻电影中描绘的一样存在。

原则上,我们可以根据所讨论的观点得出其身体材料各种属性的预测值,使其能够像人类一样存在。比如,人们可以估算能够使其身体正常运行的四肢压缩强度、"血液"黏度和组织弹性等的数值应该是多少。我不是很确定这样的估算是否有意义,因为作为一个复杂适应系统,任何干扰参数和设计的潜在可能都会导致巨大的意想不到的后果,因此这没有什么意义。在相信这样的怪兽可能存在之前,人们必须仔细而广泛地思考所有的相关因素和进行这种改变可能带来的具体后果。当我们随意设计科幻小说中的某些设计和场景时,这样的挑战通常有可能会被忽略。然而,这样的幻想可以是一次很好的想象力练习,它可以不受事实

04 生命的第四维：生长、衰老和死亡

和科学的限制，可以激发对一些重大问题的创新和天马行空的思考。所以不是人们不应该进行这种幻想，而是在得出太多结论并实现这些幻想之前，应保持对科学事实的认识。

当我被记者问到哥斯拉的种种特征，比如其重量、睡眠时长、步行速度等这样的问题时，我立即以专业教授的角色回应道：据科学家所知，哥斯拉不可能存在，到此结束。然而，我不想成为一个书呆子，我表示，如果我们天真地遵循异速生长规律，并且假设哥斯拉就是一种已经存在的动物，我愿意忽略基础科学，并计算出哥斯拉的各种生理和生命史特征。虽然这根本就是自相矛盾的，但它至少是一次有趣的尝试。所以我推测出以下关于哥斯拉的"事实"。

在其最新形象中，哥斯拉长达 350 英尺，转化为重量约为 2 万吨，是最大的蓝鲸的 100 倍。为了维持身体的巨大组织，哥斯拉必须每天进食 25 吨，相当于每天代谢约 2 000 万卡路里的能量，这些食物足够维持一个 1 万人的小镇。它的心脏重约 100 吨，直径约为 50 英尺，需要为身体其他组织泵出 200 万升的血液。然而，为了平衡这一点，它的心脏每分钟只需搏动几次，就能维持与人类相似的血压。顺便说一句，请注意它的心脏尺寸与整头蓝鲸的尺寸相当。大量血流通过的主动脉大约 10 英尺宽，人在其中穿行都不会显得拥挤。哥斯拉的寿命可能达到 2 000 年，每天睡不到 1 个小时。相对而言，它的大脑很小，仅占其体重的 0.01% 不到，而我们人类的大脑则占体重的 2%。这并不意味着它很笨，因为实现其所有的神经和生理功能只需那么大的大脑。其生活中不太美观的部分也有不少：它每天产生尿液 2 万升，相当于一个小型泳池中的水量；产生粪便约 3 吨，相当于一辆正常大小卡车的载重量。至于它的性生活，还是留给你来想象吧。

由于这种动物的内在生物力学是自相矛盾的，因此其步行和跑步速度更不好预测。然而，盲目地根据其他动物来判断的话，我们可以得出其步行速度约为每小时 15 英里，所以如果它发起攻击，一般人根本难以逃离。但是这也带来了困扰：其每条腿的直径必须是 60 英尺，大腿可能更粗，直径可达 100 英尺。换句话说，它不得不浑身长满腿，才能避免倒塌、易于行动，但这样的结构根本不现实。正如前面强调的，如此庞然大物的进化需要新的材料和设计原则。

人们可以推测，自然选择已经开始了这个宏伟的进化过程，它首先做的就是选择足够智慧的人类来设计如此巨大的生物。毕竟，在我们的星球上，树、鸟和鲸都有比它们自己大得多的对应物，也就是我们所说的摩天大楼、飞机和船只，尽管我们还没有进化出任何比恐龙更大的移动陆地生物。另一方面，我们已经发明了比任何"自然"生物，包括我们自己在内，移动和计算得更快、记忆力更强的"生物体"。这种"生物体"如此之多以致很多人认为人类正在创造机器人，这些机器人可以做任何人类可以做的事。尽管取得了这些奇妙的成就，但迄今为止，它们都只是对大自然中的前身苍白的模仿而已，大多数人都会质疑它们是"生物体"，即使它们与传统生命有很多共同之处。

然而，有一个人类的创造物在经过发展之后可以与迄今为止的传统自然选择媲美，那就是城市。城市显然具有有机性，并且和很多自然生物体有很多共同之处。它们代谢、生长、发育、睡眠、衰老、生病、受伤，还可以自我修复。另一方面，它们很少繁殖，也不容易死亡。此外，它们的体形远超神秘的哥斯拉。哥斯拉只有几百英尺长，每天只能代谢 2 000 万卡路里或者说它的代谢率为 100 万瓦特，而纽约则有 15 英里长，其代谢率超过 100 亿瓦特。在这个意义上，城市或许是迄今为止发展出的最令人惊讶的"生物体"。我在第 7 章和第 8 章将致力于解释它们的一些特征,包括它们与"自然"演化的生物体的区别。什么样的新材料和设计原则使得城市应运而生?

4. 生长

我们所有人都对生长非常熟悉。我们每个人都经历过生长,并认为这是大自然重要且普遍存在的特征。可能我们比较不熟悉的是典型的比例缩放现象。如前所述,我们用"异速生长"这个词来描述跨物种生物特征的缩放现象,这个词最早是由朱利安·赫胥黎创造的,用来描述物种生长过程中各种特征的变化情况。生物学家使用术语"个体发育"(ontogenesis)来形容生长过程中发生在个体身上的发育过程,从受精卵开始,到出生,再到成熟。这个词的前半部分源自希腊语"存在",后半部分的意思是"起源",因此"个体发育"或"个体发生"意味着研究人类的存在形式。

如果没有持续的能量和资源的供应,个体不可能生长。你进食,代谢,将代谢能量通过网络运送至细胞,其中一部分细胞用于修复和维护现有细胞,一部分用于替代那些已经死亡的细胞,还有一些则生成新的细胞以增加单位面积生物量。这个作业序列是所有生长发生的模板,无论对于一个生物体,还是一座城市、一个公司,甚至是一个经济体来说,都图4-2 所示。粗略地讲,摄取的能量和资源一方面用于一般的细胞维护和修复,另一方面则用于生成新的实体,无论是细胞、人员还是基础设施。这不过是能量守恒而已:任何进入其中的能量都必须参与内部的分工合作。此外,还有一些子类别的活动,例如生殖、运动和废物的产生,这些可以明确地归入两大类的其中之一,更准确地说,可以被区别对待。

进入的代谢能量
⬇
维护（修复和替代）
＋
新的生长

这个象征性的公式代表了生长过程中的能量收支，在该生长过程中代谢能量被分配用于正常的维护和新的生长。

图4-2 生长过程中的能量收支

我们对于生长感到困惑的一个问题，同时也是在生命中的不同时刻多次引起你兴趣的问题是，为什么我们最终会停止生长，即使我们仍然在进食，仍然在新陈代谢。为什么我们会达到一个相对稳定的体形而不再继续生长，不能像其他生物体一样通过增加更多的组织来继续生长？当然，随着年龄或饮食和生活方式的变化，我们的身高和体形会发生非常微小的变化，我们中的许多人对不断增重或变得大腹便便等问题而感到焦虑，但这些对于从出生开始直至成熟结束的个体发育的基本问题来说是次要的。在这里我不考虑这些次要的、很小的变化，尽管我将要讨论的框架在原则上也适用于它们。

相反，我想要关注个体发育，并展示网络理论如何自然地推导出一个

04 生命的第四维：生长、衰老和死亡

生物体的重量随着年龄变化的定量表述，特别是解释我们为什么会停止成长。[4] 所有的哺乳动物和其他动物都和我们一样遵循同样的生长轨迹，这被生物学家称为确定性生长，以区别通常在鱼类、植物和树木中观察到的不确定生长，这些物种的生长会一直延续至死亡。我将要介绍的理论基于一般原理，它提供了一个统一的框架来解释这两种生长。下面我将主要聚焦于确定性生长，但相关数据和分析足以证明一个论点——那些遵循不确定生长的物种在其达到稳定体形之前便会死亡。

因为新陈代谢的能量被按比例分配于现有的细胞维护和新细胞的生长，能量被用于生成新组织的速度只是代谢率和维护现有细胞所需的能量消耗速度之间的差值而已。后者与现有的细胞数成正比，因此与生物重量呈线性增长关系，而代谢率呈 3/4 次幂增长。这两种增长的指数差异在生长过程中起到了关键作用。为了确保你能理解这是什么意思，我用一个简单的例子进行说明。假设一个生物体的体形加倍，那么它体内细胞的数量也会相应加倍，所以维持细胞生长所需的能量也增加了一倍。然而，其代谢率（能量供应）仅为原来的 $2^{3/4}$ 倍，约等于 1.682，小于 2。所以用以维持细胞所需的能量比新陈代谢所能提供的能量增长得更快，这迫使可用于生长的能量系统地减少并最终为零，从而导致生长停止。换句话说，你停止生长是因为维护现有细胞所需的能量与代谢产生的能量之间的差值随着体形的增大也在不断增大。

我再进一步解释一下，以便你能更加清楚地理解到底发生了什么。回想一下，代谢率之所以呈 3/4 次幂变化，就是因为网络的霸权。此外，因为网络的整个流动最终都会流经所有毛细血管，并且因为它们在物种之间以及个体发育期间是不变的（对于老鼠、大象以及它们的孩子来说，毛细血管是一样的，我们也一样），它们的数量也同样以 3/4 次幂缩放。

因此，随着生物体的生长和体形的增长，每个毛细血管必须系统地为更多细胞服务，遵循1/4次幂规模法则。正是这个关键的毛细血管和细胞的接触面的失配控制着生长，最终导致生长停止：供应单位（毛细血管）数量的增加不能满足客户（细胞）数量增加带来的需求。

所有这些都可以用数学方程式表达，该方程式可以通过解析求解，得出一个简洁的公式，以预测体形大小如何随着年龄增长而变化。这定量地解释了为什么我们在刚出生时生长得很快，后来又逐渐变缓，最终停止。这个生长的方程式最重要的一个特征在于它只取决于跨物种的非常少量的"通用"参数，例如细胞的平均重量、生成一个新细胞需要消耗多少能量以及新陈代谢的总体缩放比例等。这些决定了所有动物的生长曲线。图4-3~图4-6是依据该预测得出的样本，它们说明同样参数的方程式如何预测不同种类动物（图中所示是两种哺乳动物，鸟和鱼）的生长曲线，而且数据显示生长曲线高度一致。

通过第2章介绍过的无量纲量，这种生长的普遍性可以被简洁地展现出来。回想一下，这些标度不变的变量组合不依赖测量它们的单位。一个微妙的例子是两个重量的比例，因为不管它们以磅还是千克为单位，都会得出相同的值。我想强调的是，科学的所有规律都可以表达为这些数量之间的关系。因此，图4-3~图4-6不是简单地描绘体重和年龄之间的关系，在这些图中，数量取决于单位（在这个例子中，单位分别是千克和天），绘制无量纲质量变量与恰当定义的无量纲时间变量的关系图，我们可以得到一条幂指数不变的曲线，适用于所有动物。你可以在原始论文中找到定义这些无量纲量的实际数学组合如何由理论确定。

因此，就这些无量纲组合而言，所有动物的生长曲线最终会重叠为一条普适的曲线。通过该角度进行观察时，所有动物都遵循相同的生长轨迹，如图4-7~图4-9所示。这个理论告诉我们如何重新调整动物的空间和时间的缩放比例，使它们以相同的方式和速度生长。我们对机体设计和寿命都相差甚多的不同哺乳动物、鸟类、鱼类和甲壳类动物的广泛样本进行分析得到的生长轨迹曲线大致相同，并且它们刚好符合理论的数学预测形式。正如你所看到的，这就是数据能够完美支撑的，并以图形的方式展示的所有动物个体发育中隐藏的共同点和一致性。这个理论也告诉了我们原因：生长主要由能量如何传递到细胞中决定，而这受到超越身体设计的网络的普遍性限制。在由该理论推导出的有关生长的诸多结论中，有一点是：它预测了细胞维护和生长之间的代谢能量分配。生物体出生时，几乎所有的能量都被分配用于生长，维护部分相对较少，而个体成熟后，则全部能量都用于维护、修复和替换。

该理论已经被用于了解肿瘤、植物、昆虫以及森林[5]和昆虫群落[6]（如蚂蚁和蜜蜂）的生长情况。

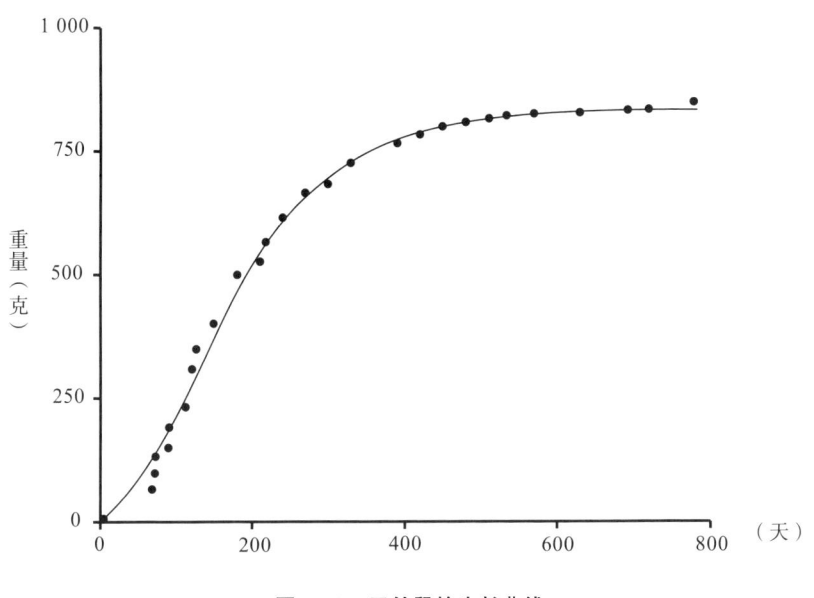

图4-3 天竺鼠的生长曲线

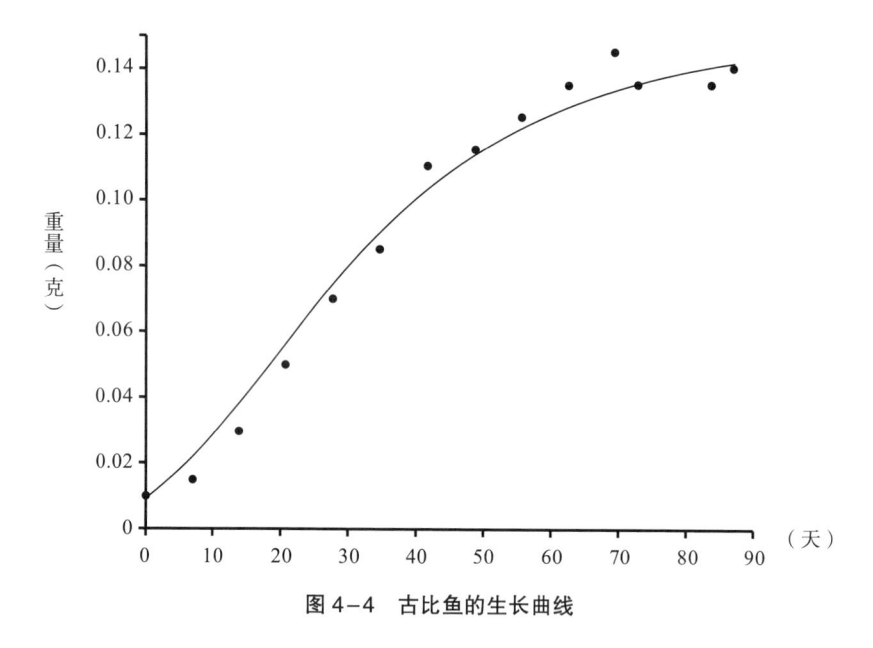

规 模

图 4-4 古比鱼的生长曲线

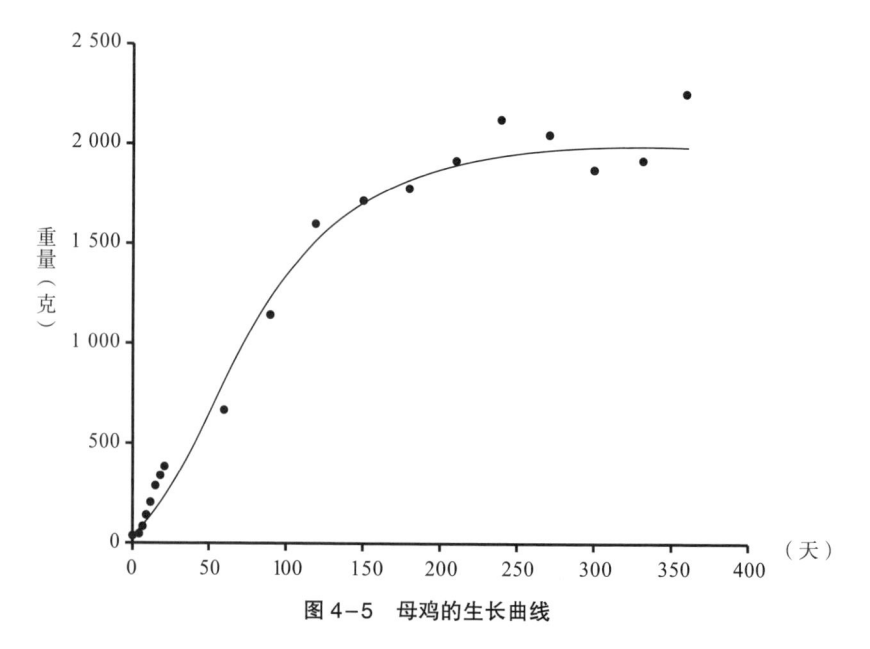

图 4-5 母鸡的生长曲线

图 4-6 奶牛的生长曲线

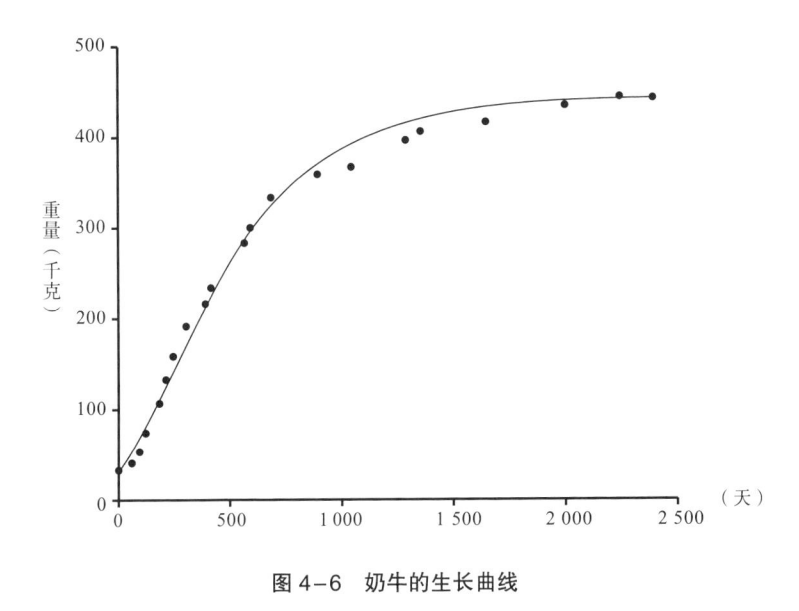

不同动物样本的生长曲线表明了体重与年龄的关系,最终在成熟阶段体重停止增长。图中实线是根据文中介绍的理论得出的预测。

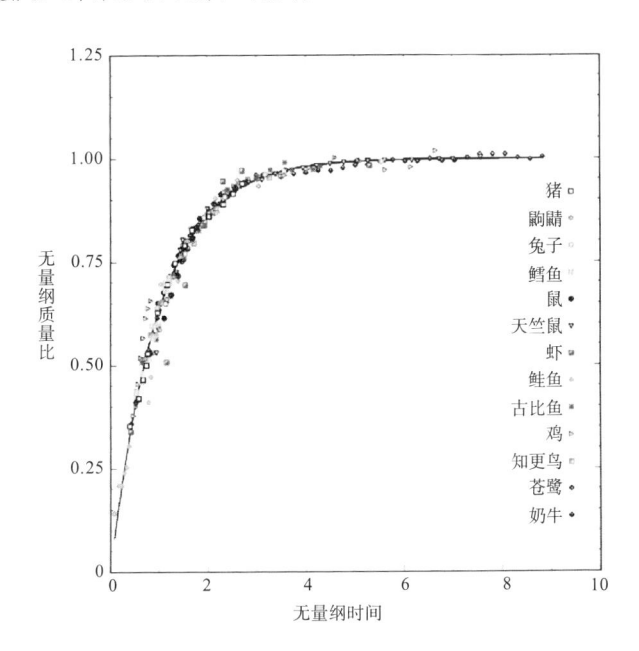

图 4-7 不同动物的无量纲质量比与无量纲时间的关系图

规 模

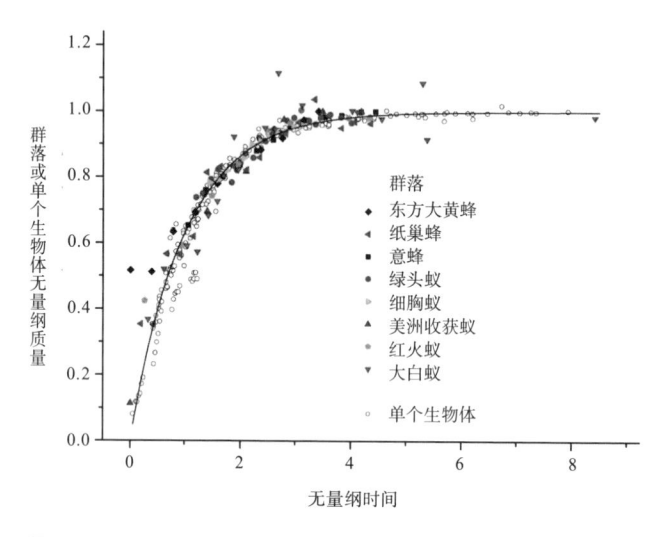

图 4-8 不同昆虫群落以及单个生物体无量纲质量与无量纲时间的关系图

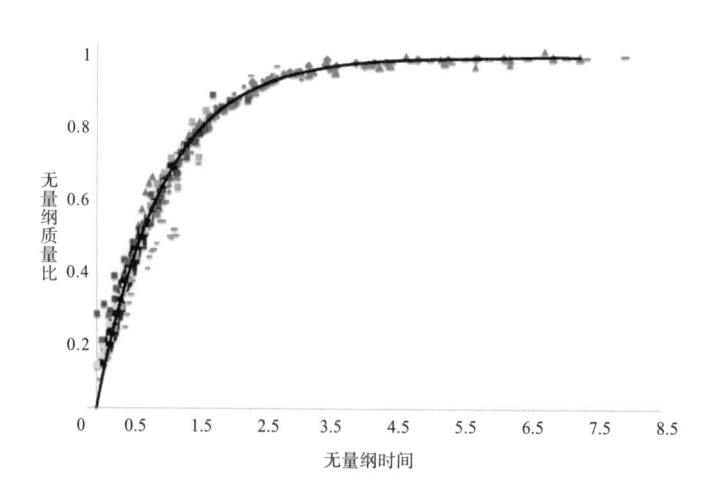

图 4-9 所有动物无量纲质量比与无量纲时间的关系图

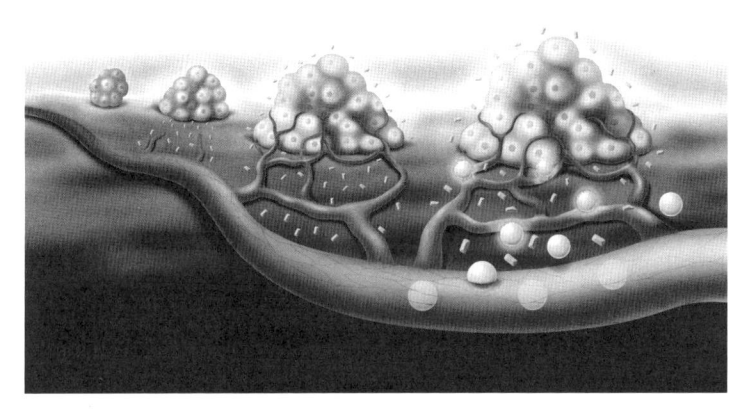

04 生命的第四维：生长、衰老和死亡

图 4-10 肿瘤网络从主网络中获得能量

以上图表显示，当重新调整缩放比例至恰当数值时，所有事物都将以相同的方式和速度生长。依据理论预测出来的实线与坐标轴的刻度在三张图中是一致的：图 4-7 是鸟、鱼和哺乳动物的样本，图 4-8 是昆虫和社会昆虫群落的样本。图 4-9 与图 4-7 中的数据相同，但图 4-9 中包括肿瘤样本。图 4-10 是肿瘤网络如何从主网络中获得能量供给的示意图。

另外一些应用是我们如何将该理论扩展到对人类组织生长的思考中，例如城市和公司，我将在第 8 章和第 9 章讲到。每一个这样的系统都相应代表生长方程"主旋律"上的一种"变奏"。例如，肿瘤是寄生性的，利用其宿主产生的代谢能量生长，所以它们的维管系统和代谢率不仅取决于它们自身的大小，还取决于宿主的大小。[7]了解这一点可以加深我们对肿瘤基本性质的缩放比例的理解，也可以通过观察从小白鼠到人类以了解潜在的治疗策略。[8]另一方面，树木的生长在一定程度上挑战了这一理论，因为随着树木生长，越来越多的物理结构变成了枯枝，不再参与代谢能量预算，但其在力学稳定性中仍起着重要作用。[9]图 4-7~图 4-9 显示，所有这些都在不同程度上符合普遍的生长方程。

该理论与现实观察情况总体一致，这是非常令人满意的。但更重要的是，我发现它揭示了生命的高度一致性和相互联系性，而这在哲学家巴鲁赫·斯宾诺莎（Baruch Spinoza）所表达的泛神论精神中得到了升华。正如爱因斯坦所写的那样[10]，"我们这些斯宾诺莎的追随者看到了宇宙中的一切存在都有着美丽的秩序和合法性，也看到了在人与万物面前显现的神的灵魂"。无论人们的信仰系统如何，当我们感到甚至连我们周围神秘混乱的世界中的一小块都符合极其复杂但看似毫无意义的规律和原理时，总会有一些极其重要且可靠的东西存在。

如前所述，类似于生长理论的分析模型刻意过度简化了较为复杂的现实世界。它们的效用取决于捕捉大自然运行的基本要素的程度，取决于其假设的合理程度、逻辑严谨程度，以及与观察结果的内部一致性、简化性或解释力。因为该理论被刻意简化了，所以对生物体的实际测量不可避免地在不同程度上与预测不一致。从图4-7可以看出，依据理论得出的值和实际测量值出奇地一致，只存在较少的与理想的生长曲线有差异的异常值。例如，身体成熟比单纯的体重增长要花更长的时间。这是我们从纯生物快速演变成成熟的社会经济生物的结果。我们现在的有效代谢率比以前人类还只是简单"生物"时高了100倍，这对我们近期的生命史有巨大影响。我们变得成熟需要花更长的时间，我们的后代更少了，寿命更长了，所有这些都和理论定性的一致，我们的代谢率因社会经济活动而变得更有效、更高。在讨论这些观点如何适用于城市时，我会重新回到这一史上最迷人的进展上来。

本节的关键信息是，由优化网络性能引起的亚线性比例缩放和相关的规模经济将导致有限的增长和生活节奏的系统性放缓。这就是占主导地位的生物的动力学。至于这是如何转向开放式增长和日益加快的生活节奏，以及这与我们的"社会"代谢率的巨大提高有何关联，我们把这些问题留给第8章和第9章。

5. 全球变暖、温度的指数标度、生态学代谢理论

我们是恒温动物，这意味着我们的体温几乎保持不变，所以我们几乎忘记了温度在整个生命中发挥的重要作用。我们属于例外。也许现在随着全球变暖的到来，我们开始认识到自然界和环境对于细微的温度变化的敏感以及由此产生的威胁。令人震惊的是，很少有人能够认识到，包括许多科学家也没能认识到这种对温度变化的敏感度是呈指数级的。原因是所有化学反应速率都以指数方式受到温度影响。在前面的章节中，我展示了新陈代谢如何起源于细胞中 ATP 分子的生成。因此，代谢率随着温度呈指数级变化，而不是像质量一样呈幂律变化。因为代谢率（能量供应给细胞的速率）是所有生物速率和时间的根本驱动因素，从出生、生长到死亡的所有生命的中心特征都随着温度变化呈指数级依赖。

由于 ATP 的生成几乎对所有动物来说都是常见的，所以这种指数级的依赖性是普遍的，就像质量的 1/4 次幂规模法则一样。其总体规模只受一个"通用"参数控制：我在之前章节中讨论的通过氧化化学过程产生 ATP 分子所需的平均活化能，大约是 0.65eV（在第 2 章中介绍过），这是典型的化学反应，代表许多子过程的平均值。这就让我们得出了一个吸引人的结论：在所有生命种类中，所有与生长、胚胎发育、寿命和进化过程相关的生物速率和时间，都是由普遍的规模法则确定的，它们只包含两个参数——1/4，源于控制质量依赖性的网络约束；0.65eV，源于 ATP 产生过程的化学反应动力学。我们可以稍微改变一下结论：所有的生物体根据这两个数字确定的尺寸和温度进行调整时，它们都依照相同的通用时钟运行，具有相似的代谢、生长和进化速率。

这个关于质量和温度依赖性的粗略构想，作为缩放比例的简洁概述，被我们以题为《生态学代谢理论》的论文发表在 2004 年的《生态学》

(*Ecology*)杂志上，作者包括吉姆·布朗（Jim Brown），以及我们的三个博士后范·萨维奇（Van Savage）、杰米·格鲁力（Jamie Gillooly）、德鲁·艾伦（Drew Allen）和我。吉姆已经被美国生态学会授予了最有声望的奖项——"对生态学有卓越贡献"的罗伯特·麦克阿瑟奖。他在学会年度会议的获奖讲话中谈到了我们的比例缩放研究工作，这也是我们联合论文的基础。虽然只是总结了有关比例缩放的一小部分研究工作，但是生物学代谢理论（MTE）这个术语开始有了自己的生命。

除了我已经讨论过的质量依赖性的纯粹异速1/4次幂规模法则，代谢理论已经在各种生物体内得到了印证，包括植物、细菌、鱼类、爬行动物和两栖动物。例如，图4-11所示的是依据鸟类和两栖变温动物（鱼类、两栖动物、浮游生物和水生昆虫）的受精卵胚胎发育时间和温度绘制的半对数图，其中指数函数应呈直线。因为发育时间同时取决于温度和质量，它们对质量的依赖性已经通过依据1/4次幂规模法则对数据进行了重新标度而被消除，以纯粹展现其对温度的依赖性。我们可以很容易看出，这样做后，数据与预测值非常吻合，这证实了我们对温度指数依赖性的预测。图4-12展示了我们用同样的方法对质量进行调整之后的一系列无脊椎动物的寿命与绝对温度倒数的关系曲线。由于技术原因，数据以略微的拜占庭式的风格绘制，严格来说，基本的化学反应告诉我们，反应速率实际上与绝对温度（有时称为开尔文温标）的倒数成反比，其中00对应−273℃。当我们以通常的摄氏度温度作为单位时，只要变化的范围相对较小，那么这就是一个非常好的近似，有关这些时间对温度指数性依赖的预测就是有效的，如图4-11所示。

我想强调的是，这是一项多么伟大的发现。生物体生命中最重要的两件事，出生和死亡，通常被认为是相互独立的，但实际上是密切相关的：

这两个图的斜率由完全相同的参数确定，0.65eV，代表了生成 ATP 分子所需的平均能量。当我在后文讨论一个基于网络动力学的更基本的衰老理论如何解释这种温度依赖性的力学起源时，我将进一步探讨这一点。

重要的是这些完全不同的基本生命史事件按照预测的温度和质量按比例缩放，同样重要的是，控制相应指数的参数是完全相同的。因此，在深层次上，出生、生长和死亡都受由代谢率驱动的相同潜在动力学控制，这些动力学存在于网络动态和结构之中。

由 0.65eV 活化能控制的 ATP 生成的指数依赖性，可以简单地表述为，温度每上升 10℃，ATP 的生成就翻番。因此，虽然 10℃ 的升幅相对较小，但会导致代谢率翻番，从而使得生命速率翻番。顺便说一句，这就是为什么凉爽的早上看不到很多昆虫——它们必须等待升温，以加快其新陈代谢。

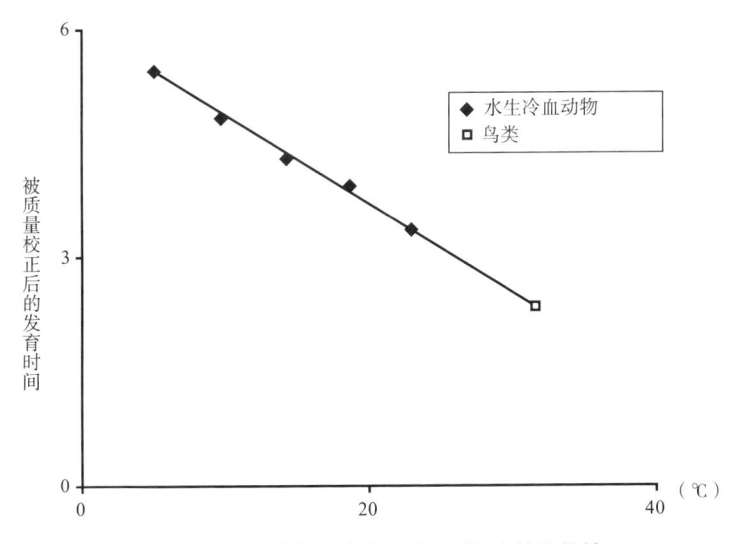

图 4-11 受精卵胚胎发育时间对温度的依赖性

规 模

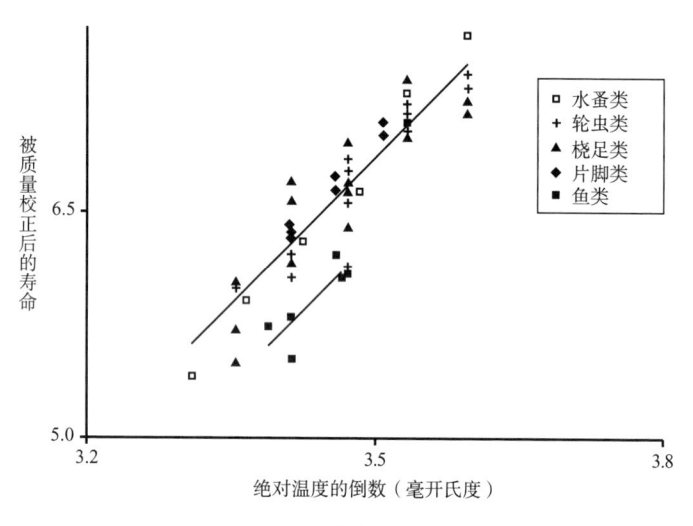

图 4-12 寿命对温度的依赖性

图 4-11 展示了鸟类和水生冷血动物的胚胎发育时间与温度（以摄氏度为单位）之间的指数缩放关系，该图已经根据 1/4 次幂规模法则对时间进行重新标度以消除其对质量的依赖性（见正文）。这些"质量校正"时间在纵轴上，对应的温度则在横轴上。在这样的半对数图上，指数函数呈直线，如图所示。图 4-12 展示了经过类似的"质量校正"后无脊椎动物的寿命与温度之间的指数关系。请注意，正如文中解释的技术原因，数据以绝对温度的倒数（毫开氏度）绘制，因此越往右，实际温度越低。

更相关的是，周围温度变化 2℃便会导致生物生长率和死亡率上升 20%~30%。[11] 这是一个巨大的变化，而其中的问题正在于我们。如果全球变暖导致温度上升 2℃左右，那么几乎所有生物的生命速率都将加快 20%~30%。这非同寻常，可能会对生态系统造成严重破坏。这类似于伊桑巴德在建造庞大的"大东方号"轮船时的巨大飞跃，"大东方号"的最大困难主要是造船科学尚未得到充分发展。与复杂而深奥的生态系统和社会相比，建造船舶则简单得多。由于缺乏全面系统的科学框架来理解更宏大的局面，当我们自信地谈到预测如此巨大的气候变化带来的具体后果，特别是其对农业生产的影响时，我们与当时的伊桑巴德处境相似，更不用说预测整个地球的生态了。发展代谢生态学理论是朝这个方向迈出的一小步。

再说一点：反应理论的基础物理和化学已经问世很长时间了，该理论由瑞典物理化学家斯凡特·奥古斯特·阿伦尼乌斯（Svante August Arrhenius）创立，并于1903年让他获得诺贝尔化学奖。阿伦尼乌斯与众不同之处在于，他是第一位获得诺贝尔奖的瑞典人。阿伦尼乌斯是一个兴趣非常广泛的人，他的很多新颖的想法和贡献对科学界颇具影响力。

阿伦尼乌斯是第一批认真支持地球上的生物可能源于其他星球运送过来的孢子这一理论的人之一。令人惊讶的是，这个推测性的理论有许多追随者，现被称为"泛种论"。更重要的是，阿伦尼乌斯是首位测算大气中二氧化碳浓度的变化如何通过温室效应改变地表温度的科学家，他预测过去化石燃料的燃烧总量足以导致严重的全球变暖问题。最值得注意的是，他的研究开展于1900年以前，这让人颇为沮丧，因为这表明，尽管我们100多年前就开始科学地了解燃烧化石燃料的恶果，我们却对此无动于衷。

6. 衰老和死亡

"狼之时刻"的深夜遐想

古罗马人认为，"狼之时刻"代表夜晚到黎明时分，即日出之前的时间，人们认为这段时间魔鬼的势力会增强、活力旺盛，这是大多数人逝世和大多数婴孩出生的时间，也是人们遭受噩梦惊扰的时间。[12]

规　模

生长是人生不可或缺的一部分，衰老和死亡又何尝不是？世间万物都会死亡，这在进化过程中起到了至关重要的作用，是它催生了新的调整适应、新的设计和创新，并使之繁荣兴盛。从这一点来说，每个个体，无论是生物体还是公司组织，都会死亡——即便它们自己或许很难欣然接受这一点。

这是意识带来的苦果。人们都知道自己会死去，没有其他任何生物具有如此强大的意识，能够了解自己寿命有限、终归难免一死。无论是细菌、蚂蚁、杜鹃花还是鲑鱼，没有任何生物"关心"甚至"知道"死亡是什么，它们只是生存然后死去，一天天挣扎求生，将自己的基因传给后代，一遍遍上演着适者生存的戏码。但在过去的几千年里，我们演化出了对进化过程的意识和良知，我们将道德、关怀、理性、灵魂、精神和神灵等概念带给这个世界，以此开始了参悟进化之意义的非凡冒险。

我在16岁那年有过一次小小的顿悟，学校的一些朋友劝我一同前往伦敦西区的一家小艺术影院，观看一部当时知识界大力推崇的电影——英格玛·伯格曼（Ingmar Bergman）的杰作《第七封印》(The Seventh Seal)。这部电影如莎士比亚的作品一般气势恢宏、寓意深刻，讲述了中世纪十字军骑士安东尼乌斯·布洛克（Antonius Block）结束东征返回瑞典家乡途中遇到了来取其性命的死神化身的故事。为了逃避或至少拖延必死的结局，布洛克提议与死神下一盘棋，如果他赢了就饶他不死。当然，最后他输了，因为他无意中向假扮神父的死神袒露了自己的心声。这个寓言式的设定使这个场景启发人们思考有关人生的意义或无意义及其与死亡之间的关系这个永恒的话题。人类几世纪以来百思不得其解的哲学与宗教领域的最核心问题，经由伯格曼的天才创意表现得淋漓尽致。电影的最后，裹着黑色长袍的死神指引布洛克与他的随从跳起标志性的"死亡之舞",一行人的剪影跨越远处的山丘,走向难以逃脱的命运——这经典的一幕有谁能忘记?

这一幕给一个单纯天真的 16 岁少年留下了多么深刻的印象!我想那是我第一次真正有所体悟,意识到生活的意义不仅限于金钱、性爱和足球,从那以后我开始对玄学问题和哲学思想产生了长久的兴趣。我开始如饥似渴地阅读哲学家的著作,从苏格拉底、亚里士多德、乔布读到斯宾诺莎、卡夫卡、萨特,从罗素、怀特海德读到维特根斯坦、A.J.艾耶尔甚至柯林·威尔森。虽然他们说的一切我都很难理解(特别是维特根斯坦),但我的确从中学到了一点,那就是这些伟人虽然长年苦心孤诣地钻研高深问题,其实根本没有得出答案,他们只是发现了更多的问题。

图 4-13 《第七封印》

时隔近 60 载,这部电影依然震撼人心,这证明了伯格曼这部杰作的奥义之深。如今对我这个行将就木的 75 岁老人来说,这部电影或许更加微妙和深刻。电影中有一个重要场景,死神合情合理地质问布洛克:"你从来不停止发问吗?"布洛克坚定地回答说:"对,我从不停止。"我们也不该停止发问。对死亡的好奇以及对人生意义的质问和探寻贯穿人类文明的始终,但这些大多通过人类发明的各种宗教制度和经验得以证明并且形式化。总的来说,科学置身于此类哲学漫谈之外。然而,即使许多科学家自己既不是"宗教人士",也不特别像个"哲人",他们已经开始寻求理解和破除"自然法则",并热切地渴望了解万物的发生原理和本质构成,他们将这些视为解决这类高深问题的另一种路径。某一瞬间,我意识到自己也是其中之一,我在科学,至少是在物理和数学领域发现了一些似乎世人皆需的精神食粮。

以前,科学指的是自然哲学,这表明其含义比我们今日所认为的要更广泛,那时候科学与哲学思维和宗教思维的联系更紧密。牛顿的著名作品《原理》全称是《自然哲学的数学原理》,这一点也不意外,这本书介绍了他所认为的自然普世规律,革新了科学界。牛顿提出了一系列异端观点,如排斥有关不朽灵魂的古典学说、否认魔鬼与恶灵的存在、拒绝崇拜耶稣为神等,因为他认为这是盲目崇拜。尽管如此,牛顿还是将神的启示看作他创作作品的第一推动力。在评价《原理》这本书时,牛顿说:"当我在撰写有关这个体系的论文时,我会留意《原理》是否能帮助那些信奉神灵的人,如果能达到这个目标,我再高兴不过了。"

现代科学方法是自然哲学的产物,但它很少会激发类似的反思。然而,现代科学方法也十分强大,它能提供高深又一致的回答,解开许多恼人的重要问题。这些问题有关"宇宙",自远古时期以来就困扰着人类:宇宙怎样演变、星星由何种物质构成、不同的动植物从哪里来、为什么天空是蓝色的、下次日食是什么时候等。对于我们周围的物理世界,

04 生命的第四维：生长、衰老和死亡

我们已经有了很多了解，甚至对细节也了解颇多，而我们并不用像宗教言论那样给出特定的武断论据。然而，我们还有许多未能解答的疑惑，这些深刻的问题与生来就有意识和思考推理能力的人类有关，比如我们是谁等。我们继续与心灵天性和意识做斗争，与心灵和自我做斗争，与爱和恨做斗争，与意义和目的做斗争。也许这一切最终会被人类大脑中燃烧的神经元和复杂的网络动力学解决。然而，我认为不可能，就像达西·汤普森100多年前说过的那样。人总有疑问，这是人类境况的本质。正如安东尼乌斯·布洛克那样，我们永远不会停止问问题，即便这些问题已经逼近死神沮丧和恼怒的极限。不知何故，与这些问题交织在一起的，是理解衰老和死亡时的挑战和矛盾，以及我们集体和个人对自己生存适应性感到的不安。

黎明并重返阳光

说了这么多，我现在想重新回到科学这个问题上。不管是从形而上学的角度还是从科学的角度，我的意图绝对不在于对这个病态的话题进行综合概述。相反，我想说一说前几章已阐释过的比例缩放和网络框架。至于生长，我想说明的是它如何提供了另一个重要的例子，即利用这个观点，通过研究一个完整的总体理论框架了解生物学和生物医学的基本问题，从而了解许多有关衰老和死亡的特征。此外，也是基于这样一个观点，即只有更广泛地了解死亡的机制起源及其与生命的密切关系，以及死亡与我们宇宙中其他主要现象运行方式的联系，我们才能开始面对持续困扰我们的形而上学的问题。

不同于许多生命史事件中的主流积极形象（如出生、成长和成熟），我们大多数人不想面对衰老和死亡。正如伍迪·艾伦所说："我不怕死，我只是不想当它发生时在那里。"更容易的是像动物或植物那样无意识地死亡,而不是"当它发生时在那里"。我们花费大量金钱来延长生命、延缓死亡,即使我们已经变得脆弱不堪,甚至已经失去了知觉,并且已经不再是我们自己了。仅在美国,人们每年就会花费超过500亿美元购买各种抗衰老产品、方案和药物,药物包括维生素、草药、补品、激素、药膏和运动助剂。包括美国医学协会在内的绝大多数医学专家均认为,很少有人能延缓或逆转衰老进程,就算有,这些人的数量也很少。我要赶紧补充一句,我自己很难抗拒这种行为,而且我正在认真服用维生素、补充剂,偶尔混着服用其他的补充剂,但我绝对不会过度锻炼。

我们已痴迷于不计代价地延长寿命。然而,将重点放在维持和延长健康上更有意义,也就是说,要在健康的身体里用健康的心智过更美好的生活,直至身体各系统不再充分发挥作用最后走向死亡。我们如何在这些方面行事,以及我们如何处理死亡是个人决策,这个问题没有简单的答案,我不会对个人选择做出判断。但是,就集体而言,这些个人选择为社会提出了需要解决的严重问题,使人们对老龄化和死亡问题有了更深入的了解,而这些选择与健康生活的关系也会影响我们处理这些问题的态度。与此密切相关的是,人们正在寻找一种神话般的生命药剂,即灵丹妙药。这种药通常被认为是一种魔法药水,能赋予饮药水者不朽的魔力。它出现在许多古老的文化中,往往与中世纪的炼金术士有关,也在许多神话中出现过,其最新的化身是流行图书《哈利·波特》系列丛书中的魔法石。

通过几个致力于研究延寿的资金充沛的科研项目,灵丹妙药的现代化身向科学界进军了。其中一些项目值得称赞,但近年来,几位严肃认真的科学家已经开始寻找现代圣杯。这也许说明,绝大多数项目受私人

04 生命的第四维：生长、衰老和死亡

资助，而非受传统的联邦机构如国家科学基金会或国家衰老研究所（国家卫生研究院的一部分）的资助。此外，不足为奇的是，一些最突出的项目由硅谷巨头资助。毕竟硅谷巨头已经彻底革新了社会，希望自己和获得巨大成功的公司永远长存也是合乎情理的事情，而且它们也愿意花钱去尝试。其中名声稍大的有：甲骨文公司的创始人拉里·埃里森（Larry Elllison）成立的基金会已经向衰老研究投入了几百万美元；贝宝的联合创始人彼得·蒂尔（Peter Theil）向专注解决衰老问题的生物技术企业投资了数百万美元；谷歌的联合创始人拉里·佩奇（Larry Page）创办了专注于衰老研究和延长寿命的加利福尼亚生命公司（California Life Company，简称Calico）。医疗保健大亨尹准（Joon Yun）没有通过传统的高科技发财致富，但也在硅谷工作，并通过其基金会帕洛阿尔托研究所（Palo Alto Institute）赞助了"致力于终结衰老"的"长寿奖"，奖金高达100万美元。

尽管我仍旧对上述任何项目会取得重大成功保持怀疑，但无论它们的动机是什么，都值得人类付出努力，也是美国慈善事业正在发挥作用的优秀案例。毫无疑问，其中一些属于一流研究项目，就算不能实现长生不老药的研发，或大大延长寿命的既定目标，也会产生一些优质的重大科学成果。无论如何，我都希望我是错的，而上述任何一次尝试都能大功告成，而且人类能在不损害自身健康的情况下真正显著地延长寿命。

在这场抗击死亡的持续战争中，一大讽刺就是在过去的150年间，我们在没有制订任何明确的专门方案的情况下就已经在延长寿命方面取得了惊人的进步。早在工业革命之前，直到19世纪中叶，全球平均寿命基本保持稳定。1870年以前，全球人口出生时的平均预期寿命仅为30岁，1913年时增长到34岁，到2011年增加了一倍多，达到70岁。不

同国家的生活水平和医疗卫生状况不同，人们出生时的预期寿命也存在巨大差异，但是都反复上演着同样的戏剧性故事。例如，16世纪以来，英国是一直保留着最优质死亡数据的国家之一，1540—1840年间，英国人的平均寿命大致保持在35岁，之后慢慢上升，在1914年我父亲出生时达到52岁，在1940年我出生时达到63岁，如今已攀升到超过81岁。即便最贫穷的国家也再现了这种惊人的现象：孟加拉国人民的平均寿命在1870年时约为25岁，如今约为70岁。点明这一惊人现象的有力方式就是指出如今世界上每一个国家的预期寿命都高于1800年时任何国家的最长预期寿命。这真的不可思议。有趣的是，这一成就的实现没有用到任何专门的全球的、国家的或私人慈善组织的寿命延长方案。一切都自然发生，并没有人发现灵丹妙药、长生不老药或改造任何人的基因。到底发生了什么呢？

好吧，你很有可能知道或能轻松猜到答案。首先，一个主要因素就是婴幼儿死亡率的惊人下降。在发达国家，直到最近我们才意识到儿童死亡率曾经极高。19世纪中叶以前，欧洲各国约1/4到一半的新生儿没能活到5岁生日。例如，达尔文生了10个孩子，一个出生几周就夭折了，另一个只活到一岁半，他的第一个女儿安妮没能活过10年。而达尔文过着贵族上流社会的生活，拥有一切可能的设施和援助，包括最佳的医疗卫生服务。你能想象占人口大多数的广大贫苦劳动阶级的境遇吗？此外，达尔文尤其喜爱安妮，女儿的悲惨死亡导致他与基督教分裂并向可怕的个人认识妥协，那就是死亡是永恒进化动力学的组成部分。75年之后，我祖父母的8个孩子中有两个去世，情景与达尔文家别无二致：一个出生几周就夭折了，另一个碰巧也叫安妮，在10岁时死于100年前并不罕见的儿童疾病——圣维斯特舞蹈病。如今，人们用没那么生动形象的"西登哈姆舞蹈病"来命名这种疾病,而且美国只有 0.000 5% 的儿童会受其影响。

这很特别,也是一场巨变的很好例证。在这场巨变中,发达国家和发展中国家的儿童死亡现象变得相对罕见,欠发达国家的儿童死亡率大幅度降低。如前所述,启蒙运动和工业革命的到来预示着医学的快速发展和医疗卫生的巨大进步,二者都是导致城市人口呈指数级增加、生活水平提高的主要因素。改良后的住房、公共医疗项目、免疫法、抗菌剂,以及最重要的公共卫生的发展、下水管道系统和干净自来水的获取,都在克服、控制儿童疾病与感染方面发挥了重大作用。

所有成就都起因于令人着迷的动力学。随着越来越多的人迁入城市、更大的社会责任发展起来,城市成为基本权利和服务的供应者,这一动力学开始启动。狄更斯笔下的赤贫和普遍贫穷的画面当然很常见,但是人们获得了越来越多的基本服务,婴幼儿死亡率降低,人类寿命快速延长,最终人口数量骤增。英年早逝的人更少了,更多的人活得更久了,这种动力学一直延续至今,丝毫没有减弱。城市是改变社会和增进福祉的引擎,是我们组建社会团体、共同利用规模经济的惊人能力所实现的真正重大成就之一。

婴幼儿死亡率的降低对于延长平均寿命发挥了重大作用。例如,1845 年,英国人出生时的平均预期寿命仅为 40 岁,但是如果你活过了 5 岁,就可以预期再活 50 年,即在 55 岁死亡。如果不考虑儿童死亡的数据,1845 年的英国人预期寿命就可以再延长十多年。把当时的数据与今天的情况做对比会很有趣。现在,英国人出生时的预期寿命约为 81 岁,而 5 岁儿童的预期寿命仅略微增长了一点,到 82 岁,这反映出婴幼儿死亡率极低。

即便不考虑大幅度下降的婴幼儿死亡率,在过去的150年间,平均寿命很明显还是会大幅度延长。另外,我们知道在思考抗衰老、延长寿命等问题时必须谨慎解读这些数据。因为过去几百年间,在青春期前就悲惨死亡的所有婴幼儿很明显并非死于衰老过程中的某种怪事。他们的命运主要由生活环境缺陷而不是基础生物学决定。我们认识到,如果孩子活到一定年龄,他们的寿命就有很大可能比平均寿命长得多。举个例子,如果你在1845年活到了25岁,那么你的预期寿命就会从40岁延长到62岁。另一方面,如果你活到了80岁,那么你很可能活到85岁。但是这和如今的情况相差无几:如果你今年80岁,你很可能只能活到89岁。更出人意料的是,这和几千年前我们以狩猎为生的祖先相差无几。他们也一样,婴幼儿死亡率在很大程度上影响了人的寿命,一旦婴幼儿存活率提高,他们也能活到六七十岁。

从我个人角度而言,根据这些平均值,我已经活到75岁,于是可以期待再多活12年,在近87岁的高龄远离人世——这比我想象的寿命要长得多。如果真的活到了87岁,我能够保持健康,我就有时间写完这本书,看着我接近中年的孩子们成熟起来,甚至可能看到孙辈长大,看着圣塔菲研究所继续发展繁荣并收到1亿美元的捐助,这些事情中最难以实现的就是看着托特纳姆热刺队赢得英超冠军甚至是欧冠。陪伴了我50多年的可爱的妻子,杰奎琳,现年71岁,预计能活到近88岁,这样她就有4年多的时间可以不被我的老糊涂折磨了。

这些当然只是我的想象,因为我们是非常粗略地依据普通人对于个体的看法来推断的,所以存在所有从共性推断个性的缺点。但另一方面,这又确实能为我们提供总体趋势判断、选择个人立场以及进行想象的大致基础。实际上,这些数据在你的一生中起着很重要的作用,它们经

04 生命的第四维：生长、衰老和死亡

常被保险公司或者贷款公司用来衡量你的经济是否稳定、应该收你多少钱等。

让我们回到关于老龄化的数据讨论，并思考得深入一点：假如你在1845年活到了100岁，那么从数据上说你可能只能再活两年不到——精确地说，只有一年零十个月。也不是很长。同样地，如果你今天活到了100岁，你可能还能再多活两年多一点，精确地说是两年零三个月。这也就意味着，尽管当今医疗卫生、医药和生活水平同时提高，你的寿命也只比150年前的先辈们的寿命长5个月。

这表明，所有的困扰都是关于老龄化和死亡的。随着年龄的增长，你与死亡的距离不断缩短，最后趋近于零。这也就引出了一个概念：人类有可能活到的最长的年纪是不到125岁。很少有人能活到这个岁数。目前认证过的寿命最长的人是一位法国女性，让娜·卡尔曼特（Jeanne Calment），死于1997年，享年122岁零164天。想要感受这个岁数有多么惊人，看看接下来的几位就知道了：史上第二长寿的人是一位美国女性，莎拉·劳丝（Sarah Knauss），比让娜少活了三年多，于119岁零97天去世；而第三长寿者又比莎拉少活了近两年。目前还在世的最长寿者是来自意大利的艾玛·穆拉诺（Emma Morano），今年"仅仅"118岁。

对于人类寿命的研究由此可以简述为两个方面：第一，保守的挑战，除了上述几位长寿者，剩下的人们如何保持长寿并且取得像让娜和莎拉一样的成绩；第二，激进的挑战，是否有可能突破目前人类约125岁的最长寿命，活得更长，比如225岁？实际上，我们已经解决了第一个问题，而第二个问题则引发了许多科学讨论。

科学家已经对百岁老人和超级百岁老人（活到110岁以上的）进行了大量的研究，尝试发现其长寿背后的奥秘。这些长寿者代表着年龄分

布的尾端——据统计，当今最多只有几百位这样的长寿者在世。他们是不可思议的局外人，他们的存在和生活故事引发了我们无限的遐想。我们试着去发现一些提示，如果我们也想长寿的话，应该如何安排生活、需要怎样的基因等。很多文章和著作都撰写了有关这些长寿者的故事，但很难把他们的生活故事和基因组合编成一个长寿公式。[13]这些书中充满了陈词滥调，它们其实与成长过程中妈妈教导你的话并无区别——可能你现在也要这么做——比如吃绿色蔬菜、不要吃太多甜食、多放松、减少压力、保持体形、保持积极的心态、生活在和谐的社区等。说到这里，我们可以简略地看看让娜·卡尔曼特的生活方式。

让娜出生于法国南部的阿尔勒，而且一辈子都生活在那里。她唯一的女儿因患肺炎36岁就离世了，唯一的孙子也在36岁时死于一场车祸。最后她连一个直系后嗣都没有了。她从21岁开始吸烟，一直吸到117岁，而且一直自食其力到110岁，不需要任何帮助独立行走到114岁。她并没有经常运动或者非常关心自己的健康，问及长寿的原因时，她将其归于经常食用橄榄油，她还把橄榄油涂在皮肤上、滴在葡萄酒里；此外她每周吃一千克（两磅）巧克力。这些做法因人而异。你可能发现了，阿尔勒是凡·高当年形成个人绘画风格的地方，他在那里和高更一起住了一段时间。让娜还记得她13岁那年遇见凡·高在她叔叔家买画布，她生动地形容凡·高"邋里邋遢，衣服穿得不成样子，不讨人喜欢"。

最长寿命的概念非常重要，这意味着如果没有一些"非自然"因素的干扰（也就是那些相信存在长生不老药的人所探索的），自然进程会难以避免地将人类寿命限制在125岁左右。接下来，我会介绍这些限制因素是什么，并给出一个基于网络理论的框架，用来解释为何是125这个数字。然而在此之前，我想展示存活曲线是如何有力地证明人类最长寿命这个概

04 生命的第四维：生长、衰老和死亡

念的。存活曲线代表的是一名个体活到既定年龄的可能性，由既定人口中的存活者比例而定。与存活曲线相对的是死亡曲线，是在既定年龄死亡的人群的比例，表示个体在该年龄死亡的概率。生物学家、精算师和老年学家创造了死亡率一词，用以表示在某一特定时期（例如一个月）内死亡个体数与存活总人数的比例。

我们熟知存活曲线与死亡曲线的一般结构：大多数个体在生命早期死亡率极低，但随着年龄增长，越来越多的个体死去。到最后，个体的存活概率完全消失，而死亡率达到100%。科学家对不同社会、文化、环境和物种的存活曲线和死亡曲线进行了大量的统计分析，得出了一个令人惊讶的结论：大多数生物体的死亡率与年龄是不相关的！换句话说，无论年龄几何，在任意一个时间段内死亡的相对个体数量都是相同的。例如，如果5%的人口在5~6岁之间死亡，那么45~46岁之间，或95~96岁之间的死亡率，同样也是5%。这个结论听起来似乎有悖常理，但是如果我们换个角度想就能明白了。一个恒定的死亡率意味着在某个时间段内死亡的个体数与存活到该时间点的个体数成正比。如果回过头来看第3章关于指数行为的讨论，你会发现这恰好符合数学中指数函数的定义。对此，我将在下一章中进行更详细的讨论。个体存活率遵循一个简单的指数曲线，这意味着随着年龄的增长，个体存活的概率呈指数级减少，换句话说，个体死亡的概率呈指数级增加。

这恰恰也是物理世界中许多衰退过程遵循的规则。物理学家没有使用"死亡率"一词，而是用术语"衰变率"来量化放射性物质的衰变过程。在这个过程中，"个体"原子通过发射粒子（α、β 或 γ 射线）改变其状态，直至"死亡"。衰变率通常是恒定的，因此放射性物质的数量随时间呈指数级减少，就像生物种群中的个体数量变化一样。物理学家

还使用"半衰期"这个概念,即原始放射性原子的一半发生衰变所需的时间来描述衰变速率。半衰期是考察衰退过程的一个非常有用的指标,并且已被广泛运用于许多领域。在药物学中,半衰期可以用于量化机体处理药物、同位素和其他物质的时间效能。

在第 9 章中,我将使用这个概念来讨论公司的"死亡率",并展示一个令人惊讶的结论:公司也遵循相同的指数衰减规律,它们的死亡率不随时间而变化。事实上,数据显示,美国上市公司的半衰期只有 10 年左右。所以,在经过 50 年之后(5 个半衰期),只有 $(1/2)^5 = 1/32$(约 3%)的公司仍能保持运营。这个现象引出了一个有趣的问题:生物体的死亡、同位素的衰变和公司的消亡过程展现出的惊人的一致性是不是由某种普遍的内在动力学导致?我们稍后再来研究这个问题。

话说回到人类。在 19 世纪中叶之前,人类的生存曲线几乎不变,与其他哺乳动物类似,曲线都呈现指数函数状。人们的死亡遵循着恒定的死亡率,所以长寿的概率非常小。尽管如此,人们仍然有极小的概率成为一个百岁老人,因为偶尔也有人活到了 100 岁以上。随着城市化和工业革命带来的巨大变化,人们开始活得更长并逐渐摆脱了恒定死亡率的束缚。在图 4–14 中,你可以很清楚地看到,人们的生存曲线从指数衰减逐渐发展为一个平坦的大陆架形状,其顶部朝着更长的寿命靠近,这意味着在各年龄段,人们的存活率都在增加。同样明显的是婴儿和儿童死亡率的急剧下降以及平均寿命的不断延长。

然而,我们也要注意到一点:即使曲线顶部朝着更长的寿命靠近,人们开始活得更长,但是曲线最终仍会下降并接近某个数值。所以尽管人类取得了巨大的成就,平均寿命不断增长,但曲线的终点,即存活率为零和死亡率为 100%,总是保持不变——125 年左右。这显然说明,生物体的寿命存在极限。

图 4-15 试图破解使寿命逐渐增长的各种原因。其中最主要的是住房的改善、卫生条件的提高和公共健康计划的开展，这再次说明了城市及城镇化起到的核心作用。同时，把死亡按照主导病因分类，结果也很有意思。按照顺序，造成死亡的主导病因分别为：心血管疾病及心脏病、癌症（恶性肿瘤）、呼吸疾病以及中风（脑血管疾病）。这种死因模式在全球都相差无几。想要量化这些病因导致的死亡数，一个很有趣的方法是计算如果每种具体病因得到消除，预期寿命可以延长多久。表 4-4 中展示的是从美国疾病控制中心和世界卫生组织的分析中提取的样本数据。我们可以看到，如果可以治愈所有的心脏病和心血管疾病，那么人们出生时的预期寿命仅会延长 6 年左右。更令人惊讶的一点是，如果可以治愈所有癌症，那么人们出生时的预期寿命只会延长三年左右；而对于 65 岁的人群来说，预期寿命只会延长不到两年。

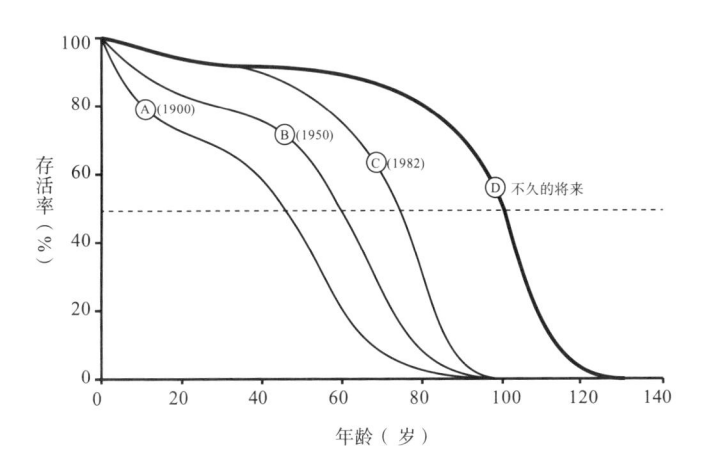

图 4-14 人类存活曲线

规　模

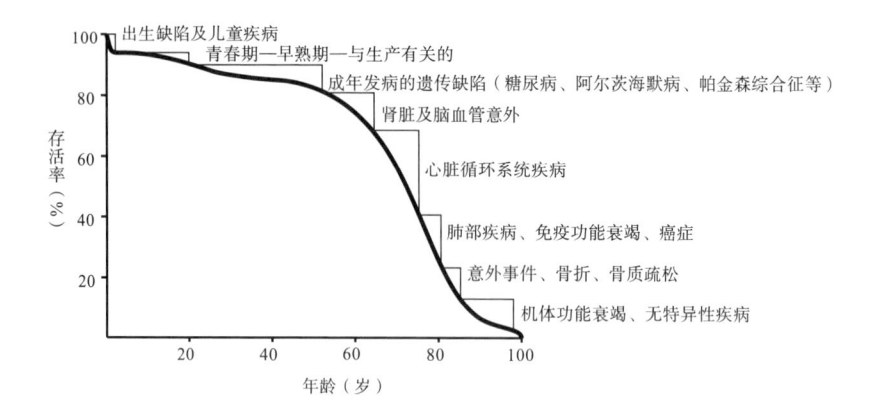

图 4-15　人类死亡的主导因素

图 4-14 所示的人类存活曲线显示，由于表 4-4 中列明的重大变化，平均寿命逐渐增加，因此 19 世纪初之前的指数衰减曲线（恒定死亡率）迅速转变为直角形状。但无论进展如何，人类的最长寿命一直保持在 125 岁左右。而图 4-15 则展示了各年龄段的主要死亡原因。

看了这些数据，我想强调两个重点：第一，主导死因绝大多数与损伤有关，或是器官和组织的损伤（比如心脏病或中风），或是分子水平的损伤（比如癌症），而与传染性疾病的关系相对较小；第二，就算我们消除了每一种死因，所有人类在 125 岁前都一定会死亡，而且我们中的绝大多数人是远远活不到如此高龄的。

表 4-4　如果某种疾病得到彻底治愈，预期寿命的预计延长量

死因分类	死因消除后预期寿命的预计延长量（年）
心血管类：所有心血管疾病	6.73
癌症：恶性肿瘤，包括淋巴和骨髓组织肿瘤、艾滋病等	3.36
呼吸系统疾病	0.97
意外事故及"副作用"（医院感染引起的死亡）	0.92
消化系统疾病	0.46
传染病和寄生虫病	0.45
枪支引发的死亡	0.4

04 生命的第四维：生长、衰老和死亡

白昼

关于衰老的生物学和生理学理论已经有很多解释，但罕有从更加量化和机制性的角度出发，而这正是我想强调的。[14]从这个角度出发，我想回顾关于衰老的一些需要用寿命理论量化解释的显著特点，并说明这些特点可能提示我们普遍的潜在机制是什么。

到目前为止，大部分讨论都是关于人类的，但我现在想把话题延伸至其他动物，这样就可以和我们之前介绍过的规模法则和理论框架联系起来。我们的讨论只是一种比较粗糙的描述，所以关于这些说法无疑会存在一些异议甚至例外。对衰老和死亡的问题来说尤其如此，因为衰老和死亡的特性与其他生理过程的特性不同——它们并非在进化过程中被直接选择的。自然选择只需保证一个物种中的大部分个体活得够长，能繁衍足够多的后代，并保证进化适应性得到充分利用即可。一旦自然选择发生，即这些个体已经完成了它们的进化"任务"，那么它们再活多久就无关紧要了，所以很容易理解为什么个体和物种的寿命长短存在巨大的差异。因此人类进化到了至少能活40年，这样可以生育10个左右的孩子，而且至少一半都能活到成年或是更久。所以女性40岁左右进入更年期可能并非偶然。然而为了保证我们中有足够多的人能活到这个年龄并按计划进行生育，人类进化到了"过度设计"的程度——从数据上看，我们大多数人都能活得比40岁长很多。

我们可以用汽车做一个有趣的对比。由于各种社会经济学和技术上的原因，汽车已经"进化"到只要妥善保养就可以行驶至少10万英里的程度。考虑到制造过程的变动以及保养、维修的程度，有些车的寿命要比预期长得多。只要保养、维修得当，适时更换零部件，汽车就可以跑

很长时间。人类从这样的类比中学到了很多，比如好好吃饭、高质量生活、每年定期去医院体检（好比汽车发动机的修整）、保持卫生，有时也可以更换身体部位（好比汽车更换零部件）。然而我们不可能像对待汽车一样，无限期地让一个人活下去，因为和简单的汽车不同，我们人类是复杂适应系统，而且最重要的是，我们不是可替换零部件的简单线性叠加。

总结一下关于衰老和死亡的需要理论解释的一些重要特征：

1. 衰老和死亡是"普遍的"：所有的生物体最终都会死亡。这会带来一个必然结果，即存在最长寿命，而且随着寿命延长，存活率会逐渐降至零。

2. 生物体半自主的子系统，比如我们的各种器官，几乎以统一的步调变老。

3. 随着年龄增长，衰老几乎是线性发展的。例如，图 4–16 显示了器官功能是如何随着年龄增长退化的。[15] 图中的纵坐标是各种生命机能的最优值百分比，从图中我们可知，20 岁左右人体成熟后生命机能几乎立即呈线性下降态势。我们还可以看到我们身体条件最佳（100%）的平均时间只有短短几年，20 岁左右就开始走下坡路了，这还是有点令人沮丧的。还可以注意到，在成长阶段，我们的身体机能很快就达到了最优值。之后我会说明，衰老过程即便在我们最年轻的时候也在发生，比成熟来得还要早，但衰老会被成长的压倒性优势掩盖。鲍勃·迪伦（Bob Dylan）唱的那句"人，不是忙着生，就是忙着死"还是挺有道理的。

4. 寿命会随体重按比例增加，遵循幂律，指数是 1/4 左右。我们可以预料到验证这个法则所需的数据会有很大差异，这部分是因为，对于包括我们在内的哺乳动物而言,没有关于寿命的可控生命历程研究。有些数据是从有关野生动物的报告中得到的,这些动物有的来自动物园,有的是家养的,还有的来自研究室,每一只动物的生活环境和生活方式都大不相同。

5. 如本书第1章图1-2所示,所有哺乳动物一生的心跳总次数大致相同。[16]因此,鼩鼱每分钟心跳1 500次左右,约有两年寿命,而大象每分钟心跳仅30次左右,能活75年。二者体形差异虽大,但平均一生的心跳次数均为15亿次左右。虽然由于我刚才提到的种种因素影响,这一数字会发生巨大波动,但这种奇特的恒定性几乎适用于每一种哺乳动物。最大的例外正是我们人类自己:就现代人类而言,我们的心脏平均能够跳动25亿次左右,几乎是一般哺乳动物的两倍。然而,正如我所强调的,我们拥有如此长的寿命,不过是近100年来的事。纵观整个人类历史,除了相对较近的这段时期,之前人类的寿命仅为我们当前水平的一半,与大多数哺乳动物相当,都遵循了"15亿次心跳"的恒定"法则"。

6. 与之相关的另一个恒定量,是所有哺乳动物,确切说来是所有同属一类的哺乳动物,其一生中每一克身体组织所消耗的总能量。[17]这个恒定量约为300卡路里。从更本质的角度来说,对于所有同属一类的哺乳动物而言,细胞通过呼吸代谢合成能量的次数大致相同,约为1亿亿次。因此,人体内产生的支持身体组织的ATP分子(我们身体里最基本的能量"通货")的数量也恒定不变。

规 模

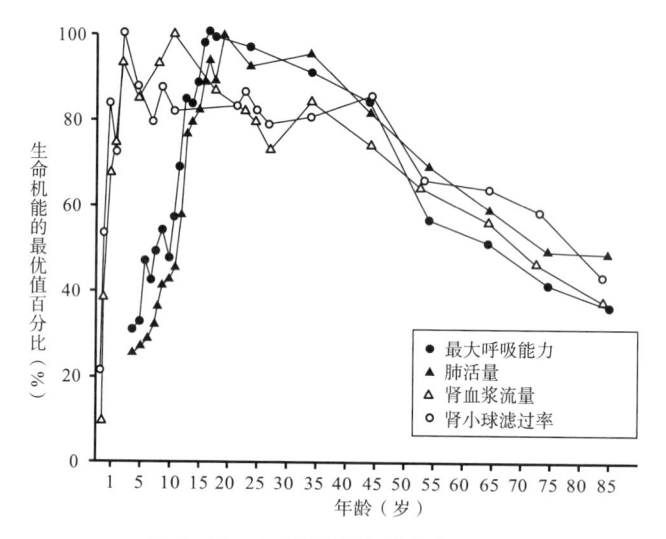

图 4-16 生命机能随年龄变化而衰退

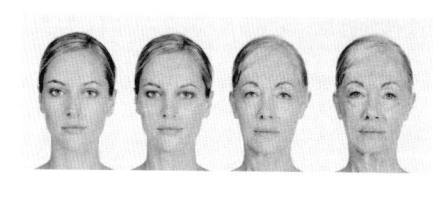

图 4-17 人的衰老   图 4-18 生命机能随年龄变化

图 4-16 描述了不同器官功能随年龄增长而发生的变化。请注意生命机能在成长时期快速增长，在 20 岁左右达到顶峰，之后，就是稳定的线性下降阶段。尽管如此，健康、积极的生活依然是可能的，直至生命的最后时刻。

系统中不因其他参数变化而变化的数量在科学中有着特殊的作用，因为它们反映了具有普遍意义的基本原理，而并未局限于某一系统的具体运作机制和结构本身。能量守恒与电荷守恒，这两个例子正是这一理论在物理学上的体现：在某一系统内，无论能量与电荷的转变和交换使

04　生命的第四维：生长、衰老和死亡

系统演化变得多么错综复杂，总能量与总电荷数始终恒定不变。因此，如果你一开始就统计出系统内的总能量与总电荷数，无论之后发生什么，这两个数值都不会发生变化——当然，前提是你没有从外部环境向系统内添加新的能量与电荷。举一个极端的例子：130亿年前，宇宙发生大爆炸时仅仅是一个致密的点，虽然之后各种星系、恒星、行星以及生命形式不断演化，但现在宇宙内的总质能与当时宇宙的总质能仍然完全相等。

复杂的衰老和死亡过程中存在着几乎不变的常量与标度律，这给予了我们重要的提示，即衰老与死亡并不是随意的，其背后可能蕴含着不太严谨的规律和原理。更能引起人们好奇心的是，长寿的规模法则有着与其他所有生理与生命史事件相同的1/4次幂结构。

在进一步探讨之前，我们有必要将这一点与汽车的较长使用寿命进行比较。遗憾的是，几乎没有关于汽车以及其他机器的规模法则分析，尤其是在其较长的使用寿命方面。不过，哈佛大学工程师托马斯·麦克马洪对割草机、汽车以及飞机内燃发动机的数据进行了分析，并指出这些发动机都遵循了简单的等比例伽利略立方定律——这一点我们已经在第2章讨论过了。例如，这些发动机的额定功率（可类比为发动机的"代谢率"）与发动机的重量呈线性比例关系，即要提高一倍的输出功率，就必须增加一倍的重量。因此，与生物体不同，发动机体积的增大并不能带来规模效应。此外，麦克马洪还发现，发动机的转速（"心率"）与其重量之间呈反3次幂关系。[18]

这与生物体遵循的1/4次幂规模法则截然不同。生物体遵循1/4次幂规模法则源于其经过优化的类分形网络结构：生物体的代谢率（"额定功率"）以3/4的指数按比例缩放，其心率（"转速"）则以−1/4的指数按比例缩放。内燃发动机缺少复杂的网络结构，也不遵循1/4次幂规

203

模法则，这一现象为从生物学上解释 1/4 次幂规模法则起源的基本网络理论提供了证据支持。由于人类生产的发动机满足了经典的立方定律，也许就有人会猜测，人的寿命也会根据体重增长呈现 3 次幂变化，而非 1/4 次幂的变化。遗憾的是，我们并没有足够的数据支撑这一点。然而，定性地看，它确实预测了体积越大的汽车使用寿命越长。事实上，排在前 10 位的寿命最长的汽车，全都是卡车和越野车，只有三种标准尺寸的轿车跻身汽车寿命排行榜前 20。如果你只注重汽车寿命，你就应当买大车：福特 F-250 是首选，排行第二的是雪佛兰索罗德，排行第三的是雪佛兰萨博班。

通常，人们会期望汽车寿命能达到 15 万英里。实际上，正如生产汽车的人类一样，汽车寿命也在相对较短的时间里急剧增加，在过去 50 年里，汽车寿命几乎翻了一番。让我们看看这意味着什么，假设一辆普通汽车按照时速 30 英里行驶，它的"心率"（发动机转速）为每分钟 2 500 转，那么在它 15 万英里的使用寿命中，"引擎心跳"的次数约为 10 亿次。有趣的是，这与哺乳动物一生中的心跳总次数所差无几。这只是个巧合，还是告诉了我们衰老机制的共性？

关于衰老和死亡的定量理论

所有证据都表明衰老和死亡的起源是"磨损"过程，而这一过程只要活着就无法避免。像所有生物一样，为了持续对抗不可避免的熵的产生，我们高效地代谢能量和物质。熵的产生以人体排泄物和耗散力的形式出现，会对人体产生物理性损害。随着我们输掉对抗熵的多个局部战役，我们开始变老，并最终输掉战争，向死亡屈服。熵是生命终结的罪魁祸首，或者正如俄罗斯伟大的剧作家安东·契诃夫（Anton Chekhov）

04 生命的第四维：生长、衰老和死亡

辛辣地写道："只有熵来得容易。"

生命延续的一个重要特征是代谢能量的输运，它通过各种尺度的空间填充网络供养细胞、线粒体、呼吸链复合体、基因组和功能性细胞内单位（见图3-7）。但是，这些维持生命的系统会持续对身体造成损伤并使人的身体退化。正如高速公路上川流不息的轿车和卡车，或是水管中的水流，持续的磨损会引起损伤和腐蚀，因此我们体内的网络在流动过程中也会产生损伤。但是，存在一个关键性的不同之处：生物体最为严重的损伤出现在细胞间和细胞内部，例如毛细血管和细胞之间，这也是人体能量和物质交换的终端单元。

损伤出现在多个层级，通过多种与物理或化学输运现象有关的机制发生，但大致可以分为两类：一是传统的由黏性阻力引起的物理磨损，类似两个物体相互接触就会产生普通的摩擦，如同鞋子或是轮胎的磨损；二是自由基（游离基）引起的化学损伤，也是呼吸代谢过程中生产ATP的副产品。自由基是指失去一个电子的原子或分子，它们因携带正电荷而表现出高度的反应活跃性。大多数化学损伤是由氧自由基与维持生命的细胞成分发生反应引起的。DNA的氧化性损伤可能会尤为严重，因为在非复制型细胞里，如脑部神经和肌肉组织中的细胞，自由基会对DNA转录造成永久性的损伤。更严重的是，它会对基因组的调控区造成永久性损伤。尽管我们对氧化性损伤在衰老过程中究竟会发挥多大作用、会引起何种程度的损伤尚不明了，但它已推动制作抗氧化剂的微型产业不断发展，例如维生素E、鱼肝油、红葡萄酒以及其他能对抗衰老的灵丹妙药等产业。

一个用来了解这些人体网络的结构和动力学，特别是能量流动的综合定量理论，可以为计算其他多种附属变量提供一个解析的框架，例如上一节提到的生长曲线和我将要探讨的与衰老和死亡有关的损伤比率。这种粗粒度的框架是一般意义上的，可以包含任何一种普遍意义上的"损伤"机制的衰老模型，这些模型与刚才讨论的一般性物理或化学传递现象有关。要想理解衰老和死亡的大多数常见特征，并不需要详细了解损伤机制，因为大多数相关的损伤发生在不变的网状结构的终端单元里（例如毛细血管和线粒体中），它们的性能不会因生物体积变化而发生肉眼可见的改变。因此，每根毛细血管或线粒体受到的损伤都大致相同，不管是何种动物。

由于这些网络是空间填充形式的，也就是说它们为生物体内的所有细胞和线粒体提供养分，因而产生的损伤也是一致的，无情地贯穿整个生物体，这也解释了衰老在空间中均匀分布和衰老过程与年龄呈直线正相关的原因。正因如此，当你75岁时，你身体中的每一个器官都会以相同的速度恶化，正如图4-16所示。从更细致的层面来看，这也揭示了每个器官的衰老都大致相同，即使不同器官可能会在衰老比率上略有差异，这是因为它们拥有略微不同的网络特征，特别是在修复损伤的潜能方面。

根据3/4次幂规模法则，动物体形越大，代谢率就越高，它们就要承受更多的熵的产生，以及由此导致的更大的损伤，因此你可能会认为这会证明动物体形越大，寿命就越短，与之前的观察矛盾。但是，我们在第3章中看到，单位组织质量的细胞都有代谢率，也就是细胞间和细胞内部发生损伤的比率会随动物体形增大而系统地减少，这也是规模经济的另一种表现。不仅如此，正如我之前强调的，最严重的损伤发生在终端单元，位于毛细血管、线粒体和细胞之中。因此，终端单元的代谢

04 生命的第四维：生长、衰老和死亡

率会随着生物体的体形变大而以 1/4 次幂的方式下降。相比体形较小的动物，体形较大的动物的细胞会以较低的比率系统性地转换能量。所以，在关键的细胞层级上，动物体形越大，代谢率越低，它们的细胞就会产生越少的系统性损伤，这会使它们的寿命得到相应的延长。

回想一下，这个终端单元的向下调节是由人体网络的主导地位造成的，也是规模扩张引发规模经济的起源。它同时也反映出终端单元的增加与质量间呈 3/4 次幂相关，这对推导出增长曲线以及解释增长最终停止的原因起到了至关重要的作用。因为终端单元是不变的，损伤率与它们的总数量成正比，同时也随身体质量以 3/4 次幂增长，因此损伤率与代谢率成正比。

受新陈代谢的影响，损伤的累积无情地使整个生物体退化。为了应对这种不间断的损伤，我们的身体具有极强的修复机制。而修复机制的动力也来源于细胞代谢，因此修复机制受到相同网络及规模法则的约束。如此一来，我们将这些修复也包含在不可逆性损伤的总量计算之中并不会改变方程的数学结构，但是会影响其总体规模的大小。也就是说，当大量的损伤持续发生时，修复成本是高昂的，将每一个损伤都修复好（如果可能）的成本更是高得惊人。这种修复的总体规模主要由进化的要求决定，即生物体要一直活到繁衍出足够的后代以在基因库中竞争为止。

因此，衰老以近乎单一的形式进行，并逐渐走向死亡。正如图 4–16 所示，死亡是不可逆损伤大量累积、生物体功能逐渐衰退的结果。直到生物体无法继续运作，最终"老死"。轻度心颤等小变动或变化足以结束生物体的生命。然而，在大多数情况下，由于与特定器官、免疫系统、心血管系统衰弱有关的多种原因，比如心血管系统的损伤累积，死亡会早于自然衰亡发生。表4-4中列出的所有主要死亡原因便属于此类，当然，事故、枪支、污染物等外部因素与有害环境条件引起的死亡除外。因此，根据我所概述的死亡原因对于寿命进行的计算实际上是对寿命设定了一个上限。

我们可以根据如下方法预估生物体：假设受损细胞（或DNA等分子）数量相对于器官或身体细胞总数而言达到某一临界值，则达到死亡临界值，这对于同一分组内的所有生物体（如所有哺乳动物）而言几乎都一样。换言之，受损细胞总数与细胞总数成比例，因此细胞总数与身体质量成比例。已知代谢率（损伤发生的速度），而且每个细胞受损事件平均都是由大致相同且不变的能量引起的，让我们来考虑受损细胞总数要达到这一数值需要多长时间。由于整个寿命中的受损细胞总数恰好是受损率（与终端单元数量成比例的单位时间内的细胞受损事件数量）与寿命的乘积，而且必须与细胞总数成比例，因此与身体质量成比例。因此，寿命与细胞总数和终端单元数之比成比例。但是，终端单元的数量随质量呈幂指数变化，细胞数量呈线性变化，因此寿命随身体质量的1/4次幂变化。

请注意，正如我们在讨论生长时所看到的那样，能量来源与损害来源（终端单元）、能量吸收（需要维持生存的细胞）之间规模的不匹配对结果影响巨大。在一种情况下，它会导致我们停止生长；在另一种情况下，它会导致体形更大的动物寿命更长。一切都可以由网络的约束推知。

测试、预测与结果：寿命延长

A. 温度和寿命延长：由于代谢率与终端单元的数量成比例，而且大部分损伤发生在终端单元，我们可以直接将寿命与代谢率联系起来。因此，寿命也可以称为身体质量与代谢率之比。换言之，寿命与生物体单位质量的代谢率成反比，因此也与细胞平均代谢率成反比。我在前面讨论代谢生态学理论时提到过，寿命系统性地随身体质量的1/4次幂变化，随温度呈指数级变化。

如图 4–13 所示，通过解释为何寿命随着温度降低而系统地、可预见地呈指数级延长，我们找到了一个有趣的方式检验该理论。这表明，原则上可以通过降低体温延长寿命，因为这降低了细胞代谢率，因此也降低了损害发生的速率。效果非常明显：体温下降 2℃，寿命可以延长 20%~30%。[19] 因此，若人为地将体温降低 1℃（约为 1.8°F），我们的寿命可以延长 10%~15%。可问题在于，若想真正延长寿命，我们必须一生都这么做。但更重要的是，体温降低明显可能对我们产生许多有害影响，甚至可能对生命产生潜在威胁。正如之前提到的，在未完全了解多层次时空动力学的情况下，贸然改变该复杂适应系统中的一部分会导致其他意想不到的后果。

B. 心跳与生命的节奏：这些数据也证实了寿命大约随身体质量的 1/4 次幂发生变化。根据心血管系统理论，心率随身体质量的 1/4 次幂下降，所以当用心率乘以寿命时，对身体质量的依赖性就被抵消了：一方减少一定的量，另一方则会增加相应的量，最终导致数量不变，该数量对于所有哺乳动物而言都一样。但是，寿命与心率的乘积仅是一生中的心跳总次数，因此该理论预测，所有哺乳动物的心跳总次数都应该是一样的，这与第1章图1-2所示的数据一致。该论点也可以延伸至呼吸链复合体的基础层面，呼吸链复合体是线粒体内的基本单元，而线粒体是合成ATP的主要场所。根据这个理论，对所有哺乳动物而言，合成ATP的反应发生次数都一样。

正如之前提到的那样，大型动物寿命长、节奏慢，而小型动物寿命短、节奏快，但心跳总次数等生物指标大致相同。如果按照1/4次幂重新调整变量，所有哺乳动物的生命史事件都会步入同一轨迹，其中一例为图4-8所示的普适生长曲线。或许，所有的哺乳动物都会经历几乎相同的生命顺序、节奏和寿命？这是很有意思的想法。

从前，当我们还"只是"另一种哺乳动物时，我们确实如此。随着社会共同体与城市化的到来，我们进化成了另一种东西，大幅偏离了使我们与大自然和睦相处的约束。我们的有效代谢率提高了百倍，寿命翻了一番，生育水平有所下降。在之后的几章里，我将用同样的概念框架，回过头来再谈谈这些不同寻常的变化，弄清楚这些变化是如何产生的。

C. 节制卡路里与延长寿命：我们看到，细胞代谢率越快，寿命反而会缩短。因为随着动物体量增大，每一个细胞受到的损害会减小，所以体积较大的动物活得更久。然而，在物种内部，比如我们每个人这样的个体，能够简单地通过少吃一点降低细胞代谢率，减少细胞的代谢损伤，也许还能延年益寿。这种策略被称为卡路里节制法。这种方法历史悠久，也颇受争议，一直是许多动物研究关注的焦点。这些研究中的许多都卓有成效，还有一些则效果平平，形势尚不明朗。无论寿命能否延长，几乎所有的研究都显示这样做的确能延缓衰老。我们知道，想要长时间进行一项受控实验并非易事,而且我们不可能将人类作为实验对象,设计欠佳也会加大实验难度。然而我在某种程度上支持这些研究,因为我相信这种代谢减缓可以减少细胞损伤,从而延缓衰老、延年益寿的理论在概念上是正确的。

大致来讲,这一理论推测,寿命的最高值以及平均寿命,与卡路里的摄入量呈反相关关系。从字面上理解便是,根据这一理论,如果你能坚持每次减少10%的食物摄入量(相当于每天减少几百卡路里),你的寿命最多能延长10%(相当于多活10年之久)。图4-19展示了卡路里节制的数据,这些数据源自罗伊·沃尔福德(Roy Walford)在20世纪80年代以老鼠为对象所做的一系列实验,罗伊·沃尔福德曾是加州大学洛杉矶分校医学院的病理学家,是通过卡路里节制法延长寿命的主要倡导者。[20]该数据以存活曲线的方式展现了几只老鼠在不同食物摄入量下的存活时长情况。食物摄入量对老鼠寿命的影响的确巨大,实验结果与"减少10%的卡路里摄入,延长10%寿命"的实验预期一致。但是使寿命翻一番的预期没有达成:大规模地减少卡路里摄入后,寿命延长了大约75%,而非预期的100%。然而,寿命长短与卡路里摄入量之间的总体关系符合上述理论。

鉴于这一理论还不够成熟,实验结果与预期能有这样的一致性已经出乎意料了。加上该理论的其他实验也成功地达到了预期(包括衰老速度、寿命的异速生长规律法则及其对温度的依赖性),该理论为更详细的、定量的衰老和死亡研究理论的建立提供了可信的基准。同时,在一些普适生物参数方面,该理论为衰老速度和最长寿命之谜给出了解决方程式,比如通过一些普适生物参数,我们可以看出100年这个数字是如何从微观的分子结构推演而来,以及老鼠为什么寿命很短。对于想要延长寿命、延缓衰老应该控制哪些参数这样的问题,该理论提供了一个科学的依据。比如,将规模法则与图 4-12~图 4-19 结合起来,我们就可以量化地推测出,通过改变体温或减少进食能延长多少寿命。

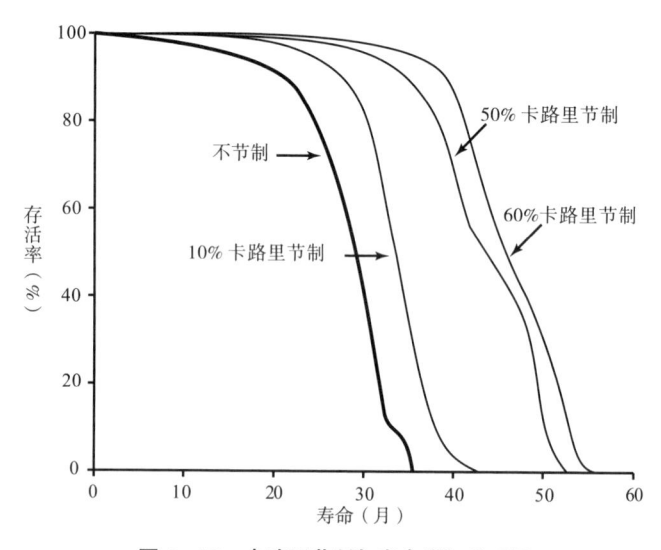

图 4-19 卡路里节制与寿命增加关系图

老鼠在不同的卡路里节制程度下的存活曲线反映了寿命增加与卡路里节制的正向相关关系。

此外,因为这个理论只是整合了多数生命史的更大的统一理论框架中的一部分,所以它也能帮助人们解答"控制寿命可能引发哪些意想不到的结果"这一关键性问题。天真地试图干预衰老和死亡的自然过程,无论是从基因上、物理上,还是通过魔法药水,都可能(其实是确定)会对健康和生活造成潜在的有害后果。没有一个定量的理论框架做支撑,这种干预就是既暗藏危机又不负责任的行为。

在结束这一章之前,如果不提到罗伊·沃尔福德这位在衰老研究领域起着开创性作用的天才人物,那就是我的失职了。沃尔福德有许多事迹,但早年间他的名声不太好,那时他和一个毕业生运用数据分析确定内华达州里诺市赌场里的哪个轮盘会刚好偏向他们的下注,从而大赚了一把。赌场后来明白了怎么回事,对他们下了禁令。沃尔福德用这笔赢来的钱完成了他的医学学业,还在加勒比海域乘游艇游历了一年。

05

从人类世到城市世：
一个由城市主导的地球

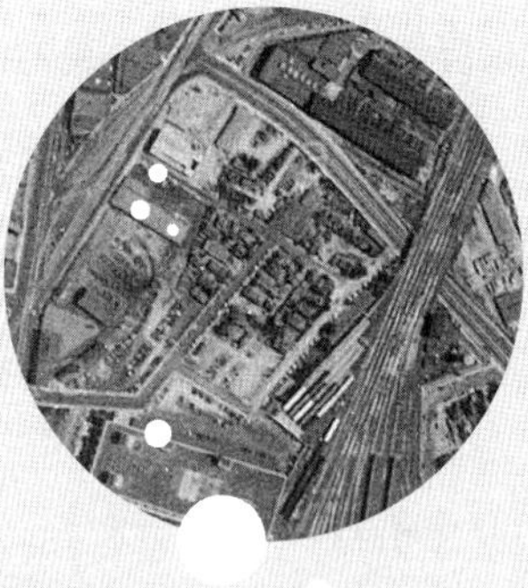

规 模

1. 生活在以指数级速度不断扩张的宇宙中

20世纪最令人震惊、最有意义的发现之一,是人们得知,在宇宙层面上,我们生活在一个以指数级速度不断扩张的宇宙中。同样意义深远但预示意义不大的另一个发现,是从社会经济意义上说,在地球层面上,我们也生活在一个以指数级速度不断扩张的宇宙中。尽管后者很难获得同样的关注,但这一不断加速的社会经济扩张已经而且将继续对你的生活、你孩子的生活,以及孩子的孩子的生活带来更为深远的影响,这一影响甚至大于以指数级速度不断扩大的宇宙中发生的那些奇迹和悖论以及暗物质、暗能量、大爆炸等经典谜题对我们的影响。

我们的社会和经济生活以指数级速度不断扩张的最明显表现,便是过去200多年来人口数量的巨大增长。在经历200万年缓慢、稳步的增长之后,生活在地球上的人类的数量在1805年突破了10亿大关。但在工业革命之后,世界人口数量呈爆炸式增长。这一转变相当于从传统的手工生产向大规模工业化机器和工厂生产的转变。这在很大程度上催生了资本主义、个人和企业的创业与创新,标志着人类事业的重大转变。工业革命相当于社会经济领域的"宇宙大爆炸"。在耗费了200万年时间达到10亿人口后,继续增加10亿人口只用了120年,而人口达到30亿则仅用了35年的时间。又过了25年,1974年,全球人口达到40亿。而到2016年,距1974年只过了42年,全球人口几乎又增长了一倍,达到73亿。因此,直至最近,人口翻番的时间正在系统性地减少,这凸显了超指数的增长幅度。仅仅2016年一年,全球人口就新增了8 000万,相当于整个德国或土耳其的人口。到下个世纪初,全球人口有可能会达到120亿。

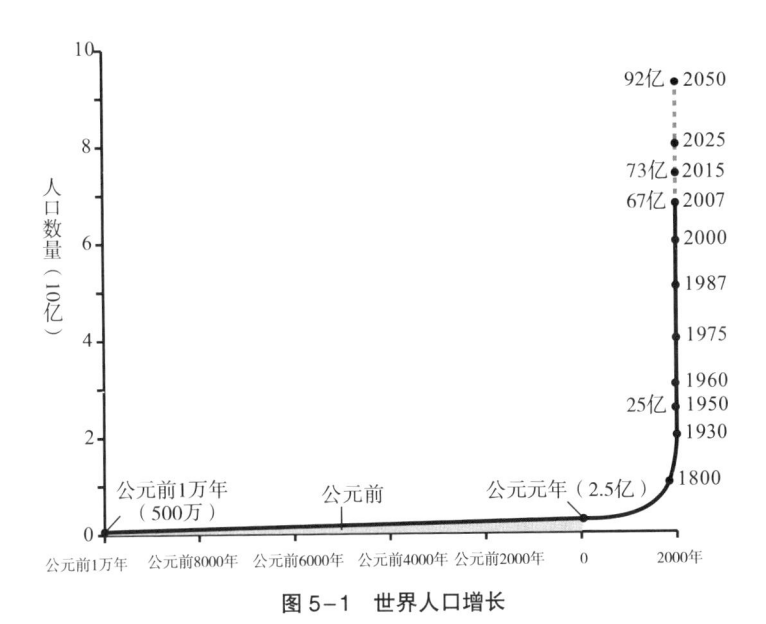

05 从人类世到城市世：一个由城市主导的地球

图 5-1 世界人口增长

从公元前 1 万年人类世开始，世界人口以超指数的速度不断增长。人口大幅度增长始于 1800 年，当时是工业革命和城市化的开端。

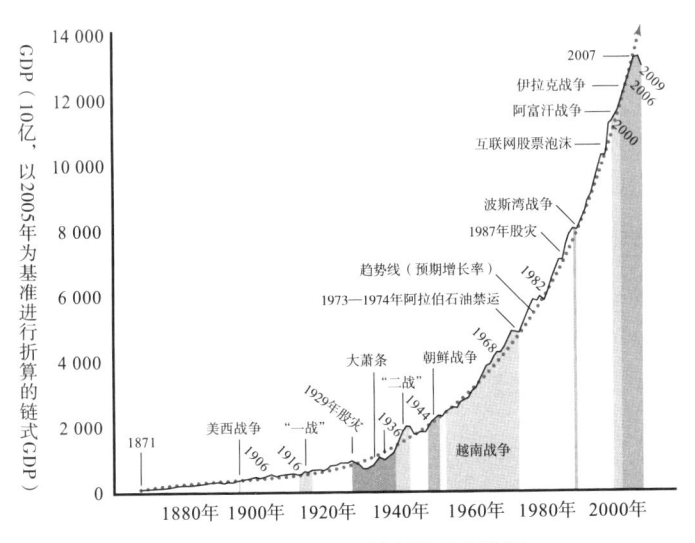

图 5-2 美国 GDP 的长期真实增长

伴随着城市化，经济也快速增长，这表现为美国 GDP 自 1800 年以来的持续增长。尽管发生了多次危机、繁荣和泡沫破灭，图中的灰色实线呈现了完全的指数级增长趋势。

217

规　模

　　第一张从太空角度拍摄的地球全景图给人以灵感,让人类对于我们是谁、我们从哪里来、是什么在维持我们的生存等问题有了全新的心理视角。首次看到地球母亲的照片给了人们令人惊讶的启示,地球母亲孕育了我们所有73亿人口,她沐浴在我们的爷爷——太阳的光芒之下。当时,或许没有其他人比作家、未来学家、思想家斯图尔特·布兰德（Stewart Brand）对此有着更深的感触。他饱含深情地感觉到,从太空中拍摄的整个地球的照片是一个强有力的符号,唤起了所有生活在地球上的人类的共同命运感。他多次游说美国国家航空航天局在1967年发布首批图片,他随后将之用在他那本颇具影响力的著作《全球概览》（*Whole Earth Catalog*）的封面上。这本书也是20世纪六七十年代的文化符号。

　　同样具有启示性的是最近拍摄于晚间的地球母亲的照片,她当时并未沐浴在阳光下（图5–3中右图）。如果几百年前以人类的技术手段能够拍摄这张照片,那它将是黑色的,不会显示任何东西。即使是在50年前,它也会看起来十分模糊。在今天却不会了。现在,美国国家航空航天局的卫星所拍摄的壮观照片显示,地球表面似乎覆盖着一层由圣诞之光组成的精细丝网。当然,这些"夜光"其实是人口爆炸以及随之而来的技术和经济成就的结果。这些光线大部分是由城市产生的,反映了人类城市化的极快速度。作为21世纪现代人类的标志,它概括出了城市化和规模法则,这与本书十分契合。

　　全球人口最近的爆炸式增长的确是一项令人惊讶的成就,尤其是当我们意识到,尽管依然存在很大的贫困区域,但从全球平均值来看,按照健康、寿命和收入衡量的生活质量依然在随着人口的增长而提高。通常而言,人口增长与社会经济和金融指标的增长有关系,这使得我们不仅把指数级增长视作理所应当,而且还把它提升至公理。我们的社会和经济范式与支撑开放式指数级增长的驱动力需求相适应。

此外,我们73亿人已经存在,未来几十年还将有数十亿需要吃饱穿暖、受教育、被照顾好的人加入我们的行列。我们几乎所有人都想要房子、汽车和智能手机,我们想要在舒服的环境中通过电视机、视频和电影进行娱乐,我们中的许多人还想要旅行、接受教育、连上互联网。无论我们的行动、物质欲望和幸福标准有多么不一样,我们都想要过有意义、有满足感的生活。我们共同组成了精妙的生活画卷,在不同程度上都从人类发明的社会和经济进程中获益或受苦,参与这一进程并做出贡献。但所有这一切缺少了能源和资源的持续供给都不会发生,也是不可持续的。我们的持续成功需要煤炭、天然气、石油、淡水、铁、铜、钼、钛、钌、铂、磷、氮等资源,所有这一切都必须以指数级速度增长,才能供人类取用。

图 5-3 白天和夜晚的地球表面航拍图

2. 城市、城市化和全球可持续性

或许,我们最伟大的发明便是城市,在这个舞台上,社会经济互动、机制和过程使以指数级速度扩张成为可能。城市经济学家爱德华·格莱泽(Edward Glaeser)在其著作《城市的胜利》(*The Triumph of the City*)

规　模

中表达了这一观点。[1]与过去200年间的人口爆炸式增长相伴随的，是地球城市化的高速发展。城市是我们发明的用于推动和促进社会互动与人类合作的天才机制，而社会互动与人类合作则是人类创新和财富创造得以成功的两个必要因素。人口和城市增长紧密相连、相互促进，最终使得我们在地球上占据了统治地位。

人们用"人类世"这个词来形容最近这段地球历史时期，在此期间，人类的活动极大地影响了地球的生态系统。这一过程始于1万多年前的农业革命，并由此推动人类从移动狩猎和采集的群体转变为定居的群体，并最终导致第一座城市的出现。直到那时，我们的生物特性都是很显著的，这意味着我们是地球多样生态中必不可少的组成部分，与构成无限多样化的自然中的其他生物体和组织维持一种超级平衡。当时的全球人口总数仅为数百万，这表明了我们与自然环境的动态相互关系。地球基本上还是原始的样子。

但是，工业革命最终出现。尽管在此之前，人类活动已经极大地改变了地球表面，但这一系列前所未有的事件宣告了一场根本性转变的开端，地球开始进入爆炸式、超指数速度的扩张阶段，并由此导致地球的生态、环境和气候在极短时间内发生了无法预料的变化。结果，有人提议，我们应该把工业革命确定为人类世的开端。甚至有人提议，人类世始于1万多年前，与全新纪的开端一致。全新纪是指在地球变暖之后开始的地质纪，它导致了农业和现代人类的出现。

我非常希望通过一个全新的纪元命名来清楚无误地表明我们对地球造成的深远影响，但最终还是选择用人类世来代表这数千年的历史时期，直至我们首次通过提高代谢率将人类特征从显著的生物特性转变为显著的社会特性。本着这一精神，我们也应该承认，我们已经从纯粹的人类

05 从人类世到城市世：一个由城市主导的地球

世演变到另外一个以城市的快速增长为特点的时代。为了给这个以工业革命为开端的短暂、激烈的时期命名，我将提出一个全新的词汇——"城市世"。鉴于这一变革的深刻性，而且其未来的动力学将会决定社会经济企业是会继续繁荣发展，或是注定最终消亡，我想要再次重复在本书开篇写到的内容。

随着我们进入 21 世纪，城市和全球城市化成为自人类变得社会化以来地球所面临的最艰巨挑战。人类的未来和地球的长期可持续性发展都与城市的命运有脱不开的关系。城市是文明的熔炉，创新的中心，创造财富的引擎，权力的中心，吸引创意个人的磁石，推动观念、增长和创新出现的催化剂。但是，城市同样也有其阴暗面：它们是犯罪、污染、贫困、疾病、能源和资源消耗轮番上演的舞台。快速城市化和社会经济的加速发展带来了许多全球性挑战，包括气候变化、环境影响、食品危机、能源和水资源的获取、公共卫生健康、金融市场以及全球经济。

城市一方面是我们面临的主要挑战的来源，另一方面又是创意和观念的发生器并由此成为解决上述挑战的想法和方案的来源，鉴于这一双重属性，发问是否存在一门"城市科学"便显得极为紧迫，我指的是一个概念性的框架，我们可以用量化的、可预测的框架来理解城市的动力学、增长和进化。这对于谋划长期可持续发展的严肃战略是极为重要的，特别是大多数人类将于 21 世纪下半叶成为城市居民，许多人都会住在规模前所未有的超大城市中。[2]

我们面临的问题、挑战和威胁都不是新出现的。至少从工业革命伊始，它们就一直陪伴着我们。城市化是一个相对较新的全球现象，直到最近才得到认真严肃的对待，因为相对于总人口而言，城市是第二位的。只是因为城市化以指数级速度进行，现在它所带来的问题让人感觉仿佛是一场正在迫近的海啸，可能会把我们全部淹没。50年前，甚至是15年前，我们中的大多数人对全球变暖、长期环境变化、能源和水以及其他资源的限制、健康和污染问题、金融市场的稳定性还一无所知。即使我们知道它们的存在，也认为它们只不过是暂时的异常，最终将会消失不见。这是一个开放的讨论议题，大多数政治学家、经济学家和决策者都持相对乐观的观点，认为人类的足智多谋将会使我们最终胜出。指数的特性之一，便是未来将会以更快的速度成为现实，当问题出现时，想要成功地解决就已为时晚矣。鉴于大众对于指数级扩张的无声威胁的漠视态度，我想要暂时离题解释其影响，因为似乎很少有当权者和决策者明白这一点。

3. 题外话：指数发展究竟是什么？一些警世寓言

在讨论大爆炸以来的宇宙扩张或工业革命开始以来发生的社会经济巨变时，我一直在使用"指数级增长"和"指数级扩张"的说法，仿佛人们都能很好地理解它们似的。其实，我有些武断地使用了"指数"一词，而未详细解释含义和隐含意义。我或许低估了普通公众的知识和理解能力，但我们通常会听到受过良好教育的记者、媒体专家、政治家、企业领袖使用"指数"这个词语，他们使用这个词语的方式表明，他们并不完全理解它的含义，也没有意识到它背后隐含的意义。事实上，我时常感觉到，如果他们能够意识到这个词语的意义，使他们确信我们亟须谨慎和战略性地思考长期可持续性带来的挑战就会更加容易。由于这个概念太重要，在本书中扮演关键角色，我想要短暂地离题，冒着卖弄学问的风险，进一步解释其含义和意义。

"指数"是一个类似于"动量"或"量子"、来源于科学语境的技术词语，有着精准的定义。但由于这个术语暗示了有用的但我们在日常语言中

05 从人类世到城市世：一个由城市主导的地球

没有充分交流的概念，它成为当今的时髦词儿。在口语中，"指数级增长"通常被理解为非常快速的增长。例如，在我的词汇表中，与"指数"相关的首个含义便是"快速增长"。事实上，指数级增长在开始阶段十分缓慢，甚至是不疼不痒的，之后逐渐缓慢地转变为快速增长。但这并不是事情的全貌。

人口的指数级增长在数学上的定义是，人口规模的增长速度（例如，每分钟、每天，或者每年）与现有的人口规模存在直接的正比关系。因此，人口规模越大，增长速度越快。举例来说，如果呈指数级增长的人口规模扩大了一倍，它的增速也将提高一倍，这意味着，人口规模越大，增速越快。如果不加限制，人口规模和增速最终都将变得无穷大。

在日常生活中，你非常熟悉这一类的增长，尽管它们并不常常用"指数级增长"来描述。如果单位时间的增长速度与当前规模直接相关，人们通常会说相对增速或百分比增速是常数，这听起来平淡无奇。这正是银行在计算你的投资收益率时用到的经典复利概念。因此，当总统、财政部部长、总理和首席执行官宣布，他们的国家或组织今年的增长速度达到5%时，或者银行告诉你储蓄收益率为5%时，他们所要表达的其实是，这些是指数级增长，明年的绝对增长率将比今年高出5%。因此，如果其他条件不变，每个人都会持续变得越来越富有、越来越繁荣。即便总统一脸严肃地宣布本季度的经济增长率仅为1.5%，并由此得到许多有关经济活力不足的负面反馈时，他其实是在说，经济在以指数级增长，我们依然处在"规模越大，增长越来越快"的轨道上，只不过是增长速度变慢了。在一个不变的百分比增速下，每个人都会变得越来越富有、越来越繁荣。因此，我们痴迷于激素一般的指数级增长毒品也就不足为奇了。它真的很高，是我们经济动态取得巨大成功的真实写照。

规　模

　　无论是经济还是人口，一个体系的增长通常通过倍增时间体现，即该体系规模增长一倍所需要的时间。指数级增长的特点是拥有不变的倍增时间。这听起来似乎也平淡无奇，直至人们意识到，人口从 1 万倍增到 2 万所需的时间与人口从 2 000 万倍增到 4 000 万的时间是相同的，而前者只增加了 1 万人，后者则增加了 2 000 万人。令人惊讶的是，全球人口的倍增时间事实上正在变得越来越短，正如我在前文中指出的那样，全球人口从 5 亿倍增至 10 亿用了 300 年时间，而倍增到 20 亿用了 120 年，再倍增至 40 亿仅用了 45 年时间，如图 5-1 所示。因此，直到最近，我们一直在以不断加速的速度增长，其实比纯指数级速度还要快！尽管在过去 50 年间，这一加速度开始放缓，但我们依然是在以指数级增长。

　　相比于给出更多的定义和枯燥的统计数据，我想要讲述几个有趣的故事从而更加生动地解释这些观点。指数级增长的吸引人之处以及陷阱一直都为人们所熟知，尤其是在从古代便开始理解并使用复利概念的东方。这在世界文学的伟大史诗《列王纪》(Shahnameh) 中有所体现，该书是一千多年前由受人尊敬的波斯诗人菲尔多西 (Ferdowsi) 所著。它是世界上最长的史诗，花费了 30 年时间才最终写就。该书的撰写时期恰好也是国际象棋从发明国印度引入波斯之际。随着国际象棋变得越发流行，菲尔多西为了纪念它，利用象棋棋盘解释指数级增长的意义。故事是这样的：

　　当国际象棋的发明者向国王展示这个游戏时，国王立即被它吸引。国王表示，发明者可以提出自己想要的奖赏，因为他发明了如此精妙和有挑战性的游戏。这位熟悉数学的发明者请求国王给予他看上去极为谦卑的奖赏——米粒。但是，米粒需要按照以下方式分配：国际象棋棋盘上的第一个格内放 1 粒米，第二个格内放 2 粒米，第三个格内放 4 粒米，第四个格内放 8 粒米，第五个格内放 16 粒米，以此类推，每一个格内放

05 从人类世到城市世：一个由城市主导的地球

的米粒数都是前一个格内放的米粒数的两倍。尽管国王因为发明者对自己的慷慨表现出的反应太微不足道而感觉受到了冒犯，但他还是接受了发明者的请求，并命令国库数出他要的米粒。然而，到了周末，司库仍然没有完成数米粒的任务，国王便把他招来并询问他拖沓的原因。司库告诉国王，即使穷尽整个王国的财富也无法满足发明者要求的奖赏。

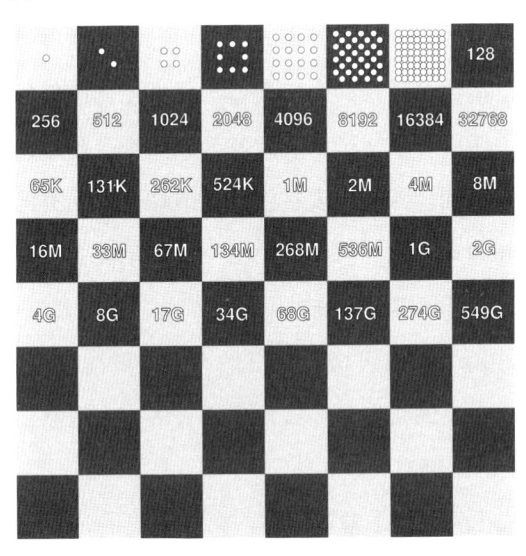

图 5-4 国际象棋发明者想要的奖赏

让我们来看看，为什么说司库的反应不仅是正确的，而且事实上还低估了奖赏的规模。实际上，这是一道很简单的计算题。一个国际象棋棋盘由 64（8×8）个格子组成。发明者要求的奖赏是，第一个格子放 1 粒米，第二个格子放 2 粒米，第三个格子放 4 粒米，以此类推，到第 8 个格子时，需要放 2×2×2×2×2×2×2=128 粒米。然而，当我们数到最后一个格子，即位于棋盘右下角的第 64 个格子时，其中放置的米粒数量应该是 63 个 2 相乘（2×2×2×2×2×……，要乘上 63 次）。这个

225

数字非常惊人，如果用笔记本电脑或智能手机上的计算器计算，你很快便可以确认结果——9 223 372 036 854 775 808 粒米，将近 10^{19} 粒米。这些米粒堆积起来，甚至会比珠穆朗玛峰还高。

这个故事说明了没有限制的指数级增长的惊人力量和终极荒谬，它也表明了指数级增长的一些不为人所知的特点：开始时令人惊讶的缓慢，而一旦释放出来，便完全不受控制，将它面前的一切吞噬。此外，在任何一个时刻，呈指数级增长的人口规模都要大于此前任何时刻人口规模的总和。例如，任何一个格子中放置的米粒数都会超过此前所有格子中放置的米粒数的总和。因此，现在生活在地球上的人类的数量超过人口大爆炸以来至今的人口总和。我们的下一个警示寓言要说的就是可能出现的无法维持的人口规模或系统中突然出现的"无穷量"。正如我将在后面谈到的，在经历了指数级增长的自然产生的群落中，如森林和菌落，通常会自然地出现反馈机制，导致出现增长的生态限制，这通常与竞争力量和环境自然的限制有关系。

这便引出了我的第二个警示寓言，它包含了一个犹太法典式的问题。这个故事是以虚构的思想实验的形式展开的，受到了现实生活中细菌菌落增长的启示。假设我们想要准备一种抗生素的样本，如盘尼西林，并以 1 个细菌开始，这个细菌每分钟都会分裂为 2 个细菌。1 分钟之后，我们就会拥有 2 个细菌，而它们中的每一个在 1 分钟后又会分裂为 2 个，于是我们会得到 4 个细菌。又过了 1 分钟，我们得到 8 个细菌，然后是 16 个细菌，以此类推，每过一分钟，数量都会翻番。很明显，这与棋盘上的米粒的故事很相似。假设我们从早上 8 点启动这一增长过程，并确保有足够的营养品能使容器在中午 12 点之前充满细菌，那么问题来了，容器会在 8 点至 12 点之间的哪个时间被充满一半？

05 从人类世到城市世：一个由城市主导的地球

那些得出错误答案的人通常会给出 10:30 或 11:15 这样的中间答案。而令人惊讶的是，正确的答案是 11:59，就是中午 12 点之前 1 分钟。我确定你能明白：由于细菌数量每分钟都会翻番，所以在整个过程于 12 点结束之前 1 分钟，即 11:59，容器内的细菌数量肯定是最终数量的一半。

我想要把这个实验再往前推一步，把它反过来：在中午 12 点之前 1 分钟，容器是一半满的；之前 2 分钟，容器是 1/4（1/2×1/2）满；之前 3 分钟是 1/8（1/2×1/2×1/2）满。以此类推，在正午 12 点之前 5 分钟，即 11:55，容器只有 1/32（1/2×1/2×1/2×1/2×1/2）满，也就是说，容器只填满了 3%，几乎看不到细菌。按照这个方式来计算，在 11:50，容器只填满了 0.1%，看起来空空如也。因此，在这个小宇宙的大多数时间里，整个容器几乎是空的，尽管菌落一直在以指数级速度增长，只是在最后几分钟，容器内才出现了肉眼可见的变化。

现在，让我们以生活在菌落中的细菌的视角来看待这个问题。即使是在 100 代之后，相当于"真实"时间中的 100 分钟，相对应的是"人类时间"的 2000 年（假设人类每一代为 20 年），生命依然精彩，食物依然丰盛，菌落仍在持续扩大，并在它们所处的小小宇宙中不断开拓。即使是在 200 代之后，所有一切看起来仍然很好。甚至在 235 代之后，情况仍然看上去很好，尽管一些细菌或许已经意识到，它们所处的宇宙是有边界的，而且首次感觉到食物开始有些稀缺。很短的时间后，在第 239 代，当细菌总量已经达到庞大无比的 10^{71} 时，对每一个细菌来说情况开始变得异常糟糕起来。而在下一代，所有一切都结束了。

尽管这个小故事的细节并不很准确——细菌数量倍增的时间通常为 30 分钟，而非 1 分钟，更重要的是，有毒废弃物的产生以及由此而来的细胞死亡也被忽略了——但基本信息和不受限制的指数级增长所带来的影响是真实的。我刚才的叙述说明了真正的细菌菌群的增长轨迹和寿命，你可以在任何一本初级的生物教科书中找到它。正如你所看到的那样，它勾画出了我刚刚讲述的故事轮廓：快速增长，然后是停滞和崩溃。重要的是，这个系统是封闭的，这意味着群落可获得的资源是被限定的。很明显，这与我们在地球上所处的封闭环境相同，我们几乎完全依赖化石燃料，而不是由太阳提供动力。尽管指数级增长是我们作为一个物种取得非凡成就的显著证明，但灭亡的种子已经内置其中，大麻烦的征兆就在眼前。

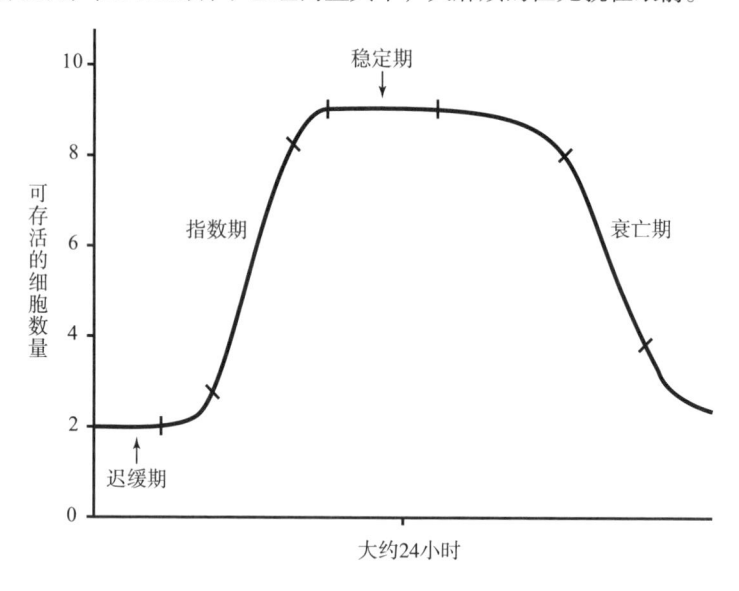

图 5-5 封闭系统的增长曲线

4. 工业城市的崛起及不足之处

我讲述这些略带刺激性的警世寓言旨在说明开放的指数级增长的意义和后果，并为后面谈论全球可持续性奠定基础。很难不以人类为中心去看待这些故事，因为现代人类的史诗般传奇故事必将悲惨地结束，并

05 从人类世到城市世：一个由城市主导的地球

出乎意料地与细菌菌落殊途同归。这些故事是否是我们在过去200年间所作所为的真实写照？我们是否应该为最糟糕的局面做好准备，或者至少改变我们的浪费行为？抑或这些只是虚构的故事，它们的简单性具有误导性，人类将继续在通往更加辉煌的未来的道路上继续前行，迈向健康、财富和繁荣？

自工业革命推动指数级增长直至现在，这些问题已经引发了激烈的讨论。土地劳作和手工生产向自动化机器和大规模工厂生产的转变，农业领域的技术创新和生产力提高，新的化学制造和钢铁生产过程的引入，水力效率的不断提升，由可再生能源向化石燃料转移而推动的蒸汽的越发频繁使用，这些都使得越来越多的人从传统的农业地区向快速扩张的城市中心迁移，后者被认为可以提供更多的就业机会。从全球范围来看，这个过程一直持续至今。[3]

工业革命带来的巨大改变催生了众多富有的制造业企业主和工厂主，并见证了规模庞大、越来越有影响力的中产阶级的崛起，但推动城市化的工人阶级的命运很糟糕，无论是在工厂还是在矿场。想想狄更斯笔下《雾都孤儿》中的伦敦，一个充斥着犯罪、污染、疾病和贫困的城市，大批工人阶层过着悲惨的生活。随着人口的急剧增长和工业化而产生的贫民窟人满为患，卫生条件极差，生活条件污浊不堪。

从许多方面而言，曼彻斯特都是工业革命的真正象征。它是蓬勃发展的纺织产业的中心，也是英国"统治海洋"的野心的主要驱动力，它这样做是为了确保棉花等原材料的供应。曼彻斯特是世界上首个工业化城市，其人口规模从1771年的2万多人增长到1831年的12万人，增长了6倍，到70年后的19世纪末又增长到了200多万人。曼彻斯特的进化为直至今日在全球各地不断重复上演的变革提供了模板，从杜塞尔多

229

夫到匹兹堡，再到深圳和圣保罗。

回头看看过去的超大城市，如伦敦或纽约，我们意识到，它们也深受困扰今天超大城市的负面形象之苦，如墨西哥城、内罗毕、加尔各答等。以下是150年前对曼彻斯特纺织工人的描述："众所周知的是，体格健壮的男子在40岁时就衰老了，孩子们变得蓬头垢面、身体变形，数百万人在16岁之前便因为患肺结核而身亡。"虽然这些城市一直在进行无耻的剥削，生活和工作条件非常不人道，但它们依然保持高流动性，社会不断变化，提供大量的机会，最终使得许多城市成为世界经济的驱动器。今天的非洲、亚洲和世界其他地区的新兴超大城市也会呈现同样的画面。用美国建筑师、城市规划师安德烈斯·杜安伊（Andrés Duany）的话说："在1860年，首都华盛顿只有6万人口，马路上没有街灯，下水管道都是开放的，猪肆意地漫步在主干道上。这里的条件比我们现在最糟糕的城市还要糟糕。但那里有希望。"

在描写维多利亚时代超大城市的出现以及贫穷的工人阶级的生活境况时，我禁不住想要加入一点个人见解。尽管我出生在英格兰农村地区的萨默塞特郡，但我的祖先生活在伦敦东区，而命运几经流转，我高中的最后几年也是在那里度过的。伦敦东区是19世纪伦敦快速扩张的产物，是伦敦最贫穷、最拥挤的地区之一，并由此成为疾病和犯罪的滋生地。臭名昭著的开膛手杰克或许是伦敦东区最声名狼藉的罪犯。与这一传说类似，我高中前两年的同桌最后成了伦敦最大的通缉犯。当时，伦敦东区的大部分地区都被视作贫民窟，到处弥漫着狄更斯笔下的那种氛围，尤其是在冬日的月份，白昼很短，天空呈现灰暗的颜色，经典的豌豆汤雾笼罩着整座城市，这是福尔摩斯推理剧中的典型布景。

大学期间，有好几个夏天我都在当地啤酒厂打工。我第一次打工是在1956年的夏天,当时只有15岁。打工的地方是位于莱姆豪斯的老泰勒·沃克啤酒厂,当时这个地方是伦敦东区一个声誉不佳的地区,邻近泰晤士河北岸的船坞。莱姆豪斯曾出现在多本图书和多部电影中,与维多利亚时代相比一直没有太大的改变。1956年,莱姆豪斯依然以犯罪高发而闻名,尽管狄更斯的《艾德温·德鲁德之谜》(*The Mystery of Edwin Drood*)一书中的鸦片烟馆早已消失不见。

这家啤酒厂的历史最早可以追溯至1730年,它建于1827年,1889年进行过翻新。这是一间典型的维多利亚时代的红砖建筑工厂,灯光照明和通风不佳,工作条件很差,而且100多年来从未改变。我的工作是把一箱箱的啤酒瓶搬到传送带上,用过的啤酒瓶会通过传送带送去清洗,并再次罐装啤酒。每隔5秒钟,我就要搬一箱沉重的啤酒瓶到这个古老的钢铁机器上,每天工作9个半小时,每周工作5天半时间(每天加班1小时,每周六还要加班半天),中午有1个小时的吃饭时间,上下午各有15分钟的休息时间。这是我有生以来从事过的最艰辛的工作(可能要排除我研究弦理论的经历以及在2008年市场崩塌期间帮助并指导圣塔菲研究所走出困境)。我每天回家都筋疲力尽,大吃一顿,晚上8点半就睡下,第二天早上6点半起床。

休息时,一个好像从狄更斯的小说中走出来的身穿肮脏不堪的皮围裙的男子会拖出一个大大的脏铁桶,上面用铁链拴着一个破旧的白蜡杯。铁桶中装满了泰勒·沃克啤酒厂中最廉价的麦芽啤酒,我们有权用白蜡杯随意饮用铁桶中的啤酒。无须赘言的是,杯子从来没被清洗过,天知道我会得什么病,我从没有跟我妈妈说过这些。这份工作让我每小时可以获得10便士的收入。这其实没有听起来那样糟糕,考虑到通货膨胀的因素,它相当于今天2.18英镑的时薪。

规 模

    这对于一个 15 岁的孩子而言很不错，我在这个夏天的两三个月时间内挣到了足够的钱，进行了一次搭便车的旅行，好好地享受了一番伦敦。然而，如果我是一个 30 岁的男子，有 1 个妻子和 3 个孩子，即使我的收入增长一倍，我也不知道我将怎么养家糊口。那时的工作条件和前景都很差，尽管与 50 年前或 100 年前相比已经有了很大的改善，人们每天仍要工作 12 个小时，每周工作 6 天，孩子们也会被矿场和工厂当作劳工使用。我在政治上趋于保守态度，但与其他许多人一样，我也受到了在大城市经济光谱两个极端的所见所闻的极大影响。从马克思、恩格斯，到萧伯纳和布鲁姆伯利派，再到克莱门特·艾德礼以及其在战后英国工党的同僚，许多来自中上阶级的思想家都为伦敦东区、兰开夏的磨坊以及南威尔士的煤矿的贫穷而感到震惊。

    人们很容易忘记的是，如此恶劣、有碍健康的工作条件是工业革命之前许多劳动阶级人民的常态。所有的罪恶都与工业革命有关，而在工业革命之前的社会，城市化也十分普遍，同样普遍的是童工、肮脏的生活条件或超常的工作时间。科学和启蒙运动带来的改良最终大幅降低了婴儿和儿童死亡率，并因此带来人口增速的迅猛提高。与农村人相比，城市地区的工业工人的生活或许看起来更加糟糕，部分原因是工厂和矿场恶劣、非人道的工作条件，但同样也是因为问题的规模和程度因为指数级增长而被扩大了。类似的观点在今日依然不鲜见，许多人认为，如果我们都生活在小乡村和小城镇，生活会变得更好，那里有社区意识而且人们彼此关联，而在现代都市的嘈杂声中，这些似乎都消失不见了。我在后面谈到城市的动力学时会再次对此进行叙述，不断加快的生活节奏已经成为开放式持续增长经济不可或缺的一部分，而我们所有人都仰仗于此，无论是生活在快速发展的城市还是静谧的乡村。

5. 马尔萨斯、新马尔萨斯主义者和伟大的创新乐观主义者

托马斯·罗伯特·马尔萨斯（Thomas Robert Malthus）通常被认为是首位意识到开放式指数级增长所带来的潜在威胁，并将其与有限资源的挑战联系在一起的人。马尔萨斯是英国的一名牧师和学者，而且是新兴的经济学和人口学及其对长期政治战略影响的最初贡献者。他于1798年发表了一篇颇具影响力的论文《人口论》，他在论文中声称："人口的力量远远高于地球使人类维持生存的承载力。"他的论点是，人口数量会呈几何级数增长，这意味着人口以指数级数增长，而生长和供应粮食的能力只是以算术级数增长——这意味着这两种能力只能以缓慢得多的线性速度增长。因此，人口的规模最终将会超过粮食的供应，并导致灾难性的崩溃。

马尔萨斯总结说，为了避免这样的灾难并确保人口可持续增长，需要某种形式的人口控制。这要么出于自然原因，如疾病、饥饿、战争等；要么就要通过改变社会行为实现，尤其是贫穷的工人阶级，马尔萨斯认为他们的生育率是导致问题产生的明显原因。作为一名虔诚的基督徒，马尔萨斯不喜欢节育的观念，而是倾向于道德克制，如节欲、推迟婚姻、限制极端贫穷人口或身体和精神不健康的人结婚。是不是听起来有些耳熟？鉴于他深深的宗教和道德信仰，马尔萨斯是大规模绝育的狂热支持者，也是堕胎自由的支持者，这引发了人们的争论。无须赘言，当代新马尔萨斯主义者对于人工节育、堕胎，甚至是自愿的绝育项目并没有类似的宗教顾虑。

马尔萨斯的分析成果所导致的一个不幸后果是，它们被当作批评穷人由于自己的原因——坚持快速生育而陷入窘状的理由。因此，人们会相对容易地得出结论，穷人的贫困和糟糕境遇源于他们自身，而非资本主义者的剥削。这一观点的进一步结论是，传统的马尔萨斯主义者相信，无论是政府还是慈善组织，家长式的慈善之举都将带来反作用，只会进一步使穷

人的数量增加，并导致依赖社会的穷人的数量呈指数级增长，最终让整个国家陷入破产。在当代，这一论调听起来依然十分熟悉。这些观点不可避免地在接下来的200年间引发了大量争论，直至今日热度依然不减。

从某种意义上说，这一争论一直没有停歇令人感到惊讶，因为马尔萨斯的观点从一开始提出便遭到整个政治谱系中大多数有影响力的社会和经济学家的严厉批评和驳斥，我们将会看到，他们都有很好的理由。在过去200年间，大范围的批评声音从不同领域发出，从马克思主义者和社会主义者到自由市场主义的拥趸，从社会保守人士和女权主义者到人权鼓吹人士。一个令我感到有趣的经典批评声音来自马克思和恩格斯，他们称马尔萨斯为"资产阶级的走狗"，这听上去就像对巨蟒剧团的滑稽短剧的恶搞。

另一方面，马尔萨斯的观点也影响了众多重要的思想家，即使一些人并不完全认同他的所有论点。这些人包括伟大的经济学家约翰·梅纳德·凯恩斯以及阿尔弗雷德·罗素·华莱士和查尔斯·达尔文——自然选择理论的开创者。近年来，随着人们对于全球可持续发展的日益关注，马尔萨斯的观点进一步扩大到资源限制等问题上来，重点已经不再是穷人，甚至也不是人口增长，而是环境、气候变化等普遍性问题，而且这些问题也跨越了地理和经济阶层。

然而，在主流的经济学家和社会思想家中间，马尔萨斯主义理论及其暗示的迫在眉睫的灾难性后果已经变得不入流。大多数人相信，该理论的基础假设在根本上就是错误的，而且有许多证据支撑这一点。或许其中最重要的是，与马尔萨斯的预期完全矛盾，农业生产并没有随时间线性增长，而是紧随人口的增长呈指数级增长。此外，随着生活水平的稳步提升，人们的生育率一直在持续下降。随着工资的不断增长以及避

05 从人类世到城市世：一个由城市主导的地球

孕法的普及，工人坚持少生育，而非多生育。

我见过许多经济学家自动地把有关最终将会陷入崩溃的传统马尔萨斯观点视作天真、简单或错误。而另一方面，也很少有物理学家或生态学家会认为，相信相反的论点是疯子才会做的事。已经去世的经济学家肯尼思·博尔丁（Kenneth Boulding）在美国国会听证会上给出了或许是最好的总结，他说："任何相信指数级增长会在有限世界里永久持续下去的人要么是疯子，要么就是经济学家。"

大多数经济学家、社会学家、政治家和商业领袖都利用"创新"来证明自己的乐观态度，他们把创新当作让我们持续指数级增长的魔术棒。他们正确地指出，受自由市场经济的驱动，人类卓绝的创造力以及对改革和创新的开放态度一直在为指数级增长提供源源不断的动力，并不断提升生活水平。马尔萨斯的最初论点是错误的，原因是启蒙运动和工业革命的发生使得农业领域出现了未曾料想到的技术进步。这导致了打谷机、黏合剂、轧花机、蒸汽拖拉机、拥有锋利钢刃的铁犁的出现，以及轮种领域的进步和化肥的大规模使用等。而这又大幅度提高了生产率，增加了产出，将此前 1 万多年来的手工劳作变成了机械加工。1830 年，播种 100 蒲式耳小麦需要将近 300 个人工工时。到 1890 年，这个时间被减至不足 50 个人工工时。今天，完成这项工作只需要几个小时的时间。

在我们所处的这个时代，由于农业已经变得越来越工业化，粮食生产的革命依然在持续。发达世界的粮食生产由大规模农业企业占主导地位，它们利用科学和技术使产量最大化，并使得分配最优化。粮食生产的机械化为数十亿人口提供了价格合理的食品，肉、鱼和蔬菜在生产线上高效地生产出来，就好像汽车和电视机快速散播到全球各地一样。

为了了解改变的规模，我们可以想一想，1967 年时美国拥有大约

100万个养猪场,而现在只有10万个养猪场,目前80%的猪来自这些专业的工厂化农场。4家公司生产出了占美国消费总量81%的牛肉、73%的羊肉、57%的猪肉以及50%的鸡肉。从全球来看,世界禽类总量的74%、牛肉总量的43%以及蛋类产品总量的68%都是通过这种方式生产出来的。因此,现在只有不到1%的美国人口在农业领域工作,而在20世纪30年代,农业领域的工作人口在总人口中的占比达到了1/4,当时平均每名农场工人要为大约11名消费者提供食物。今天,这一比例接近1%。这一效率的大幅度提升以及农业劳动人口需求的急剧下降是城市人口呈指数级增长的主要驱动因素之一。

在思考长期可持续发展时,人们很难不相信创新的观点。想想过去200年内出现的新装置、机器、手工艺品、流程和观点等,更不用说过去20年了。从飞机、汽车、计算机和互联网,到相对论、量子力学和自然选择等,所有的一切都在疯狂的指数级增长之中,这是一个超乎阿里巴巴或霍雷肖想象的供应无限量奇迹的星球。

世界银行表示,联合国于2000年确定的千年发展目标之一,是到2015年将贫困率在1990年的基础上减少一半。这一目标提前5年于2010年实现了。此外,今天的人们平均寿命更长,生活水平也更高。但这只是硬币的一面,而硬币的另一面则是,全球一半人口至今每日生活支出不足2.5美元,至多有10亿人口缺乏干净的饮用水或足够的食物。看上去,尽管我们取得了非凡的成就,但马尔萨斯论的威胁依然挥之不去。

在50年前的畅销书《人口炸弹》(*The Population Bomb*)中,这一点再次得到重申。该书是1968年由生态学家保罗·埃尔利希(Paul Ehrlich)出版的。[4] 该书开头便犀利、充满刺激性地提出:

> 养活所有人类的战斗已经结束了。20世纪70年代,数亿人口

05 从人类世到城市世：一个由城市主导的地球

将会因饥饿致死，采取任何应急措施都来不及了。现在，没有什么可以阻挡世界死亡率的大幅增长……

类似的可怕预言相继出现，如"我不知道印度到 1980 年时如何能够养活 2 亿人口"等，人们还提出了一系列严苛的建议以缓解日益迫近的灾难，如强迫绝育等。

1972 年，麻省理工学院的丹尼斯·梅多斯（Dennis Meadows）和杰伊·福里斯特（Jay Forrester）将研究结果整理为《增长的极限》（*The Limits to Growth*）一书出版[5]。该书聚焦于有限的资源如何影响持续的指数级增长，以及"一切照常"的可能性后果是什么。该项研究得到了一家名为"罗马俱乐部"的机构的支持，这是一家由知名世界公民组成的联合体，他们对于人类未来有着共同的担忧，成员包括全球各国的前国家领导人、外交官、科学家、经济学家和企业领袖等。此项研究是首个利用可获取的数据，对粮食产量、人口增长、工业化、不可再生能源、污染等进行计算机仿真模拟运算的严肃尝试。因此，它也成为模拟地球未来的先行者，包括最近对气候变化的模型研究。

同马尔萨斯的论文和埃尔利希的书一样，《增长的极限》获得了大众媒体的许多关注，引发了人们有关地球未来的热烈讨论。它同样收获了大量批评的声音，尤其是经济学家批评其未能将创新的动力学考虑在内。

一位知名的批评者是著名经济学家朱利安·西蒙（Julian Simon），他表达了许多经济学家所持观点的本质内涵：我们在过去 200 年间所经历的高速增长将会因为人类的天才和创新能力而"永久"持续下去。事实上，西蒙在其 1981 年出版的《终极资源》（*The Ultimate Resource*）一书中提出，人口规模越大越好，因为它可以推动产生更多技术创新、发明和天才设计，并因此带来利用资源的新方式，同时提高生活水平。[6]

规 模

随着我们步入 21 世纪,有关这一"丰饶之角"的想象再次成为商业和政治概念思维的重要组成部分,人类独创性的自由表达和自由市场经济的无限可能性使得桶中的鱼持续丰收。的确,西蒙的观点获得了学术界、企业界和政治界许多人士的认同。内生增长理论的创始人之一、经济学家保罗·罗默(Paul Romer)对这一观点进行了简洁明了的总结。他表示,经济增长主要受人力资本投资、创新和知识创造的驱动。[7]罗默宣称:"如果无法找到新的方法或理念,每一代人都会感受到有限资源和不良副作用带来的增长局限。每一代人都低估了找到新方法和理念的可能性。我们一直未能明白,还有多少理念等待我们去发掘。可能性不会用加法,而是会用乘法。"换句话说,这意味着观念和创新会成倍地增长(指数级增长),而非算数增长(线性增长),而且人口也会呈指数级增长,整个过程都是开放的,而且是没有限制的。

另一方面,随着环境运动的崛起和对地球未来的严肃关注,过去几十年中也再次出现了《人口炸弹》和《增长的极限》的精神延续。与此紧密相关的是人们对于不加限制的企业和政治野心的影响的深深担忧,这便催生了对于"企业社会责任"的需求,用以弥合资本主义的猖獗和环保主义者对于厄运的担忧之间的分歧。减少二者之间的持续紧张态势已经成为 21 世纪的主要政治挑战之一,而猖獗的资本主义者已被包装成推动经济增长与繁荣的创新和天才创意的引擎。

尽管可以说受自由市场经济推动的人类集体智慧和创新是保持长期开放式增长的秘诀,但令我困惑的是,它通常会伴随着对于一些不可避免的后果的否认,或者至少是深深的怀疑。与那些把创新当作应对未来全球社会经济挑战的灵丹妙药的人一样,西蒙对于人类活动引发全球环境变化,以及人类活动是气候变化、污染或化学污染所引发的严重健康问题的源头持怀疑态度。热力学第二定律的精神和实质以及表现为熵的产生过程表明了开放式指数级增长的负面影响。无论我们如何有创造力，最终一切事物都要由能源消耗来推动和处理，而能量的处理将不可避免地带来有害后果。

6. 一切都是能源，笨蛋

全球各地，我们都在大量使用能源，大约每年150万亿千瓦时。这只是诸多天文数字中的一个，就像美国的年度预算一样，我们大多数人很难理解其量级和意义，当我们听到它时，只会两眼放光。1959—1969年担任参议院共和党领袖的埃弗里特·德克森（Everett Dirksen）在谈到美国的预算时，据称曾说过这样的话："这里10亿，那里10亿，很快你就会真正谈到钱。"他说这句话时，美国的预算只有目前3.5万亿美元的1/30——相当于美国的每个男人、每个女人和每名儿童都有1万美元，这能够帮助我们更好地了解其规模。

为了让大家能够同样了解全球能源消费规模意味着什么，并把这一庞大的量级转换成某种容易让人理解的概念，以下列举的这些对比或许会有所帮助。我在开篇章节中便已指出，为了保持身体运转，人们每天需要2 000卡路里的能量，这差不多相当于代谢率为100瓦特，一只灯泡的能量。与其他任何人造的事物相比，人类自身对于能量的利用都是十分高效的。例如，洗碗机每秒钟的能耗是人们手工洗碗的10倍，而用汽车使人移动的能耗则是人们自己步行的1 000多倍。如果把现代生活必不可少的地球上所有机械、手工制品、基础设施的能耗相加，将是自然能耗的30倍。

换句话说，我们用于维持生活标准的能量处理率数十万年来一直维持在几百瓦特，直至大约1万年前我们开始组成集体城市社区。这标志着人类世的开端,我们的代谢率开始稳步增长至今天 3 000 多瓦特的水平。但这只是全球的平均值。发达国家的能量利用率要高得多。在美国,代谢率几乎是平均水平的 4 倍,达到 1.1 万瓦特,这比自然生物的代谢率要高出 100 多倍。这一数值并不比蓝鲸的代谢率小多少,而蓝鲸的体重是我们的 1 000 多倍。如果把人类想象成使用了 30 倍于自身体重所应消耗能量的动物,地球上人口的总能耗值就会远远超过 73 亿人口实际的总能耗值。从某种意义上说,我们在进行日常活动时相当于把人口放大了至少 30 倍,相当于全球人口总量超过 2 000 亿。如果最乐观的思想家是正确的,全球人口将于 21 世纪末达到 100 亿,所有人的生活标准将与美国相当,由此一来,有效人口将超过 1 万亿。

这不仅让人们感受到了人类使用能量的规模,而且还表明,与"自然世界"的其他物种相比,我们人类的生态失衡已经达到了何种地步。同样重要的是,能耗的大幅度增长是在按照进化标准而言非常短的时间内发生的,因此,任何系统的调整或对其影响的适应都无法实现。例如,有人曾预计,当我们还是自然世界不可或缺的一部分时,那时的代谢率只有几百瓦特,而且农业尚未发明,当时的全球总人口仅约为 1 000 万。而现在,在很短的时间内,有效人口规模便增长了 2 万倍,这导致自然界的进化平衡遭到破坏,而且可能带来灾难性的生态和环境后果。

这很不乐观,但如果我们注意到人类使用能源时不可避免的低效率以及由此产生的熵、污染、低热和环境破坏的话,情况就更加不乐观了。在目前全球每年的总能耗(几乎是 1980 年的两倍)中,有大约 1/3 被浪费了。例如,汽油中只有大约 20% 的能量被用于推动汽车前进。创新的重要作用之一,便是通过改进现有的科技、发明新的科技或者找到新的方式组织科技的应用,以减少这一低效率。我们发现,公众和企业越来

05 从人类世到城市世：一个由城市主导的地球

越意识到能耗、浪费和低效带来的挑战，政府推出的项目和税务政策也鼓励思考并解决这些问题的新方式。毫无疑问，人们已经取得了显著的进展，而且还将继续取得进展，但问题在于，这是否足够？即使存在政府干预、刺激和监管，适应开放式增长的自由市场体系也能在赚取大量利润和解决可持续性问题之间找到稳定的平衡。毕竟，企业的主要功能并不是提高效率，而是赚取利润。

地球上的生命在不断进化，通过将太阳能转化为生物代谢能量为生命组织提供能量。这个令人惊叹的过程在过去20多亿年间一直很成功，我们可以很有信心地说，它是可持续的，尽管源自自然选择的、能够代表新的创新生命形式的主角不断发生改变。生命可持续的一个重要因素是能量来源，即太阳，是外在的、可依赖的、相对永恒的。太阳每天都会照耀大地，其输出的任何变化都会发生在足够长的时间段内，足以让生物适应改变。

随着火的发明，这一持续进行的、不断进化的、准稳定的状态开始缓慢地发生变化。燃烧是释放木头中储存的太阳能的化学过程。再加上农业的发明，向人类世的转变开始进行，我们从纯粹的生物体发展为目前的城市化社会经济生物，不再与自然世界保持内在均衡。在近30亿年的可持续状态中发生巨大的、革命性的变化只是过去这200年的事情，我们的发明以及对煤炭和石油中储存的太阳能的利用宣告了"城市世"的到来。化石燃料直到现在依然被看作像太阳一样的无限能量，而正是这种能量引发了工业革命。

从科学角度而言，工业革命的真正革命性特点是从开放系统到封闭系统的巨大转变，前者主要由太阳在外部提供能量，而后者则是由化石燃料在内部提供能量。这是一个根本性的系统改变，带来了重要的热力学结果，因为在一个封闭的系统内，热力学第二定律所要求的熵的持续增长严格适用。我们实现了从一个外部的、可靠的、可持续的能量来源向一个内部的、不可靠的、变化无常的能量来源的"升级"。此外，由于我们目前主要的能量来源成为它所支撑的体系的不可或缺的一部分，能量的供应便受到了持续变化的内部市场力量的限制。

依靠化石燃料提供的能量，我们这200年来的社会经济成就在短时间内便超过了由太阳直接提供能量的自然选择的生物作用。然而，将化石能量的妖魔从瓶中释放出来，可能会让人类付出沉重的代价，我们要么学会适应，要么就把它收回瓶中。

热力学第二定律带来的一个后果便是，地下化石燃料所蕴藏的能量释放到地球表面导致大气变暖。燃烧这些燃料所产生的熵副产品——二氧化碳和甲烷等气体则进一步加剧了大气变暖的趋势，并导致了众所周知的温室效应，即热量被困在大气中。我不会详细讨论物理和化学进程的速度如何随温度变化，而是会再次重申，它们的规模会按照指数级变化，而非幂律。由此一来，控制天气和地球动植物历史的进程便会因为它们所处温度的微小变化而产生指数级变化。我想要提醒的是，平均气温上升2℃，这些进程的速度便会加快20%。由此可见，环境温度在我们尚不足以完全适应的较短时间内的微小变化都会带来巨大的生态和气候影响。有些影响或许是积极的，但许多都将是灾难性的。然而，无论这些影响有什么迹象，巨大的改变都已经离我们很近了，我们亟须了解它们的来源和后果，并找到适应和缓解的策略。

重要的问题不是这些影响是否源自人类活动——因为这几乎是肯定的——而是这些影响可以在何种程度上被最小化，同时又不会导致我们所处物理环境和经济环境的迅速变化，并由此使得全球社会经济结构陷

05 从人类世到城市世：一个由城市主导的地球

入崩溃。因此，包括政治领袖和企业领袖在内的普通大众不认同科学家、环境学家和其他专家的警告，这让我感到非常不解，他们的不作为也让我感到困难重重。的确，我们都应该高兴地宣扬自由市场体系的巨大成功和成果以及人类独创性和创新的重要性，但同时我们也应该意识到能源和熵的重要角色，并一同采取战略性举措，找出针对它们所导致的有害后果的全球性解决方案。

尽管能源在将我们带到目前的历史阶段，尤其在促进现代人类社会的社会经济发展时扮演了显而易见的中心角色，但你很难在任何经典经济学教科书上找到一两句有关能源的话。值得注意的是，能源和熵、新陈代谢、承载能力等概念并没有跻身主流经济学界。过去200年间，经济、市场和人口的持续增长，以及生活水平的同步提升，被视作经典经济学理论的成功证据，并被当作否认新马尔萨斯主义观点的论据。没有人认为我们需要认真思考能源作为经济成功或人口增长的基础性驱动力所发挥的作用，更不用说考虑作为增长不可避免的后果的熵了。同样，没有人能认真对待资源有限这种可能性，更不用说那些可能使人们质疑开放式增长的物理限制了。直到现在局面仍然如此。

从概念上说，由于人类的创新和智慧扮演着近乎魔法一般的角色，这些问题似乎就都迎刃而解了。而且我们还假设通过引入一些自由市场的刺激，这些因素会始终扮演类似角色，使整个世界完好地运行下去。就像用神秘暗物质的概念解释物理空间为何会持续指数级增长一样，创新思想的无限供给也被用来解释社会经济空间为何会持续扩大，并在这一过程中克服重重障碍。

此外，似乎还有一个未曾言说的假设，即观念、创新种子不会有任何成本。毕竟它们只是人类大脑中的神经进程，我们可以在自己的脑袋中生产出接近于无限的创新观念。但同其他事物一样，观念和创新都需要能量，而且是很多能量，用以支持聪明的个体将他们的思考和经验提供给大学、实验室、议会、咖啡馆、音乐厅、会议室等。

能量使用最核心的部分体现在城市和城市生活上。著名人类学家玛格丽特·米德（Margaret Mead）表示："城市作为中心，在一年中的任何时刻都有可能诞生新的人才、敏捷的思维或天才的专业技能——这对于一国的生存而言至关重要。"的确，城市已经成为我们为了提升和促进社会互动从而刺激观念的创造而进行发明创新的驱动器。聪明、有野心的人都被吸引到城市，我们的新观念在城市孕育，企业家精神在这里繁荣生长，财富在这里被创造。支撑这一切的成本是很高昂的，因此将观念与能量的联系切断是天真的做法，它们彼此不可或缺。在数万亿个观念、思想、猜测和新机器、新产品、新理论的提案中，只有极少数会存在重大意义。几乎所有都会半途而废，即使它们都为新的、有创造性的现象的出现和繁荣发展贡献了必要的背景噪声和世界观。所有这些都需要大量能量，无中不能生有。

一种可能的可持续性科学需要理解的是，全球动力学是一个复杂的进化适应系统，它由众多相互联系、相互作用的子系统构成，而这些子系统本身又是复杂适应系统，所有这些系统都在能量、资源和信息的限制下共同进化。我们需要理解创新、技术进步、城市化、金融市场、社交网络和人口动力学如何相互连接，它们彼此之间不断进化的相互关系如何带来增长和社会改变，同时作为人类自身努力的证明，它们如何融入一个整体的互动系统框架，以及这一动态的进化体系是否最终可持续。

马尔萨斯、保罗·埃尔利希以及罗马俱乐部的观点或许存在瑕疵，但他们的结论及其影响有可能是正确的。无论如何，他们帮助我们提出了

05 从人类世到城市世：一个由城市主导的地球

正在盲目迈入21世纪的人类必须要面对的某些最为重要的生存问题。尽管人们避而不谈人口爆炸，但人们已经认识到可持续能源供给及其潜在的有害后果，而且目前正在进行认真的讨论。

从每天按时从太阳投射到地球上的可靠大量能源的角度来看，根本不存在能源问题。为了了解其中涉及的相对规模，我们来看看下面的解释：太阳传送到地球上的能源总量大约为每年10^{18}千瓦时，而我们所有人每年的需求只有不到150万亿（1.5×10^{14}）千瓦时。因此，在地球从太阳接收到的能源中，我们使用的能源只占原则上能够使用的能源的0.015%。换句话说，太阳每小时向地球输送的能源超过整个世界1年的用量。太阳能的规模很大，每年的总能量是地球上的煤炭、石油、天然气和核能等不可替代能源总量的两倍。因此，从这个角度来说，不存在能源问题，至少原则上如此。

由此，保证全球能源可持续性的长期战略便十分明确了：我们需要回到生物范式上来，大多数能源需求由太阳直接供给，于是我们要做的就是保持并扩大目前所能获得的太阳能总量。我们亟须开发能够让我们从太阳能中获得负担得起的大量能源的技术，它们主要来自太阳的直接辐射，同时也间接地来自风、潮汐等自然界中的波动。对于我们声称的独创性和创新能力而言，这将是巨大的挑战，也是有魅力的政治和企业领导人基于企业家精神、自由市场机制和政府激励措施找到全球能源可持续发展未来的重要机会。对于拥有蒸汽机、电话、笔记本电脑、互联网、量子力学、相对论等伟大发明的我们而言，这应该是小菜一碟。然而，21世纪的一个更加诡异的现象，便是那些最积极发声宣扬创新和自由市场经济是可持续发展引擎的人似乎不愿意承认以上谈到的挑战的紧迫性，也不愿意支持近乎无限的太阳能的开发和利用。

规 模

开发太阳能的基础科技事实上已经为人们熟知超过100年的时间,然而直至最近该技术依然缺乏进步实在令人感到惊讶。1897年,美国工程师弗兰克·舒曼(Frank Shuman)制造了一个利用太阳能的设备,它可以为一台小的蒸汽机提供动力。舒曼的发明最终在1912年获得专利。1913年,他又在埃及建立了全球首个太阳能热能发电厂。这座发电厂只产生了大约50千瓦的电能,却能在一分钟之内将5 000多加仑的水从尼罗河中抽到邻近的棉花田中。舒曼热衷于推广太阳能。《纽约时报》于1916年引用他的话说:

> 我们已经证明了太阳能的商业价值,尤其是证明了,在我们的石油和煤炭储藏耗尽之后,人类可以从太阳能的射线中获得无尽的能量。

由于他说这段话时距今很久,我们看到了舒曼令人惊讶的先见之明,即便他的预言到现在依然未曾实现。20世纪30年代廉价石油的发现和开发对太阳能领域的进展不利,舒曼的预想和基础设计基本上被我们抛诸脑后,直至20世纪70年代出现第一次能源危机。然而,光伏电池等技术的发明使得舒曼的梦想成为可能的现实,与传统化石燃料能源相比,可替代能源的价格开始变得具有竞争力,这令人备受鼓舞。

化石燃料和太阳能的另外一个根本区别在于,它们产生能量的根本物理机制不同。燃烧化石燃料的过程使储存在化学键中的能量被释放出来,这种能量使煤炭、石油或天然气的原子和分子相结合。所有的分子,无论是人的身体、大脑、房屋还是计算机的结构单元,都因为电磁的力量而紧密结合在一起,而且这种能量的数量级都是在eV的范围内,这也是传统上用来衡量能量的单位。1eV的能量是极其微小的,相当于3×10^{-26}千瓦时。因此,按照这些原子级别的单位来计算,我们每年消耗

05 从人类世到城市世：一个由城市主导的地球

的能量约为 5×10^{39} eV。你也可以认为，我们每年要分解这么多的分子以满足我们的能量需求。

另一方面，主要由氢和氦构成的太阳能主要源于存储在使原子核相互结合的化学键中的核能。当氢核熔合成氦核时，能量便以辐射的方式释放出来，这被称作核聚变。它是太阳发光，以光和热的形式为我们提供能源并使得地球万物生长的根本物理机制。太阳依然是地球上所有生命的唯一能量来源，但这并不包括过去几千年中的人类，因为我们发现了储存在化石燃料中的能量。

核能的规模是燃烧化石燃料所释放的化学电磁能的 100 万倍，核反应过程涉及的能量是数百万电伏级的，而不是像分子化学反应所产生的普通电伏级的能量。这使得开发利用核能变得极具吸引力。同样数量的物质能够从原子核产生 100 万倍于从分子中产生的能量。因此，与其每年用 500 加仑汽油来驱动你的汽车，还不如使用区区几克核燃料，其大小相当于一片药片。

从核电站获得无限能量的想法很好。"二战"之后，随着原子弹的发明，这一想法开始成形，人们感到非常乐观，认为原子能将很快取代化石燃料，成为我们主要的能量来源。20 世纪 50 年代，还是少年的我读到报纸上的文章，说在我长大成年之后，电将变得非常便宜，以至没有必要去抄电表。诺贝尔化学奖获得者、核化学家、美国原子能委员会主席格伦·西博格（Glenn Seaborg）说："将会出现核能驱动的地球至月球的穿梭飞船、核能人工心脏、供初级潜水员使用的钚加热的游泳池，等等。"

不幸的是，利用核聚变产生在经济上具有竞争力的能量被证明是极其困难的，而且在技术上极具挑战性，尽管国际上有许多人正在努力让它变得可行。相反，通过核裂变却成功地发展出了核能，当重核被分解

247

为较轻的产物时，能量被释放出来，这个过程类似于传统的从化石燃料中产生化学能量。目前，全球大约有10%的电力通过核裂变产生，法国在此领域居于领先地位，其国内80%的电力都来自核反应堆。

与传统的化石燃料发电厂相比，核反应堆产生的能量处在整个全球体系之内，并因此面临熵产生以及有害副产品等相关问题。尽管核能同太阳能一样，并不是温室气体的主要来源，因此也不是气候变化的推动者，但它的副产品会非常有害，因为它们的能量数量级更高（百万电伏级）。因此，核反应过程产生的辐射会对分子产生极端危害，也会极大地破坏生命组织，造成严重的健康问题，癌症就是其中最为人熟知的。在很大程度上，我们的大气保护我们免受来自太阳的类似辐射，但对于地球上的反应堆来说，这便是一个巨大的挑战。此外，核反应过程产生的废物会在数千年时间内依然具有辐射性，所以这种力量还存在安全、可靠的存储和废弃物处置的问题。

尽管人们已经付出了很大的努力确保核反应堆的安全性，依然有足够多的事故导致我们无法利用它们替代化石燃料，即便直接伤亡数字很小。2011年发生的日本福岛核电站事故使得当前和未来全世界核能的利用急剧减少。尽管化石燃料已经造成了数十万人死亡，并引发了大量的健康问题，但依然有许多人认为，与核反应堆的潜在风险相比，它们更可取。有关能量产生和利用所带来的熵后果的长期安全和量化评估问题依然是一个极端复杂、充满争议的社会、政治、心理和科学问题。有多少人的死亡是由生产能量直接引起的？有多少是非直接影响？什么样的健康问题被认为是危险的，它们的长期后果是什么？我们如何比较不同的技术？我们应该采用什么指标？

让我们来看看以下的对比。人们居然能够容忍因持续的、频繁的"非自然的、人为的"进程所引发的死亡和破坏，却无法容忍作为偶然事件突然发生的死亡，即使数量非常少。例如，全球每年都有超过 125 万人死于交通事故，这相当于死于肺癌的人数。尽管如此，对于死于癌症的恐惧和担心要远远大于对在交通事故中丧生的担忧，从我们为解决这些问题而投入的资源便可见一斑。非常有趣的是，我们会将这些数字与直接死于核事故的人数做对比。即使把所有核电站发生的所有核事故中的死亡人数加在一起，依然不超过 100 人，而且他们中的大多数死于 1986 年的切尔诺贝利核电站事故，福岛核电站事故中无人丧生。另一方面，数万人或许因为暴露在这些事故所造成的辐射中而感染癌症并死亡，或过早死亡，尤其是切尔诺贝利核电站事故。而每年预计有 5 000 万人因交通事故而受伤或残疾，这应该能够与核能利用带来的伤亡"平衡"。

因此，人们犹豫不决。我们试图在苹果和橘子之间进行对比，寻找合适的指标来帮助我们做出这些艰难的决定和比较，努力确立全球能量的优先构成方案，而这将决定社会在未来数十年内如何进化。使我们更难做出决定的是难以预估的社会心理因素，例如对于汽车的普遍喜爱，以及难以与对于核弹的普遍恐惧相区分的对于重大核事故的普遍恐惧。我不想对可选能源进行严格的优劣区分，而是想给出几个有关量化数据的简单例子，以便我们在讨论这些事宜时能更好地思考。我们需要定量化，并发展出解决这些挑战的根本科学，以帮助人们做出理智的政治决策。

无论人们是否相信以人类的创新能力足以解决核能问题，或者发展出足以满足 100 亿人口能源需求的可靠且经济的太阳能技术，或者减少碳排放量，我们依然需要面临熵产生的长期问题。除了许多其他的问题，与传统的化石燃料一样，核选项也将让我们陷入封闭系统范式，而太阳能选项则有可能使我们回归真正可持续的开放系统范式。

06
城市科学的序曲

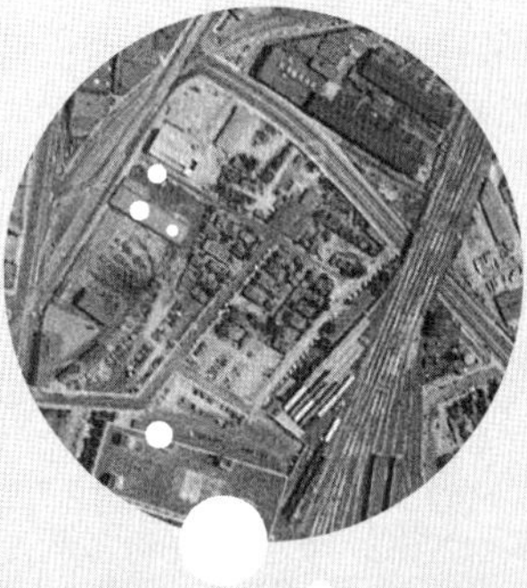

规　模

1. 城市和公司只是大型生物体吗？

我们已经看到，我们所提出的网络理论可以为理解规模法则以及定量解决生物学中一系列不同问题提供总体概念框架，但它也会很自然地带来下面这样的问题：这一框架是否可以延伸并用于理解其他网络系统，如城市和公司。从表面上看，它们与生命体和生态系统存在许多共同点：毕竟，它们也会代谢能量和资源，产生废弃物，处理信息，生长、适应并进化，感染疾病，甚至会发展出肿瘤并不断扩大。此外，它们也变老，几乎所有公司最终都会消亡，但对于城市而言，只有极少数会消亡，我们会在晚些时候再思考这个谜题。

图 6-1　风格各异的城市

从左上方开始，顺时针方向分别是：巴西圣保罗的钢铁水泥摩天大楼，也门萨那的有机城市，澳大利亚墨尔本城镇和乡村的融合，西雅图对于能量的挥霍性使用。

我们许多人会在不经意间使用"一座城市的新陈代谢""市场生态""一间公司的DNA"等字句,似乎城市和公司就是生物体。即便追溯至亚里士多德时期,我们仍会发现,他在提到城市时也持续称其为"自然的"有机自主实体。最近,建筑领域出现了一场颇具影响力的运动,它被称作"新陈代谢运动",明显是从生命体的再生这一新陈代谢过程中获得了灵感。该运动将建筑视作城市规划必不可少的组成部分,而且是一个不断进化的过程,这意味着建筑物应该从开始设计时就有改变的意识。"新陈代谢运动"的最初提倡者之一便是日本著名设计师丹下健三(Kenzo Tange),他是1987年普利兹克建筑奖获得者,这一奖项一直被视作建筑界的诺贝尔奖。然而,我发现他的设计是无机的,主要由直角构成,用混凝土建设,有些了无生气,并不具备曲线美以及生物体的灵活特点。

作家们也曾表达过有关城市的生命观点。一个极端的例子便是杰克·凯鲁亚克(Jack Kerouac),他是20世纪50年代"垮掉派"诗歌和文学的奠基人之一。他曾经写道:"巴黎是一名妇女,而伦敦是一个在酒吧中抽烟的独立男人。"然而,在商业世界中,尤其是在硅谷,如果不是真正的生态学和进化生物学,那就是这些概念和语言抓住了人们的想象力。商业生态系统的概念已经成为标准的时髦术语,让人联想到某种达尔文式的市场适者生存。1993年,当时还在哈佛大学法学院的詹姆斯·摩尔(James Moore)在一篇题为《掠食者和被掠食者:一种新的竞争生态》的文章中首次提到了"商业生态系统"一词,这篇文章获得了麦肯锡年度奖。[1]这是一个相当标准的生态学故事,个体企业替代了自然选择进化动力学中的动物。为了试图与理解公司的传统文学作品保持一致,这篇文章中充满了定性的预测,而没有定量的预测。它的伟大之处在于,它强调了社区机构的角色、系统性思考的重要性,以及不可避免的创新、适应和进化过程。

那么,所有这些提到的生物学概念和过程是否都是定性的比喻,就如同我们随意使用"量子跃迁""动量"等科学术语来描述用传统语言难以描述的现象?它们是否表达出了某些更加深刻、更加实质性的东西,意味着城市和公司其实是遵守生物学和自然选择规则的庞大生物体?

这些就是我于2001—2002年在圣塔菲研究所与拥有社会经济学背景的同事们进行非正式讨论时思考出的大致想法。当时仍然在巴黎大学执教,后来到亚利桑那州立大学执掌进修教育学院的著名人类学家桑德尔·范德·莱乌(Sander van der Leeuw)正好在圣塔菲研究所学术休假。此前曾在圣塔菲研究所主管经济项目的戴维·莱恩(David Lane)当时也在,戴维是知名的统计学家,他受到圣塔菲研究所的启示转而研究经济学。他曾担任明尼苏达大学统计学系主任,后来又去了意大利的摩德纳大学,开设了一个以理解创新,特别是那些作为意大利北部命脉的制造业领域的创新为方向的项目。(你或许因为著名的香醋而知道摩德纳,更不用提那里是法拉利、兰博基尼、玛莎拉蒂的故乡。在我第一次访问摩德纳时,戴维向我介绍了那里的传统香醋,它与我们现在用在沙拉中的调味品有着明显的区别,但价格超过我曾经买过的最贵的酒。)

尽管我心存疑虑,但戴维和桑德尔让我确信,将基于网络的标度理论从生物学延伸至社会组织是值得尝试的。于是,他们成为这一覆盖面更广的项目的主要推动者,该项目覆盖了我们的共同兴趣,包括创新、古代社会和现代社会之间的信息传递等,以了解城市和公司的结构和动力学,而所有这些都是从复杂的视角来看的。该项目被称作"ISCOM"(作为复杂系统的信息社会),得到了欧盟的慷慨资助。不久后,巴黎大学著名城市地理学家丹尼丝·皮曼（Denise Pumain）加入我们的合作研究之中，我们4个人每人负责该项目的一部分。我在圣塔菲研究所组建了一个全新的跨学科合作中心，其首个目标便是研究城市和公司是否表现出按比例缩放的特点，若如此，则继续研究出理解它们的结构和动力学的定量化原理及理论。

同生命中的许多事情一样，一个人在一个项目提议很久之后再回头去看，会获得更多的启示。例如，如果回头看看我们早期工作室的人员名单，会发现他们之中很少有人最终成为合作成员。这在一个项目刚开始时是很平常的事情，就像我们这个跨学科的新问题本身。刚开始时，你会发现有着不同背景的各式各样的人会加入进来，只要他精通与项目相关的专业知识。他们希望彼此之间能够产生协同效应，迸发火花，并对某些全新事物的前景感到兴奋。然而，即便他们被该项目的智力挑战和潜在成果深深吸引，许多人仍会发现，这不足以让他们牺牲时间完全参与进来，于是他们会重新设定自己研究计划的偏好方向；另外一些人则发现，他们对此根本不感兴趣，或者认为不可能产生任何实质性的结果。最终，通过口耳相传，通过偶然的联系和非正式的讨论，通过渗透和扩散，一个不断进化的研究员团队逐渐成形，其中的成员有着不同的学位，愿意长期面对这些挑战，并且会在接下来的时间里做切实的工作。这便是有关比例缩放的研究和ISCOM社会机构组成部分的产生过程。[2]

随着该项目不断取得进展，ISCOM的范围和重点不断扩大，但它的愿景多年来一直未曾改变。该项目的初衷是这样表述的："由于企业和城市结构与社会网络系统存在明显的相似性，将用于理解生物网络系统的分析扩大到理解社会组织上来，对这样的可能性进行研究既非常正常又令人难以抗拒。与此同时，社会组织内的信息流动与物质、能量和资源

规 模

的流动同样重要。"许多问题因此被提出,包括"什么是社会组织?恰当的规模法则是什么?为了引导信息、物质和能量的社会流动,组织架构的建设必须满足哪些限制条件?特别是,这些相关的限制条件都是物理学上的吗?还是必须要考虑社会和认知的限制?"

从表面上看,纽约、洛杉矶和达拉斯给人的感觉完全不同,东京、大阪、京都同样如此,巴黎、里昂和马赛也是这样,但与鲸、马、猴子之间的区别相比,它们之间的区别相对较小。前面的章节曾经提到过,鲸、马、猴子这三种动物实际上是根据简单的幂律规模法则关系,互为比例缩放的版本。这些潜藏的规律是它们体内运输能量和资源的基础网络的物理学和数学表现形式。城市也受到类似的网络系统的限制,如道路、铁路和电线,它们运输人、能量和资源,这些流动成为城市新陈代谢的体现。这些网络系统是所有城市的实体命脉,它们的结构和动力学会随着持续反馈机制的作用而不断进化,这一反馈机制根植于成本和时间最小化的优化过程。无论是哪座城市,大多数人都希望以最低的成本,用最短的时间从 A 点前往 B 点,大多数企业也希望它们的供给和物流系统能够如此。这表明,尽管表面存在差异,但城市可能也同哺乳动物一样,是彼此按比例缩放的版本。

然而,城市并不仅仅是通过各种运输系统联系起来的建筑物和结构的物理体现。尽管我们通常从物理层面认知城市——巴黎漂亮的林荫大道、伦敦的地下铁路、纽约的摩天大楼、京都的寺庙等,但城市远比它们的物理基础设施丰富。事实上,一座城市的实质是生活在其中的人,他们为城市带来了活力、灵魂和精神,当我们参与一座成功城市的日常生活时,我们内心就会感受到这些难以言传的特点。这或许看上去很明显,但规划者、建筑师、经济学家、政治家和决策者等城市思考者的重

06 城市科学的序曲

点主要集中在城市的物理特性上,而非居住其中的人,以及他们彼此之间如何互动。通常很容易被人们忘记的是,一座城市的关键是要将人们团结在一起,利用一座伟大城市的多样性所提供的绝佳机会,促进人们之间的互动,并由此创造观念和财富,激发创新思维,并鼓励企业家精神和文化活动。这就是我们 1 万年前不经意间开始城市化进程时发现的神奇公式。由此带来的出人意料的后果便是人口的急剧增加,人们的平均生活质量和生活标准也持续提升。

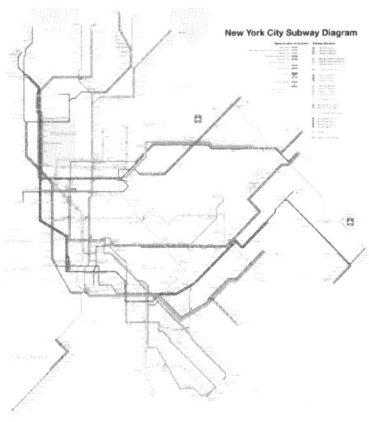

图 6-2 不同城市的网络结构

洛杉矶的道路网络和纽约市的地铁网络;水、天然气和电力等其他基础设施网络并未显示出来。

与其他所有涉及人类心理世界的事物一样,威廉·莎士比亚明白我们与城市之间的根本共生关系。在他那令人感到可怕的政治戏剧《科利奥兰纳斯》(*Coriolanus*)中,一位名为西基尼乌斯(Sicinius)的罗马护民官浮夸地说:"城市即人。"平民们则坚定地回应说:"的确,人即城市。"在我看来,这就是说:城市是新兴的复杂适应社会网络系统,是居住其中的人们持续互动的结果,并因城市生活所提供的反馈机制而不断提升和进化。

257

2. 圣·简和巨龙

没有人比著名城市理论家、作家简·雅各布斯（Jane Jacobs）更加认同应该从公民集体生活的角度看待城市了。她最重要的著作——《美国大城市的死与生》（*The Death and Life of Great American Cities*）在全球范围内对于人们如何思考城市以及如何进行城市规划产生了重大影响。[3]对于任何对城市感兴趣的人来说，无论是学生、专业人士抑或存在好奇心的公民，该书都是必读书目。我猜想，世界上每一座大城市的每一任市长的书架上都摆放着简·雅各布斯的这本书，而且至少读过其中一部分内容。这是一本伟大的书，极具煽动性和洞见性，雄辩且充满个人观点，文笔流畅，读来十分有趣。尽管该书出版于1961年，而且明确地聚焦于当年的美国大城市，它所传达的信息却广泛得多。从某种角度来说，与出版时相比，它在当前这个阶段更加具有重大意义，尤其是在美国以外的地区，因为许多城市都遵循美国城市的经典发展轨迹，同时面临着汽车、购物商场的挑战，郊区的不断扩大以及由此造成的社区消失。

讽刺的是，简并没有漂亮的学术履历，甚至没有本科学位，她也没有参与过传统的研究活动。她的作品更像是新闻记者笔下的故事，主要基于逸事和个人经历，以及对于城市是什么、城市如何运行还有城市应该如何运行的直观感受。尽管简在书中明确以美国大城市为重点，但读者的印象是，她大多数的分析和评论都是基于她本人对于纽约市的感受。她尤其无法容忍城市规划师和政治家，并且猛烈地抨击传统的城市规划，尤其针对那些不是将人而是将建筑物和公路视作主导的设计。以下这些经典节选表明了她典型的批评态度：

> 城市规划这种伪科学似乎会故意神经质般地模仿经验主义的失败之处，而忽略经验主义的成功之处。

项目规划者和城市设计师将地图视为某种更高的现实，他们认为可以随心所欲地在他们想要建造步行区的地方规划出步行区，然后再建造。但步行区需要散步的人。

我们缺少可以叠加在城市上的逻辑；人造就了城市，城市属于他们，而不是建筑物，我们的计划必须要适应人……我们能够看到人们喜欢什么。

他的目的是创造出自给自足的小镇，一个真的非常好的小镇，但前提是你很踏实驯服，没有自己的规划，也不介意与那些同样没有个人规划的人消磨一生。与所有乌托邦一样，拥有重大规划的权利只属于负责规划的人。

最后一段话中的"他"指的是埃比尼泽·霍华德（Ebenezer Howard）——"花园城市"概念的发明者。这一理论在整个20世纪都对城镇规划具有极大的影响，为全球各地的郊区提供了理想化的样板。霍华德是一位很有远见的乌托邦思想家，19世纪英国工人阶级备受剥削的境遇给他造成了极大的影响。霍华德有关花园城市的设想是，居住区（住房）、工厂（工业）和自然（农业）按照他所认为的能够为城市和农村提供最佳生活状态的比例规划出来。没有贫民窟，没有污染，有呼吸大量新鲜空气的空间，使人们过上更好的生活。城镇和农村的融合被认为是朝着新型文明社会迈进的一步，是自由主义和社会主义的奇妙结合。他的花园城市在很大程度上是独立的，由与花园城市有着经济利益关系的公民合作管理，尽管他们或许并不是这片土地的主人。

与大多数乌托邦梦想不同的是，霍华德的理念在自由主义思想家和

规 模

核心投资者中引发了共鸣。他能够组建一家公司，筹得足够的私人投资，在伦敦北部从无到有地建设两座花园城市。它们是建于1899年的莱奇沃思花园城和建于1919年的韦林花园城，两座城市目前的居民人数分别为3.3万和4.3万。然而，为了在现实世界实现自己的梦想，霍华德不得不牺牲许多理念或者做出重大的妥协，包括遭到简·雅各布斯痛斥的严格的自上而下的设计计划。尽管如此，他有关规划"城镇和农村"社区的基本理念延续到了现在，留下了印记，这不仅体现为全球各地如雨后春笋般涌现的众多花园城市的变体，也体现在每一座城市的郊区发展的设计理念中。一个很有趣的特殊例子是新加坡。尽管它已经成长为重要的全球金融中心，拥有500多万名居民，并且持续建造炫目的钢筋玻璃摩天大楼，但它的可取之处在于保留了大规模花园城市的梦想。这主要源于具有远见卓识的已逝领导人李光耀，他在1967年要求新加坡发展成为"花园中的城市"，要有足够的绿色植物、开放的绿色空间和热带的氛围，尽管它长期缺少土地。新加坡或许并不是世界上最令人兴奋的城市，但绿色的氛围是明显可以感觉到的。

具有讽刺意味的是，霍华德对于这些花园城市的实际设计却一点也不有机。它们的规划图和组织体现的是欧几里得几何学的基本信条，目光所及的唯一曲线是由直线连接起来的圆，这与有机进化的城市、城镇和乡村的杂乱完全相反。曼德尔布罗的分形边界、表面或网络没有出现在埃比尼泽·霍华德的花园城市理念中，这从我们之前的叙述就可以看出。这种远离有机几何的做法成为20世纪建筑学和城市规划中现代主义运动的标志。这在颇具影响力的瑞士裔法国建筑师、城市理论家勒·柯布西耶（Le Corbusier）的身上表现得最为明显，其建筑哲学通常被称作"功能决定形式"。柯布西耶原名查尔斯·爱德华·让纳雷－格里斯

（Charles-Édouard Jeanneret-Gris），他使用柯布西耶这一源自母亲家族姓氏的笔名的部分原因，是要表明每个人都能重新塑造自我。

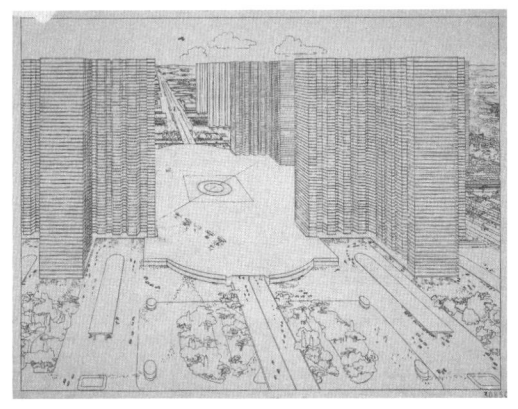

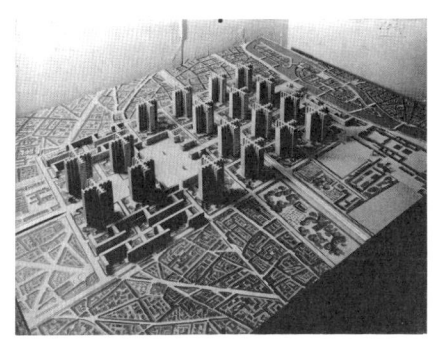

图 6-3 不同设计师的不同设计

左上为埃比尼泽·霍华德城市花园规划的样例，右上为阿布扎比马斯达尔新城，中间和左下为柯布西耶新城设计的样例。

规　模

　　与埃比尼泽·霍华德一样，柯布西耶同样受到了城市贫民窟肮脏无比的生活条件的极大影响，希望找到有效的途径改善城市中穷人的境遇。为此，他大胆地提出，清空巴黎（以及斯德哥尔摩）市中心的大片地区，代之以多层、高密度的水泥、玻璃和钢筋高楼，铁路线、公路线甚至是机场交错其中。荒凉、简洁，甚至带有一点险恶，酷似柯布西耶在动荡的20世纪30年代向右翼转变的政治思想。这在他的用语中也有所体现，如"清洁和净化"城市，或者建造"一个平静、有力的建筑"。他坚持建筑物的设计不要花哨。幸亏他的宏伟计划没有付诸实施，我们依然能够享受到巴黎和斯德哥尔摩市中心某些颓废的城市装饰。柯布西耶给全球各地的建筑师和城市规划专家带来了巨大的影响，我们所有大城市的中心区域都是以死板的钢筋混凝土建筑为主，这便是证据。正如霍华德的城市设计哲学给郊区城市生活留下了不可磨灭的印记，柯布西耶也给我们市中心的城市景观留下了不可磨灭的印记。这在堪培拉、昌迪加尔和巴西利亚等新都市的设计中体现得尤为明显。一个令人尤其感兴趣的例子是巴西利亚，这里的城市建筑由建筑师奥斯卡·尼迈耶（Oscar Niemeyer）设计，他在很大程度上受到了柯布西耶的影响，尽管他用如下话语隐晦地表达了他的钦佩：

　　　　我没有被人类创造的直角或直线、坚硬和不灵活吸引。我被自由流动、性感的曲线吸引。我在祖国的山脉中找到了这些曲线，在河流的弯曲中找到了这些曲线，在大洋的波浪中找到了这些曲线，在所爱的女人身上找到了这些曲线。曲线构成了整个宇宙，爱因斯坦的弯曲宇宙。

　　顺便说一下，尼迈耶可能还在曲线中加入了曼德尔布罗的理论和分形。讽刺的是，尽管尼迈耶做出了上述的宣言，但巴西利亚依然成了一座城市不应该变得如此的代表。巴西利亚总是被形容为"水泥丛林"，尽管毫无生机、毫无灵魂，但依然让人想到埃比尼泽·霍华德的影响，这座城市有许多开放的绿色空间和公园。在 1960 年落成后不久，法国先锋派作家、哲学家西蒙娜·德·波伏娃（Simone de Beauvoir）在参观了巴西利亚后附和了简·雅各布斯，发问道：

> 你有任何闲逛的兴趣吗？能够遇到行人的街道、商店和住房、交通车辆和人行道在巴西利亚不存在，永远不会存在。

50 年后，逐渐摆脱了最初计划限制的巴西利亚开始逐渐有机地进化，发展出了居民聚居区，生活环境也变得更加人性化了。现在，巴西利亚的常住人口超过了 250 万。与此同时，1989 年，在丹下健三获得普里兹克建筑奖仅两年之后，该奖项被颁给了奥斯卡·尼迈耶。另外一位近期获得普里兹克奖的设计师诺曼·福斯特（Norman Foster）也曾尝试设计一座从无到有的城市，这一次是在海湾国家荒无人烟的沙漠中。福斯特的作品便是广为人知的阿布扎比的马斯达尔，它被设想成一个可持续、节能、用户友好、高科技的社区，通过信息科技领域的进步利用丰富的太阳能进行建设。这是一个大胆的、令人兴奋的计划，即使最终的结果是一个奇怪的野兽。原本的计划是在 2025 年，花费 200 亿美元，让马斯达尔的居住人口达到 5 万。人们希望这座城市的主要产业将是高科技研发以及环保产品制造，来自阿布扎比的 6 万名通勤者将为此提供支持。或许，马斯达尔最奇怪的一点，便是它的边界被设计成尽可能无机、乏味的样子。它们构成了一个正方形，是的，一个正方形的城市。

人们很难不把马斯达尔想象成一个大型的私人郊区住宅工业园区，

而不是富有生机活力的多样化自治城市。从许多方面来讲,这座城市的设计哲学都是埃比尼泽·霍华德的花园城市概念的衍生,不过加入了21世纪的高科技文化元素。但有一点不同,它似乎是为特权阶级人士而非贫穷的劳动阶级设计的。2004—2011年担任《纽约时报》建筑批评家的尼古拉·奥罗索夫(Nicolai Ouroussoff)说,马斯达尔就是一个典型的住宅小区:"它是另外一个全球现象的具化体现,即世界正在分裂为精细、高端的孤立地区和规模庞大的、没有任何形状的贫民区,可持续性问题在这里一点也不紧迫。"马斯达尔将会成为一座真正的城市,还是矗立在阿拉伯沙漠中的浮夸高级住宅小区,现在做出判断还为时尚早。

形式与功能、城镇与乡村、有机进化发展与毫无生机的钢筋水泥、分形曲线,以及表面的复杂性与欧几里得几何的简单性之间的矛盾依然是人们争论的焦点,没有简单的解决方案或简单的答案。的确,许多现代建筑曾经探索、斗争并实验过以上这些争论中的方方面面,尼迈耶拒绝"坚硬、不灵活"、拥抱"自由流动、性感曲线"与他设计出的毫无生气的水泥建筑之间的对比便是例证。想一想埃罗·沙里宁(Eero Saarinen)设计的纽约肯尼迪机场TWA候机楼的有机魅力,或者弗兰克·盖里(Frank Gehry)设计的奇形怪状的洛杉矶音乐厅以及西班牙毕尔巴鄂的迷人博物馆,或者约恩·乌松(Jørn Utzon)设计的惊艳的悉尼歌剧院,甚至是在沙漠中建造正方形城市的福斯特设计的奇特生殖崇拜的伦敦"小黄瓜"。与柯布西耶的告诫和信徒形成鲜明对比的,是西班牙的安东尼·高迪(Antoni Gaudí)和美国的布鲁斯·戈夫(Bruce Goff)等少数建筑师。他们二人的想象力似乎没有受到限制,愿意拥抱有机建筑的奇妙之处,如高迪的杰作——非凡的巴塞罗那圣家族大教堂,或者戈夫设计的位于俄克拉荷马州诺曼的巴维格住宅,这座建筑受到了体现在贝壳、向日葵和螺旋星系中的斐波那契数列的启迪。

所有这些创造性的例子都是单体建筑,没有整个城市设计的例子,也没有脱离了花园城市主题的城市发展的例子。然而,在20世纪80年代,一个名为"新城市主义"的运动兴起,试图挑战某些根深蒂固地存在于由汽车、钢铁以及水泥占统治地位的社会中的问题,在这个社会中,人们相互疏离,远距离通勤工作成为常态。该运动呼吁建筑、社会和商业领域重返多样化、多功能的社区,通过加强人行道和公共交通应用的设计凸显社区结构。这一思想主要受到了伟大的城市学家刘易斯·芒福德(Lewis Mumford)和简·雅各布斯的批评性作品的影响,简提醒我们,城市是人,而非服务汽车和钢筋混凝土商业高楼的基础设施。

20世纪五六十年代,简·雅各布斯反对在其居住的纽约市格林尼治村修建四车道的封闭公路,这使得她声名鹊起,同时也为她带来了恶名。当时正值"城市重建"和"贫民窟清拆"的高峰时期,大量丑陋的高层公共建筑项目拔地而起,四车道公路穿越市中心地区,丝毫没有考虑到城市结构或者人口规模。使纽约市发生这些改变的背后人物是罗伯特·摩西(Robert Moses),他在将近40年的时间里重塑、更新了城市的基础设施。尽管他为纽约带来了许多重要的内容,包括建设了连接曼哈顿和其他行政区的大桥和高速公路,但这样做的代价是摧毁了许多传统的社区。

摩西观念中的重要一点,便是建设曼哈顿下城高速公路,它将直接穿过格林尼治村、华盛顿广场和苏豪区。简·雅各布斯带头阻挠这一入侵行为,声称此举将破坏纽约市的重要特征。经过长时间的、艰难的斗争之后,简最终赢得了胜利。在这个过程中,她屡屡遭受来自政客和开发商,以及包括刘易斯·芒福德等人在内的许多城市规划师和相关从业人员的诽谤。芒福德认为,简·雅各布斯是一个古怪的情绪主义保守分子，试图阻碍纽约市的进步和未来的商业成功。与柯布西耶的理念一致，摩西的计划还会彻底摧毁多个城市街区，代之以高端的摩天大楼。尽管纽约的许多地区都按此计划建造，但它在格林尼治村被搁置，尽管它带来了华盛顿广场村的发展——最终，它成为纽约大学的一个项目，被用于教职员工居住。在访问纽约大学期间，我有幸在此地短暂停留。我很喜欢它，倒不是因为我喜欢住在典型的现代高层公寓楼中，而是因为它让我立即享受到了格林尼治村、苏豪区以及小意大利区令人兴奋的生活。这些地方居住着许多疯狂的人，他们为城市带来了活力，以及画廊、餐厅和多样化文化活动的传播和扩散，正是这些活动使得纽约成为一座伟大的城市。如果不是圣·简这位救世主，先知摩西或许早就在无意之间将这座城市彻底摧毁。纽约和我们这些人都应该永远感激她。

全球许多城市都曾遭受过"城市重建"和"贫民窟清拆"的困扰，开展这些行动的本意都是好的，也有很好的理由。然而，社区的理念通常被忽视，那些被迫搬迁的人的境遇也无人问津，由此产生了许多计划外的后果。在许多情况下，似乎是没有出口的公路切断了传统社区，导致了与城市主动脉相分离的孤岛的出现。再加上枯燥无味的高层公寓楼的建设，这些孤岛通常会诱发疏离感和犯罪。在美国，大量修建于 50 年前的横穿波士顿、旧金山、西雅图等大城市市中心区域的公路被拆掉，这成为对简·雅各布斯呼声的回应。虽然重建数十年来形成的旧的邻里和社区结构并不容易，但城市很有韧性、适应力很强，无疑会发展出新的、出人意料的产物。

作为这段城市历史的注脚，极具讽刺意味的是，纽约大学的长期战略规划中包括一项提议——重新开发华盛顿广场村建筑群，拆掉那些千篇一律的高层公寓楼，将该区域恢复到其最原始的结构——正可谓万变不离其宗。

在2001年的一场采访中[4],简·雅各布斯被问道:

> 您如何看待自己将被大多数人铭记?您是敢于直面联邦推土机和城市重建的那个人,称它们正在破坏这些城市的命脉。是这样吗?

简回答说:

> 不。如果我作为本世纪一位真正重要的思想家被铭记,我所做的最重要的贡献就是引发了有关经济扩张因何产生的讨论。这是经常困扰人们的东西。我想,我指出了它是什么。

可惜她错了。事实上,简被人们铭记主要是因为她为保护曼哈顿下城完好无损而做出的努力,还有她对于城市性质、城市如何发挥功能的洞见,以及对于多样化和社区在创造富有生机活力的城市社会经济生态中扮演的关键角色的认知。近年来,她被许多城市规划专家、知识分子和行家称赞为"21世纪重要的思想家"。不幸的是,她希望自己被牢记的原因——对于经济学本身的贡献却很少得到承认。她撰写过几本有关城市经济学和经济学本身的书,主要聚焦于增长和技术创新的来源等问题。

贯穿她著作的一个重要论点是,从宏观经济学意义上看,城市才是经济发展的主要驱动力,而非大多数古典经济学家通常认为的国家。这在当时是一个很激进的观点,几乎完全被经济学家忽视,尤其因为简并非真正的经济圈中的成员。很明显,一个国家的经济与它的城市的经济活动密切相关,但与任何一个复杂适应系统类似的是,整体要大于组成部分之和。

在简讲述城市在国家经济中的重要地位之后近50年,我们许多从不同角度研究城市的人最终得出了与她相近的结论。我们生活在城市世时代,从全球范围看,城市的命运便是地球的命运。简早在50年前便看穿了这一真相，直到现在一些专家才开始认识到她的远见卓识。许多作家重拾这个主题，包括城市经济学家爱德华·格莱泽（Edward Glaeser）和理查德·佛罗里达（Richard Florida），但最有远见、最大胆的是本杰明·巴伯（Benjamin Barber），他为自己的著作取了一个具有煽动性的题目——"如果市长统治世界：功能失调的国家，正在崛起的城市"（*If Mayors Ruled the World:Dysfunctional Nations*，*Rising Cities*）。[5] 这些都表明，人们正在意识到，城市是行动的所在地。在城市里，挑战必须被实时解决，治理似乎会奏效，至少与越发功能失调的国家相比是这样的。

3. 一段旁白：有关花园城市和新城镇的个人经历

在"二战"将数百万栋房屋摧毁之后，英国的社会党政府面临着巨大的住房危机。大部分被破坏的房屋位于工人阶级居住的地区，这极大地加快了战前已经提上议事日程的"城市发展"和"贫民窟清拆"的进程，埃比尼泽·霍华德的花园城市理念成为经典的想象范例。20世纪五六十年代，新住房的首选模式已经从传统的英式独户住房发展为更加高效的高层公寓住宅。这一模式成败掺半，带来了许多我们已经讨论过的问题。牛津大学政治经济学家、《观察家报》前总编辑威尔·赫顿（Will Hutton）于2007年评论称：

> 真相是，政府救济房就是一个活人墓。你不敢放弃它，因为你或许永远不会得到另一间，但住进去就会陷入空间和思想上的贫民窟。政府地产不能与经济和社会绝缘。

作为战后住房项目的一部分，英国政府着手打造了一系列"新市镇",以重新安置贫穷地区或遭到轰炸的城市地区的人们。这些"新市镇"的设计受到了花园城市的启发,工人阶级将会居住在乡村环境的住宅中,工厂则位于一个单独的区域内。斯蒂夫尼奇于1964年成为第一个被指定的"新市镇"。1957—1958年,我在那里居住了近1年时间。因此,我其实对于居住在花园城市中有一些切身体验。

当我得知自己被剑桥大学冈维尔与凯斯学院录取时非常惊讶,新学年将于1958年秋天开始。因此,1957年年底,我草草地结束了在伦敦东区的学习,并在国际计算机有限公司研究实验室谋得了一份临时工作,这家公司又被称作英国制表机公司,位于斯蒂夫尼奇。

对于任何一名首次离家的少年来说,这都是一次具有决定意义的经历,我在此期间也学到了许多。在我面前敞开的许多新窗口中,有三个与此相关。首先,同时也最明显的是,在一个创新性的研究环境中工作允许并且鼓励自由思考和行动,这是在啤酒厂无须思考将啤酒瓶放入机器的劳动所无法比拟的。

第二扇窗口就是简·雅各布斯,我怀疑她从来就没有真正到过一座花园城市,尽管她做出的有关它们的评论是正确的。多年之后我才知道简·雅各布斯是谁,但我很快得知,与生活在伦敦东北部中下阶层社区破旧的维多利亚时代的连排屋里相比,生活在斯蒂夫尼奇就像生活在奢华的乡村度假村一样。这便是它的问题所在。正如简几年之后讽刺的那样:"如果你很踏实驯服,没有自己的规划,也不介意与那些同样没有个人规划的人消磨一生,这里将是一个很好的城镇。"尽管这听起来很刺耳,但它的确捕捉到了那种无趣、按部就班、孤立以及隐藏和压抑内心热情的"美好"的感觉——这些后来都与郊区联系在一起。哈克尼区和伦敦东区不是城市幸福生活的典范,格林尼治村、小意大利区和布朗克斯也不是,尽管简不这样认为。带着一些怀旧意味将工人阶级的伦敦浪漫化，生动地描述内城生活中的社区，这已经成了一种时尚潮流，但事实是，它肮脏、不健康、粗糙、艰苦，并导致了建筑沉寂的存在和孤独、异化的可能。然而，这些都因为活动、多样性、人们参与生活的脉动等因素得到了弥补，例如使人们能够享受博物馆、演唱会、剧院、电影院、体育赛事、聚会、抗议游行以及其他一切传统城市可以提供的奇妙便利设施。

当时还处在商业计算机的发展初期，美国的 IBM（国际商用机器公司）、英国的国际计算机有限公司当时正在开发现在看来已经过时的真空管和新的由霍尔瑞斯穿孔卡编程的以晶体管为基础的机器。我们这些上岁数的人都记得它们，因为它们会让我们想起噩梦般的日子。几年之后，在斯坦福大学攻读硕士学位的我更是对这些穿孔卡以及用 Fortran 语言和 Balgol 语言等一些带有奇特名称的编程语言进行单调编程的日子痛恨有加。真的是太糟糕了，因为它让我与计算机发展和编程永远分离，结果是，尽管我应该很擅长它们，但现在仍处于初级阶段。在斯蒂夫尼奇和硅谷，我都没有预见到计算机远不止用于复杂计算和分析，能够如此有用。毫无疑问，这也是我最终成为才学一般的学者，而非斯坦福大学这一信息技术创业机器的某个赚钱的产品的原因。

第三扇窗口让我看到了电路所具有的精密性和潜在能力。通过聪明、复杂的方式，根据十分简单的原则，我们可以用电线将几个简单的模块单元（电阻、电容、电感和晶体管）连接起来从而生产出拥有奇迹般强大力量、能够以闪电般速度执行困难任务的复杂产品——电子计算机。这就是我对于网络、涌现和复杂性等原始概念的理解，尽管我还没有说过这些词语或此类语言。等我开始剑桥大学的学生生活后，所有这一切便完全忘记了。但其中一些东西一定深深地留存在我的意识中，在 40 年后我开始猜想网络构成了我们了解身体、城市和公司的运转方式的基础时迸发了出来。

4. 中段总结和结论

在这段简短的、有些个人化的题外话中，我的目的不是给出一个有关城市规划和设计的全面批评或中性的概述，而是要突出其中某些特定的特点，它们使得发展一门城市科学成为可能并为此做好了准备。我不是专家，我也没有城市规划、设计或建筑领域的文凭，因此，我的观察和评论必定是不完整的。

源自这些观察的一个重要洞见是，许多城市的发展和重建都并不成功，尤其是华盛顿特区、堪培拉、巴西利亚、伊斯兰堡等完全新建的规划城市。这似乎已经成为批评家、专家、评论人士等的共识。以下是游记作家比尔·布莱森（Bill Bryson）在《澳洲烤焦了》（*Down Under*）一书中对堪培拉的辛辣讽刺：

> 堪培拉：没有任何东西！
>
> 堪培拉：为何要等死？
>
> 堪培拉：到达其他任何地方的通路！[6]

我们很难对一座城市的成功做出客观公正的评判。人们甚至不知道应该用什么特点和标准来衡量成功或失败。对于心理现象的评价，如幸福、满足、生活质量等，并不能让它们成为可靠的评判因素，更不用说成为模型。而另一方面，有关生活的一些更加实质性的特点，如收入、健康和文化活动等却明显可以成为评判因素。有关城市成功的文字并不比我已经引用过的逸事更加复杂，它们最多也就是基于简·雅各布斯或刘易斯·芒福德的叙述的直观分析。[7]

规　模

　　许多基于访问和调查的社会学学术研究努力想要建立一个更加客观、"科学"的视角。作为一门学科，城市社会学拥有很长的、显赫的，但又极具争议性和令人惊讶的狭隘性的历史。罗伯特·摩西甚至利用它来证明让公路穿越传统社区的合法性。然而，似乎很明显，在不同程度上，几乎所有规划的城市最终都毫无生气，充满疏离感，缺少流行和文化活动，也缺乏社区精神。或许可以公平地说，与建设新城市或发布市区改造项目时的承诺和宣传相比，几乎没有任何城市或项目达到了预期，许多都可以被判定为失败。

　　然而，城市具有极强的韧性，作为复杂适应系统，它们也在持续进化。例如，对于我们许多人而言，华盛顿特区不是一座城市，我们只有出于历史或爱国主义的原因或者是我们需要与政府做生意时，才会到访。它了无生机，更像是体积庞大的政府建筑所统治的水泥丛林，映射出的是卡夫卡风格的官僚机构的可怕感觉，让我们想起了旧时的苏联风格。

　　看看现在的华盛顿，尽管仍然存在许多问题，但它已经进化成为高度多样化、生机勃勃的城市，吸引了大量富有雄心和创造力的年轻人，他们被行动和社区的感觉吸引。庞大的都市区现在有了更为广阔的经济形态，不再仅仅依赖政府就业岗位。政府机构建筑看起来也不再令人感到害怕，许多充斥着来自全球各地的年轻人的绝佳餐厅和聚会场所的出现柔化了它们的形象。华盛顿花了很长时间才变成一座"真正的"城市，一个甚至连简·雅各布斯都可能会羡慕的地方。这里有希望。

　　这就引出了我的另外一个重要论断。从大局来看，这些了无生机的新规划城市的失败可能没那么重要，如华盛顿、巴西利亚，甚至是斯蒂夫尼奇，它们并不是令人感到兴奋的地方，没有为人们提供大量机会，让他们过上充实的生活、扩大他们的视野、让他们感觉自己是充满活力的创意社区的一部分。然而城市会进化，最终会发展出灵魂，尽管这可能需要很长时间。此外，在并不遥远的过去，很少有人生活在城市环境中，规划城市也很少。然而，由于城市化一直在呈指数级扩张，这一情况发生了彻底的变化。还记得我们曾经说过，在未来 30 年，平均每过一周地球上就会新增一个人口 150 万的新城市。

如今这真的很重要。为了适应持续的指数级增长，新的城市和城市基础设施都在以令人惊讶的速度建设。仅中国在未来 20 年内便会建设 200~300 座新城市，其中许多城市的人口将超过 100 万。与此同时，在发展中国家占据统治地位的超大城市仍将继续扩张，随着越来越多的人涌入，许多超大城市中的贫民窟和非正式安置点也会越来越多。

正如我此前所提到的那样，伦敦和纽约等过去的大城市与今日的大城市深受相同的负面形象之苦。尽管如此，它们发展成为主要的经济引擎，提供了大量的机遇，并驱动世界经济。问题则是：城市的确会进化，但改变需要数十年的时间，我们没有时间去等待。华盛顿、伦敦和巴西利亚分别花了 150 年、100 年和 50 多年的时间改变，至今依然在持续改变。与此同时，问题的规模庞大无比。中国已经开始着手修建数百座新城市，以使 3 亿农村居民城市化。人们在建设这些新城市时并没有对城市的复杂性以及它们与社会经济成功之间的联系详加了解。大多数评论家报告称，许多这样的新城市，就像典型的郊区，是没有灵魂的鬼城，也没有社区的感觉。城市没有有机质量。它们不断进化，通过与人的沟通和交流不断成长。世界上的大都市推动了人与人之间的互动，创造了莫名的活力和精神，成为创新和兴奋的源泉，也为城市经济和社会领域的韧性和成功做出了重大贡献。如果忽略了城市化的这些重要维度，只把注意力集中在建筑物和基础设施上，不免短视，甚至会招致灾难。

07
走向城市科学

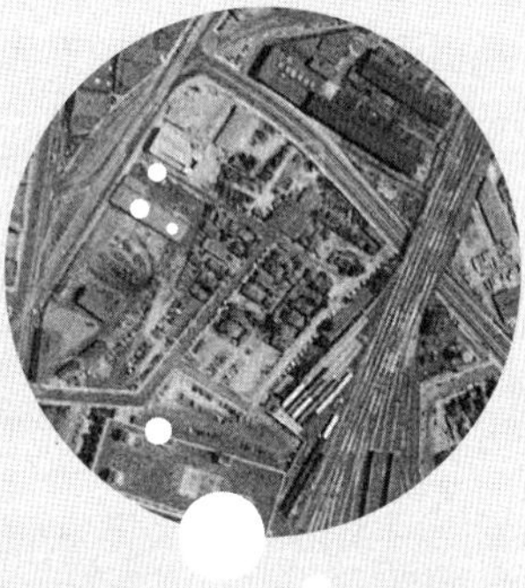

规 模

几乎所有城市理论都是定性的，它们主要源于对具体城市或城市群进行的重点研究，辅以叙事、逸事和直觉感知。这些城市理论很少呈现系统性特点，而且通常不会把基础设施问题与社会经济动力学问题结合起来。或许，我所提倡的受物理学启发的量化城市理论根本是不可想象的。城市和城市化进程或许太过复杂、太具个体性，无法以有效的途径受法律和规定的约束。科学至多是对共性、规律、原则和普遍性的探索，它超越了作为组成部分的个体的结构和行为，无论这一个体是夸克、银河系、电子、细胞、飞机、计算机、人或城市。而且，科学最多是以定量、数学计算、可预测框架的方式进行，正如针对电子、飞机和计算机等的科学研究。然而，科学也面临许多重大的挑战，比如针对意识、生命起源、宇宙起源以及城市等的研究，这些领域无法通过科学得到完全的研究。我们必须承认并满足于我们的知识和理解所能达到的极限。尽管如此，依然要依靠我们自身的力量将科学范式推进得越远越好，以此决定极限的所在位置，不受复杂性和多样性幽灵的阻碍。的确，极限本身以及知识和理解的可能极限才是根本性的、重要的，无论在哲学上还是实践上均是如此。

圣塔菲研究所开展城市和公司研究项目的初衷正是考虑到理论的这一双重紧迫性，即一方面帮助我们解决有关全球长期可持续性的存在性问题，另一方面帮助我们理解自然的基本现象。我已经在第6章的开篇对城市的起源和最初形式进行了简要的描述。本章的重心将是整体回顾构成城市科学的重大成就，并将它们与其他从事相关领域研究的研究人员的成果联系起来。我还将努力把这些重大成就与有助于理解城市和城市化各个层面的更加传统的观点和模型联系起来。

这是一门古老的学科，至少可以追溯至亚里士多德时代。至今，人

07 走向城市科学

们已试图从大量不同的角度和框架理解城市是什么、城市如何兴起、城市如何发挥功能以及城市的未来。仅在学术界,便存在一大批令人眼花缭乱的院系、中心、研究所,它们代表了研究城市的不同方式:城市地理学、城市经济学、城市规划、城市研究、城市经济、建筑研究,等等,每一个研究领域都有其自身的文化、范式和计划,尽管它们彼此之间很少交流。随着不同的研究领域不断取得新的进展,城市科学正在快速发生变化,其中大数据和智慧城市对城市科学的影响巨大,二者均被天真地兜售为解决我们面临的所有城市问题的灵丹妙药。但很明显,目前尚未出现明确的城市科学系或城市物理系。由于从科学角度理解城市的需求十分迫切,这些都代表了一个新的领域。这是我接下来要讲述的内容的背景:利用比例缩放这一强大工具,打开理解城市的定量综合系统框架的窗口。

实施这一项目的第一步是,判断城市是否如同动物,是彼此按比例缩放的版本?从可衡量的特性来看,纽约、洛杉矶、芝加哥、圣塔菲是否彼此互为比例缩放的版本?若是,它们彼此按比例缩放的方式是否与东京、大阪、名古屋、京都之间按比例缩放的方式类似,尽管它们有着完全不同的城市面貌和特点?它们之间的比例缩放关系是否能被证明与我们在生物界发现的普遍性相似?在生物界,鲸、大象、长颈鹿、人类和老鼠是彼此按比例近似缩放的版本,而且以上生物的缩放比例都恰好量化地遵循1/4次幂规模法则。

与生物界相比,人们在此前的研究中对于城市、城市系统或公司等问题的关注少到出人意料。在某种程度上,这是因为与生物学相比,城市研究在传统上就缺乏定量研究。此外,研究城市或公司的计算机动力学模型本来就相对较少,更不要说这方面的数据了。

规　模

1. 城市的按比例缩放

迪尔克·黑尔宾（Dirk Helbing）是早期被征募加入我们研究团队的成员之一，我初次遇到他时，他是德国德累斯顿工业大学交通与经济研究所主任。迪尔克曾接受过统计物理学的培训，并将这些技能应用于理解公路交通和步行人群的行为。他现在在苏黎世的瑞士联邦理工学院运营着一个被称作"地球实况模拟器"的大型项目，该项目旨在利用大数据集和奇妙的算法模仿全球规模的系统，如经济、政府、文化趋势、流行病、农业、技术发展等。

2004年，迪尔克招募了他的一名学生克里斯蒂安·库纳特（Christian Kuhnert）参与实证研究欧洲各国城市的不同特点如何随着城市规模的变化而按比例变化。图7-1展示了此次研究的某些结论，你可以很直观地看到，数据显示，不同国家和城市呈现出令人惊讶的简单性和规律性。[1]图7-1描绘的是这些城市最平常的特点，即城市规模与加油站数量之间的函数关系。图中的纵轴表示的是加油站的数量，而横轴则是按照人口标准衡量的城市规模。正如前几章中表现比例缩放现象的图表，数据是以对数坐标绘制的，这意味着坐标单位以10的倍数增长。你无须知道任何数学知识，也不用牢记对数的定义，甚至不需要对城市有太多了解，便可以清楚地看到，不同城市的加油站数量的差异呈现出非凡的规律性。数据的分布近似一条简单的直线，而非随意散布在图中各个角落。这清楚地表明，变量并不是随意变化的，而是遵守严格受限的系统性规律。图中的直线说明，随着人口规模的变化，加油站数量的增长遵守简单的幂律，这让我们想起了之前生物和物理数量按比例缩放的情况。

此外，直线的斜率，即指数大约为0.85，比生物体代谢率（图1-1）中的0.75（著名的3/4）略高。同样令人好奇的是，图中显示的所有国家的加油站数量的变化指数基本相同。0.85这个数字比1小,根据前几章的分析,比例缩放是亚线性的,代表着系统性的规模经济,这意味着,城市规模越大,人均所需的加油站数量越少。因此,在规模更大的城市,平均每座加油站服务的人数会更多,每月卖出的汽油数量也比小城市更多。换句话说,人口规模每增加一倍,城市只需要增加85%的加油站,而不是翻番。因此,人口每增长一倍都会带来15%的系统性节余。在对比5万人的小城市与500万人的大都市时,这会带来非常大的影响。为了服务100倍于原来的人口规模,只需50倍于原来的加油站数量。因此,

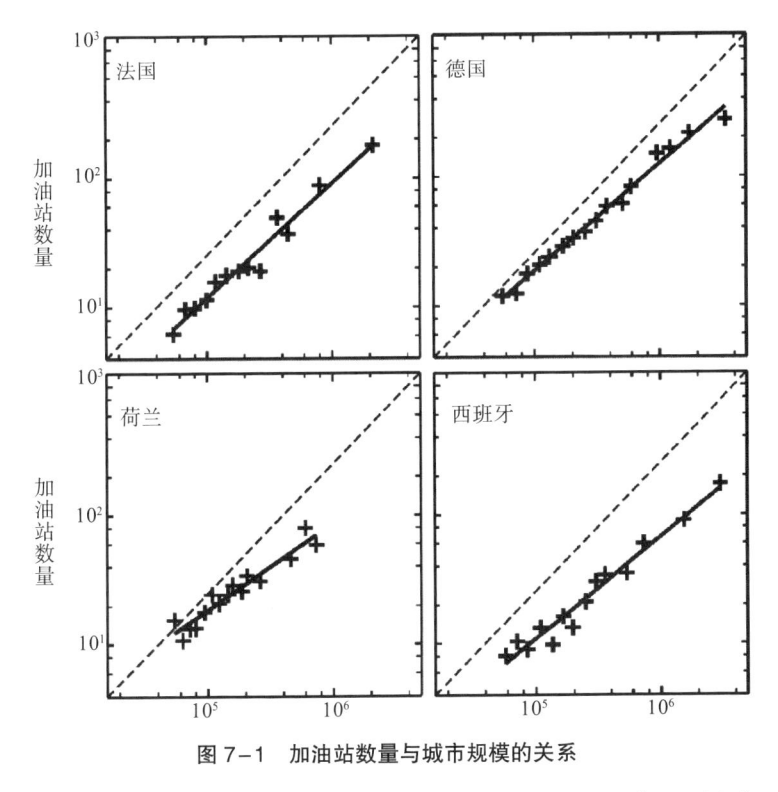

图7-1 加油站数量与城市规模的关系

在以上4个欧洲国家中,加油站的数量与城市规模呈对数关系,这表明,它们都以类似的指数按亚线性比例变化。虚线的斜率为1,代表线性按比例缩放。

从人均意义上来说，大城市只需要相当于小城市一半的加油站。

得知规模更大的城市人均所需的加油站数量小于规模较小的城市，这或许并不太令人惊讶。但令人惊讶的地方在于，这一规模经济是系统性的，几乎所有国家都是如此，都遵守相同的规模法则，而且指数都接近 0.85。更加令人惊讶的是，其他与交通和供给网络相关的基础设施的数量也都以同样的指数按比例缩放，如电线、道路、水管和燃气管道的总长度。此外，无论数据从何地获得，这一系统性行为似乎在全球范围内都一致。因此，在整体基础设施方面，城市的表现就像是生物体，它们遵守简单的幂律，按亚线性比例变化，表现出系统性的规模经济，只是指数的数值略有不同（生物体为 0.75，城市为 0.85）。

这一最初的实证研究继而扩大到城市是否会在更多样的指标组合上按比例缩放，以及更广范围的国家是否也遵守同样的规模法则，为此我们招募了一组新的优秀人才。其中包括路易斯·贝当古（Luis Bettencourt），我刚认识他时，他还是洛斯阿拉莫斯国家实验室的一名天体物理学的博士后研究员，当时正在研究早期宇宙的进化。后来，他在麻省理工学院待了几年时间，之后又回到洛斯阿拉莫斯国家实验室，成为应用数学团队的一员。路易斯在葡萄牙出生、长大、接受教育，但你永远不可能知道这些，因为他的英语说得很流利，没有任何口音，我第一次见到他时还以为他是英国人。事实上，他在伦敦帝国理工学院获得了物理学博士学位，巧合的是，我曾经在该校数学系任教。路易斯在语言学习方面的投入与他在科学领域的投入相得益彰。他很快便开始参与城市项目，从全球各地搜集数据并进行分析。他对于努力加深对于城市的理解很有热情，现在已经成为这一领域全球最知名的专家之一。

同样优秀的何塞·洛沃（José Lobo）也加入了我们的合作项目，他是一名城市经济学家，目前在亚利桑那州立大学从事可持续性项目的研究。我们第一次见面时，何塞是康奈尔大学城市和区域规划系的年轻职工，后来在圣塔菲研究所待了几年时间。同路易斯一样，何塞为我们项目中的统计学和复杂数据分析做出了不可磨灭的贡献，他还带来了城市和城市化领域的专业知识，成为我们合作项目中的重要组成部分。

路易斯和何塞领导其他成员搜集和分析有关全球城市体系的一系列指标的大量数据集，这些城市所在的国家包括欧洲的西班牙和荷兰、亚洲的日本和中国、拉丁美洲的哥伦比亚和巴西等。此次分析的结果证实了此前的分析，体现了基础设施指标的亚线性规模缩放特性，并为城市中系统性规模经济的普遍性提供了强有力的支持。无论具体的城市体系如何，无论是在日本、美国或葡萄牙，无论具体的指标是加油站数量，还是管道、道路、电线的总长度，城市规模每增长一倍，只需要增加85%的物质基础设施。[2] 因此，一座拥有1 000万人口的城市与两个各自拥有500万人口的城市相比，需要的基础设施数量要少15%，这便带来了材料和能源的巨大节约。[3]

而这一节约带来了排放和污染的大幅减少。由此一来，伴随规模而来的更高效率就产生了非直观却无比重要的结果——平均来看，城市规模越大，越绿色，人均碳足迹越小。从这个意义上说，纽约是美国最绿色的城市，而我居住的圣塔菲则是更浪费的城市。平均来说，圣塔菲的居民向大气中排放的碳是纽约居民的两倍。这不应该被认为证明了纽约设计者和政治家的明智，也不能说明圣塔菲领导层的错误，而只能说是规模经济效应不可避免的副产品，这超越了城市个体。这些成果不是事先计划好的，尽管城市的政策制定者可以扮演积极角色，推动和优化潜在的"自然进程"。事实上，这是他们工作的很大一部分。一些城市在这方面做得很成功，而其他一些城市则不然。我将在下一章中讨论相对表现的问题。

这些振奋人心的结果，为探寻可能的城市理论提供了强有力的证据。然而，更重要的是，这些搜集来的数据还表明，社会经济数量在生物学中没有对应项，如平均工资、专业人才的数量、专利数量、犯罪案件数量、餐厅数量等，而 GDP 也令人惊讶地规律性地、系统地按比例缩放，如图 7–2~图 7–6 所示。

这些图还清晰地显示了另外一个令人惊讶的结果，这些不同社会经济数量的连线斜率接近同一个值，在 1.15 附近浮动。因此，这些指标不仅按照经典的幂律以十分简单的方式按比例缩放，而且它们按比例缩放的方式也大体相似，无论城市体系如何，指数均约为 1.15。因此，与随人口规模亚线性规模缩放的基础设施形成鲜明对比的是，作为城市本质的社会经济总量呈超线性规模缩放，体现了规模收益的系统性增长。城市规模越大，工资越高，GDP 越高，犯罪案件越频发，艾滋病和流感病例越多，餐厅越多，产生的专利数量越多，等等。全球各地的城市系统均在人均基础上遵从"15% 法则"。

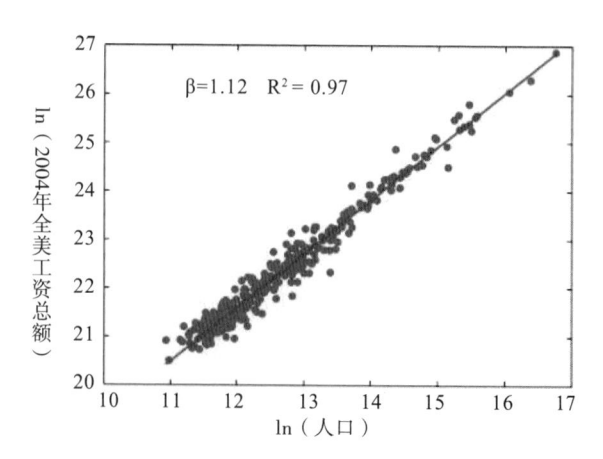

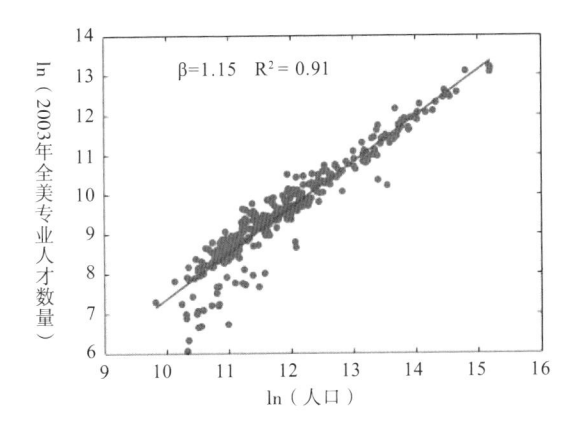

图 7-2　全美工资总额和专业人才数量与人口规模的关系

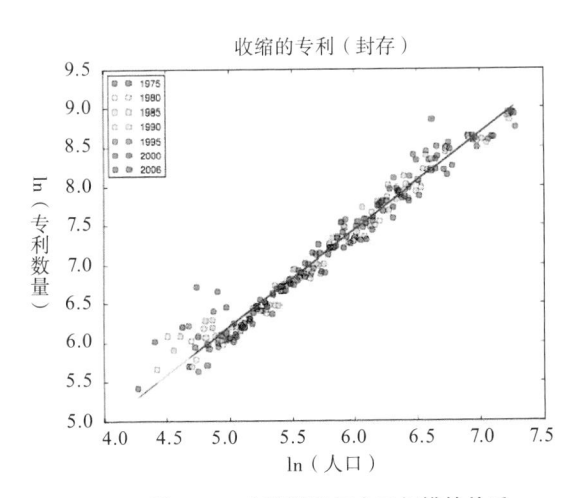

图 7-3　专利数量与人口规模的关系

规　模

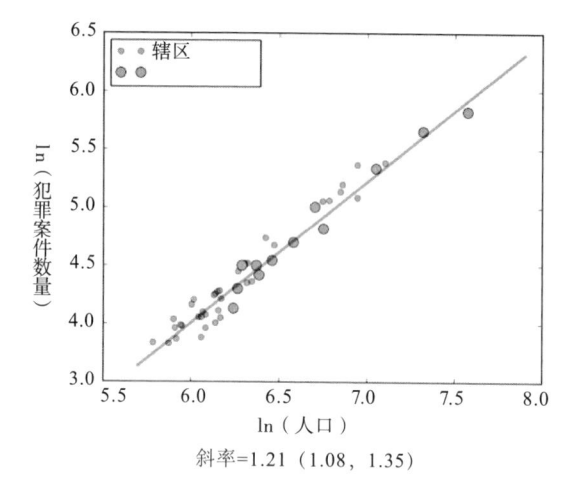

斜率=1.21（1.08，1.35）

图 7-4　日本的犯罪案件数量与人口规模的关系

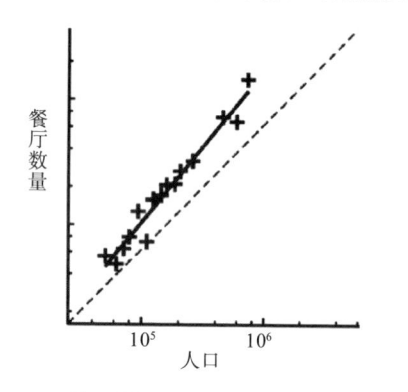

图 7-5　荷兰的餐厅数量与人口规模的关系

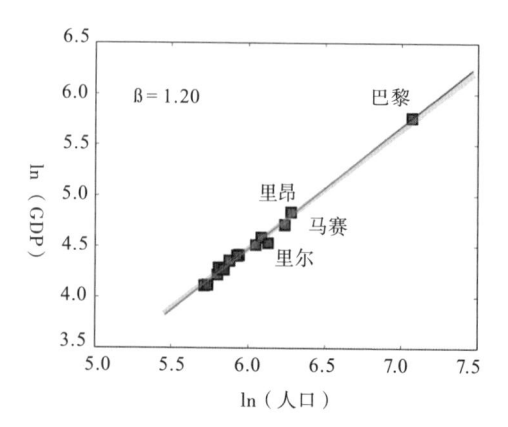

ß = 1.20

图 7-6　法国的 GDP 与人口规模的关系

这些图显示了不同城市系统内的社会经济指标的比例缩放函数，它们的超线性指数（图中斜线的斜率）存在显著的相似性：图7-2上图为美国的工资总额，下图为美国的专业人才数量，图7-3为美国产生的专利数量[4]，图7-4为日本的犯罪案件数量，图7-5为荷兰的餐厅数量，图7-6为法国的GDP。

因此，城市规模越大，创建社会资本的方式便更具创新性，而普通公民的人均拥有量、生产量和消费量也就越大，无论是产品、资源还是观念。这对于城市而言是个好消息，也是城市如此具有吸引力和诱惑力的原因。另一方面，城市也有其阴暗面，因此我们也有坏消息。如同积极指标一样，人类社会行为的负面指标同样会随着城市规模的扩大而增加。城市规模增加一倍不仅会使得人均工资、财富和创新增加约15%，犯罪案件总量、污染和疾病的数量也会按照相同的比例增加。很明显，好的、坏的、丑陋的会像一个整体可预测的包裹一样，一同到来。一个人或许会被更多创新、更多机遇、更高工资、一种更强烈的行动感吸引而搬到大城市，但他（她）同样需要面临垃圾、偷窃、胃病和艾滋病的同比增长。

这些结果令人大感吃惊。我们通常认为，每一座城市都是独一无二的，尤其是我们居住的城市，它们有着独立的历史、地理和文化，有着能使我们辨别它们的独特个性和特点。波士顿不仅看起来不一样，感觉起来也与纽约、旧金山或克里夫兰不同，正如慕尼黑看上去以及感觉上都与柏林、法兰克福或亚琛不同。的确如此。但有谁会相信，在各自的城市系统内部，它们几乎是彼此按比例缩放的版本，至少根据你可以衡量的指标来看是这样。如果你被告知美国一座城市的规模，你应该能够以80%~90%的准确性说出它的平均工资、专利数量、道路长度、艾滋病例数量、犯罪案件数量、餐厅数量、律师和医生数量等。一座城市的许多部分都是由其规模决定的。当然，围绕这些预测同样也存在极端值和变异，这些将在下一章进行讲述。

规 模

人们还要认识到另外一个重要因素,经过观察所得的规模法则适用于拥有同样城市系统的不同城市,即在同一个国家之内。图7-2~图7-6中所展示的规模法则无法对拥有不同城市系统的城市比例缩放做出预测。包括工资、犯罪、专利以及道路总长度等在内的不同指标的总体规模取决于每一个国家城市系统的整体经济、文化和个体性。例如,与美国相比,日本的整体犯罪率低得多,但美国的总体专利数量更多。因此,尽管规模法则能够预测芝加哥的指标与洛杉矶的指标之间的比例缩放关系,以及京都的指标与大阪的指标之间的比例缩放关系,却无法直接预测大阪与芝加哥之间的比例缩放关系。然而,如果我们知道指标的整体标度(我们可以从纽约的指标与东京的指标之间的比例缩放关系推导出来),我们就可以预测任意一座日本城市与任意一座美国城市之间的比例缩放关系。

通常而言,我们倾向于认为,这些不同的城市指标和特点之间毫无关系,彼此独立。例如,我们不会认为,一种疾病的病例数量与这座城市内产生的专利数量或拥有的加油站数量存在联系。谁会相信,工资、专利、犯罪和疾病都与城市规模存在比例缩放关系?数据令人信服地表明,尽管外表不同,但各个城市大体上都是彼此按比例缩放的版本:纽约和东京分别是旧金山和名古屋按非线性比例放大的版本。这些非凡的规律为了解所有城市均具有的潜在机制、动力和结构打开了一扇窗口,而且还清楚地表明,所有这些现象事实上都是高度联系的,并且受同样的潜在因素的驱动,受同样的普遍原理的限制。

由此一来,所有这些城市特点、每一个指标都是相互联系的,无论是工资、道路总长度、艾滋病病例数或犯罪案件数量等,它们共同构成了重要的、多尺度的、典型的复杂适应系统,不断地处理并整合能源、资源和信息。其结果便是非凡的集体现象，我们称之为城市，它源于人们通过社会网络互动的潜在动力学和组织。再重复一遍：城市是自发的自组织现象，源自需要交换能源、资源和信息的人类的互动和交流。作为城市生物，我们所有人都参与到人类相互之间密切互动的多层次网络中来，这种互动表现为都市中生产力、速度和独创性的交换，无论我们居住在何处。

重要的是，我们要意识到，生产力不断提高、成本不断下降的模式适用于发展程度、科技和财富水平不同的国家。尽管有关富裕城市的信息更丰富，但巴西和中国等快速发展国家的大量数据也已经处于随时可获取的状态。印度和非洲国家的可信数据依然难以获取，尽管在不远的未来这几乎肯定会发生变化。迄今为止被分析过的数据均符合这一模式，我将在下面提到一些重要的因素，它们在帮助确立系统性规模法则的普适性时发挥了作用，扮演了重要角色。例如，巴西和中国城市的GDP也遵守根据西欧和北美城市数据绘制出的超线性曲线，尽管它们的起点较低。无论是圣保罗的贫民窟还是北京的雾霾天气，或者是哥本哈根的整洁街道，这些模式适用是因为同样的基本社会和经济进程正在发挥作用。

最后，值得注意的是，并非城市的所有特点都会按非线性比例缩放。例如，无论城市规模如何，平均每个人都有一个家和一份工作。因此，就业岗位和住房的数量便会随着城市规模的增长而线性增长。换句话说，这些指标的比例缩放曲线的斜率非常接近1，这已经得到了数据的证实：城市人口增加一倍，住房和就业岗位就会增加一倍。这其中隐藏着一些假设和结论。很明显，并不是每个人都有工作（尤其是孩子和老人），而一些人有不止一份工作；此外，尽管几乎每个人都有家，但并不见得每个人都有房子。无论如何，大多数人仍然只有一份工作，不同城市的住房平均入住率也几乎相同。因此，在宏观层面上，这些因素发挥主导作用，简单的线性关系随之产生。

我们总结一下：城市越大，社会活动越丰富，机会越多，工资越高，多样性越丰富，享受好餐馆、音乐会、博物馆和教育设施的机会也更多，繁荣、兴奋和参与感也越明显。事实证明，大型城市的这些特点对全世界的人们而言极具吸引力，与此同时，人们也无法超越、忽视或低估不可避免的负面因素以及不断增多的犯罪、污染、疾病等阴暗面。人类很擅长"趋利避害"，尤其是提到金钱和物质幸福度时。除了城市规模增大所带来的个人利益以外，系统性规模经济也将带来巨大的集体利益。二者加在一起，个人利益和集体利益随着城市规模的增大而系统性增加，这已经成为全球城市化持续爆炸式增长的潜在驱动力。

2. 城市与社会网络

所以，尽管这些城市有着迥异的地理、历史、文化，并且是独立发展的，日本、智利、美国、荷兰等全球不同国家的城市系统是如何以基本相同的方式按比例缩放的呢？过去数个世纪，各国之间并不存在某种国际协议，要求这些国家根据这些简单的规模法则建设和发展各自的城市。没有任何人执行、设计和监管，它就这样发生了。因此，超越了这些差异并促成了令人惊讶的结构和动力学相似性的基础的统一因素是什么？

我已经给出了十分强烈的暗示：最大的共性就是全球各地社会网络结构的普遍性。城市是人，在很大程度上，全球各地的人相互作用、组成群组和社区的方式也是相同的。我们或许看上去不同，穿着不同，说不同的语言，有着不同的信仰体系，但在很大程度上，我们的生物和社会组织及动力学都是极为相似的。毕竟，我们同属人类，有着相同的基因和相同的一般性社会历史。无论我们生活在地球的哪个角落，我们所有人直到最近才从移动的狩猎采集者变成定居的集体生物。城市规模法则令人惊讶的普遍性所表现出来的基本共性是，每个地方的人类社会网络的结构和动力学都是相同的。

随着语言的发展，人类获得了以生命史上从未有过的规模和速度交换和交流新信息的能力。这一革命的一个主要成果，就是发现了规模经济的成就：一同工作的我们，付出同等的个人努力，能够获得更多的成果。或者说，我们可以更快地完成特定任务，人均消耗的能量更少。建筑、狩猎、存储和规划等集体行为都因为语言的发展以及由此而来的交流和思考能力的提升而发展并获益。此外，我们发展了想象力，并拥有了未来概念的意识，由此拥有了计划、超前思考和构建未来挑战和事件场景的强大能力。人类大脑活动这一强大创新对于地球而言是全新的，而且带来了非凡的成果，不仅影响了人类，也影响了从微观细菌到身躯庞大的鲸以及红杉等地球上几乎所有生物。

许多其他生物，如群居动物，尤其是群居昆虫，也发现了规模经济，但它们的成就与人类相比原始且静态。语言的力量使得我们超越了经典的规模经济——如我们的细胞所达到的成就，或我们的狩猎和采集者先祖所达到的成就，通过适应不同时间段内的新挑战而不断进化和累积优势，这一时间比重大创新所需的典型进化时间要短得多。蚂蚁自发进化得十分强大且成功，并拥有了复杂精密的物理和社会结构，但它们花了数百万年才做到这一点。此外，它们是在5 000万年前达到这一成就的，之后就再也没有超越。另一方面，我们发明了语言之后，只用了1万年便从捕猎和采集进化到农业劳作，更令人惊讶的是，又只用了1万年便进化出了城市，人类成为城市专家，发明了手机、飞机、互联网、量子力学和相对论。

我们是否会比蚂蚁更好地适应生活，这是见仁见智的事情；它们的城市、经济、生活质量、社会结构最终是否比我们的更可持续，这是未来学的事情。从目前的情况来看，我肯定认为它们活得比我们长。它们极为高效、强大、稳定，它们的存在时间也比我们久远得多，而且很可能在我们人类消亡之后继续存在。无论如何，尽管我们存在这样或那样的错误，在生活质量和意义问题上，从人类中心主义出发，我的判断一贯是人类更胜一筹。

我们独一无二地进化出了或许是最为珍贵、最为神秘的生活特性，即意识，以及随之而来的沉思和良知，这使得我们可以隐约地洞见到如何解决自身面临的一些最难缠的问题。典型的以人类为中心的怀疑、思考、沉思、反思、质疑和哲学思考的过程，以及创造和创新、探寻和探索的过程，都因为城市的发明而产生并得到加强。城市已经成为文明的熔炉和推动创造与思想的引擎。

如果只从物理特性角度看待城市，比如建筑物、道路以及为它们供应能源和资源的电线和管道网络，它们与生物体非常相似，这体现了以规模经济为内涵的类似系统性规模法则。然而，当人们开始组成具有一定规模的社区时，他们就给地球带来了一种全新的、超越生物领域意义的动力学，也导致了规模经济的发现。伴随着语言的发明以及人们和群组通过社会网络进行信息交流，我们发现了如何创新和创造财富。城市也因此不再是巨大的生物体或蚁群：它们依赖人、商品和信息的远距离、复杂性交流。城市是吸引具有创造和创新意识的个人的磁石，是经济增长、财富创造、新鲜观念的刺激因素。

城市为收获人与人之间高度社会互动的成果提供了一个天然机制，人们会通过不同的方式构想并解决问题。由此产生的正反馈环成为持续创新和财富创造的驱动力，并导致超线性规模缩放，规模收益也相应增加。普遍的比例缩放是一项重要特点的表现，这一特点源自我们作为社会动物的进化历史，超越了地理、历史和文化因素。它来自社会网络的结构和动力学的整合，这些社会网络拥有物理性基础设施网络，是城市生活画卷展开的平台。尽管这是一种生物学以外的动力学，但它拥有与第3章中谈到的分形网络几何学类似的概念框架和数学结构。

3. 这些网络是什么？

回想一下构成1/4次幂异速生长规模法则基础的生物网络的一般性几何和动态特点：（1）它们是空间填充的（例如，生物体的每一个细胞都必须获得网络的支持）；（2）在一个给定的设计中，毛细血管或细胞等终端单元是不变的（例如，我们的细胞和毛细血管大致同老鼠和鲸的是一样的）；（3）网络已经进化到近似最优化（例如，我们的心脏用来输送血液，同时支持我们细胞的能量被最小化以使得用于繁殖和养育后代的能量被最大化）。

这些特点与城市的基础设施网络有着直接的相似性。例如，我们的道路和交通网络必须是空间填充的，以使城市的每个地区都能得到支持，就像所有不同的公共事业管线都必须向每一栋房屋和建筑物供应水、燃气和电一样。这也可以扩展至社会网络：在平均时间内，每个人与其他人以及城市中的不同人群进行互动，整体而言，他们的互动网络填充了"社会经济空间"。这一包含社会经济互动的城市网络构成了社会活动和连通性的反应池，正是这些社会活动和连通性有效地定义了城市和城市的边界。若要成为城市的一部分，你必须持续参与这些网络。当然，这些网络的不变终端就是与毛细血管、细胞、树叶、叶柄类似的人和他们居住的房屋。

一个极具挑战性且非常有趣的问题是，城市结构和动力学中被优化的因素是什么。与存在时间尚且不长、只有数千年历史的城市相比，许多生物体已经存在了数百万年。因此，随着城市的增长与进化而出现的渐进式适应和反馈机制所导致的最优化尝试并没有太多的时间专心进行并取得成果。与通常的生物进化速度相较而言快得多的城市创新和改变的速度使其进一步复杂化。尽管如此，市场力量和社会动力依然在持续地发挥作用，因此，有关基础设施网络朝着成本和能源利用最小化的方向发展的猜测并非完全没有道理。例如，谈到交通，无论是乘坐公共汽车、火车、小汽车、骑马还是步行，大多数旅途的目的都是实现旅行时间或距离的最小化。然而，由于历史遗产或经济私利的原因，电、燃气、水和交通系统肯定存在许多低效的情况。尽管如此，出现、升级、改造、替代和维护等一直在持续进行。因此，长期来看，这些网络系统存在显而易见的优化趋势。系统性规模法则的出现，即全球各地不同城市系统中的基础设施数量都呈现相同的指数级增长，这可以被视作上述进化过程的结果。

然而，需要注意的是，与大多数生物学指标的比例缩放相比，分布在城市理想化比例缩放曲线周围的数据更分散。例如，与图1-1所示的体重与代谢率的关系图相比，图7-2~图7-6中城市平均工资数据的分布更分散。更大的离散程度代表着城市朝着比例缩放曲线所代表的理想优化配置（对数表中的直线）有机进化的时间更短。与这些直线的偏差是每一座城市独特的历史、地理和文化的残留足印，我将在之后详细论述。与标度指数（0.85），即对数图中直线的斜率（所有城市体系都近似相同）形成对比的是，数据与这些直线的离散程度在不同的城市体系中是不同的。这在很大程度上是因为，不同国家用于城市维护、改善和创新的资源数量是不同的。

在城市的社会经济动力学方面，我们同样可以发问，城市社会网络中被优化的因素是什么。对于这个问题很难给出确定的答案，许多学者曾试图从不同的角度解答这一问题。[5] 如果我们把城市想象成社会互动的推动者，或者财富创造和创新的孵化器，我们会很自然地猜想，它的结构和动力学在不断变化，通过个体之间连接性的最优化来实现社会资本的最大化。这表明，社会网络和城市的整体构造以及城市体系，即谁与谁相互连接、它们之间有多少信息流通以及这一群体机构的性质，最终将由个体、小企业和大公司难以满足的驱动力决定。或者说，我们所有人都参与的社会经济机器主要是由贪婪驱动的，这种贪婪正是"欲望"这一理念的真正内涵。鉴于全球所有城市收入分配的巨大不均，以及我们大多数人在已经拥有许多的情况下依然想要更多的驱动力，不难相信，不同形式的贪婪是城市社会经济动力学的重要组成部分。用莫罕达斯·甘地（Mahatma Gandhi）的话说："地球能满足人类的需要，但满足不了人类的贪婪。"

贪婪只描绘了这种难以满足的欲望的消极一面，但它同样有着极为重要的积极一面。打个比方，贪婪相当于动物的进化生物驱动力，能够使其相对于体形的代谢率最大化。正如我们在第3章中所讨论的那样，这源自自然选择原则，是生物界普遍存在的异速生长规模法则的基础。适者生存的概念延伸至社会和政治领域，导致许多思想家得出了引发争议的社会达尔文主义的概念，其根源可以追溯至马尔萨斯。无论其正确性如何，这一概念令人遗憾地被政治和社会思想家歪曲、滥用、误用，从而为优生学、种族主义、自由资本主义等极端观念提供支持，有时甚至带来了灾难性后果。

除了财富和物质资产，欲望还存在于其他许多领域。它是社会中极为重要的力量，为个体和集体均带来了巨大的道德、精神和心理挑战。无论是在体育、商业还是学术领域，获得成功的欲望——跑得最快、成为最具创造力的公司、提出最具影响力和洞察力的观点，一直都是主要的基础性社会动力，为我们带来了只有一部分人才能享受的优越生活。与此同时，通过进化出利他和慈善行为并将之融入我们的社会政治结构中，我们可以保护自己免受欲壑难填之苦，同时驯服了猖獗的物质贪欲。

随着城市的发明及其与规模经济、创新和财富创造的结合，社会分裂便产生了。在城市社区进化之前，我们的社会网络结构并不是现在这样的。狩猎采集者并没有采取层级结构，而是比现在的我们更加趋向平等和社区。在人类历史中，尤其是在过去 200 年间，不受约束的个人自我强化与关心不幸之人的冲突和紧张一直都是一个重大的威胁。然而，看上去，缺少了追求自我利益的动机，与企业有关的自由市场经济便会崩塌。我们一直在进化的体系很大程度上仰仗人们持续想要获得新的汽车、新的手机、新的玩意儿、新的衣服以及新的洗衣机、新的兴奋点、新的娱乐等几乎所有新东西，即使他们手中已经拥有了足够多的东西。这或许并不是一个完美的画面，而且也不会得到每一个人的认同，但截至目前，对于我们大多数人而言，这很奏效，而且很明显，我们大多数人都希望这一欲望能够继续下去。有关能否继续下去的话题，我将在最后一章加以阐释。

在本章接下来的内容中，我将会更加详细地阐释信息、能源和资源在社会和基础设施网络中流动的特性，以及它们如何导致比例缩放的出现。与生物网络相似的是，这些网络是层级结构的，也具有类分形的特点。例如，在基础设施网络中，公共事业管线中的流量会从中央设施，如发电站和自来水厂处供给到每个单元，通过各自的网络管道和电线为每个家庭供应水电，就像血液在从心脏流向主动脉再流向毛细血管供给到细胞，并会以相对固定的等比速度不断减少一样。这些网络的类分形特点以及它们的流动确保能量和资源得到高效分配，构成了亚线性规模缩放和规模经济的基础。

事实上，这个过程要比我所描述的更加精细，原因在于，城市并不是统一的，而是会有许多本地的活动中心同时运作，即使它们彼此之间是以层级结构相互连接的。这些本地的活动中心通常被称作"中心地区"，遵循流行的城市体系模式，即中心地理论。在20世纪30年代由德国地理学家瓦尔特·克里斯塔勒（Walter Christaller）提出之后，该理论迅速获得了城市规划者和地理学者的认可。

4. 城市：晶体结构还是分形？

这是一个令人感到好奇的理论。城市和城市系统的配置基本上是一个静态的、高度对称的几何学模型。基于对德国南部城市的观察，瓦尔特·克里斯塔勒提出了这一假说，在某种程度上就像简·雅各布斯从个人有关纽约的体验中得出自己的观点一样。没有或者很少有针对该理论的预测进行的定量测算和测试、系统性分析和数据验证，或者数学建模。因此，它无法算是真正的科学，至少按照我在此的陈述来看是这样的。在精神上，它与埃比尼泽·霍华德僵化、无机的花园城市设计存在许多共同点，后者主要是受到了理想化的欧几里得几何学模式的启发，并未考虑到人的角色，更不用说经济体的角色。尽管如此，该理论仍有许多有趣的特点，在 20 世纪对城市的思考和设计极具影响力。

克里斯塔勒假设，城市体系和个体城市能够呈现为理想化的二维晶体几何结构，以高度对称的六边形格子图案为基础，而且这个六边形格子图案在不断地缩小、再生，如图 7-7 所示。作为最简单的重要形状的六边形，它们能够边靠边地组合在一起，完全填充城市或城市体系的地理空间，彼此之间不会留有空隙。这些六边形作为商业活动的"中心地带"，其中包含更小的六边形中心地带。克里斯塔勒设想的这一设计基于他对德国南部的观察。在德国南部地区，规模类似的城镇彼此之间是近似等距的（所有城镇都被认为位于六边形的顶点）。位于六边形中央的较大中心城市扮演了中心的角色。尽管这一规律并未在大多数城市体系或城市观察到，而且它是人为构成而非自然形成的结构，但克里斯塔勒有关城市体系几何学的模型有两个极其重要的特点，与有机进化的网络结构有些类似——它是空间填充的、自相似的（因此也是分级结构的），即使这些词语当时尚未被发明。克里斯塔勒的模型还融合了其他重要的特点，比如以最小出行时间和距离获得服务的观点，我将在下面谈到这些内容。

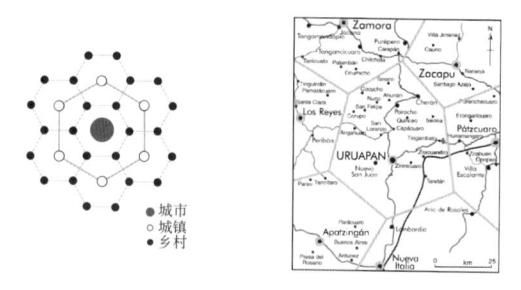

图 7-7 六边形框架概念及实例

来自墨西哥的现实世界证据为克里斯塔勒有关中央地区的六边形框架概念提供了支撑。

中心地理论在今天的城市规划和设计中仍然是一个重要的概念组成部分,尽管其缺点已经得到公认。20 世纪 50 年代初,它构成了联邦德国重建城市关系和边界的基础,该体系延续至今。颇有些自相矛盾的是,克里斯塔勒在"二战"之后加入共产党,而他在"二战"期间则是纳粹党员,为党卫军工作。受其理论影响,他曾设计出一个宏大的计划来重新设定被征服的捷克斯洛伐克和波兰的经济地理版图,以适应德国的扩张。这个故事另外一个具有讽刺意味的悲伤之处在于,德国经济学家、地区学创建者奥古斯特·勒施(August Lösch)是一个反纳粹宗教组织的积极分子,而他最著名的成就便是扩大了克里斯塔勒的理论,使其变得更加动态、更加精确、更加实际。勒施在"二战"期间一直留在德国国内,并四处躲藏,但在战争结束几天之后便因患猩红热去世,年仅39 岁。

实际上,城市的自相似性更多地体现为有机进化的交通和公共事业系统分级网络架构,而非克里斯塔勒提出的僵化的六边形晶体结构。城市并非由直线和经典欧几里得几何学统治的自上而下的机器,而更像是一个有着褶皱线和分形的有机体,这正是复杂适应系统的典型特点。这非常明显,只需看一下一个典型城市的增长模式便知,其基础设施和网络模式的不断扩大会让人想起细菌菌落的增长模式,如图 7–8 所示。对这一模式的数学分析表明,事实上,城市是自相似分形的,就像生物体或地理海岸线一样。例如,如果用不同精度对一座城市的边界长度进行测量,就像刘易斯·弗赖伊·理查森对海岸线所做的一样,而且都是以对数绘制关系图,其结果近似一条直线,而其斜率则是城市边界的常规分形维数。

规　模

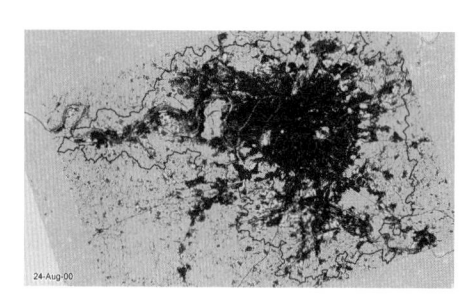

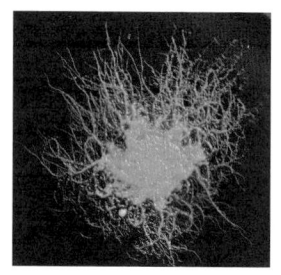

图7-8　城市与细菌菌落的发展

巴黎的有机增长表现出了一种类似于分形几何结构的发展过程（左图）。而一个细菌菌落也表现出了类似的发展过程（右图）。

正如我此前所解释的那样，分形维数是一个物体褶皱度的体现，也有人将之解读为该物体复杂性的体现。鉴于20世纪80年代人们对于分形学的兴趣的爆炸式增长以及复杂性科学的早期发展，著名城市地理学家迈克尔·巴蒂（Michael Batty）对城市进行了广泛的统计分析，以计算它们的分形维数。[6]巴蒂和他的同事以及后来者发现，维数均值为1.2，但变动幅度很大，最高为1.8。除了为比较不同城市的复杂性提供了一个工具之外，或许对于分形维数最有趣的应用之一，是城市健康的诊断指数。通常而言，一座健康城市的分形维数会随着城市的增长和发展而稳步增加，这反映出建设越来越多的基础设施以容纳不断增多的、参与越来越多样且复杂的活动的人口的巨大复杂性。反过来，当城市遭遇经济困难或暂时性收缩时，分形维数便会下降。

这些分形维数是一座城市不同基础设施网络自相似性的表现，也源自对类似图7-7不同精度的图像的分析。然而，一座城市的分形特点或许不会那么明显，很难通过物理表象看出来。毕竟，纽约或任何一座美国城市的街道通常都会规划得像一个规则的矩形网格，就像最简单的欧几里得几何学那样。伦敦或罗马等旧大陆的城市则明显不是这样，这些城市中蜿蜒的街道有着更加明显的分形有机结构。无论是哪种情况，潜藏在城市几何学之下的是普遍存在于所有城市中的分形，体现了规模法则的普遍性。

让我用一个例子进行解释，这个例子有关整个城市系统，而非某个具体城市，但要点都是一样的。图7-9展示了美国纵横交错的道路网络系统。它的建设始于"二战"之后艾森豪威尔当政期间，受到了战前德国希特勒当政时期高速公路的启发。同高速公路一样，美国的道路网络系统也得到了预想中的国防需要的强有力推动，从它的名字便可以看出——国家州际和国防公路系统。因此，道路被规划得尽可能直，以使大城市之间的距离和旅行时间最小化，这很像罗马人2 000年前修建道路以维持对帝国统治的做法。可以看出，结果便是，州际公路也基本上近似于一个矩形网络，如同普通的美国城市，尽管它们各自的地理和地方条件千差万别。然而，整体而言，美国国家州际和国防公路系统令人吃惊地有规律，而且看起来并不像一个经典的分形结构。

图7-9 美国本土国家州际和国防公路系统

规 模

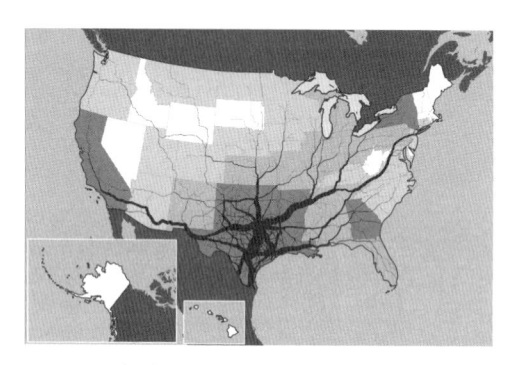

图 7-10　2010 年驶入、驶出得克萨斯州及州内的主要卡车流

图 7-9 是美国国家州际和国防公路系统的标准地图。图 7-10 是得克萨斯州的交通流量图，它揭示出了潜藏在道路系统之下的分形结构。分支的粗细代表了交通流量的大小。许多较细的分支——"毛细血管"代表的是非州际道路，而较粗的部分——"主动脉"则代表规模更大的道路。可以将之与第 3 章中阐述的心血管血液运输系统进行对比。

然而我们应该透过外表，从真实的交通流量来看，而不是简单地把它看成道路网络，州际公路系统事实上是一个典型的分形结构。交通流量是州际公路的实质所在，也是其存在的根本原因。为了揭示其分形特性，让我们来看一下波士顿、长滩或拉雷多等港口城市。卡车定期离开这些港口，利用州际公路系统将货物运送到美国全境。美国交通部对这些交通流量的数据进行了仔细的统计，因此，我们能够很容易计算出在某一特定时间段（如 1 个月）内，行驶在每一段道路上的卡车总量。让我们来看一下得克萨斯州的拉雷多市。很明显，始于拉雷多的州际公路上的流量最大，因为所有卡车都必须通过这段道路离开拉雷多。随着这些卡车逐渐远离拉雷多，它们开始分散到州际公路系统中的其他公路上，并最终进入当地的公路系统。由此一来，距离拉雷多越远，州际公路系统内的卡车流量就越少，卡车会将货物运输到更遥远的城镇。

得克萨斯州的交通流量图很好地解释了这一点，每条分支的粗细程度代表了从拉雷多驶出的卡车交通流量。换句话说，分支越粗，从拉雷多驶出、沿着该条道路行驶的卡车数量越多。正如你很容易看到的那样，通常在地图上看到的州际公路的常规网络已经变成了更有趣的具有分级和分形特点的结构，这让我们想起了自身的循环系统。因此，在最重要的道路交通流量问题上，这正是道路网络的样子。从拉雷多出发的主干道就像一条主动脉，其后的道路则是动脉，而通向不同的城镇，即货物运动终点的终端道路则是毛细血管。心脏则是拉雷多市，它通过州际公路循环系统将卡车"输送"出去。全国每一座城市都在重复这一模式。因此，这一系统是对我们生理循环系统的一般化，每座城市都在其中扮演了心脏的角色，或者按照克里斯塔勒的说法是"中心地带"。

然而，没有人针对城市内部做过类似的分析，主要原因在于我们没有城市中每条街道的详细交通流量数据。随着智慧城市的到来，无数安装在街角用来监测交通情况的探测器将最终为我们提供足够的数据，对所有城市进行类似的分析，以揭示其交通系统的动态结构，正如图7-8所示。这将为我们提供一个有关交通模式的详细定量评估，并告诉我们具体地点的吸引力大小，以及其他对于规划目的而言十分重要的指标，例如成功地开发城市的新区域或者决定新建商场或体育场的位置。

伦敦大学学院高级空间分析中心的迈克尔·巴蒂是发展分形城市的概念，并把复杂性理论的观念融入对于传统城市的分析和规划中这一理念的主要倡导者。他的工作聚焦于城市和城市系统的计算机建模。他对于城市作为复杂适应性系统的概念很有热情，并由此成为城市科学的主要推动者。他的观点和我稍有不同，在他最近出版的新书《城市新科学》（*The New Science of Cities*）中有所总结，该书着重讲述了社会科学、地理和城市规划的现象学传统，而非基于我所阐释的基础性原理的更加解析的、数学的物理学传统。[7]归根结底,为了应对理解城市的巨大挑战,这两种途径都是必需的。

5. 城市是巨大的社会孵化器

一座城市并不仅仅是构成其物理基础设施的道路、建筑、管道和线路的集合体,同样也是所有公民的生命和彼此互动的累积,更是所有这一切融合而成的一个充满生气的、多维度的活的实体。一座城市是一个自然形成的复杂适应系统,是两种"流"结合的产物,一种是维持并促进自身基础设施和居民发展的能源和资源流,另一种则是连接所有公众的社会网络中的信息流。这两种完全不同的网络的整合和相互作用魔法般地带来了基础设施的规模经济效应,同时也带来了社会活动、创新和经济产出的极大增长。

此前的章节聚焦于城市的物质性,突出介绍了它们的自相似分形特性,这表现在道路长度、加油站数量等基础设施指标的亚线性规模缩放中。它们在城市中的产生过程就如同在生物体内一样,是优化的、空间填充的交通网络的通用特性的结果,该交通网络限制着能量和资源向城市的各个部分的供给。我们对这些物理网络都很熟悉,道路、建筑、水管、电线、汽车和加油站在城市生活中很常见,不难想象它们是如何模仿人体内的生理网络,比如我们的心血管系统而建造的。然而,不那么明显的是,我们如何使社会网络和人们之间的信息流动的几何形状和结构具象化。

社会网络的研究是一个庞大的领域,涵盖了所有的社会科学,有着很长的历史,可以追溯至社会学的创建之日。尽管社会学家出于学术兴趣以及商业和市场原因,研究出了分析这些网络的复杂数学和统计学技巧，但直到物理学家和数学家于20世纪90年代对复杂适应系统开始产生兴趣之后，该领域的发展才得到了巨大的推动。信息技术革命所带来的全新沟通工具进一步助力其发展，脸谱网、推特等全新的社交网络也由此出现。再加上智能手机的出现，用于分析人们相互作用的数据的数量和质量都呈现爆炸式增长。

过去20年间，一个新兴的分支领域——网络科学也成长起来，这使人们进一步加深了对于网络现象学和产生网络的根本机制和动力学的了解。[8]网络科学的主题覆盖了庞大的领域，包括经典的社区组织、犯罪和恐怖主义网络、创新网络、生态网络和食物网络、医疗保健和疾病网络，以及语言和文学网络。这些研究为其他重要的社会挑战提供了重要的洞见，包括为解决流行病、恐怖主义组织和环境问题，加速和促进创新进程，优化社会组织等设计最有效的策略。许多这类美妙的工作都是由我那些与圣塔菲研究所有关系的同事们直接开展或激发的。

这是一个小世界：斯坦利·米尔格拉姆和六度分隔理论

你或许非常熟悉"六度分隔理论"。它是由极具想象力的社会心理学家斯坦利·米尔格拉姆（Stanley Milgram）于20世纪60年代提出的，常被人们称为"小世界问题"。[9]它源于一个非常吸引人的问题：在同一国家内，你和其他任何随机人士之间平均相隔多少人？一个将之概念化的简单方式是，通过画图进行思考，用一张纸上的一个圆点代表一个人，每一个都是一个节点。如果两个人相互认识，便可以用一条直线连接两个圆点。通过这一简单的方法，你可以构建起任何社区的社会网络，如我们在上文中列举过的人与人之间的社会网络。举例来说，如果我们观察全国的社会网络，任何随机两人之间的联系平均需要多少连接？很明显，对于你熟悉的人，即你的朋友、家人以及同事来说，只需要一个简单的连接。而对于你不认识的朋友的朋友来说，在你和他（她）之间存在两个连接。让我们再进一步，在你和你的朋友的朋友的朋友之间，存在三个连接……这可以无限扩展，直至网络中的每个人都被考虑在内。我住在新墨西哥州的圣塔菲小镇，作为读者的你或许住在缅因州的路易斯顿，两地相隔2 000多英里。我不认识路易斯顿的任何人，你也很可能不认识圣塔菲小镇的任何人。但一个有趣的问题是，在我最终与你相互连接之前，我最少需要经过多少人，即需要多少个朋友的朋友的朋友的循环。美国有3.5亿人口，你或许认为这个问题的答案将是非常庞大的数字，如50人，100人甚至是1 000人。然而，令人惊讶的是，米尔格拉姆发现，平均而言，任何两个人之间的连接数量近似于6。"六度分隔"的说法也随之出现，即我们彼此之间仅仅相隔6个连接。因此，令人意想不到的是，我们令人吃惊地密切相连。

应用数学家史蒂文·斯托加茨（Steven Strogatz）和他当时的学生邓肯·沃茨（Duncan Watts）首先对这一出人意料的结果进行了数学分析。[10]他们的分析结果表明，与随机连接网络相比，小世界网络通常会有过剩的中心和很大程度上的集聚性。中心便是有着异乎寻常的大量连接的节点。这与航空公司利用源自网络理论的轴辐式空运系统算法组织航程类似。例如，达拉斯是美国航空公司的重要中心，若要从美国西半部的任何地点飞往纽约，必须要经过达拉斯。由于中心结构所带来的高度集聚性意味着小世界网络倾向于包含被称作小集团的模块化子网，这些子网内部有着高度的互联性，几乎任意两点都是相互连接的。这些社会网络的通用特性使得节点与节点之间的连接数量最小化，而这一数量与人口规模无关。由此一来，几乎所有社群都适用六度分隔理论。此外，模块结构也是自相似的，小世界网络的许多特点都符合幂律规模法则。

史蒂文·斯托加茨是康奈尔大学的一名折中主义应用数学家，他利用非线性动力学和复杂性理论的观念分析和解释一系列引人入胜的问题。例如，他曾经做过一些研究工作，展示蟋蟀、蝉和萤火虫如何同步彼此的行为。最近，他还把自己的研究结果延伸至为何伦敦的千禧桥会出现障碍这一问题。[11]这个问题为城市科学提供了某些有趣的实证经验，我想要就此说些题外话。

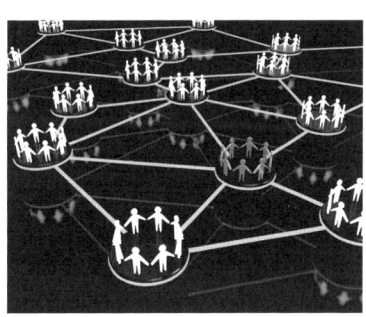

图 7-11 社会网络示意图

左图是一个社会网络的例子，它表明作为个体的节点与节点之间通过简单的连接相互联系。需要注意的是，一些个体之间的联系需要两个或两个以上的连接，另一些个体则扮演了中心的角色，拥有大量的连接。右图显示了社会网络通常具有紧密联系的个体的模块化子网，如家庭或非常亲密的朋友团体。

作为庆祝千禧年活动的一部分，英国决定在泰晤士河修建一座新的行人桥，连接南岸的标志性景点，比如泰特现代美术馆和莎士比亚环球剧院，以及北岸的圣保罗大教堂和伦敦城——伦敦的金融中心。在这座桥梁的设计竞争中获胜的是著名建筑师诺曼·福斯特爵士，著名雕塑家安东尼·卡洛（Anthony Caro）和奥雅纳工程顾问公司则作为他的助手。我此前曾经提到过诺曼·福斯特，他是阿拉伯沙漠中的奇怪方型城市马斯达尔的主要设计师。千禧桥的设计很漂亮，为伦敦增添了亮色。令人吃惊的是，千禧桥是连接城市两半部的唯一一座纯步行桥，在一天中的任何时刻，经过千禧桥步行前往圣保罗大教堂、泰特现代美术馆、莎士比亚环球剧院，或者其他地方，都是令人愉悦的体验。在这座步行桥启用之前，设计师们称它为"工程结构的纯粹表达"，称它的设计为"光之刀"。其他人则称它为"21世纪初人类能力的绝对体现"。

2000年6月10日，千禧桥正式开放，这是一个巨大的成功，共有9万人走过千禧桥，同一时刻有2万人站在桥上。然而，不幸的是，由于一个严重的、意外的设计缺陷，两天之后千禧桥被迫关闭，直至1年半之后才再次开放。当人们步行穿过千禧桥时，他们的动作会引发千禧桥左右两侧的晃动，而一些人的脚步会无意识地匹配这种晃动，这又进一步加剧了晃动。这不仅会使人们变得不舒服、紧张，而且很危险。

这便是正反馈机制的一个经典案例，通常也被称为共振，物理学家和工程学家一直对其十分熟悉。我们通常会在初级物理课上教授这一概念，并解释其在乐器和我们的声带发声过程中的角色，以及激光的工作原理，甚至如何将秋千上的孩童推得越来越高（推动的频率要和摆动的自然频率吻合）。事实上，这便是行人们步行经过千禧桥时发生的事情：他们的自然集体摆动使得大桥的横向振动与大桥的固有共振频率同步。

桥梁可能会受到潜藏在自身结构中的共振的威胁是一个广为人知的现象，士兵们在桥梁上行军时通常会被告知不要按照规律的脚步行进。现代桥梁的设计则要确保这类事情不会发生。因此，这一现象如何会发生在20世纪末由著名建筑师、设计师和工程师建造的一座精密桥梁上？要知道，他们都有着必要的知识，而且能够随时获取计算能力。

这似乎是因为在考虑桥梁的共振和振幅时，只考虑了垂直振动，横向水平振动的可能性则被忽略了,这令我感到非常惊讶。千禧桥的设计师们辩称,这种横向振动是"此前世界工程史上的未知现象"。这座桥的造价近3 000万美元,为了解决这一问题又额外花费了800万美元。如果他们提前学习少许的科学知识——或许是史蒂文·斯托加茨的理论,就可能会节约大量资金。

同样的经验也适用于城市的设计和发展。与此前伊桑巴德的"大东方号"一样,千禧桥的事故表明,以基于分析框架的、潜在原理性的系统科学视角为补充并与传统融合的做法可能会防止重大悲剧和窘况的产生,同时节约大量资金。与建造桥梁和轮船相比,建设和发展城市更具挑战性、更复杂,但这一理论同样适用。了解并洞察潜藏的原理和动力学,在更加广阔的系统性背景下发现问题,定量思考和分析,这一切都必须要和关注具体问题的细节相结合,才能够优化设计,并使得意外后果最小化。

史蒂文·斯托加茨在与邓肯·沃茨合作有关小世界网络的研究时,是圣塔菲研究所的外聘教授。他撰写的几本有关数学和非线性动力学的书颇受欢迎,他还是《纽约时报》的科学作家。[12] 而邓肯在完成康奈尔大学的博士学位学习之后,便加入圣塔菲研究所,成为一名博士后研究员。这与我开始参与圣塔菲研究所的工作几乎同时,我有幸与他共用一间办公室。凭借自身的努力,邓肯现在已经成为一名科学家,并在微软公司带领着一个充满活力的团队,致力于在线社会网络的研究。

邓肯的研究项目之一便是利用人们相互发送的电子邮件信息的海量数据证实米尔格拉姆的六度分隔理论,查看联系任意两个人需要多少个连接。这很重要,因为米尔格拉姆的研究基于通过普通的邮局系统邮寄的传统信件,缺乏数据和系统性控制,并因此饱受批评。

规　模

令米尔格拉姆同样出名的是他进行的有关权利服从的极具刺激性、发人深省的实验。受到大屠杀事件的强烈影响，特别是1961年对大屠杀主要设计师之一阿道夫·艾希曼（Adolf Eichmann）的审判，米尔格拉姆设计了一系列实验，以表明我们有多么容易屈服于同伴和团体的压力而做出违反自身信仰和良心的举动或做出类似声明。这些实验不仅在科学和方法论领域受到了严厉的批评，而且还因为实验参与者受到欺骗以及由此产生的情感压力等道德问题受到指责。米尔格拉姆当时是耶鲁大学的一名年轻教职人员，但此后不久便前往哈佛大学，部分原因是与他的实验相关的道德问题所引发的争议。最后，他在纽约城市大学稳定下来。

米尔格拉姆在纽约长大，是一名犹太面包师的儿子，家境并不好。由于很喜欢质量上乘的面包，我经常和他的父亲见面。米尔格拉姆的一位高中朋友是知名社会心理学家菲利普·津巴多（Philip Zimbardo），因为20世纪70年代初在斯坦福大学所做的"监狱实验"而闻名。这些实验受到了米尔格拉姆有关权力服从研究的启发，目的在于展示正常人（在这些实验中是斯坦福大学的学生）在扮演监狱看守者时可能被引诱实施虐待，或者在扮演囚犯时表现得极端被动和压抑。津巴多的研究因为伊拉克战争期间阿布格莱布监狱虐囚事件遭到曝光而出名。[13]

好人如何变坏以及为何变坏——与这种困境相对的类比是上帝为什么允许坏事发生在好人身上——这是我们进化出社会良心以来，人类行为的一个根本性矛盾。人类对自身关系的定位，即好与坏的道德伦理困境，也可以被看成是人类与宇宙关系中的定位问题。自智人拥有意识，发展出无数宗教、文化和哲学以来，二者就是人类存在的核心问题，也是主导人类思想的问题。直到最近，才有一个受到科学和理性启发的视角和观点，有望为理解这两个问题的由来提供一个框架，并给出可能的新洞见和答案。

米尔格拉姆和津巴多的研究表明，好人做坏事源自同伴的压力、对于被排斥的恐惧，以及成为团体中的一部分的愿望，在这个团体中，权威会将权力和控制授予个人。津巴多一直强烈呼吁，要明确意识到这一强大的动力并由此出发解决谜题，而不要求助于我们的本能倾向，将批评的声音简单地指向个别的"坏苹果"、民族性格或文化规范等。这一强大的动力似乎根植于我们与文化起源无关的精神，并且在多个世纪中引发了恐惧。

城市心理：在大城市生活的压力和紧张

不幸的是，米尔格拉姆在 51 岁时便因为心脏病去世。他改变了我们普遍接受的有关人类本性的观点，表明个体的行动和行为会受到与所在群体的相互作用的强烈影响。他的权力服从实验表明，一个人无须本质邪恶或反常，便会做出非人道的举动。个体与其所处群体之间的关系自然地使他开始研究城市生活的心理维度问题。1970 年，米尔格拉姆在《科学》杂志发表了一篇题为《城市生活体验》的引人注目的论文，为城市心理学这一全新领域奠定了基础，而且这也成为他之后的兴趣焦点。[14]

米尔格拉姆感受到了在大城市生活带来的心理改变。一般观点认为，在所处环境之外，个体通常会专注于自己的事情，极力避免相互作用或参与，很少会感激带来参与和承诺的人或事。因此，大多数人在亲眼见证犯罪、暴力或其他危机事件时不愿意出手干预或打电话呼救。米尔格拉姆设计了一系列具有创造性的实验来对显而易见的信任缺失、恐惧和担心的感觉以及文明礼貌的缺乏进行调查。例如，他曾经请个人调查员摁门铃，声称自己记错了朋友的地址，想借用电话。他发现，与大城市相比，调查员在小城镇被允许入户的可能性更大。此外，75% 的大城市受访者紧闭大门回应请求，或者通过猫眼向外观看；而在小城镇，75%

的人打开大门应答。

在一项相关实验中,米尔格拉姆的朋友津巴多安排一辆汽车在纽约大学布朗克斯校区附近弃置3天时间,安排另外一辆同样的汽车在帕洛阿尔托市斯坦福大学附近弃置同样长的时间。帕洛阿尔托是旧金山以南一个非常富有的小镇,是典型的美国郊区,在进行这项实验时,我恰巧住在那里,因此可以证明那里的环境相对低调和安静。两辆汽车的车牌都被取走,汽车发动机罩也被打开,这是为了鼓励潜在的破坏行为。24小时之内,纽约的那辆汽车内所有能被取走的部件全被偷走了,在第三天实验结束时,只剩下了一个金属外壳。令人吃惊的是,绝大部分破坏行为发生在白天,"冷漠"的路人完全看得见。与之相反,帕洛阿尔托的那辆车没有人动。

米尔格拉姆借用了电路和系统科学理论中的"超载"一词来形容这一城市生活带来的阴暗心理。在大城市,我们受到太多的景象、太多的声音、太多的"事件"以及太多的人的高频次持续轰炸,我们无法处理所有的感觉信息。如果我们要对每一个刺激做出反应,我们的认知和心理电路就将瘫痪,就像超载的电路板保险丝会烧毁一样。我们有些人的确会这样。米尔格拉姆认为,我们在大城市中碰到的反社会行为其实是对城市生活中的感官冲击所做出的适应性反应,如果没有这样的适应,我们就会烧断自己的保险丝。

我可以肯定,米尔格拉姆有关城市超载所引发的负面社会心理后果的观察和猜测中存在的讽刺倾向肯定没有逃过你的法眼。我一直以来都在称赞的观点和财富创造、创新、吸引人才的潜在动力等,这些都是城市生活的积极一面,即简·雅各布斯一直称颂的人与人之间的连接以及随之而来的城市繁荣。相反,这些实验却揭示了我们为从大城市获利而不得不付出的代价。这是连接性增强以及城市规模增大而带来的超线性规模缩放所引发的"好、坏、丑"后果的又一维度。在大城市，人均拥有的不仅仅是更高的工资、更多的专利、更多的餐厅、更多的机会、更多的社会活动和更大的繁荣，还有更多的犯罪和疾病，以及生活在更大的压力、烦恼、恐惧之下，信任和文明程度更低。正如我在后面将会讨论的那样，这些结果中的许多都可以追溯至大城市生活节奏的加快，它是网络理论可以预知的后果之一。

6. 你有多少亲密的朋友？邓巴和他的数字

在前几节中，我对城市内部社会互动的一些共性特点进行了概述。这就让我们自然地继续讨论，城市基础设施网络的系统性自相似性和分形几何如何在社会网络中得到反映。首先，值得再次重复的是，六度分隔理论告诉我们，与表象不同，我们之间的相互联系远比我们所知的更加密切。此外，小世界网络通常会表现出幂律规模法则的特点，反映出潜藏的自相似性质以及个体小集团数量上的优势。这种模块式的群组结构是我们社会生活的核心特点，无论是我们的家庭、我们的亲密朋友圈、我们工作时所在的部门、我们的邻居，还是我们生活的整座城市。

50多年来，理解并解构社会群体结构一直都是社会学和人类学的重要焦点。只是在过去20年中，这些结构的一些量化特点才开始显现。其中部分是受到了进化心理学家罗宾·邓巴（Robin Dunbar）及其合作伙伴所做研究的驱动。他们提出，一个普通个体的社会网络可以被解构为离散嵌套集群的层次序列，它们的规模遵循令人惊讶的规律模式。[15]每一层次的群体规模都会随着其在层级结构中的升级而系统性增长，比如从家庭增长到城市，而处于群体中的人们之间联系的强度则会系统性减弱。举例来说，大多数人都会与最亲密的家庭成员有着强有力的联系，但与巴士司机或市政厅成员的联系则非常弱。

邓巴的研究部分是受到社会灵长类动物群落的研究以及从采猎者到现代公司等人类社会的人类学研究的驱动，邓巴发现，这一层级结构似乎有着一种规律的数学结构，而且遵守非常简单的规模法则，让人想起自相似与分形行为。邓巴和他的合作伙伴发现，在层级结构的最底层，在任何时刻，与普通个体有着最紧密关系的人只有5个。这是与我们关系最亲密的人，也是我们最关心的人，他们通常是家人——父母、孩子或配偶，也可以是极其亲密的朋友或伙伴。在意图衡量这一核心社会群体规模的调查中，主要界定依据之一是"受访者在寻求个人建议或处在情绪和经济忧虑时想到的人"。

下一层级则包括通常被人们称为亲密朋友的人，人们享受和他们度过的有意义的时光，或许在有需要时会向他们寻求帮助，即便与他们不像与核心圈里的人那样亲密。这一层级通常包括大约15人。再往下一个层级则是或许被人们称作朋友的人，尽管人们很少会邀请他们共进晚餐，但是会邀请他们参加派对或聚会。这一层级或许是由同事、街角的邻居或不经常见面的亲戚组成，通常会有50人。

接下来的这个层级定义了你在个人互动领域的社会边界，通常是人们口中所称的"普通朋友"——仅仅知道他们的名字，并且与他们存在社会联系。这一群体大约由150人组成。这个数字通常被称作邓巴数字，获得了一定程度的大众媒体的关注。

你可能会注意到，量化这些群体中连续层级的数字序列彼此按照近似的比值——3顺序相关，即5，15，50，150。这一规律是我们所熟悉的分形模式，不仅见于我们自身的循环和呼吸系统的网络层级中，而且见于城市的交通模式中。除了这些网络的实际流量之外，它们之间主要的几何差异是分支比的数值，即层级结构中每一级的单位数量和人数与下一级的比值。有证据表明，在社会网络中，这一分支比为 3 的模式会在群体中会持续超过 150 级，其规模将按照 500，1 500 这样的模式扩展下去。我们无须过分苛求这些数字的精确性，因为数据有着极大的变化。我们的重点是，通过粗粒度的透镜来看，社会网络展示出了近似分形的模式，许多不同的社会组织都呈现这一特点。虽然这一模式保持静止，网络中的个体成员或许会随着时间发生变化，或者会随着你与他们关系的紧密或疏远从一个层级跃至另一个层级。例如，父母双亲中的一位或许会移出你的核心圈，被配偶或亲密的朋友取代；或者你会在一场派对上随意见到某人，而他此后会成为你的 150 人中的一员。如果不考虑这种变化，那么由 4~6 人组成的核心群体的网络通用结构不会发生变化，而嵌套群组的结构也不会发生变化，虽然各层级的规模会以 3~150 的倍数增长。

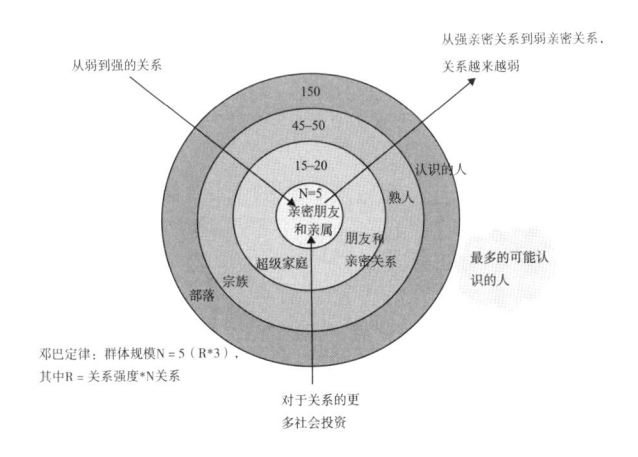

图 7-12 邓巴数字序列图

上图反映了社会互动的模块结构中的分形层级。随着模块中群体规模的扩大，互动强度不断减弱。

规　模

数字 150 代表了一个普通人通常能够与其保持联系、将其视作普通朋友，并因此成为其社交网络成员的个体的最大数量。因此，这也是一个群体中的个体保持凝聚力并维持社会关系的近似规模。邓巴发现了许多运转正常的社会单元的例子，它们的规模都在这一奇妙数字附近浮动，从采狩者群体到罗马帝国的军队，从 16 世纪的西班牙到 20 世纪的苏联，皆是如此。

邓巴猜测，这一显而易见的普遍性的源头是人类大脑认知结构的进化：我们不具备管理超出这一规模的社会关系的计算能力。这表明，群体规模超过这一数量将使得社会稳定性、连贯性和连接性减弱，并最终导致群体解散。对于那些以群体认同和凝聚性为核心因素的群体而言，意识到这一局限性和社会网络结构的更广阔含义非常重要。对于以稳定性、了解其他个体、社会关系作为衡量表现优劣的必要因素的情况而言，更是如此。在公司、军队、政府管理机构和官僚机构、大学以及研究机构中，这些信息和这一思考方式有助于提升其业绩、生产力和组织所有成员的普遍幸福感。

邓巴最初利用简单的规模法则预估出了这一数字，并对从灵长类动物社群到人类社会的群体规模进行推算。邓巴和他的同事们发现，社会灵长类动物群体的规模随着它们大脑皮层容积的变化而按比例缩放。大脑皮层是大脑最复杂的部分，控制和掌管着高级功能，如感官知觉、运动指令的产生、空间推理、意识思维和语言等，因此也掌管着参与复杂社会关系的计算能力。大脑容积与组成社会群体的能力之间的假定关系被称为"社会脑假设"。邓巴进一步提出，这一关系的产生是有原因的，人类智力的进化主要是为了应对组建大规模、复杂社会群体的挑战，而非像通常所解释的那样，是应对生态挑战的结果。[16] 无论这一因果关系是否存在，邓巴利用大脑容量的相关性估计 150 是人类社会群体的理想规模。

由于大脑容量随代谢率线性变化，我们可能会用人类与灵长类动物的代谢率比值，而非大脑皮层容量的比值，来确定人类社会群体的理想规模。通过这一方式同样会得出150这个数字，与邓巴不同的是，我们会据此认为这一数字与资源和代谢率等生态挑战相关，而与群体构成的认知挑战无关。如果缺少根本性理论的指引，没有强化分析并提出进一步可测试的预测，人们将很难分辨这两种假设，即群体结构的进化是对社会压力的反应，还是对代谢生态压力的反应。这凸显了经典矛盾，即在何种程度上可以从相关性上推断出因果关系：因为两件事情相互关联并不意味着其中一件事情是因另外一件事情而起。

说到这一点，我必须承认，我更加接受普遍的观点，即社会网络结构源于进化的压力，无论是社会压力还是环境压力，因为这意味着社会网络的自相似分形特点已经融入我们的DNA中，并由此也融入我们大脑的神经系统中。此外，由于组成负责认知功能的神经元回路的大脑白质和灰质本身的几何形状便是分形的分级网络，这表明，社会网络潜在的分形特性其实是我们大脑物理结构的表现。这一猜测还可再向前推进一步，城市的结构和组织是由社会网络的结构和动力学决定的，城市的普遍分形特点可以被视作社会网络的普遍分形特点的表现。

总的来说，我们可以得出大胆的猜测：城市事实上是人类大脑结构按比例缩放后的表现。这是一个相当疯狂的猜想，但它生动地具象化了"城市拥有共性"这一观点。简而言之，城市是人们之间互动的代表，它隐藏在我们的神经网络中，并因此也隐藏在我们大脑的结构和组织中。奇怪的是，这或许不仅仅是一个比喻，还可能意味着，代表其物理和社会经济流动的城市地图是我们大脑神经网络几何图形和流动的非线性表现。

7. 词语与城市

令人吃惊的是，与生物学不同，在我们的实证研究进行之前，很少有人关注城市、城市系统或公司的规模法则。原因可能是很少有人会想到这一复杂的、从历史上来说是偶然出现的人为体系能够表现出任何系统性定量规律。此外，与生物学或物理学相比，城市研究中也很少存在这种建模的传统和直面数据的理论。然而，有一点是例外，那就是著名的规模法则——齐普夫定律，它依据城市的人口规模对其进行排列并得出了规律。图 7-13 体现了这一点。

这是一个很有趣的观察结论：最简单地说，齐普夫定律认为，一座城市的等级数字与其人口规模成反比。因此，在城市体系中，规模最大的城市的规模应该是排名第二位的城市的两倍，是排名第三位的城市的三倍，是排名第四位的城市的四倍，以此类推。举例来说，在 2010 年的人口普查中，美国最大的城市是纽约，人口总量为 8 491 079。根据齐普夫定律，第二大城市洛杉矶的人口规模应该为纽约的一半，即 4 245 539 人；第三大城市芝加哥的人口应该是纽约的 1/3，即 2 830 359 人；第四大城市休斯敦的人口应该是纽约的 1/4，即 2 122 769 人。而实际数字为：洛杉矶 3 928 864 人，芝加哥 2 722 389 人，休斯敦 2 239 558 人。根据齐普夫定律进行的预测，误差不超过 7%。

齐普夫定律得名于哈佛大学语言学家乔治·金斯利·齐普夫（George Kingsley Zipf）。他出版于 1949 年的著作《人类行为与最小努力原则》（*Human Behavior and the Principle of Least Effort*）令这一定律广为人知。[17] 齐普夫于 1935 年首次阐释了这一定律，但他当时说的并不是城市，而是语言中词汇的使用频率。该定律最初是这样说的，莎士比亚的戏剧、《圣经》，甚至本书的书面文字中，所有词汇出现的频率与其在频率分布表中的排名是成反比的。因此，最常出现的词汇的出现频次是第二常出现词汇的两倍,是第三常出现词汇的三倍,以此类推,正如图7-14所呈现的那样。例如,针对英语文本的分析显示,最常出现的词汇是"the",占所有使用的词汇数量的7%;排名第二位的词汇是"of",占比为"the"的一半,即3.5%;排名第三的则是"and",占比约为2.3%。

更加神奇的是,这一定律在大量例子中都适用,包括轮船、树木、沙粒、陨石、油田、互联网流量的文件大小等。图7-15表明公司规模的分布也遵循这一定律。鉴于其令人吃惊的普遍性及其所带来的意义,齐普夫定律对于许多研究人员和作家而言都具有一种奇特的神秘感,他们被这一定律令人惊讶的简单性深深吸引。齐普夫及其定律追随者都曾思考过这一定律的由来,但截至目前仍未达成共识。

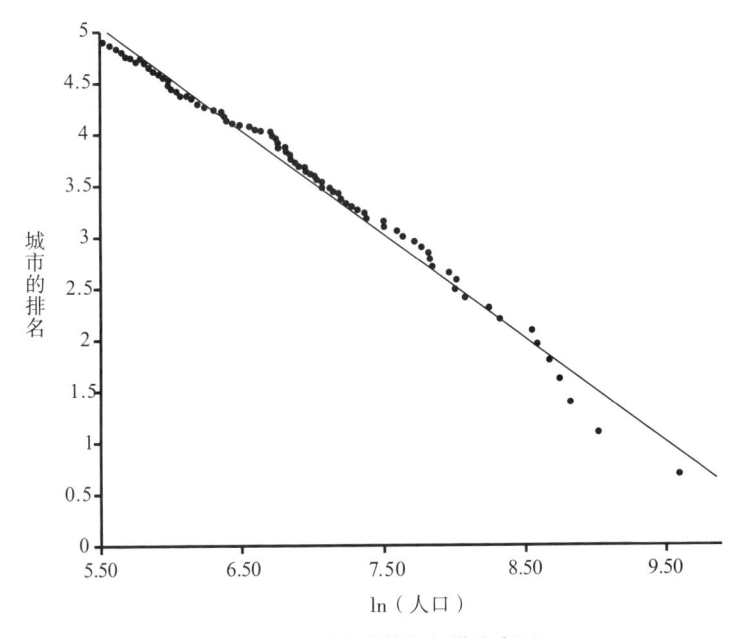

图7-13 城市的等级规模分布图

规 模

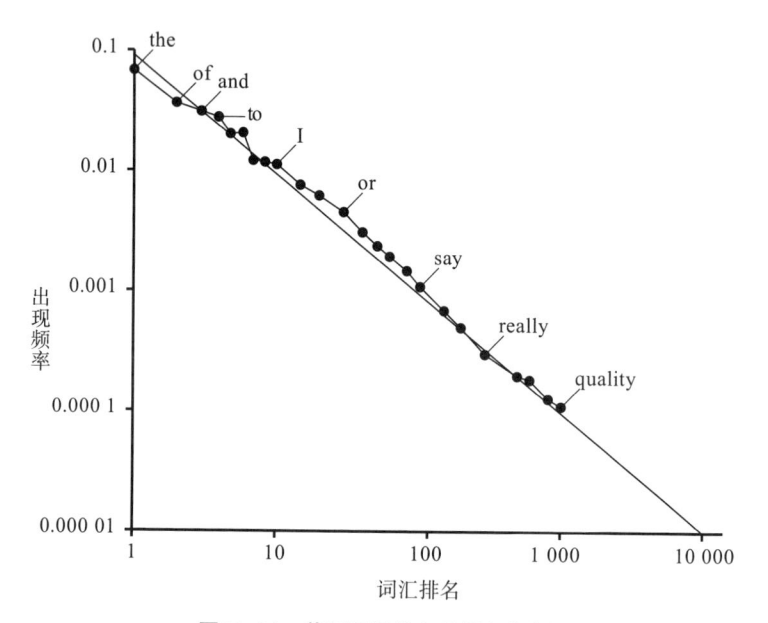

图 7-14 英语词汇的出现频率分布图

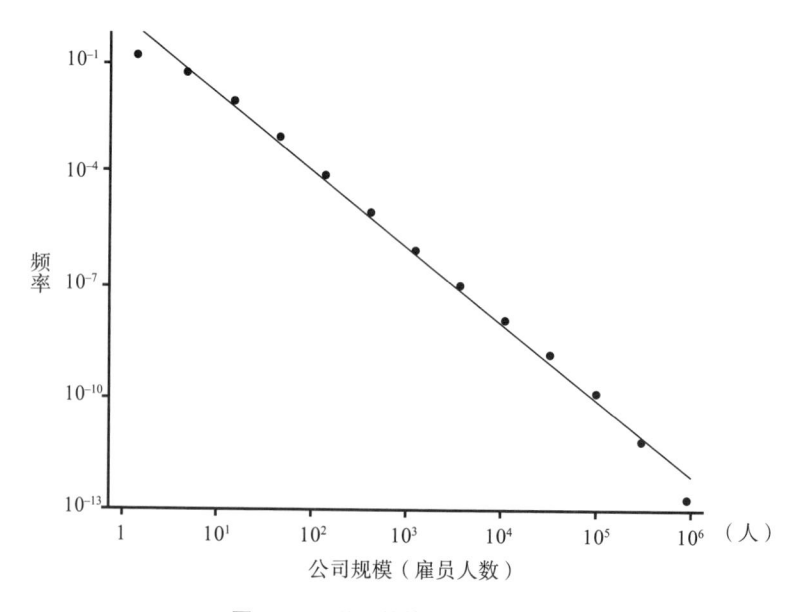

图 7-15 公司的等级规模分布图

图7-13是美国城市的等级规模分布图，纵轴对应的是城市排名，横轴对应的是人口规模。需要注意的是，规模频率最高的对象存在很大偏差（语言中是"the"，城市中是纽约）。图7-14展示了英语语言中词汇频率分布的齐普夫定律，纵轴对应的是词汇的出现频率，横轴对应的则是它们的排名。图7-15是美国公司的等级规模分布图，如图7-14一样，纵轴对应的是频率，横轴对应的是规模排名。

在经济学中，齐普夫定律其实在齐普夫提出之前便已经存在，颇具影响力的意大利经济学家维尔弗雷多·帕累托（Vilfredo Pareto）发现了这一规律，他把这一定律阐释为全体居民收入频率分布，而不是排名。这一同样适用于收入、财富、公司规模等诸多经济学指标的频率分布遵循简单的幂律，指数约为 −2。如果表述为排名，该指数便与齐普夫定律表述的内容一致。它对显而易见的经济学现象进行了定量分析，即富有人群或大型机构只占极少数，而穷人和小规模机构则占大多数。帕累托法则通常也被称作"二八法则"，人口中最富有的20%人群控制着80%的整体收入，全球各国基本上都是如此。同样，一家公司80%的利润来自20%的客户，80%的投诉也来自20%的客户。这一不对称性也是齐普夫定律的特点，大型机构数量很少，小规模机构则有许多。例如，你只需要了解一本字典20%的内容便可以了解80%的文字；80%的人口居住在占比为20%的超大城市中。处于二者之间的所有一切都符合这一反比定律。

尽管其具有普遍性，但齐普夫定律和帕累托法则经常会出现大的偏差。如果就此得出结论，认为存在某些决定这些频率分布的清晰特点的特定普遍原理，而没有把它们放入许多其他动态过程的更宏大的背景下考虑，那就太幼稚了。例如，只知道城市系统中的城市规模符合齐普夫定律，很难形成一门条理化的、综合的城市科学。至少还需要有关整个城市活动的所有其他规模法则，我已经提到过这些法则，其内容涵盖能量的流动、资源的流动和信息的流动,而不仅仅是了解规模频率分布。尽管这些分布很吸引人,我仍然把它们看成另一个现象级的规模法则,没有特别的根本重要性。

尽管如此,事实上,如此众多且不同的现象都存在齐普夫式的分布,这意味着它们表现出了某些系统性的共性,而这些共性独立于个体特性以及个体的具体动力学。这让我们想起了钟形曲线分布的普遍性,这种曲线通常被用来描述围绕某些平均值的数据波动。从技术上来说,这被称作高斯分布或正态分布,每当一系列的事件或实体被随机分布,变得互不相关、相互独立,便会在数学上形成高斯分布或正态分布。举例来说,美国男性的平均身高约为5英尺10英寸(1.77米),他们身高的频率分布就在这一平均值附近,符合经典的高斯钟形曲线的分布特点。它会告诉我们某些人达到特定身高的概率。高斯统计学适用于所有科学、技术、经济学和金融,可以用来分配不同事件发生的统计概率,比如对天气进行预报或者从人口调查中得出结论。然而,通常会被遗忘的是,对于这些概率的预期是基于个体事件相互独立而做出的,它们彼此之间也被视作互不相关,无论是用今天的气温来对比历史记录,还是用一个人的身高来对比其他人的身高。

高斯钟形曲线如此普遍、如此被人当作理所当然,以至人们不加思考便认为所有事物都是如此分布的。因此,齐普夫定律和帕累托法则等幂律分布难见天日。人们会很自然地认为,城市、收入以及词语都是按照经典的钟形曲线随机分布的。如果事实如此,大城市、大公司、富人、常用词汇的数量就会比现实少得多,因为它们都遵循尾巴更长的幂律分布,这意味着,如果它们都遵从高斯统计,小概率事件的数量就会远远多于预计。我们通常说,幂律有"胖尾",以此来形容这一区别。很明显，一本书中的词汇是存在相互关系的，并不是随机的，因为它们必须组成有意义的句子，就像城市一样，它们也是统一的城市系统的一部分。因此，这些分布并非高斯式分布也就不那么令人感到惊讶了。

我们遇到的大多数有趣现象都可以归入这一行列，包括地震、金融市场冲击、森林火灾等灾难的发生等。它们都具有"胖尾"分布特点，与经典的高斯钟形曲线分布相比，小概率事件会更多，如规模巨大的地震、市场重大冲击、猛烈的森林火灾等。此外，由于这些都是自相似的过程，所以在所有数量级上都存在同样的动力学。因此，在市场遭遇重大冲击时，使得金融市场出现小幅调整的同类机制也在发生作用。这与高斯统计的随机性质形成了鲜明对比，不同数量级的事件被认为是相互孤立的、毫无关联的。讽刺的是，经济学家和金融分析师通常在其分析中采用高斯统计的方法，忽略了"胖尾"和相关性的优势。听者小心！

鉴于与小概率事件之间的联系，以分形行为为基础的幂律分布和模型在新兴的风险管理领域更流行也就不足为奇了。无论是金融市场、工业项目失利、法律责任、信贷贷款，还是事故、地震、火灾、恐怖主义等，用来衡量风险的通用指标是综合风险指数，风险事件的影响力会因为其发生频率上升而成倍增长。这种影响通常会用预估伤害的美元成本来表达，而发生概率则在某种程度上遵从幂律。随着社会变得越来越复杂、越来越不喜欢风险，发展风险科学正在变得越发重要。因此，理解"胖尾"和小概率事件是学术界和企业界共同感兴趣的领域。

8. 分形城市：社会与自然一体化

作为构成城市的两大主要因素，物理基础设施和社会经济活动都可以概念化为自相似分形网络结构。分形通常是进化过程的结果，在这一过程中，某些特点得到不断优化，如确保生物体中的所有细胞或城市中的所有人都能够得到能量和信息的供应、通过使运输时间最小化实现效率的最大化、用最小的能量在最短时间内完成任务等。不太明显的是社会网络中被优化的因素。例如，并没有令人信服的基于基础原理的解释，用来帮助人们理解邓巴发现的层级结构，或他的数字序列的来源。即使社会大脑的假设是正确的，也无法解释社会组织分形特点的由来或数字150源于何处。有迹象表明，这些普遍性特点来自此前提出的猜测，即利己主义（所有个体和公司都想要使自己的资产和收入最大化）和社会空间最大填充的概念是根本驱动力。肯定还有很多工作等待我们去做，从而构建社会网络的量化理论，许多令人感到兴奋的挑战也等待着我们进一步去发掘。

城市中的所有社会经济活动都围绕着人与人之间的互动进行。就业、财富创造、创新和观念、传染病的传播、医疗卫生、犯罪、维护治安、教育、娱乐等现代智人的所有追求，同时也是都市生活的标志，都是以人与人之间信息、产品和金钱的持续交换为支撑，并因此而产生的。城市的职责是推动并增强这一过程，提供适当的基础设施，如公园、餐厅、咖啡馆、体育馆、电影院、剧院、公共广场、市场、写字楼和会议厅等，以鼓励并强化社会互动。

因此，反映此类活动的所有社会经济指标都与城市中的人们之间连接的数量或产生的互动成比例关系，我们在此前回顾城市规模法则时也讨论过这些指标。如果每个人都能与其他任何人相互作用，在一年的时间内，每个人都与城市中的其他所有人进行过有意义的互动，人们之间互动的总量便可以通过一个简单的公式计算出来：用城市人口总数乘以每个人可以联系到的其他人的总数，即城市人口总数减1。例如，如果你是一个10人小组中的一员，你只能同其他9个人相互联系。此外，你还要把结果除以2，因为你和其他人的联系与其他人与你的联系没有什么不同，你不能重复计算两次，它们是对称的，是一回事。

因此，城市居民之间成对联系的总数，便是城市人口总量 ×（城市人口总量 −1），然后再除以2。这看上去似乎有些拗口，但其实非常简单，我将会举例进行解释。

如果只有2个人，例如只有你和你的伙伴，根据上述公式，联系的总数将是 2×（2−1）÷2 = 2×1÷2 =1，这个答案显然是正确的：你们两人之间只会有一个简单的联系。让我们假设又增加了一个人，形成了三人组，根据上述公式，就会有 3×（3−1）÷2 = 3×2÷2 =3 个相互独立的成对联系，这显然也是正确的：A 和 B，B 和 C，C 和 A。现在，让我们将人数增至4人，联系的数量将变成 4×3÷2=6，这比仅有3人时翻了一番，尽管只增加了1人。假设我们将人数再翻一番，增加至8人，联系的数量便会从6增长至 8×7÷2=28，增长了4倍多。如果人数再次翻番，增至16人，联系的数量可能会再增长4倍多，从28增长至120。事实上，规模每次翻番，联系的数量便会增长4倍左右。其中的经验是明确的：人们之间联系的增速要比人数的增速快得多，接近于人数平方的一半。

人们之间联系的最大数量与总人数之间的简单非线性二次平方关系带来了各种各样有趣的社会影响。例如，我的妻子杰奎琳（Jacqueline）很喜欢晚餐聚会，喜欢大家围在一起讨论一个简单的话题。因此，她不愿意参加人数超过6人的晚餐聚会。在6个人的聚会中，两两独立的对话数量可能会是 6×5÷2=15，而这些对话都必须被"压制"，以使一个单独的集体话题出现并持续下去。这是有可能的，人们可能会猜测，其他客人的数量——5，正好呼应了邓巴提出的普通人核心圈规模的数字。

规　模

如果桌上坐着 10 个人，就会有 45 种类似的二元可能性，这会不可避免地导致群组的巴尔干化，会分裂为 2 个、3 个或者更多的单独对话。当然，许多人更喜欢这种形式，但值得我们牢记的是，如果你想要达到某种群体亲密，超过 6 个人将会变得极具挑战性。

与大多数家庭相比，我祖父母的家庭规模都更加庞大，由 10 个人组成：8 个孩童和 2 个成年人。因此，在不同的年龄和个性之间，便会产生 45 种二元的关系，带来了互动的多样性。如果这些互动遵循邓巴模式，除了父母，每名儿童都会与 2 名或 3 名手足存在密切联系。任何人都无法做到平等地爱每一个人，这通常是现实情况。另一方面，我的核心家庭成员包括我的妻子和我们的两个孩子，这个由 4 人组成的小团体会产生 6 种相互独立的关系。我的每一个孩子只需要处理 5 种不同关系即可，而我的祖父母要应对 44 种关系，尽管其群体人口数量只是我们家庭的两倍半。如果不对家庭规模大小的优点和缺点进行评判，人们很难不被这种差异巨大的家庭动力学所触动，并猜测由此可能会产生影响深远的社会心理后果，即 20 世纪随着家庭规模的缩小，社会心理必然会产生变化。

现在，让我们回过头来看看这在整座城市中是如何产生的。如果一个庞大快乐的家庭中的每一个人都能与其他人产生有意义的互动，上述论点就意味着，所有的社会经济指标都应该随人口规模的平方按比例增长。这意味着指数为 2，肯定是超线性的（它比 1 大），但远远大于 1.15。然而，这是极端、不现实的例子，它假设所有人都处于一种狂热的状态中，持续、完整地与自身进行互动，就像是葡萄干或坚果在超高速电子搅拌器的作用下在蛋糕面团中不断翻滚。这很明显是不可能的，而且也不是人们所希望的。即使是在人口仅有 20 万的小城市，都会产生大约

200亿种可能的人际关系，即使每个人每年只花1分钟处理每段关系，他们也必须花费一生的时间来与其他人相互联系，这会使他们没有时间从事其他事情。设想一下将之延伸至纽约或东京。邓巴数字也存在限制，根据这一规律，我们难以与超过150人的人群保持有意义的关系，更别提与数十万或几百万人保持联系了。正是这一互动数量的限制使得超线性指数远低于其最大的可能值——2。

这表明，社会互联和社会经济数量规模会随人口规模变化而超线性变化存在天然的解释。社会经济数量是人们之间互动或联系的总和，取决于他们如何相互联系。在极端的情况下，每个人都与其他所有人互动，这便会导致指数为2的超线性幂律。然而，在现实中，存在诸多能够影响每个个体能够与多少人互动、互动的密度和广度如何的因素，这些都会使指数的数值小于2。

我们与城市中的其他人进行互动的数量和频率受限的根本原因在于空间和时间所造成的潜在限制。一个显而易见却微妙无比的根本限制是，我们所有的互动和相互关系都必须发生在物理背景下，无论是在房屋、办公室、剧院、商店还是在大街上。无论你如何与其他人沟通，即便是在手机上通过卫星以光速交流，还是在互联网上购买你需要的所有产品和供给品，你必须身在某地。你或许会坐在一栋建筑物内的某个房间里，站在或走在大街上，乘坐地铁或公交车，但无论你身在何处，你必须处于某种物理空间内。我强调这一显而易见的事实是因为，互联网的发展和网络科学的快速发展使人产生了一个具有误导性的印象，即社会网络悬浮在空间内，似乎不再被重力和物理世界所累。这正是我在前面介绍的社会网络被视作中心和连接的常规印象的一个实例。这些社会互动的拓扑表现是受到网络理论启发而形成的抽象概念，将个体描述为悬浮在多维空间内、缺乏肉体性的短暂存在，而非坐在厨房、咖啡馆、办公室、大巴车上相互交谈的真实人类。令人感到惊讶的是，尽管最近有大量关于社会网络的组织、结构和数学的研究，几乎没有人承认它们与物理世界的现实之间存在直接和必要的联系。这里的物理世界主要是指城市环境。

这便是一座城市的基础设施发挥作用的地方：正如我此前所强调的那样，基础设施在城市中的角色是推动和促进社会互动。这又引发了另外一点：我们不仅必须身处城市中的某处，同样重要的是，至少在某个时间段内，我们还必须从某个地方走到另外一个地方。城市中的人不能是静止不动的，他们的移动对于他们的生存和活力至关重要。我们一直在从一个地方移动到另外一个地方，无论是去办公室或工厂上班，还是返回家中睡觉和吃饭、前往商店购买食品，或到剧院娱乐。从日和周的时间框架来看，城市中的人们事实上是在不断移动的状态之中，这种状态与城市的交通系统相互交织并受到后者的限制。对于城市运转至关重要的移动性和社会互动造成了空间和时间上的限制，这与社会和基础设施网络的结构、组织和动力学存在密切的联系。

在第3章和第4章中，我已经对生物学中的普遍规模法则进行了解释，同时也揭示了理解生物系统诸多方面的宏观理论，这些理论在网络的通用数学性质的基础上发展而来。同样，基于城市中社会和基础设施网络的普遍特性的观念必须被翻译成为数学语言，以发展出类似的、能够推导出城市规模法则的宏观城市理论。在后面的内容中，我将努力说明，这些是如何不借用奇妙的技术细节、只聚焦于概念框架及其中所涉及的必要特点便得以实现的。

按照这种精神，个体被视作社会网络中的"不变终端单位"，这意味着，平均而言，每个人都在城市内大致相当的社会和物理空间内活动。

这与邓巴数字以及城市中移动的时空限制所带来的影响一致。回想一下，我们所处的物理空间中充满了空间填充的分形网络，如道路和服务于基础设施终端的公共事业管线，这些终端包括我们居住、工作和互动的房屋、商店和办公楼，而且我们也必须在它们之间移动。这两种网络的整合，即空间填充的分形社会网络所代表的社会经济互动必须固定在城市的物理空间之中，而这则是以空间填充的分形基础设施网络为代表的，它们决定了一座城市中的居民平均互动的数量。正如此前讨论过的那样，这个数量决定了社会经济活动如何随人口规模按比例缩放。

把城市比喻为活着的生物体主要源自其物理特性。这在运输能源和资源的网络中表现得最为明显，如电、气、水、汽车、卡车和人等，正是城市的这些组成部分使得其类似于生物界的网络，比如我们的心血管和呼吸系统，或者植物和树木的维管系统。空间填充、不变终端单元和优化（例如，旅行时间和所耗能量最小化）这三个观念组合在一起使得这些网络具有分形特点，一些基础的指标根据亚线性指数的幂律按比例变化，该指数表明其规模经济遵守15%法则。

当这些对于移动性和城市居民之间的物理互动空间的限制被施加在社会网络的结构中之后，就会产生一个重要的、意义深远的结果：一座城市中平均每个居民与其他人的互动数量与随城市规模而变的基础设施建设规模呈反比关系。换句话说，基础设施与能量利用的亚线性规模缩放的程度与普通个体社会互动超线性规模缩放的程度相当。由此一来，控制社会互动的指数，以及所有的社会经济指标——好的一面、坏的一面、丑陋的一面与城市规模之间的比例缩放关系遵循15%法则——均大于1（1.15），正如控制基础设施和能量以及资源流动的指数均小于1（0.85），数据表明了这一点。图7-2~图7-6中所有斜线的斜率均超过1，其程度等同于图7-1中斜线的斜率小于1的程度。

从网络缩放的意义上说，物理性和社会性相互对照，我们可以把物理城市及其建筑物、道路、电路、燃气管道、水管等网络想象成与社会经济城市及其社会互动网络相反的非线性代表。城市就是人。

城市规模每扩大一倍所带来的社会互动以及收入、专利、犯罪等社会经济指标15%的增长可以被看成物理基础设施和能量使用节约15%所带来的额外红利或报酬。社会互动的系统性增长是城市中社会经济活动的根本驱动力：财富创造、创新、暴力犯罪以及繁荣和机遇都通过社会网络和范围更广的人际互动而得到传播和提升。

但城市同样可以被看作社会化学反应的催化剂和熔炉，社会互动的增多带来了创意、创新和机遇的增长，而它们的红利则是基础设施规模经济的增长。正如提高气体或液体温度便会使分子之间的碰撞率增长一样，城市规模的增长也会使其居民之间的互动率和互动数量增长。打个比方，扩大城市的规模可以想象成提高其温度。从这个意义来说，纽约、伦敦、里约和上海都是热城市，尤其是与我居住的圣塔菲相比，最初用于形容纽约城的"熔炉"恰恰是对这一比喻的绝佳表达。

无论其规模如何，一座成功城市的标志是，它能够提供物理环境、文化和风景，利用其具有吸引力的城市风景和聚会场所，用户友好型和易用的交通及交流系统，以及对于社区、商业、文化、承诺和领导角色等观念的支持，推动并提高多样化的社会互动。城市其实就是刺激和融合物理与社会之间持续的正反馈动力学的机器，两者之间的相互作用使对方成倍增长。正如我在下一章即将阐释的那样，正是这一倍增机制最终带来了开放式指数级增长，而这正是经济与城市的特点，我们已经对这种增长上瘾了。

07 走向城市科学

或许并不令人吃惊的是，社会互动、社会经济活动增长与更大的规模经济之间存在相互关系。然而，令人吃惊的是，遵循这一简单数学法则的重要相互关系可以表现为一种优雅的普遍形式：基础设施和能量使用的亚线性恰巧与社会经济活动的超线性相反。因此，按照相同的15%法则，城市越大，每个人的收入、创造、创新和互动越多，每个人所经历的犯罪、疾病、娱乐和机遇也越多，而所有这一切都要求每个人使用的基础设施和能量却越少。这是城市的天才之处。难怪这么多人都被城市吸引。

社会经济活动与基础设施规模经济之间的紧密反比关系源于作为二者基础的网络结构的反比关系。尽管社会和物理网络有着相同的属性特点，比如都是分形的、空间填充的，而且都有不变的终端单元，但二者之间依然存在某些重要的差异。其中一个会导致重要后果的主要差异是，网络内的规模和流动随着层级结构中的等级变化而按比例缩放。[18]

在基础设施网络系统中，如交通、水、燃气、电、下水道等，管、线、道路等的规模和流动从服务个体家庭的终端单元开始系统性增长，随着网络的延伸而不断增长至连接某些中央地点或仓库的主管道和动脉，这就像是我们的心血管系统的规模和流动会从毛细血管开始不断增长至主动脉，直至心脏一样。这是亚线性规模缩放和规模经济的源头。与之相比，在社会经济网络，即负责创造财富、创新、犯罪等的网络中，正如我们此前在讨论邓巴数字的层级结构时所解释的那样，会出现相反的行为。终端单元之间的社会互动和信息交流的强度是最大的，随着其在群组结构的层级中不断攀升，这种强度会系统性减弱，并导致超线性规模缩放，回报不断增多，生活节奏也会不断加快。

08
从流动性和生活节奏到社会联系、多样化、新陈代谢和增长

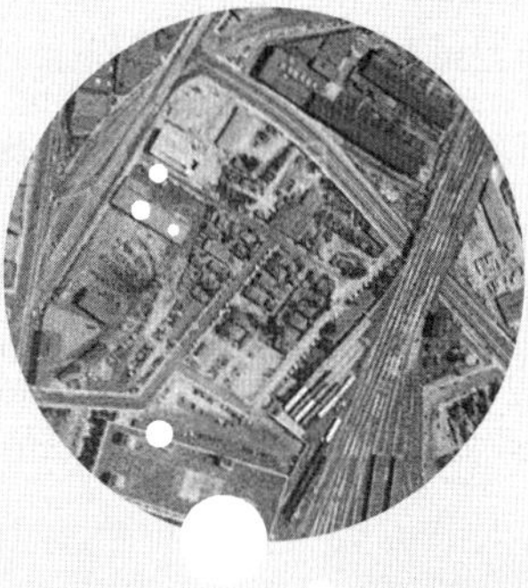

规 模

在本章，我将要探究在前几章中所阐述的城市总体理论的一些推论。尽管这一理论仍在不断完善中，我将通过几个例子来证明，我们在城市中所体验到的，以及从更广泛的意义上说，我们从参与日常社会经济活动中所体验到的一些现象，都根植于这一量化框架。从某种意义上来说，它应该被视作传统的社会科学和经济理论的有益补充，后两者的特点是更为定性、更加本土化、更多地基于叙述、更少的分析、更少机制性讨论。而从物理学角度出发的评论者则认为，我们要让量化预测与数据相对照，在某些情况下要与大量的数据相对照。

城市总体理论已经通过了第一轮的测试，为前几章中提到的规模法则的由来提供了自然的解释。它还对规模法则在不同指标和城市体系中的普遍特点，以及城市的自相似和分形的特性进行了解释。此外，该理论的分析还对众多规模法则中的大量数据进行了解释和精简，它们覆盖了城市的结构和组织，包括城市公民的社会经济生活。

尽管这是一个巨大的成就，但也只是一个开端。从这里出发，我们可以将理论延伸至一系列相关问题，不仅仅是城市和城市化，还包括经济学以及增长、创新和可持续性的根本问题。其中一个重要组成部分是，用数据来检验新的预测，以测试并确认理论，如将人与人之间社会联系的指标、人们在城市中移动的指标、某一具体地点的吸引力的指标等予以量化。例如，有多少人会到一座城市中的既定地点，他们去这个地方的频率是多少，从多远的距离到这儿？职业和企业的不同分布是怎样的？我们能在一座城市中找到多少眼科医生、刑事律师、导购员、计算机程序员或美容师，哪些数量会增长，哪些数量会减少？生命节奏的加速和开放式增长的由来是什么？最关键的是我将在第 10 章中要解答的问题——这些会是可持续的吗？

08　从流动性和生活节奏到社会联系、多样化、新陈代谢和增长

1. 生活节奏的加快

在此前的章节中，我曾证明过，城市规模的加大将带来人均社会互动的增加，与此同时，成本也会相应降低。随着城市规模的增长，创新、创意和开放式增长的大幅度增加便是明证。与此同时，这还导致现代生活的另一个重要特点的出现，即生活节奏似乎在持续加速。

正如此前所讨论的那样，如果我们把社会网络想象成分层的分级结构，作为端点的个体是"不变的终端单元"，然后我们从模块化组织系统性地扩大，从家人、亲密朋友、同事到熟人、工作团队和组织，每一层相应的互动次数和信息交流频率将会系统性减少，导致超线性比例变化。与更大型、无个性特征的集体（如城市或工作场所的管理方）相比，一个典型个体与其他个体相互联系的频率、花费时间交流信息的频率更高，无论是与家人、亲密朋友或同事。

相反的分层结构与基础设施网络相关。从终端单元（住所和其他建筑物）延伸至整个网络，规模和流动性在系统性增长，从而导致亚线性比例变化和我曾在第3章中所提到的规模经济。当时，我在谈及生物体的循环系统和呼吸系统时曾证明过，这一网络结构所带来的一个结果便是，随着生物体体积的增长，生命节奏会系统性减缓。大型生物体存活时间更长，心跳和呼吸频率更低，成长、成熟、繁育后代所需的时间更长，生活节奏也更慢。随着体积的增大，生物时间会系统性、可预测地根据1/4幂规模法则扩大。一只奔跑的老鼠从许多方面而言都是一头行动更快速的、体积缩小版的笨拙大象。

了解到这两种不同网络的反向联系之后，人们在看到社会网络中存在着两种完全相反的行为时也就不再感到惊讶了。与生活节奏随着生物体体积的扩大而系统性放缓相反的是，社会网络的超线性动力学将导致

生活节奏的系统性加速：疾病扩散速度更快、企业的成立和倒闭更加频繁、商业交易更加迅速，人们甚至走路更快了，所有这一切都遵从15%法则。这便是我们都感到纽约的生活节奏快过圣塔菲的根本科学原因，随着城市规模和城市经济的增长，普遍来讲，我们一生中的生活节奏会逐渐加速。

生活节奏的加速是根植于社会网络的持续正反馈机制所产生的自然现象，随着规模的扩大，社会互动会带来更多的互动，创意会激发更多的创意，财富会产生更多的财富。这是一种事物之间持续不断的、相互作用的表现，也恰恰是城市动力学的核心，它将会导致人与人之间社会联系的倍增，并表现为社会经济时间的超线性比例变化和系统性加速。就像生存时间会随着生物体体积的增大而根据1/4次幂规模法则系统性、可预测地增加一样，社会经济活动时间则会根据15%规模法则而压缩，两者都遵守网络几何和动力学所决定的数学法则。

2. 在不断加速的跑步机上生活：城市是一台不断缩小的时光机

如果你很年轻，或许无须太多的例证你便会相信，在人的一生中，生活的每一个方面几乎都在不断加速。这对于我来说是千真万确的。即使我现在已经70多岁，度过了人生中的许多大障碍，我依然发现自己在一台无处不在的"跑步机"上，而且它似乎在不断加速。无论我删除多少信息，也无论我回复了多少信息，我的收件箱经常是满的。我不仅无法完成今年的税单，甚至连去年的税单也未能完成，这是很危险的落后。我有大量的研讨会、会议和活动想要参加。我难以记住不同账户的各种密码。你肯定也会碰到过类似的问题：无论你多么努力，同样的时间压力似乎都不会减少。如果你住在大城市或有年龄较小的孩子或经营一家

08 从流动性和生活节奏到社会联系、多样化、新陈代谢和增长

企业,这甚至会更加糟糕。

这一不断加速的社会经济活动时间是城市世中现代生活不可或缺的一部分。尽管如此,与许多人一样,我沉浸在这样一种浪漫的景象中——不久之前,生活不那么繁忙、压力不那么大时,我们更加放松,有时间去思考。然而,还是请读一读德国诗人、作家、科学家和政治家约翰·沃尔夫冈·冯·歌德(Johann Wolfgang von Goethe)在两百年前、1825年法国的工业革命刚刚开始之时所说的话吧[1]。

> 现在一切都走向了极端,万事万物都在不停地自我超越,在思想上和行动上亦如此。人们不再了解自己了,不再熟悉他们所生活和工作的环境了,不再熟知他们所加工的材料了。纯粹的简单是不可能的,我们已经有了太多的简化物。年轻人被过早地唤起,然后被时代的旋涡卷走。世人皆赞赏和追求财富与速度。整个文明世界都企图拥有铁路、邮政快递、轮船和一切可能的交通与通信快捷工具,却只会让自己掌握过多的知识,并普遍拥有一种平庸的文化。此外,这也是普遍性的结果,一种平庸的文化成为普遍的文化……

尽管这段话只是有关生活节奏不断加速,以及由此而来的文化和价值观不断趋于平庸的片面评论,而且是使用稍显陈旧的语言表述的,但它听起来依然那么熟悉,令人难以忘却。

因此,生活节奏不断加速已不是什么新闻,但令人惊讶的是,它具有普遍性,能够通过分析数据加以量化和证实。此外,人们也可以利用社会网络的数学性来对生活节奏的加速进行科学理解,把它与增进创新和创造的正反馈机制联系起来。生活节奏的加速也是社会互动和城市化所带来的益处和代价的源头。从这个意义上来说,城市就是"时光加速机"。

规 模

社会经济活动时间的减少是现代生活的最显著、最影响深远的特点。尽管遍布我们所有人的生活之中，但这一特点从未获得应有的关注。我想要讲述一下我个人的经历，以亲身证明时间的加速以及随之而来的改变。

我第一次来到美国是在1961年9月，开始在加利福尼亚州的斯坦福大学物理学院就读研究生。我从伦敦的国王十字车站乘坐蒸汽火车前往利物浦，然后登上加拿大蒸汽机船"英国女皇号"，航行了将近10天，穿越大西洋，沿着圣劳伦斯河，最终才在蒙特利尔上岸。我休息了一整晚后便乘坐灰狗巴士，于4天后抵达加利福尼亚州。我在芝加哥的基督教青年会驻留了一晚后再次换乘。整个旅程是一场极其精彩的体验，让我在多个目的地之间穿梭，这同样也是对美国式生活中的丰富性、多样性、古怪性的体验，包括对美国庞大的地理规模的领略。55年过去了，我依然在消化吸收那次旅途中所经历的一切，继续了解美国价值，以及它所代表的一切。

那次旅行的路线通常会是当时大多数学生的首选，尽管与他们相比，我的家境更加普通。总的来说，我花了两周多的时间才从伦敦抵达了洛杉矶。在洛杉矶，我和一名朋友一起待了一段时间，然后继续开车前往帕洛阿尔托市。今天，即使是最贫困的学生都会在24小时之内从伦敦抵达洛杉矶，而且大多数人所需的时间更短，直飞航班只需要11个小时。即便是在20世纪50年代，人们也能十分舒适地从伦敦飞往洛杉矶，路途所需时间也不会超过15个小时。然而，如果我是在一百年前走过同样的旅程，我可能就需要花费几个月的时间。

这是过去几百年中交通旅途所需时间大幅缩减的生动案例之一。人们经常会说，世界变小了。很明显，地球并没有变小——伦敦和洛杉矶

08 从流动性和生活节奏到社会联系、多样化、新陈代谢和增长

之间的距离依然是约 5 470 英里，只是旅行时间缩短了，这为人们的个人生活、地缘政治等各个方面都带来了深远的影响。1914 年，苏格兰著名制图师、乔治五世的皇家绘图师约翰·巴塞洛缪（John Bartholomew）出版了《经济地理地图集》(*An Atlas of Economic Geography*)，通过搜集数据，对经济活动、资源、健康、气候条件，以及地球上所有已知地区的一切进行了阐释。[2] 其中一幅独特的地图是一张世界地图，上面显示了到达地球上每一个大体区域的距离。这非常具有启发性。例如，在 1914 年，欧洲的边界需要花 5 天时间才能走完，而今天则缩短至几个小时；同样，那时走完英国的边界需要花费几周时间，但现在神奇地缩减到不到一天的时间。中部非洲、南美、澳大利亚等大部分地区曾经需要两周的时间才能完成旅行，甚至连悉尼也是在行程一个月以外的地方。

然而，旅行时间只是生活节奏不断加速的体现之一，许多节约时间的创新方式使其成为可能。仅在我的一生中，便经历了从喷气式飞机到高铁列车的交通工具的改变，从个人电脑、蜂窝电话到互联网的通信工具的改变；见证了家庭购物、"免下车"快餐厅和材料供应商的出现，微波炉、洗衣机和洗碗机等家庭辅助设备的出现，毒气、地毯式轰炸和核武器的战争手段的出现，等等。在所有这一切出现之前，想一想蒸汽机、电话、摄影、电影、电视和广播电台所带来的革命性变化。

上述这些伟大发明的巨大讽刺之一便是，它们原本是要让生活变得更加简单、更加可控，以给我们节省更多的时间。的确，当我还很年轻时，权威人士和未来学家便在谈论这些节约时间的发明会为人类带来多么光明的前景。当时，人们经常讨论应该如何利用大把的空余时间。人类拥有了廉价的核能源以及所有美妙的机器来代替我们进行体力和脑力劳动，工作日的时间将会更短，我们将会和家人、朋友一起度过很多

美好的时光,就像是几个世纪前淑女和绅士的无聊却优越的生活那样。1930年,伟大的经济学家约翰·梅纳德·凯恩斯(John Maynard Keynes)曾写道:

> 人类首次遇到的真正的、永恒的问题是,摆脱压迫人们的经济束缚后,应该如何利用自由?科学和复利的力量将为我们赢得闲暇,而我们又该如何消磨光阴,更明智惬意地生活呢?

1956年,查尔斯·达尔文的孙子查尔斯·达尔文爵士在《新科学家》(New Scientist)杂志上就即将到来的"闲暇时代"撰写了一篇论文,其中写道:

> 假设每周有50个小时的工作时间。技术专家每周工作50个小时进行发明创新,其他人因此只需要每周工作25个小时。社群中拥有更多闲暇时间的成员将在剩余的25个小时之内玩游戏,才能保证不胡闹。大多数人真的能够面对闲暇享受的选择?为成年人提供类似于学龄儿童的必修游戏是否不必要?

上述观点都大错特错了。他们预期的主要挑战是,如何让人们有事做,以免无聊至极。事实上,"技术专家每周工作50小时"所带来的"科学和复利"并没有给予我们更多时间,反而让我们的时间减少了。城市化所带来的社会经济活动相互作用的倍增复利不可避免地造成了时间的压缩。我们面临的真正挑战是要避免加速迈向死亡所造成的焦虑、心理崩溃、心脏病、中风,而非无聊至极。

我猜测,在完全不同的意义上人们或许会说,事实上,查尔斯爵士无意识地说对了一部分。毕竟,人们可以说,电视和信息技术革命给社

08 从流动性和生活节奏到社会联系、多样化、新陈代谢和增长

会带来的最大影响是"为成年人提供类似于学龄儿童的必修游戏"。除了脸谱网（Facebook）、推特（Twitter）、照片墙（Instagram）和其他社交媒体以外，还有什么能够统治我们的生活、占据我们的时间呢？它们的确服务了其他目的，提升了我们的生活质量，但我们难免会对其上瘾。人们很容易会把它们当作"必修游戏"，或者取代鸦片成为21世纪版的、马克思口中所称的"人民鸦片"。无论如何，这些都是最近兴起的推动社会时间加速的发明的主要例证。

接下来，我将会介绍一个受网络规模缩放理论（network scaling theory）启发的增长理论，并论证我们需要以更快速度的创新和范式转移，来维持持续的开放式增长，并由此进一步推动时间的加速。然而，在此之前，我想要阐述一些明确的例证——其中一些运用了大数据——来证实并测试该理论所提出的多个量化预测，其中就包括生活节奏的加快。

3. 通勤时间和城市规模

20世纪70年代，一名以色列交通工程师雅各布·扎哈维（Yacov Zahavi）为美国交通部以及世界银行撰写了一批精彩的城市交通报告，帮助解决由于城市持续增长、交通堵塞成为常态所引发的交通和移动性问题。如同外界所预期的那样，这些报告包含大量数据，非常详细，旨在为具体的城市交通问题提供解决方案。然而，除了以一名典型的咨询工程师的视角提供标准分析之外，扎哈维还出人意料地将自己的成果用于粗粒度的更广范围的框架中，就像是一名理论物理学家一样。他把自己的模型称作"旅行模型的统一机制"（Unified Mechanism of Travel Model），其中既没有提到城市的物理或社会结构，也没有提到道路网络

的分形特点，而是几乎完全基于对普通个体旅行的经济成本优化（粗略地讲，旅行者会用自己能够支付得起的最快旅行模式）。尽管他的模型似乎并未获得普遍好评，也没有发表在学术期刊上，但他得出的众多引人入胜的结论中有一条被纳入都市民俗学的范畴，并且也是生活节奏不断加快这一问题的一个有趣的变种。

利用来自美国、英国、德国以及一些发展中国家的城市数据，扎哈维发现了一项惊人的结论，无论城市规模大小，或者采用何种出行方式，一个人每天平均花费在交通上的总时间大致相同。很明显，无论是谁，无论在哪儿，人们通常每天花费一小时的通勤时间。粗略地讲，无论在哪座城市，无论交通方式如何，人们每天从家到工作地点的通勤时间大约为半小时。

因此，即便有人出行速度快，有人乘坐汽车或火车，有人乘坐公交车或地铁，还有人骑自行车或步行，平均而言，我们从家到工作地点的旅行时间为半小时。过去几百年来伟大的发明创造所带来的交通速度的提升并没有用于减少通勤时间，反而被用于增加通勤距离——人们利用这些进步所带来的优势，住到了更远的地方，前往工作地点的距离更长了。结论很明确：城市规模在某种程度上由交通系统的效率决定，它要在不超过半小时的时间内将人们送到工作地点。

扎哈维的结论给意大利物理学家切萨雷·马尔凯蒂（Cesare Marchetti）留下了深刻印象，他是维也纳国际应用系统分析研究所的高级研究员。国际应用系统分析研究所在全球气候变化、环境影响、经济可持续性等问题上发挥了重要作用，这也是马尔凯蒂的兴趣所在，而且是他做出贡献最多的领域。他被扎哈维的研究所吸引，并在1994年发表了一篇论文详细阐释了每日通勤时间的恒定性，并提出，真正的恒定量是每日出行的总时长,他称之为"曝光时间"。[3]因此,即使一个人的每日通勤时间不足一小时,他(或她)会本能地通过步行或慢跑等其他运动来弥补上。马尔凯蒂解释道:"即便是被判处终身监禁的监狱囚犯,没有事情可做,也没有地方可去,他也要每天走上一个小时。"

由于步行速度约为每小时5千米,一座"步行城市"的典型范围为长和宽各5千米,相当于大约20平方千米的面积。马尔凯蒂说:"古代大型城市没有城墙,无论是罗马还是波斯波利斯,他们的直径都不超过5千米,或者说半径不超过2.5千米。甚至今天的威尼斯,依然是一座步行城市,相互连接的中心之间的最大距离恰好为5千米。"随着马车、公交车、蒸汽和电动火车以及汽车的最终出现,城市的规模得以扩大,但马尔凯蒂认为,人们的出行依然要受到一小时规则的限制。由于汽车时速能达到每小时40千米,城市(更广泛地说是都市圈)的长和宽可以扩展到40千米,这通常是多数大城市的服务区,相当于12公顷的面积,比一座步行城市要大50倍。

这一令人惊讶的结论被称作"马尔凯蒂定律"(Marchetti's constant),即使它最初是由扎哈维发现的。无论生活在古罗马、中世纪城镇、希腊村庄还是21世纪的纽约,人们每天花费在交通上的时间为近似一小时恒定值。作为一项框架指南,它显而易见会对城市的设计和结构带来重要的影响。随着规划者开始设计绿色无车社区,越来越多的城市中心禁行汽车,理解并实施"马尔凯蒂定律"所蕴含的限制便成为维持城市功能性的一项重要考量。

4. 步行节奏的加快

扎哈维和马尔凯蒂假定,在给定的交通方式中——如步行或驾车,旅

规　模

行速度不会随着城市的规模变化而发生改变。马尔凯蒂假定步行速度为每小时 5 千米，并由此推算出了一座人口主要移动方式为步行的城市的大致规模。但在交通方式多样化的大城市，人们主要在繁华地区步行，个体成为群体的一部分，也成为社会网络动力学的一部分。我们会下意识地受到其他个体存在的影响，并受到生活节奏加快的影响，不自觉地发现自己要匆忙地前往商店、剧院或去见朋友。在小城镇和小城市内，行人街道很少拥挤不堪，生活节奏更加缓慢。由此，人们可以认为，步行速度会随着城市规模的扩大而加快。而且，人们很容易认为，步行速度会遵从 15% 规则，因为步行速度加快的潜在机制部分上受到城市互动的影响。

有趣的是，数据证实步行速度的确会随着城市规模的扩大而加快，并且遵从一个相似的幂律，尽管其指数要小于 0.15，而是近似于 0.10（见图 8-1）。鉴于该模型的简单性，这丝毫不令人吃惊，社会互动只是这一奇怪效应的部分原因。值得注意的是，数据显示，与只有数千居民的小镇相比，人口超过 100 万的城市居民的平均步行速度增长了近一倍，为每小时 6.5 千米。这一速度已达到饱和值，并且人们的步行速度在更大规模的城市中不会再大幅加快了，因为人们步行的速度存在着生理限制。

出人意料的是，最近英国利物浦市针对这一潜在动力学推出了步行专用快速道。很明显，一些人对于那些走路不够快的行人有意见，因此利物浦市才推出了步行专用快速道（见图 8-2）。这恰恰表明了人们生活节奏的加快。受访者中的半数均表示，他们压抑着自己在市中心购物的欲望，原因是其他行人的步行速度太慢了。这引发了世界其他城市紧随利物浦的步伐，我猜想，我们将会在更多大城市的市中心地区看到类似的奇妙现象。

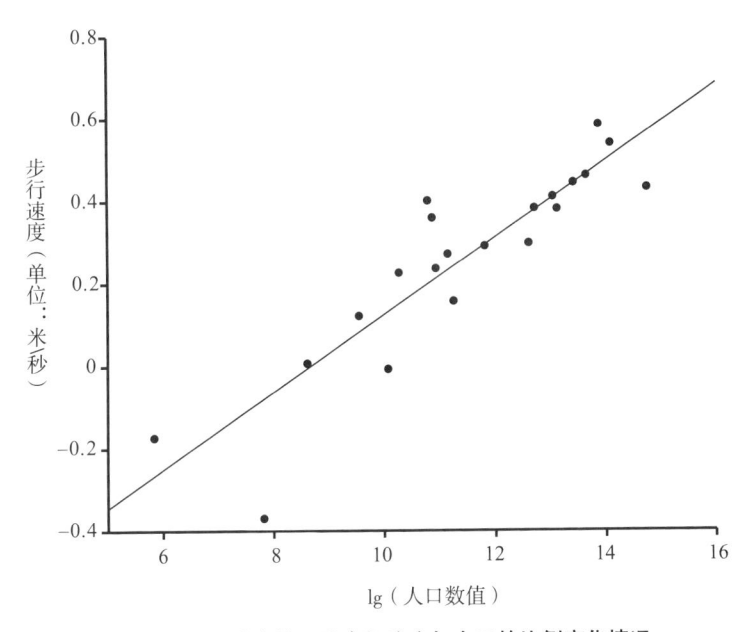

08 从流动性和生活节奏到社会联系、多样化、新陈代谢和增长

图 8-1 不同欧洲城市的平均步行速度与人口的比例变化情况

图 8-2 英国利物浦的步行专用快速道

5. 你并不孤单：移动电话成为人类行为探测器

高度互联的 21 世纪最为革命性的表现之一便是手机的过分普及。廉价、精巧的智能手机随处可得，并可以上网，这成为生活节奏加速、时间

被压缩的主要因素之一。以推特、短信和电子邮件等形式传递的原声摘要一直持续不断着，取代了传统的电话通信，更不用说精心准备的手写信件，或者是面对面的对话了。我将在本章后面的内容中谈论这一令人惊讶的创新所带来的一些影响和出人意料的后果，但在这里，我想要重点谈论手机最不令人关注的一面，它已经开始使科学的一角发生革命性变化。

你或许知道，电信供应商会跟踪你拨出的每一通电话、发出的每一条短信、短信发出的时间、通话持续的时长、接收对象、你在哪里、接收对象在哪里……在某些情况下，很可能还会记录你们之间说了什么。这是一个庞大无比的数据库，原则上，这会给我们提供前所未有的、十分详细的社会互动和移动性信息，尤其是现如今几乎每个人都在使用此类设备。目前，人们使用的手机数量超过了地球人口总数。仅在美国，每年便会生产1万亿部手机，平均而言，每人每天花在手机上的时间超过了三小时。许多人使用手机的频率是他们上厕所频率的两倍，这是关于我们更看重何事的有趣评价。

即便是在最为贫穷的国家，这也是一项巨大的福祉，这些国家将因此能够跨越传统技术，直接跳入21世纪的通信时代，所需成本只是安装和维护陆上通信线路成本的一小部分。按照移动技术所能够提供的普及率来比较，大多数国家将无法承担相应的陆上通信线路的成本。不足为奇的是，从比例上而言，手机应用比例最高的国家是在发展中国家。

因此，分析庞大的手机通信数据将能够为我们提供全新的、可经检验的量化分析，以了解社会网络的结构和动力学、人与地点之间的空间关系以及城市的结构和动力学。手机和其他信息技术设备所带来的这一未能预见的结果，宣告了大数据和智慧城市时代的到来，并带来了某种夸张的希望——信息技术设备将会提供解决我们所有问题的工具。不仅

08 从流动性和生活节奏到社会联系、多样化、新陈代谢和增长

是应对城市中的基础设施挑战,这一希望还延伸至生命中的各个方面,从健康到污染,再到犯罪和娱乐。这只是迅速出现的"智能产业"的一种表现,该产业基于我们自身无意间产生的大量数据的可获取性,无论是通过移动设备,我们本身的移动,还是我们的健康记录。这一不断发展的范式肯定会为我们提供新型的、强大的工具。如果运用得当的话,这无疑将会带来有益的成果,为公司和具有创业精神的个人提供创造更多财富的新途径。然而,我稍后也将会给出谨慎的评论,指出这一方式内在的天真幼稚之处,甚至是危险性。[4]

在这里,我想要将重点放在如何通过科学地利用手机数据,来检验我们用于理解城市的理论框架的预测。除了城市和社会系统属于复杂适应系统这一挑战之外,社会科学中发展量化、可检验理论的传统障碍还包括难以获得大量可信数据和实施可控试验的困难。物理学和生物学取得巨大进步的一个主要原因是,人们可以操控正在研究中的系统以检验源自假设、理论和模型的定义明确的预测和推论。

诸如日内瓦的大型强子对撞机等大型粒子加速器,便是此类人工操控实验的典型例证。将众多高能粒子对撞试验所得出的分析结果与复杂的数学理论的发展相结合,物理学家多年来发现并定义了物质的基础性亚原子成分的特性,以及它们彼此之间的作用力。这带来了21世纪最伟大的科学成就之一,即基本粒子标准模型的出现。这一发现具化、整合并解释了我们周围世界的大范围事物,包括电、磁、牛顿的运动定律、爱因斯坦的相对论、量子力学、电子、光子、夸克、胶子、质子、中子、希格斯粒子等,所有这一切都是通过一种统一的数学框架来概括的,其详细的预测都令人吃惊地通过持续不断的试验测试。

同样令人吃惊的还有此类试验所探测到的能量和距离,为我们研究

规　模

自大爆炸以来决定宇宙演化的各种现象提供了便利。在这些试验中，我们人为地重新创造出了在宇宙创立之初才有的事件。由此得出的理论框架让我们对银河系的构成以及天空为何如此有了更加可信的量化理解。很明显，我们无法对天空本身做试验，它是单一的独特事物，与实验室中的试验对象不同，无法被重复试验，而只能对其进行观察。就像地质学和社会科学一样，天文学是历史科学，我们只能通过后见之明来测试我们的理论，根据理论的方程式和叙述来推测当时应该发生了什么，然后再探寻适当的位置来加以证实。这与牛顿的策略没有什么不同。牛顿从他的基本运动定律和万有引力定律中推导出了开普勒的行星运动定律，而前两者是用来解释物体如何在其周围的世界中运动的。牛顿无法直接用地球本身做试验，但可以将自己的预测与开普勒的观察和测试结果进行对照，以证实它们的正确性。在过去数百年间，这一策略被证明在天体物理学和地质学中取得了极大的成功。由此，我们有信心认为，我们能够理解宇宙与地球如何依照规律运转。总之，对于这些历史科学而言，可以通过复杂的观察和对代理对象进行适当的传统试验，从而取得成功。

尽管社会系统研究面临着显而易见的困难，但社会科学非常富有想象力，它设计出了相似的量化试验来启发和测试假设，这些都使人能够洞悉社会结构和动力学。许多试验都包括事实调查和不同的调查问卷反馈。受限于试验团队的角色，试验者必须要与试验对象进行互动。因此，我们很难获取大量的数据，而只能获得有限人群和社会环境的相对少量的样本，这会导致可信度的问题，以及结果和结论的普遍性问题。

将手机数据或脸谱网和推特等社交媒体数据用于研究社会行为的奇妙之处在于，此类问题都会被极大地避免。这并不是说利用此类数据不会带来复杂的问题。手机用户在多大程度上能够代表所有人？手机通信在多大程度上能够代表社会互动？这些问题都未有定论，但显而易见的是，这种通信方式已经成为社会行动的主要特点，为我们如何互动、何时何地互动提供了一扇量化窗口。

6. 检验和证实理论：城市中的社会连通性

卡洛·拉蒂（Carlo Ratti）是麻省理工学院建筑系的一名意大利建筑师、设计师，他在麻省理工学院运营一家名为"感知城市实验室"的机构。我第一次见到卡洛是在一年一度的慕尼黑"国际数字生活设计大会"（DLD Conference）上。这个大会很像是 TED（技术、娱乐和设计）会议，但其覆盖范围更加狭隘，重点更偏向艺术和设计。与 TED 和达沃斯世界经济论坛一样，它基本上是持续几天的社交会议，并搭配着密集的演讲活动，带有一种"一切就是这里"的氛围，努力展现出一种未来主义文化、高科技商业和创新理念。许多有趣的甚至是有影响力的人物都会出席，演讲中偶尔会闪现出一些绝妙的洞见，尽管它们经常充斥着大量用精美的幻灯片演示文稿包装的古怪的、肤浅的废话。这就是世界运行的方式，现如今有不少知名度极高的类似活动。尽管存在这样或那样的缺点，但此类活动的确达到了一个重要的目的，创造出了不同的观点，在极端压缩的空间和时间内，让企业家、技术专家、艺术家、作家、媒体人、政治家、科学家接触到了新的、具有创造性的观点——尽管这些观点偶尔无比疯狂并带有煽动性，这就像是一座城市所能提供的一样。顺便说一句，如同 TED 一样，你很难找到一个人记得"DLD"代表什么。我依稀记得，TED 和 DLD 中的 D 代表的是"设计"。首字母缩写同样是这个世界运转的方式，是生活节奏加速的另一个微妙的体现。

规　模

尽管卡洛不是科学家，但他十分热衷通过科学视角来理解城市，并试图让我相信，手机数据是测试理论、研究城市动力学的绝佳途径。我对此表示怀疑，主要是因为我并不认为手机的应用足够广泛、多样化和有代表性，并有理由成为测量社会互动和移动性的可靠替代物。然而，卡洛并不是一个容易退却的人。我开始慢慢地关注手机应用快速增长的数据，尤其是在发展中国家，90%的人口都在使用手机。我也开始慢慢地意识到，卡洛和其他持相同观点的人是正确的。许多研究人员开始利用这一新的数据资源，主要用于研究网络结构和动力学，并了解疾病和观念扩散的过程。

受到我们有关比例变化研究的启发，卡洛雇用了几位聪明的年轻物理学家和工程师来追踪人们的手机数据。我与卡洛、圣塔菲研究所的路易斯·贝当古一起合作，对该理论的一个基本预测进行检验。城市规模变化最吸引人的一点是其普遍性。正如我们所见，看上去相互没有关联的社会经济活动数量都会随着城市规模的变化而按超线性比例变化，如专利数量、犯罪率和患病率等，而变化指数都是相似的1.15。在前面的章节中，我曾谈到过，不同城市、城市系统以及有关人们之间互动程度的指数都令人惊讶地反映出了共性，这源自社会网络的普遍性结构。无论其历史、文化和地理背景有何差异，全球各地的人们行为相同。因此，这一观点预测认为，无须求助任何精妙的数学理论，城市中人与人之间的互动次数应该随着城市规模的变化而按比例变化，就如同所有不同的社会经济活动数量随城市规模的变化而按比例变化一样，即遵从超线性幂律，指数约为1.15，无论其城市系统有何不同。换句话说，城市规模每增长一倍，工资、专利数量、犯罪率和患病率等社会经济活动指标就会呈现15%的系统性增长，人与人之间的互动次数也应该呈现15%的增长。

08 从流动性和生活节奏到社会联系、多样化、新陈代谢和增长

那么，如何计算人与人之间互动的次数？传统方式依赖于书面调查，这既耗费时间和人力，又要受到采样偏见的影响，因为所调查的范围肯定是有限的。即使其中一些挑战能够被克服，在包含有数百个城市的整个城市系统中实施此类调查是非常艰巨的，可能根本不现实。然而，从覆盖全球大比例人口的手机网络中自动搜集的大范围数据为我们系统性研究所有城市的社会动力学和组织提供了前所未有的可能性。幸运的是，与我共同进行这项研究的麻省理工学院的专家获得了这一大数据，其中包括了数十亿个匿名的电话记录（这意味着我们并不知道打电话的人的姓名和其电话号码）。很明显，其中一些只是一次性的单向通话，只有在特定时间段内通话双方相互拨打电话才会被计算在内。通过这种方式，我们便获取了每座城市内通话双方之间的互动总次数、拨打电话的总次数、通话的总时长[5]。

我们的分析基于两个相互独立的数据集：葡萄牙的手机数据和英国的固定电话数据。其结果展现在图 8-3~图 8-5 中，一座城市中的人们在特定时间段内电话联系的总次数与该座城市的人口规模用对数标绘。正如你所看到的那样，两组数据都呈现出一条经典的直线，这意味着二者都遵守指数同样接近于 1.15 的幂律比例变化，这与我们的假设高度一致。为了更加形象地说明这一点，我将这些图与另外一个由第 7 章图 7-2~图 7-6 中的数据综合绘制的图进行对照，以表明社会经济活动按城市规模呈比例变化的普遍性。我们将一组不同的指标——GDP、收入、专利数量和犯罪率——绘制在同一个图中，以显示它们如何共同按比例变化。

其结果证明了以下这一假设，即社会互动的确潜藏于城市特有的普遍性比例变化之下。进一步的观察将给出进一步的确认，人们花在电话通话上的总时长和他们之间的电话通信总次数会随着城市规模的扩大而

系统性增加。这些结果同时也证明，生活节奏的加速源自城市规模增长所带来的社会网络连通性和正反馈的增长。例如，在搜集葡萄牙的手机数据所用的15个月的时间段内，拥有56万人口的葡萄牙里斯本平均每位居民与其他人相互拨打电话的数量是另外一个不足5 000人口的小城利沙居民的两倍，前者的通话总时长也是后者的两倍。此外，如果将一次性的单向通话也包括在内的话，比例变化的指数就将会系统性增长。这表明，如商业广告和政治游说等单向通话在大城市中的比例更高。无论从哪个方面来说，大城市的生活节奏都更快，与小城镇相比，要受到更多愚蠢废话的轰炸。

事实上，并非在所有方面均是如此。当我们调查某一普通个体的联系人有多少是其朋友时，结果出人意料。大体来说，一个普通个体的社会网络覆盖了高度多样化的人群，包括亲密的家人、朋友和同事，相对关系较远的普通联系人，如曾维修过其汽车的维修工等。他们中的许多人彼此认识并互动，但大多数人并无互动。例如，你的母亲根本不会或很难认识你工作中的亲密同事，尽管你同他们二人的关系都很亲密。那么，你的整个社会网络，即你所有的联系人总数中有多少人会彼此通话呢？这定义了你的"大家庭"和你的社会模块（social modular）的规模。因为在大城市中见到更多人的可能性更大，你或许会认为，你的"大家庭"的规模或许会随之增大，如同其他社会经济活动数量一样按超线性比例变化。我肯定会这么认为。但令我吃惊的是，数据显示的结果完全相反，它根本不会按比例变化。一个普通个体的熟人模块集聚系数近似恒定量，不会随着城市规模的变化而改变。例如，一个居住在拥有56万人口的里斯本的普通个体的"大家庭"规模，不比一个居住在只有不到5 000人口的利沙的普通个体大。因此，即便我们生活在大城市群体中，

08 从流动性和生活节奏到社会联系、多样化、新陈代谢和增长

这些群体之间的紧密程度也和小城镇、小村庄一样，有点像我在第 7 章中提到的邓巴数字的恒定性。这或许也反映出我们的神经结构是如何不断进化，以应对处理大型群体的社会信息需求的根本因素。

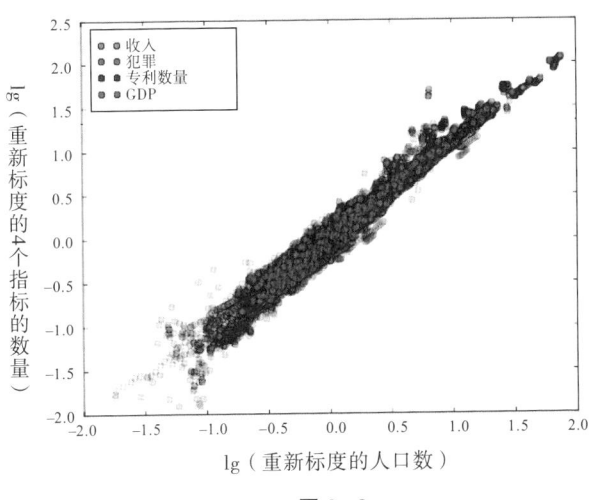

图 8-3

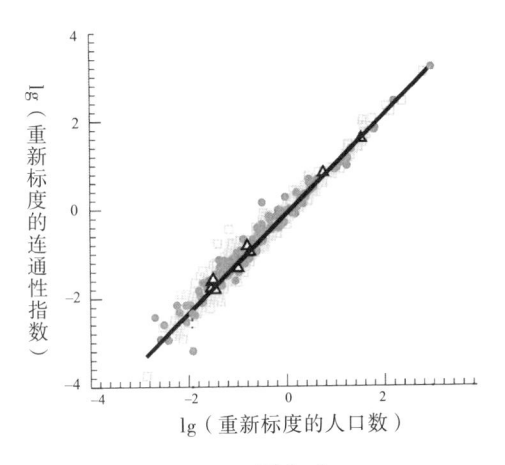

图 8-4

规 模

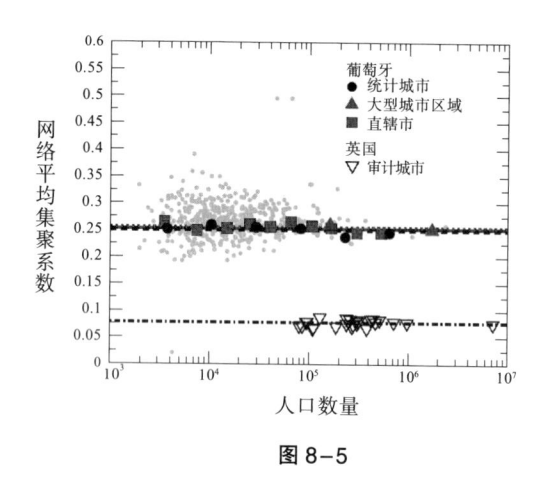

图 8-5

图 8-3 是 4 个完全不同的城市指标随人口数的比例变化——收入、犯罪、专利数量和 GDP，该图是在图 7-2～图 7-6 的基础上重新调整而来的，以表明它们都按 1.15 的指数比例变化。图 8-4 是人与人之间连通性指数随人口数的比例变化，即葡萄牙和英国城市中个体之间相互拨打电话的次数随人口数的比例变化显示出了相似的指数，这证明了该理论的预测。图 8-5 表明无论城市人口规模如何，普通个体的平均模块化程度近似相同。

然而，乡村与大城市的模块群体中有一个重要的性质差异。在真正的乡村，我们被限制在一个社群内，由于规模很小，它本身就存在亲近感。而在城市中，我们可以自由选择自己的社群，利用更加庞大的人口规模所提供的更多机会和多样性，寻找与我们有着相同兴趣、专业、种族、性取向等的人群。这一由生活中许多方面的更大多样性所带来的自由感觉是城市生活的主要吸引力之一，同时也是全球城市化加速的重要因素之一。

7. 城市移动的规则结构

城市的多样化和多维度为它带来了一系列定位，如：步行城市、技术城市、绿色城市、生态城市、园林城市、后工业化城市、可持续性城市、具有韧性的城市……当然，还有智慧城市。这个清单还可以被继续拉长。

08 从流动性和生活节奏到社会联系、多样化、新陈代谢和增长

每一个定位都反映出城市的一个重要特点，但它们都没有抓住莎士比亚所说的"城市即人"的核心特点。关于城市的大多数画面和比喻都会表现出它的物理足迹，却似乎忽视了社会互动所扮演的核心角色。而另外一种完全不同的定位则抓住了这一重要组成部分，如把城市比作坩埚、熔炉、搅拌碗或反应堆，社会互动催化了社会活动和经济活动，即出现了人民城市、集体城市、人类城市。

城市作为一座熔炉，人们在其中持续地搅动、混合，我们在世界上任何一座大城市中都能感受到这种现象。尤其在市中心和商业区的人流移动中这种感受会更明显，人流似乎是在随机移动，就像是气体或液体中的分子。正如气体或液体的综合特性，如源自分子的碰撞和化学反应所产生的温度、压力、颜色、气味等，城市的特性也源自社会交流和人与人之间的化学反应。

这种比喻很有用，但有时也会有误导性。城市中的人流移动并不像是分子在气体中或者粒子在反应堆中随意移动的那样。相反，人流的移动是系统性的、有方向的，很少有随意的移动。无论运输工具是什么，几乎所有的人流移动都是从一个具体地点到另一个具体地点的有目的旅行，大多数是从家到工作地点、商店、学校或剧院，然后相互往返。此外，大多数人都寻找最快、最短的路径，寻找花费最少时间、横穿距离最短的路径。最理想的状况是，每个人都沿着直线移动，但鉴于城市显而易见的物理限制，这是不可能的。人们没有别的选择，只能沿着蜿蜒的道路和铁路线移动。因此，大体说来，每段行程都包括沿着蜿蜒曲折的路线前行。然而，如果通过粗粒度的滤镜去观察，将所有人在较长时间段内的所有行程平均计算，两个具体地点之间的优选路径近似于一条直线。笼统地说，这意味着平均而言，人们沿着一个圈的轮辐呈放射状

地移动，这个圈的中心便是他们的特殊目的地，具有核心作用。

根据这一假设，我们有可能会从城市中人们的行动得出十分简单但强有力的数学结论。这里考虑的是城市中的任意地点：可能是中心地带，如市中心区域或街道；可能是一座商场或一处购物区；同样也可能是某一任意居住区，如你住的地方。数学定律能够预测出有多少人会从任意距离以外的地方来到这一地点，访问的频率如何。更具体地说，访问者的数量应该与访问距离和访问频次呈平方反比关系。

从数学上来讲，平方反比定律只不过是我们在本书中所谈论的幂律规模法则的简单版本之一。按照这一预测，城市运动的预期应该被重新阐述：旅行到一个具体地点的人群数量与旅行距离和旅行频次呈幂律规模法则关系，其指数为 -2。因此，如果将旅行人群数量与旅行频次固定前提下的旅行距离用对数绘制在图中，或者相反，与旅行距离固定前提下的旅行频次用对数绘制在图中，其结果应该是一条直线，斜率均为 -2（负数斜率意味着直线向下倾斜）。我应该强调，在所有规模法则中，应该假定平均的时限，如 6 个月或一年，以减少日常行程或工作日与休息日之间的差别。

从图 8-6 中我们可以发现，这些预测都被数据所证实。的确，观察到的比例缩放都很紧凑，斜率基本上都是所预测的 -2。尤其令人感到满意的是，全球不同城市的数据都呈平方反比关系，尽管这些城市的文化、地理特征和发展程度都不尽相同。我们在北美（波士顿）、亚洲（新加坡）、欧洲（里斯本）和非洲（多哈）都看到了相同的行为。此外，当这些都市区被解构为特定的地点时，城市中的每个特定地点都呈平方反比关系，正如图 8-7 和图 8-8 给出的波士顿和新加坡的采样地点所显示的那样。

让我通过一个简单的例子来说明平方反比定律是如何运行的。假设

08 从流动性和生活节奏到社会联系、多样化、新陈代谢和增长

平均有1 600人每月一次从4千米远的地方到访波士顿公园街周边地区。那么，会有多少人从两倍远的距离（8千米）以相同的频次，即每月一次到访公园街呢？平方反比定律告诉我们，会有1/4（1/2²）的人到访该地。因此，只有400人（1/4 × 1 600）从8千米远的地方每月一次到访公园街。那么，从5倍远，即20千米的距离呢？答案是1/25（1/5²）的人，即只有64人（1/25 × 1 600）每月到访公园街一次。明白了吧！但此外，你可以继续发问，如果改变到访频次会发生什么呢？例如，假设我们发问，有多少人会从4千米以外的地方到访公园街，但频次变为每月两次？这同样也遵守平方反比定律，因此人数为1/4（1/2²）的人，即400人。如果你发问有多少人会从4千米以外的地方到访公园街，但频次变为每月5次？答案将是64人（1/25 × 1 600）。

请注意，这一数值等于从5倍远的距离每月一次到访公园街的人数。因此，从4千米远的地方每月5次到访公园街的人数与从5倍远的地方每月一次到访公园街的人数相等（均为64人），这一结果并不会因为旅行人数的不同而发生变化。它是移动性普遍对称的一个例子。如果到达某一具体地点的旅行距离乘以旅行频次的结果保持不变，旅行的人数也会保持不变。在我们的例子中，第一种情况是4千米 × 每月5次 = 20，第二种情况是20千米 × 每月1次 = 20。这一恒定性适用于从任意距离、以任意频次到达城市任意地点。这些预测都得到了数据上的证实，并体现在图8-7和图8-8中，你可以清楚地看到，当距离乘以频次的结果保持不变时，旅行的模式并没有发生改变。

我想要强调的是，鉴于城市中的运动和交通方式极为复杂和多样化，这一预测还是很出人意料的。当人们还认为纽约、伦敦、德里或圣保罗的人口移动似乎是混乱无序、十分多样化的时候，我们很难相信如此简

规　模

单的潜在秩序和规律性。每一个体到一个具体地点或从一个具体地点出发旅行的随机决定都会导致一致的集体行动，无论他们是步行、乘坐地铁、乘坐公交车、开私家车或是采用以上所有形式的旅行方式，这就像是你打开厨房的水龙头时，数万亿个个体水分子的随机移动最终将形成平缓、一致的水流一样。

正如我在以上内容中所阐释的那样，手机数据提供了详细的信息，不仅是关于你给谁拨打电话，通话多长时间，而且还包括你在何时、何地拨打电话的信息。事实上，我们每个人都随身携带一部设备，随时跟踪我们的位置。这看上去就像是我们能够为房间内的每一个分子贴上标签，知道它们的所在位置、它们的移动速度以及它们会和谁相撞等信息一样。由于在一个中等面积的房间内有超过 10^{28} 个分子，这可能代表着

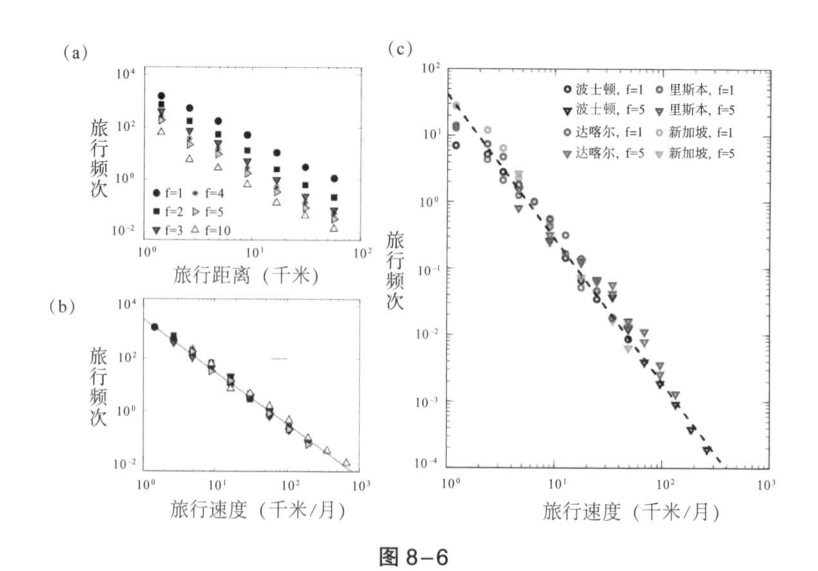

图 8-6

注：f 代表到访次数

08 从流动性和生活节奏到社会联系、多样化、新陈代谢和增长

所有大数据之母。然而，这一信息其实并没有太大的用处，尤其对平静状态下的气体而言——它具有极大的杀伤力。统计物理学和热力学的强大技巧被发展用于理解和描述气体的宏观特性，如它们的温度、压强、相变等，而我们无须知道它们所有构成分子运动的详细细节。此外，在城市中，这些信息极具价值，不仅因为我们本身便是分子，还因为城市与气体不同，是复杂适应系统，有着错综复杂的、用于交换能量和信息的网络结构。手机数据为我们提供了强大的工具，来定这些网络的结构和动力学，并由此对理论预测进行量化测试。

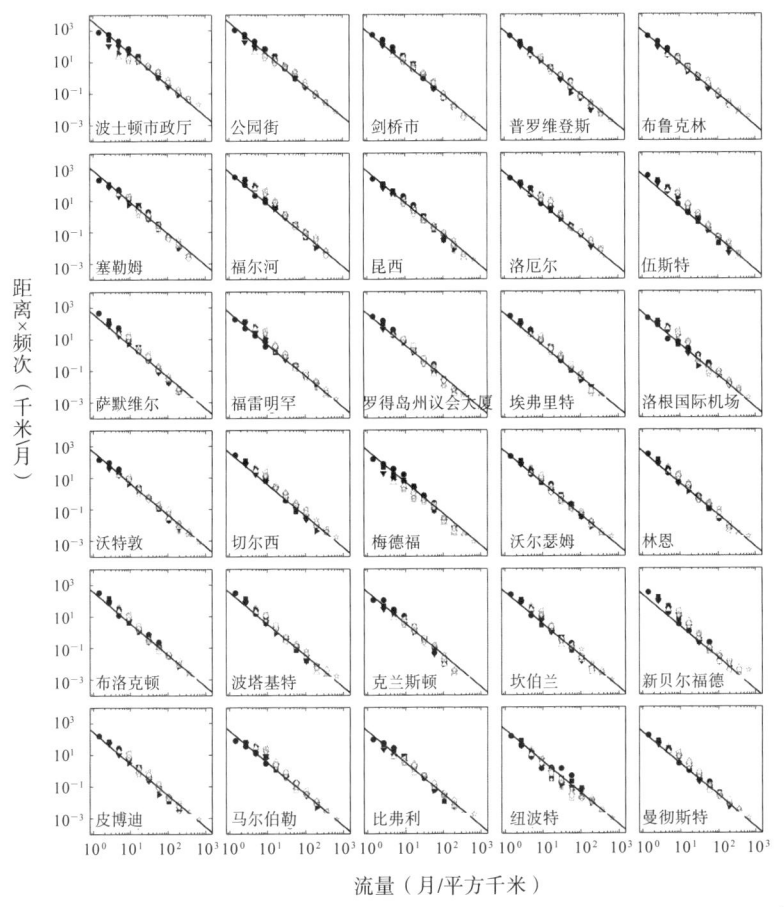

图 8-7

规　模

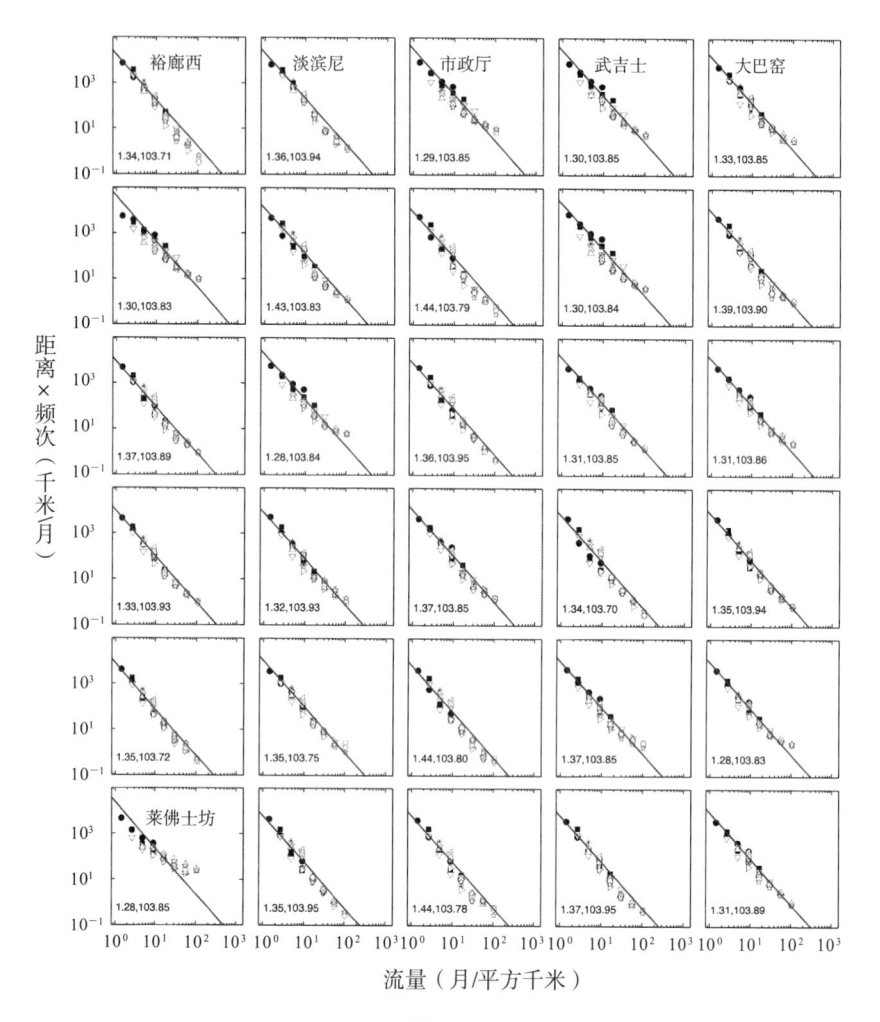

图 8-8

图 8-6 中（a）表示从不同距离旅行到波士顿一个特定地点的人数和他们到访的频次虽然都不同，但结果都符合平方反比定律。（b）与（a）的数据相同，但显示出，所有不同的频次和距离最终都在按照频次 × 距离的单一变量对数绘制后成为一条直线。（c）绘制的方法与（b）相似，这表明全球各地不同城市的旅行者都遵从相同的平方反比定律。图 8-7 是绘制的方式类似于（c）。图 8-8 是新加坡的数据，实线是从该理论中得出的预测。

这可能会成为城市规划的强有力工具，因为它提供了一个框架，用于预测从城市的一个特定地点出发以及前往该地点的人数。建设一座新的购物中心或者开发一个全新的住房项目需要精确、至少是可信的交通流量和人口流动的预测数据，以确保满足充足的、高效的交通需求。许多工作都利用计算机模型得以完成，这当然很有用，但模拟行为似乎都以某一区域为重点，忽视了与更加庞大的、更为一体化的城市系统动力学的关系，也很少以基本原理为基础。

麻省理工学院的卡罗·拉蒂聘请了两位年轻的、很有前途的博士后——瑞士工程师马库斯·拉普霍夫（Markus Schläpfer）和匈牙利物理学家迈克尔·塞尔（Michael Szell），他们对这些用于检验理论的庞大手机通话数据库进行了很好的分析。马库斯后来于2013年加入了圣塔菲研究所，我们开始进行合作。在他所从事的诸多项目中，其中一个非常有趣的是与路易斯·贝当古的合作，他们分析了建筑物的高度和容积与城市规模的关系。马库斯此后转到位于他家乡的苏黎世联邦理工学院，开始参与一个大型合作项目——未来城市实验室，该项目的基地是在新加坡，并得到了新加坡政府的支持。

8. 表现过度和表现不佳

大多数人都会觉得排名很有趣，无论排名对象是城市、学校、公司、州、国家、足球队还是网球选手。当然，排名的基础是用来排名的标准和方法论的选择。如何提出问题，对人们讨论的哪一方面进行抽样调查，都将在很大程度上决定调查的结果，并对政治和商业带来重大影响。此类排名在政府和产业中的个体、规划者、决策者做出决定的过程中发挥着越发重要的作用。一座城市或者一个州在全世界和全国范围内的医疗、教育、税务、就业、犯罪率等领域的排名能够对其在投资者、公司和度假者心目中的印象造成很大的影响。

规　　模

在体育竞赛领域，一个长久以来争论不休的问题是：谁是有史以来最伟大的运动员或者运动队？从任何一个客观角度来说，这显然都是一个无法回答的问题。问题并不仅是什么标准才是"伟大"的合理要素，而且人们还经常拿苹果与橘子做比较，对比的时间段也往往是不同的。在此背景下，让我们再回顾一下第2章曾经提到过的举重问题，以及伽利略提出的具有深远影响的洞见，即动物肢体的应力强度应该与它们的体重呈亚线性比例关系，并遵守2/3次幂规模法则。这一预测在图2-6中举重冠军的数据中被证实。我当时提出，比例曲线应该被视作评价表现优劣的基线，它告诉我们一个理想中的冠军在给定的体重下应该能够举起多大的重量。与此相似的是，图1-1中显示的代谢率3/4次幂规模法则告诉我们，一个给定体重的理想生物体的代谢率应该是多少。这里的"理想化"意味着，一个系统在能量使用、动力学、网络结构的几何形状等领域是"优化的"，正如第3章中所解释的那样。

这一框架可以被我们当作科学评价表现的出发点。图2-6中，6名冠军中有4人举起了根据规模法则推算出的他们的体重应该举起的重量。中量级选手的表现超出了他的体重所应有的预期，而重量级选手则表现得不如预期。因此，尽管重量级选手举起的重量超过其他任何人，但从科学角度而言，他其实是所有冠军中最弱的，而中量级选手则是最强大的。

在这种情况下，我们能够发展出一种科学量化框架，以规模法则为基础对表现进行评价。同样，我们也可以构建出意义重大的标准来进行排名，以及在不同竞赛中进行对比。举重、赛艇以及赛跑等机械运动可能适合用这一方法，而足球和篮球等团队运动则更具挑战性。因此，与比例的偏差值便为个体的表现提供了一种原则，同时也提供了一个量化的出发点，来研究中量级选手表现超出预期，而重量级选手则表现不及

08　从流动性和生活节奏到社会联系、多样化、新陈代谢和增长

预期的标准。

这一评价表现的策略更加公平,它不再仅仅依靠体重的偏差,而是揭示出了每一名运动员的真正技巧。接下来,我将会把这一观念应用于城市研究中,但在此之前,我要把这一策略及城市移动性的分析结合起来,以表明它是如何作为一种重要的规划与发展工具来应用的。

正如图 8-7 和图 8-8 所显示的那样,旅行前往城市中特定地点的数据与理论预测相互匹配。然而,如果你仔细观察这两幅图,你会发现某些特殊地点出现了很大的偏差,它们并不符合该理论。鉴于如机场这样的地点的特殊用途,数据来自相对单一的人群,因此并不会特别精确。

尽管机场的数据与预测值相接近,但最大的差异发生在短距离或低频次的人群中。事实上,这一子集人群构成了使用机场的主要人群。与之相比,那些从更遥远的地方旅行而来,以及更频繁地使用机场的人与预测的比例曲线吻合,尽管他们只是使用机场的人群中的少数。认识并理解这一使用模式的普遍趋势和方差对于规划和管理进出机场的交通流量以及与都市区整体交通的关系十分重要。

在新加坡,只有一个异常值,即莱佛士坊,它是新加坡核心的金融区。此外,它还是一个主要的交通枢纽和通往旅游区的入口。到访莱佛士坊的人群数据事实上很合理地按比例变化,但其指数小于新加坡的其他地方,在新加坡的其他地区,比例变化的指数均为 -2。此外,莱佛士坊也表现出了更大的波动性,这意味着,来自近处地区的人数更少,或者频次更低,更多的人来自远处,而且也到访得更频繁。这或许是由于新加坡作为一个小岛国的特殊性所致,莱佛士坊作为核心区域并不靠近新加坡的地理中心,而是更邻近海洋的边界线。

正如波士顿的机场和体育场一样,对于规划、设计和控制交通和行动而

言，我们要意识到莱佛士坊是新加坡其他地点观测到的主流交通移动模式的异常值。同样重要的是，这可以在整个城市系统的背景下被量化和理解。

9. 财富、创新、犯罪和系统韧性的结构：个体与城市排名

我们能够期望一座城市多富有、多创新或多安全？我们如何能够确定哪一座城市最具创新能力、暴力事件发生率最高或者创造财富的效率最高？如何根据经济活动、生活成本、犯罪率、艾滋病病例数量和居民幸福度等指标对城市进行排名？

传统的答案是利用简单的人均值作为表现优劣的指数，并据此对城市进行排名。几乎所有关于工资、收入、GDP、犯罪率、失业率、创新率、生活成本指数、患病率、死亡率以及贫困率的官方数据和政策文件，都是由政府机构和国际机构根据总量和人均量编纂而来。此外，有关城市表现和生活质量的知名综合指数主要依赖对这些数量进行单纯的线性综合，如世界经济论坛和《财富》《福布斯》《经济学人》等杂志所编纂的综合指数。[6]

因为上述多数城市特点都有相应的量化比例曲线和理论框架来理解其潜在的动力学，我们可以更好地设计出评估城市表现和对城市进行排名的科学基础。

利用人均指数来排名和对比城市的普遍做法十分拙劣，因为它的隐含假定是：任何城市特点的基线或零假设（null hypothesis）是它会随着人口规模的变化而按线性比例变化。换句话说，这种做法假定了一座理想化的城市只是所有城市居民行为的线性总和，而忽视了其最重要的特点和其存在的本质，即城市是非线性社会和组织互动所产生的集聚。城市是典型的复杂适应系统，它绝不仅仅是其组成个体的简单线性总和，无论是建筑

物、道路、居民还是金钱。这表现为超线性规模法则,其指数为1.15,而非1.00。人口总数增长一倍,所有的社会经济活动总数近似增长15%,而这与政府、政治家、规划者、历史、地理位置和文化没有关系。

为了评估一座特定城市的表现,我们需要用因人口规模变化而产生的表现与过去曾取得的成就相对比。与决定实力最强的举重冠军相类似,我们要看每位选手与身体强度成理想比例的预期表现相差多少。人们也可以据此量化一座城市的表现,只需要看其多个指标与根据理想化的规模法则所得出的预期值相差多少。这一策略将一座城市的机制和动力学的独特性质与所有城市共同的动力学和结构分隔开来。如此一来,有关个体城市的几个基础性问题便得到了解答,例如,一座城市与其他城市相比有多独特;一座城市的本土政策需要在多长的时间内发挥作用;当地的经济发展、犯罪率和创新有何关系;一座城市在多大程度上独特无比,又在多大程度上可以被视作类似城市"大家庭"中的一员。

我的同事路易斯、何塞和黛比对360个都市统计区组成的美国城市系统进行了分析,以找出一系列指标。[7] 图8–9显示了他们的一个分析成果样例,纵轴为美国城市2003年个人收入和专利数量比例曲线的偏离值,横轴则为每座城市的排名。我们把这些偏离值称作"比例调整的城市指标"。图中央的横向虚线则代表了比例调整的城市指标为0,与城市规模所得出的预期值没有任何偏离。正如人们所见,每座城市都与预期值存在偏差。左侧的城市代表超过平均水平的表现,而右侧的城市则代表不及平均水平的表现。这为城市个性和独特性排名提供了一个有意义的方法,而不再仅依靠城市规模来进行排名。我在这里不会详细阐释这一分析的细节,而是想要阐述一些分析结果的要点。

规　模

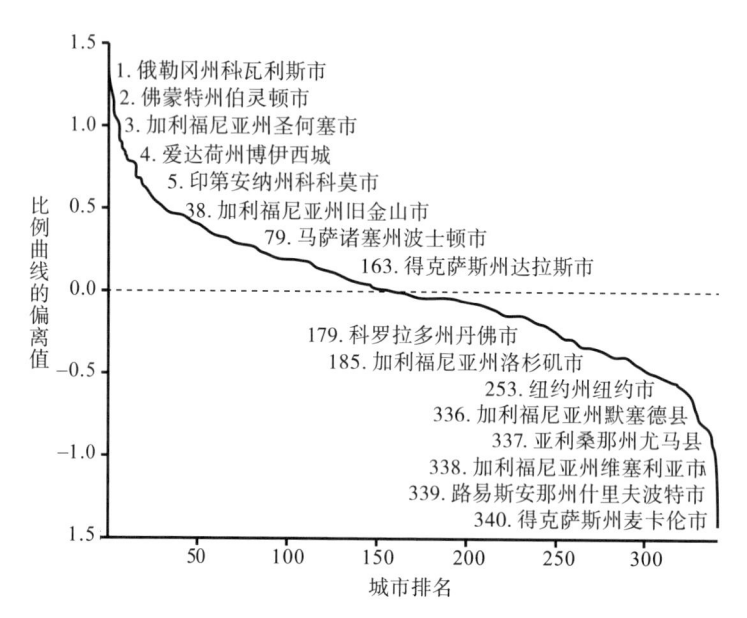

图 8-9　城市创新：与比例预期值相对的专利数量

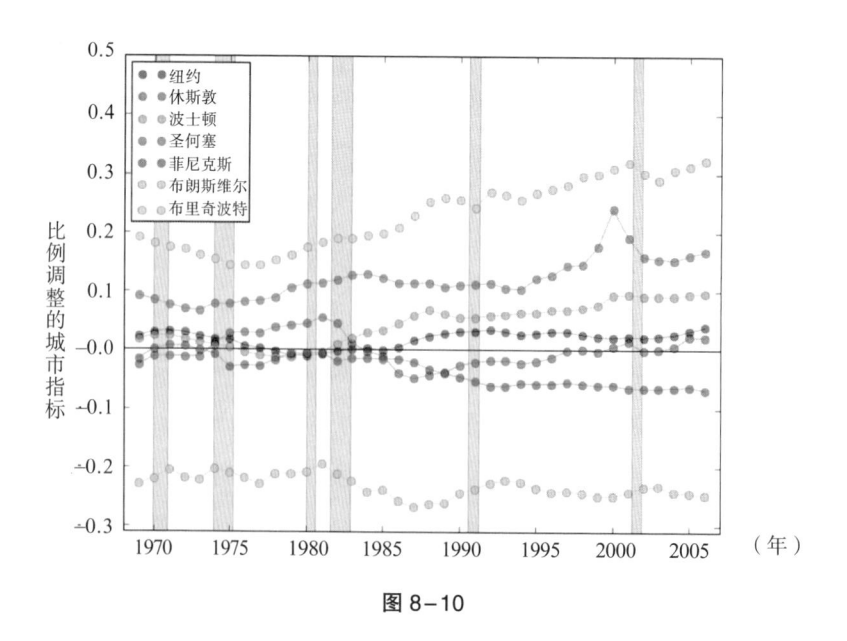

图 8-10

08 从流动性和生活节奏到社会联系、多样化、新陈代谢和增长

图8-9是2003年美国城市的专利数量与根据城市规模法则预测值之间的偏离值，与城市排名的对数绘制图。左侧城市为表现超出预期值的城市，科瓦利斯市位列第一，而右侧城市则是表现不及预期值的城市，麦卡伦市排名垫底。图8-10表明了这些偏离值的时间演变情况，展示出排名的持续时间。

首先，按照传统的人均指标，20座最大城市中的7座城市因为其GDP而位列前20名。而根据我们的科学指标，这些城市无一跻身前20名。换句话说，一旦数据根据人口规模的一般性超线性效应进行调整，这些城市的表现就不突出了。这些城市的市长因为城市人均GDP排名靠前而获得好评，并吹嘘自己的政策带来了经济成功，他们其实是在误导外界。

从这一观点出发，有趣的是，纽约成为一个十分普通的城市，仅比其城市规模所预期的略富裕（收入排名第88，GDP排名第184），不那么有创造力（专利数量排名第178），但出人意料得安全（犯罪率排名第267）。旧金山则是最杰出的大城市，富有（收入排名第11），有创造力（专利数量排名第19），相对安全（犯罪率排名第181）。真正出色的城市通常都是小城市，如布里奇波特的收入排名（因为来自纽约市的银行家和避险基金经理都住在这个郊区小城），科瓦利斯市（惠普研究实验室和俄勒冈州立大学的所在地），圣何塞市的专利数量排名（硅谷在此，还用多说吗？）以及在安全程度排名靠前的洛根县（受摩门主义影响？）和班戈市（有谁知道这个城市吗？）。

这只是2003年一年的数据，人们很自然地会问，随着时间的推移，这些会有改变吗？不幸的是，很难获取1960年前有关这些指标的数据。然而，对于覆盖过去40~50年的数据分析揭示了一些有趣的结果，正如图8-10所显示，几座典型城市的个人收入水平的偏离值随时间发生了变化。或许最为重要的特点是，根本性变化的发生速度有多么缓慢。在

规　模

20世纪60年代表现超出预期的城市，如布里奇波特和圣何塞市，到今天依然富有、有创造力。而在20世纪60年代表现不及预期的城市，如布朗斯维尔依旧排名靠后。因此，即使人口在增长，城市GDP和生活水平都在提高，相对而言，城市各自的表现依然没有太大改变。大体说来，所有城市都一同进退，或者直言不讳地说，如果一座城市在20世纪60年代表现突出，很可能现在依然表现突出；如果一座城市当时表现不佳，很可能现在依然表现不佳。

一旦一座城市获得了相对于比例曲线预期值的优势或弱势，这可能将会持续数十年时间。从这个意义上来说，无论是好是坏，城市都会保持强大和富有韧性，很难被改变，也不可能被摧毁。想一想底特律和新奥尔良，或者更为极端的德累斯顿、广岛和长崎，所有这些城市都在不同程度上从外界所认为的重大生存威胁中幸存了下来。事实上，所有城市都表现不错，仍将存在很长时间。

一个存在持续优势的城市的例子是圣何塞市，硅谷就在此，这是每个人都想去的地方。丝毫不出人意料的是，圣何塞市在财富创造和创新领域的表现都超过预期。但令人惊讶的是，圣何塞市早在20世纪60年代便已经超乎预期，至今依然如此，就像图8-10所显示的那样。这同时还表明，这一超乎预期的表现已经持续了超过40年时间，并且还在不断强化，尽管曾在1999—2000年间遭遇短暂的技术和经济繁荣与萧条的交替，圣何塞市最终又回到了长期的基本趋势。换句话说，除了在20世纪90年代末遭遇小波折之外，圣何塞市的持续成功早在硅谷出现之前便已经固定下来。因此，不要认为硅谷催生了圣何塞市的成功，并提升了其在传统的社会经济的排名，而是圣何塞市的文化和城市基因中的无形因素催生了硅谷的巨大成功。[8]

巨大的改变需要数十年的时间才能实现。这对于城市政策和领导层而言有着重要的影响，因为就城市未来做出决定的政治进程的时间框架最长只有几年时间，但对于大多数政治家而言，两年的时间便是无限。现在，他们的成功取决于快速的回报和持续的满足，以符合政治压力和选举进程的需求。很少有市长能够用 20~50 年的时间框架去思考，并将主要的精力用于推动真正会留下长期成就的战略。

10. 可持续性序曲：有关水的短暂离题

在发达国家，我们认为许多基础设施都是理所应当的，我们每次在厨房打开水龙头时，很少会感激政府投入成本为我们提供了清洁、安全的饮用水等便利的资源。这是一个巨大的特权，正如我在此前篇章中所提到的，这是我们在 19 世纪末预期寿命取得巨大提升的主要原因。为全球所有人提供这样的基础服务是我们在城市化时代面临的一大挑战。安全饮用水正日益成为社会冲突的源头。尤其是气候变化造成难以预期的严重干旱或洪涝灾害，二者都使得水资源供应和输送系统面临危机。这已经成为诸多发展中国家面临的一大问题，甚至在美国也出现了问题的苗头，如密歇根州弗林特市的水资源供给系统便出现了严重问题，许多西部的州都出现了严重的饮用水短缺。

我住在新墨西哥州小城圣塔菲，这里的人口只有 10 万，气候则是半干旱沙漠气候，每年的降水量只有约 356 毫米。因此，水很昂贵，过量使用水会被重罚。圣塔菲的水价在美国所有城市中最高，是全国平均水平的 2.5 倍，比水价排名第二的城市还要高 50%（排名第二的城市是西雅图，年降水量为 1 016 毫米）。但同样令人吃惊的是，圣塔菲的水价比最便宜的城市——盐湖城（年降水量仅为 419 毫米）高 6 倍。更奇特的是，沙漠城市菲尼克斯（450万人口）的水价以及拉斯韦加斯（人口近200万）的水价都只比盐湖城高一点儿，而菲尼克斯和拉斯韦加斯的年降水量分别只有203毫米和102毫米。这真令人难以置信！

能源浪费随处可见。例如，大多数人没有意识到，加利福尼亚州的特大都市（如人口规模是圣塔菲近100倍的洛杉矶和旧金山），或者绿意盎然、有着丰富植被的城镇（如斯坦福大学的所在地帕洛阿尔托或者谷歌总部所在地芒廷维尤）的年降水量同圣塔菲相差无几，都是约356毫米。这些大都市或城镇的许多水资源都被用于维护草坪和花园的繁茂，使它们看起来像是生长在年降水量达2 337毫米的新加坡。

好消息是，美国和全球各地的大多数城市社区对这些问题变得越来越敏感，意识到洁净水是宝贵的商品，它正在以令人警惕的速度枯竭，不能再被视为理所应当。大多数城市都开始推出政策，大幅度减少用水量，但如同许多"绿色"保护措施一样，这些政策或许太少且太晚了。

问题在于，所有这些社区都消耗了大量的资源建设基础设施，人为从极深的地下蓄水层将大量水资源运至社区家庭，假定了这些资源是不会枯竭且永远廉价的。这一假定是有问题的。随着城市化和可持续性问题变得越发紧迫，有关水资源的政治学和经济学将会越发引起争论，就像20世纪的石油和其他资源一样。未来，为了获取和拥有水资源，可能会最终爆发犹如石油之争的大型冲突。

然而，说来奇怪，人们应该记得，与石油相比，地球拥有比足以永久供给全人类用水量大得多的水资源，就像是太阳能一样。令我们的技术和社会经济策略符合这一简单事实对于我们的长期生存至关重要，我们早就应该推广可再生的太阳能和海水淡化技术了。如果我们如此短视和狭隘，我们注定终将像塞缪尔·泰勒·柯勒律治（Samuel Taylor

08 从流动性和生活节奏到社会联系、多样化、新陈代谢和增长

Coleridge）的著名诗篇《古舟子咏》中的水手一样，陷入集体焦渴的噩梦中。

> 水呵水，到处都是水，
> 船上的甲板却在干涸；
> 水呵水，到处都是水，
> 却没有一滴能解我焦渴。

在回到科学和城市之前，我想要阐释大城市供水系统的规模以及它会带来什么后果。纽约市一直被认为是引领一切事物潮流的城市，但一个并不为人所称道的成就便是其供水系统。纽约市水的质量和味道经常被认为优于其他城市，甚至超过瓶装水，而且成本只有后者的一小部分，也无须浪费可丢弃的塑料容器。下一次到纽约时，你可以省下几美元，只需要从水龙头处把水瓶接满。

水是从纽约市以北100英里外的流域供应而来的，主要是利用自然落差，因此节约了用于抽水的大量能源。供水系统的存储能力是5 500亿加仑（约为20亿立方米），能够为900多万居民每天提供超过12亿加仑的洁净饮用水。这是一个巨大的数字，相当于每秒钟装满10万只约500毫升的塑料瓶。为了达到这一令人惊讶的成就，纽约市的供水通过深埋在地下的庞大混凝土管道流出蓄水池。现在，一项耗资50亿美元的项目正在建设之中，旨在铺设一条新管道，来为两条旧管道提供补充。最终，其长度将达到60英里，深度则达到800英尺，离开蓄水池时的管道直径为24英尺（超过哥斯拉的动脉）。随着水从网络分级系统运送至整个纽约都市区，这些数字都将会缩小，最终流入埋在街道下面的主管道，其直径为10~30厘米之间，取决于建筑物的密度（很明显，直径最大的

管道位于市中心的曼哈顿）。水从这些主管道再通过直径约为 2.5 厘米的管道运输到千家万户，而到达厨房水池和厕所时，管道的直径又会缩小到约 1.2 厘米。

纽约供水系统的分级几何结构是全球城市供水系统中的典型，当然，供水系统的整体规模则根据城市规模的不同而不同。这与人体自身的循环系统十分相像，两个网络都是空间填充的，其终端单元也是近似不变的。圣塔菲的供水系统规模比纽约小很多，但将水运送至我家的直径 2.5 厘米管道以及将水运至我家厕所的直径 1.2 厘米管道与纽约的一样，正如我们的毛细血管与老鼠和蓝鲸的一样。这一分形行为反映在纽约供水网络系统的所有管道的总长度上——从蓄水池到街道的管道总长度加在一起约为 6 500 千米。换句话说，将每一根管道的首尾相连，系统中所有管道的总长度相当于纽约到洛杉矶的往返距离。这实在令人惊叹，但与人体循环系统中所有血管的总长度相比则相形见绌。如果将人体循环系统所有血管首尾相连，其长度也相当于纽约至洛杉矶的往返长度，但它们都在你体内。

11. 城市中商业行为的社会经济多样性

如同韧性和创新一样，多样性也成为一个被频繁用于形容成功城市的热门词。的确，个体、种族、文化活动、商业、服务、社会活动的集合的不断变化是城市生活的典型特点。其主要的社会经济组成因素便是城市中有太多不同类型的商业。尽管所有城市一定会有类似的核心从业者——律师、医生、餐馆服务员、垃圾回收员、教师、管理人员等，只有少数城市会有特别的从业类别，如海洋律师、热带病医生、铁匠、象棋商店店主、核物理学家和避险基金经理等。

08 从流动性和生活节奏到社会联系、多样化、新陈代谢和增长

由此一来,对商业类型的多样化进行量化便有可能遇到问题,因为任何系统性的分类机制都要受到随意指定具体类别的限制。只要能够确定分类标准,任何商业类型都可以进一步分类。例如,餐馆又可以被分为高级餐厅、快餐厅等,同时还可以按照菜系、价格、质量等标准来分类。还有诸如亚洲、欧式和美式餐厅之分,但亚洲餐厅则又可以分为中餐、印度餐、泰国餐、印尼餐、越南餐等。中餐本身又可以分为粤菜、川菜等。我们的结论很明显,城市多样性依赖于规模,它也取决于外界所认为的精度。这与刘易斯·弗赖伊·理查森最初意识到的问题相一致,他当时试图测量不同的海岸线和边界的长度,这促使曼德博提出了分形的概念。

幸运的是,将商业正式分类的挑战已经得以解决。北美地区编辑了一系列数据,其中几乎包括美国所有企业(超过 2 000 万家)的记录。这是美国、加拿大、墨西哥共同合作的结果,它被称作"北美产业分类体系"[9]。一家企业便是实施商业行为的一个物理地点。由此,作为全国连锁企业一部分的个体企业,如沃尔玛商店或麦当劳特许经营店都算作单独的企业。它们通常被视作经济分析的基础单位,原因在于,创新、财富创造、企业家精神、就业岗位创造都要通过组成企业和企业的增长来体现。北美产业分类体系利用 6 位数字的代码来对最详尽的产业层面进行分类。前两位数字是最宏观的商业类别,第三位数字则是从属类别,以此类推,最终它可以从极端精确的层面上解读经济生活。

我的同事路易斯、何塞对这些数据进行了分析,我们的博士后连惠珍(Hyejin Youn)在这项工作中发挥了主导作用。惠珍在韩国首尔接受了统计物理学的教育和训练,加入圣塔菲研究所以完成其博士学业。在与我们合作之前,她最初是研究语言的起源和结构的。她现在已经成为

科技创新的专家，是牛津大学新经济思维研究所的研究员，该研究所是金融家乔治·索罗斯（George Soros）资助创立的新机构。

正如我们在对其他城市指标的分析中所见的那样，数据揭示了令人惊讶的简单规律性。例如，每一座城市的企业总量与城市人口规模呈线性比例关系，无论这些企业从事何种商业行为。平均而言，城市规模增长一倍时，你会发现企业数量也增长一倍。比值一直都是 21.6，这意味着，无论城市规模如何，一座城市中大约每 22 个人便会有一家企业。或者换句话说，无论是在小城镇还是在大都市，平均而言，每当城市人口增加 22 人，便会产生一个新的工作场所。这个数字通常会让大多数人感到吃惊，即使是那些从事商业的人士同样如此。相似的是，数据还显示，在这些企业工作的雇员总数也与人口规模呈线性比例关系。平均而言，无论城市规模大小，每家企业只有 8 名雇员。从作为生产率、工资、GDP、专利数量等所有社会经济活动基础的、无所不在的超线性集聚效应的视角来看，不同规模和特点的城市企业数量以及每家企业的雇员人数的一致性不仅违背了我们此前的认知，而且还令人困惑。[10]

为了更深入地理解这一点，并揭示一座城市的企业特点，我们要问一问一座城市中有多少种不同类型的企业。这就像是询问生态体系内有多少种动物物种一样。最简单的粗粒度测量城市经济多样性的方法是根据人口规模来计算出不同类型的企业的数量。数据证明，按照北美产业分类体系的不同精度水平，随着人口规模的增加，多样性都会系统性地增加。不幸的是，北美产业分类体系无法囊括最大规模的城市中的所有经济多样性，因为它无法区别十分相近的企业类别，如北部意大利餐厅和南部意大利餐厅之间的差别。然而，我们对数据进行外推后我们发现，如果可以用最大的精细度测量多样性，它将会随着城市规模的变化而呈

08 从流动性和生活节奏到社会联系、多样化、新陈代谢和增长

对数比例变化。

与大多数指标所通常遵从的幂律相比，对数缩放变化表现出了相对于人口规模来说非常缓慢的增长。例如，人口规模从10万增至1 000万，会导致企业数量增长100倍，但企业的多样性只会增长两倍。换句话说，城市规模增长一倍，企业总量增长一倍，但新型企业的数量只会增长5%。几乎所有多样性的增长都反映在更大程度上的专业性和更多人之间的相互依赖性上，这既包括工人，也包括客户。这是一个重要的观察结论，因为它表明：增加多样性与增加特殊性紧密相连，这是根据15%法则提高生产率的主要驱动力。

一个更加详尽的评估经济多样性的办法是，进一步挖掘并探究城市中企业的特殊构成类别。每座城市的律师、医生、餐馆或承包商的数量各是多少？其中又有多少是公司律师、整形外科医生、印度尼西亚餐馆或水电工程承包商？作为这一分析的例子，图8-11显示了美国一些城市的100种主要企业类型的丰富性。该图用经典的排名—规模模式绘制而成，我们在谈到语言中词汇分布频率的齐普夫定律以及城市系统中的城市时曾使用过这种模式。在发表讲演时，我也会首先展示这幅图并询问听众，他们认为纽约数量最多的企业类型是什么。目前，没有人能够给出正确的答案，包括企业界的听众，以及在纽约经营企业的商业领袖。在面对这类问题时，采取简单的分析、原则性策略通常会让你学到更多。

在纽约，数量最多的企业类型便是医生办公室，这令人感到奇怪，尤其是当你知道医生办公室在菲尼克斯只位列第5，而后者拥有庞大的退休人群社区的时候。医生办公室在圣何塞市则位列第7，这或许并不让人感到吃惊，鉴于加利福尼亚州有那些年轻的强迫症慢跑者和热心健康者的存在。让人感到并不意外的还包括：在纽约，律师事务所的排位仅

规 模

次于医生办公室，然后是餐馆。事实上，餐馆在所有城市的排位中都很高，例如，在芝加哥、菲尼克斯、圣何塞市都排在第一位。在外面吃饭，无论是在高级的四季酒店餐厅，还是在麦当劳快餐店，已成为美国人社会经济活动的一个主要组成部分。思考这些排名对于一座城市意味着什么？这是个很有趣的问题。例如，在菲尼克斯，排名仅次于餐馆的是房地产业，对于这样一个飞速发展的城市来说，这或许并不让人感到吃惊。而在硅谷所在地圣何塞市，我们可以预料到，计算机编程产业位列第二。律师事务所和餐馆在纽约排名高的原因很明显。但为何纽约有如此大量的医生办公室呢？难道是纽约市的生活压力大、市民身体多呈不健康状态？如果你发现这很有趣，你可以在我们发表在网络上的论文的补充材料中查看自己最喜爱城市的经济活动的类似分析。很显然，对于那些城市管理者、思考城市未来或投资城市发展项目的人而言，了解企业全景的构成细节是非常重要的。

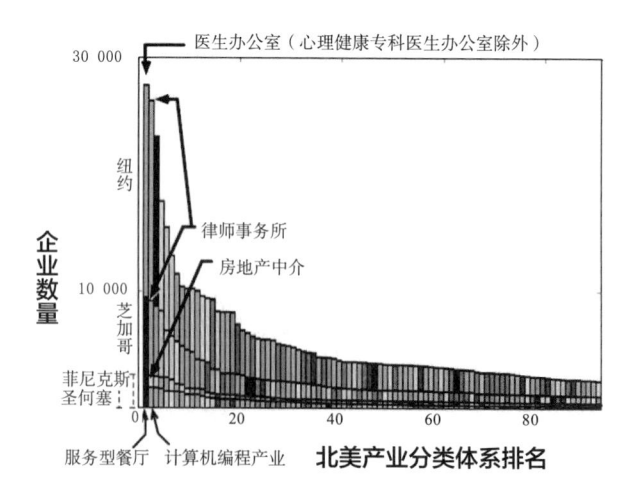

图 8-11

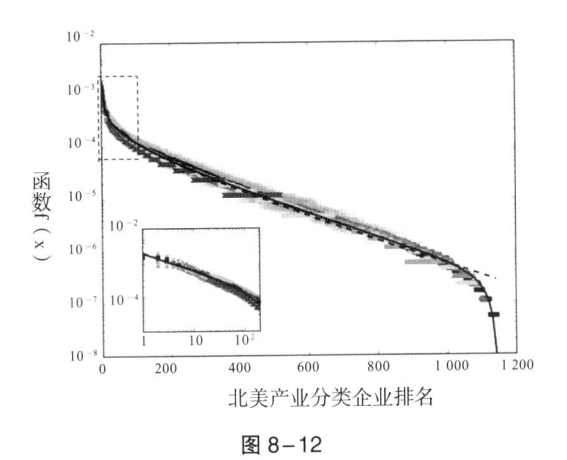

08 从流动性和生活节奏到社会联系、多样化、新陈代谢和增长

图 8-12

图 8-11 对纽约、芝加哥、菲尼克斯和圣何塞市中各种企业类型按其出现频率降序排列（从常见到少见）。企业类型参见北美产业分类体系。图 8-12 是美国所有 366 个大都市统计区的企业类型的普适的归一化等级—丰度曲线。展现在图中的为纽约、芝加哥、菲尼克斯、底特律、圣何塞市、厄巴纳香槟校区、丹维尔。图 8-12 显示的是对数标绘的首批 200 个企业类型，它们遵守齐普夫定律。

与规模法则所表现出来的城市内在普遍特性相比，这些企业类型的位序—规模分布则反映了每一个特定城市的独特之处，这表现为其经济活动的构成。它们是每一座城市的标志，显然取决于城市的历史、地理和文化。因此，尽管每一座城市的企业类别构成都不同，但对于所有城市而言，它们分布的形状和形式在数学意义上是相同的。事实上，随着简单的比例变化，它们的等级—丰度曲线就会被压缩到一条所有城市均相同的独特普适曲线上，正如图 8-12 中所显示的那样。考虑到不同城市收入、密度和人口数量的巨大差异，更不用说它们的独特性和不同的文化特点了，这一普遍性令人感到吃惊。

尤其令人感到满意的是，这一出乎意料的普遍性，以及普适曲线的真正形状和多样性的对数比例变化，都可以从理论中推导出来。其普遍

规 模

性源于一座城市所有不同企业的总和与人口规模呈线性比例变化关系的限制，而无论企业类型的详细构成或城市的详细构成如何。图8-12中分布函数的蛇形形状源于一个通用动力学过程的变体，这一机制曾被成功地用于理解不同领域（从词语到基因，再到物种和城市）的位序——规模分布。它有许多不同的名称，包括偏好依附（preferential attachment）、累积优势、富人更富、尤尔-西蒙过程（Yule-Simon process）。它基于一种正反馈机制，在这种机制中，系统的新要素（在上述情况中是企业类型）会被逐个添加进来，其概率与已经存在要素的比例相关。存在的要素越多，新增要素也越多。因此，企业类型越常见，该类型的企业数量增加得就越多；企业类型越少见，增加的数量就越少。[11]

我们列举一些常见的例子来说明这个过程。成功的企业和大学会吸引聪明的人加入，这会使它们变得更加成功，并由此吸引更聪明的人才，进而使得它们更加成功。就像是富有的人会吸引有利的投资机会，产生更多的财富，他们进一步投资，则会变得更加富有一样。"富人更富"以及它所暗含的"穷人更穷"这种流行语便能够说明这一过程。或者，正如耶稣在《马太福音》中所说：

> 凡有的，还要加给他，叫他有余。凡没有的，连他所有的，也要夺去。

这句令人惊讶的话被一些信奉正统派基督教的人以及其他人用来证明不断蔓延的资本主义的正当性，这是一种"反罗宾汉式"的口号，支持劫贫济富的观点。然而，尽管耶稣的话是偏好依附的良好例证，但这句话被断章取义了。人们通常容易忘记，耶稣实际上所指的是天国的神秘知识，而不是指物质财富。他是在表达宗教版本的勤奋学习、知识积

08 从流动性和生活节奏到社会联系、多样化、新陈代谢和增长

累、研究和教育的实质,古代的犹太教祭司也曾表达过类似的观点:知识不增则减。

首先对偏好依附进行数学思考的是苏格兰统计学家尤德尼·尤尔(Udny Yule)。1952年,他用偏好依附来解释每个属的开花植物物种数量的幂律分布。现代社会经济版本的偏好依附,或者称之为累积优势理论,则是由赫伯特·西蒙(Herbert Simon)提出的,因此现在被称作"尤尔-西蒙过程"。西蒙是一位优秀的博学者,也是20世纪最有影响力的社会学家之一。他的研究范围包括认知心理学、计算机科学、经济学、管理学、科学哲学、社会学和政治学。他是几门重要的学科分支的奠基人,这些分支的影响力近年来变得十分重要,影响领域包括人工智能、信息处理、决策、问题求解、组织理论以及复杂系统。他的整个学术生涯几乎都在匹兹堡的卡内基-梅隆大学度过,他曾因为对经济组织的决策过程中的重要研究贡献获得诺贝尔经济学奖。

上述对于企业多样性的实证研究和理论分析表明,在所有城市的增长过程中,企业生态的发展都展现出了相同隐藏的动力学。起初,经济活动有限的小城市需要快速创建新的企业和功能。这些基础活动构成了每座城市的核心,无论其大小如何。每一座城市都需要律师、医生、商店店主、贸易商、管理人员、建筑师等。随着城市的扩大,这些基础的核心活动饱和了,新功能的出现速度大幅下降,但不会永远停止。一旦个体建筑基石变得足够大,人才和功能的结合便足以产生新的变体,企业前景便会不断扩大,独特的企业也随之产生,如异国风情的餐馆、专业的体育队、奢侈品商店等,并进一步催生更多的经济活动。

尽管这一理论无法预测特定的企业类型在一座城市中的排名(例如,为何医生办公室在纽约排名第一,而在圣何塞市却排名第7?),却能够

预测出他们的排名会随着城市规模的增长如何变化。通常的规律是，企业数量与城市人口规模呈超线性比例关系的企业类型的排名会系统性增长，而那些与城市人口规模呈亚线性比例关系的企业类型的排名则会系统性下降。例如，在北美产业分类体系最为粗粒度的层面上，农业、采矿业和公共事业等传统行业与城市人口规模呈亚线性比例关系。理论预测，这些产业的排名以及丰度将会随着城市规模的扩大而下降。以专业性、科学和技术服务为代表的信息和服务企业以及管理型企业和公司，与人口规模呈超线性比例关系，理论预测这些产业的排名和丰度都会随着城市规模的扩大而提升。让我们来看一下律师事务所的数量，它的超线性比例的指数接近于 1.15，这意味着，规模更大的城市中人均拥有的律师数量就越多。根据偏好依附模型的预测，随着城市规模的增长，律师事务所的排名应该上升，指数约为 0.4。[12] 任何粒度上的任何企业类型都可以得出此类预测。

因此，每种企业类型的丰度与城市规模比例变化的指数抓住了不同企业类型增长的特点，并以更加系统化的方式为其设定了参数，而不是依靠简单的点数或者"专家"对企业类型的判断，后者通常十分主观。这一方法的重要因素是，城市和企业是复杂适应系统，它们应该被视作综合系统，而不是孤立的个体。通过所有城市以及构成整个城市经济的完整企业类型集合进行整合，这一分析将每一座城市的经济网络和多个城市组成的整个城市系统联系在一起的。

12. 城市的增长与新陈代谢

贯穿本书始终的一个重要主题是，缺少了能量和资源的输入和转换，任何事物都无法增长。这是我在第 4 章中所阐释的定量理解生物系统增

08 从流动性和生活节奏到社会联系、多样化、新陈代谢和增长

长的综合性理论的基础，无论这一系统是个体生物体还是群落。还记得我们最基本的观点是：生命体通过摄入食物，然后消化吸收，将能量代谢为可利用的形式，并在网络中运输和为细胞提供供给，其中一些细胞被分配用于修复和维护现有细胞，一些被用于替代死去的细胞，还有一些则被用于创造新的细胞，以增加总体生物量。这一顺序是所有增长的基本模式，无论是生物体、社区、城市、公司，还是经济的增长。粗略地讲，无论是细胞、人或者基础设施，输入的代谢能量和资源在总体维护和修复之间进行分配，包括取代现有的衰败实体，创造新的实体，以扩大系统的规模。因此，可用于增长的能量只是供应能量的比率与需要能量用于维护的比率之间的差异。

在供给侧，生物体的代谢率与细胞数量呈亚线性比例变化关系（遵守源于网络约束的一般性3/4次幂规模法则），而需求则会按线性增长。因此，随着生物体体积的增长，需求最终将超过供给，因为线性比例变化的增长速度要超过亚线性比例变化，由此一来，能够用于增长的能量数量便会持续减少，最终降至0，导致增长停止。换句话说，增长停止是因为随着规模的增长，维护和供给比例变化的方式出现了错配。代谢率的亚线性比例变化以及相关的、源自优化网络表现的规模经济成为增长停止的原因，也是生物系统表现出第4章图4-6~图4-9所显示的S形增长曲线的原因。作为亚线性比例变化、规模经济和增长停止基础的同一网络机制也导致生物生命节奏随着规模的增长而系统性减缓，并最终终止。

现在，我想要把这一框架应用于社会机构的增长，首先我们从城市开始。由于这一框架的普遍性，它也可以很方便地延伸至公司和整个经济体，我将在第9章中就此进行阐释。正如第7章中所解释的，城市由两种元素组成：它们的物理基础设施——表现为建筑物、道路等，以及

379

它们的社会经济动力学——表现为思想、创新、财富创造和社会资本等。二者都是网络系统,它们彼此之间紧密联系和相互依赖,因此相应的亚线性规模法则和超线性规模法则互为补充。按照亚线性规模法则,规模增长一倍,便会带来15%的节约;而按照超线性规模法则,规模增长一倍,增益便会增加15%。

城市的第一种组成元素——物理基础设施部分,与生物界十分相似,城市也因此被比喻为"生物体"。但正如我一直强调的,城市并不仅有物理性。因此,代谢率作为供给侧输入促进增长和支撑城市的概念必须得到扩充,要将社会经济活动涵盖在内。除了在城市中使用和产生的电、气、石油、水、物质、产品、人工制品以外,我们还必须加入财富、信息、思想和社会资本。在一个更加根本的层面上,无论是物理的还是社会经济的,所有这一切都受到能量供给的驱动和支持。除了建筑物供热、运输物质和人、生产产品、供给水电气之外,每一次交易、收获或损失的每一美元、每一个对话和会议、每一个电话和短信,每一个观点和每一个想法都必须得到能量的支撑。此外,正如食品必须代谢成为可用形式以供给细胞和支撑生命一样,输入的能量以及城市所吸收的资源也必须转换为可用的形式,用于供给、支持并促进社会经济活动的增长——财富创造、创新和提高生活品质等。伟大的城市学家刘易斯·芒福德(Lewis Mumford)对此进行了最精彩的阐释:[13]

> 城市的主要功能是化力为形,化能量为文化,化死物为鲜活的艺术符号,化生物繁衍为社会创新。

这个特别的过程可以被想象为一座城市的社会新陈代谢,它能够将我们传统意义上从食物中获得的热量从每天2 000卡路里增至每天200万卡

08 从流动性和生活节奏到社会联系、多样化、新陈代谢和增长

路里。从食物摄取中获得的真实能量只占一座城市总体消耗能量的一小部分，不足1%，这是我没有将其放在上述讨论的原因，尽管它明显是城市生活的一个重要组成部分。这似乎有些自相矛盾，因为我们在此前的论述中看到，食品企业是大多数城市内数量最多的企业类型，甚至超过了律师事务所。重点是，与食品相关的大量能量消耗并不是消化食品本身（每人每天2 000卡路里），而是在其整个供应链的生产、运输、配给、市场营销的过程中，贯穿着从农民到商店再到你家，最终被你吃掉的所有环节。

在考虑到一座城市的总体代谢的诸多不同来源时，我们不难发现，确定其数值是一个很大的挑战，无论是用美元还是用卡路里来计算。在我看来，从来没有人细致地尝试过相关计算。[14] 鉴于总体代谢对于城市和经济运转和增长的基础性作用，这种不细致令人惊讶。除了需要搜集并分析许多不同活动的庞大数据外，还有一个问题是，究竟什么才能算作城市的社会新陈代谢的一部分，哪些是独立的来源？例如，我们是否应该将犯罪、警备、专利、建设、投资、研究的能量成本算作独立来源？由于这些活动之间明显存在重叠和相互联系，我们这么做是否存在重复计算？

然而，出于理解增长的目的，这一挑战能够通过标度理论的概念框架加以巧妙解决。关键在于，作为增长基础的社会新陈代谢的所有社会经济来源，包括财富创造和创新，都按照经典的超线性规模法则，其指数近似为1.15。由于所有的组成部分都按照这个幂律规模法则变化，一座城市的总体社会代谢率也必须呈类似的超线性比例变化，其指数也是1.15。这便是规模视角的美丽之处——我们不需要知道一座城市新陈代谢的具体个体来源是什么，便能够确定其增长曲线。原因在于，它们都通过构成城市生活的社会和基础设施网络相同的统一动力学相互联系、相互关联。

新陈代谢的超线性比例变化对于增长而言具有重要的影响。与生物学中的情形相对比，城市增长过程中所产生的代谢能量的供给速度超过维护城市的能量的需求速度。因此，随着城市规模变得越来越大，可用于增长的代谢能量，即社会代谢率与维护城市的需求之间的差异，也会持续增长。城市越大，增长速度越快，这是开放式指数级增长的典型预兆。一项数学分析证实，受到超线性比例变化驱动的增长确实快于指数级增长，事实上，它是呈超指数级增长的。

尽管增长方程式的概念和数学结构对于生物体、社会性昆虫群落和城市而言是相同的，但其后果是迥异的：在生物学中占据统治性地位的亚线性比例变化和规模经济会带来稳定的受限增长和生命节奏的放缓；而在社会经济活动中占据统治性地位的超线性比例变化和规模收益递增则会导致无限增长和生命节奏的加速。

社会网络所固有的连续性正反馈机制会使得社会连接得到加倍提高，超线性比例变化则会导致开放式的超指数级增长以及生命节奏的加速。在过去几百年间，随着城市数量的爆炸式增长，上述变化也在不断演变。图 8-13~图 8-18 显示的是来自全球各地的一些例子，包括老牌大陆城市（伦敦）、新兴大陆城市（纽约、奥斯汀、加利福尼亚州的几个城市以及墨西哥城）、亚洲城市（孟买）。我在这里想要强调的重点是，受超线性比例变化驱动的增长方程式会得出一个数学公式，它的预测与这些图中所表现出来的一般性超指数级增长相一致。

然而，需要注意的是，伦敦和纽约都显示出了收缩和停滞的时期。我将在第 10 章中讨论这些影响，并讲述更大背景下的开放式增长，将其与创新循环和生命节奏加速的作用相联系，以及这些联系如何影响可持续性这一关键问题。

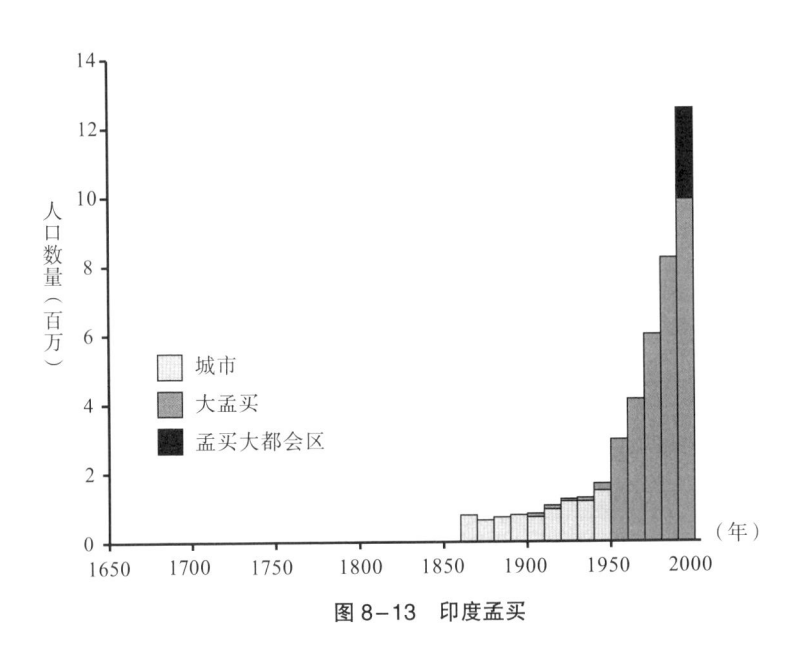

08 从流动性和生活节奏到社会联系、多样化、新陈代谢和增长

图 8-13 印度孟买

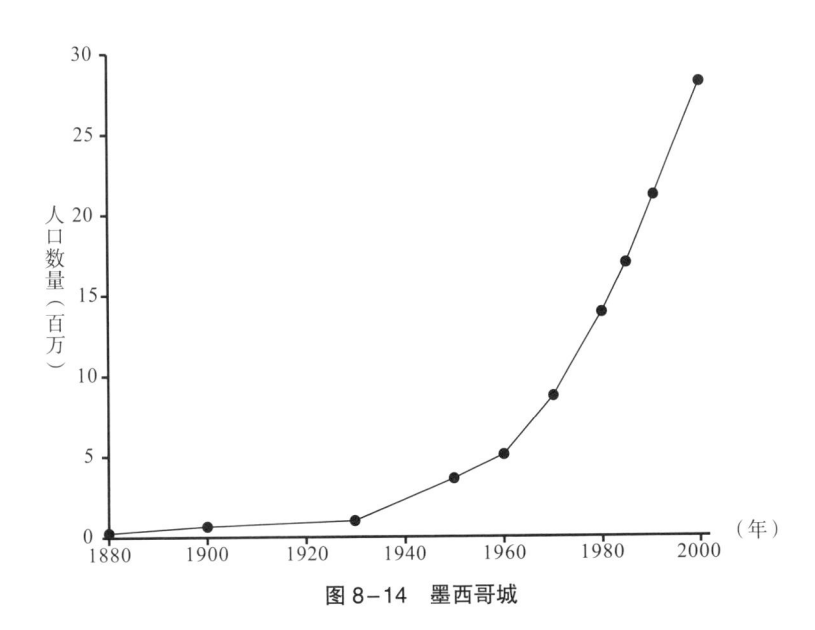

图 8-14 墨西哥城

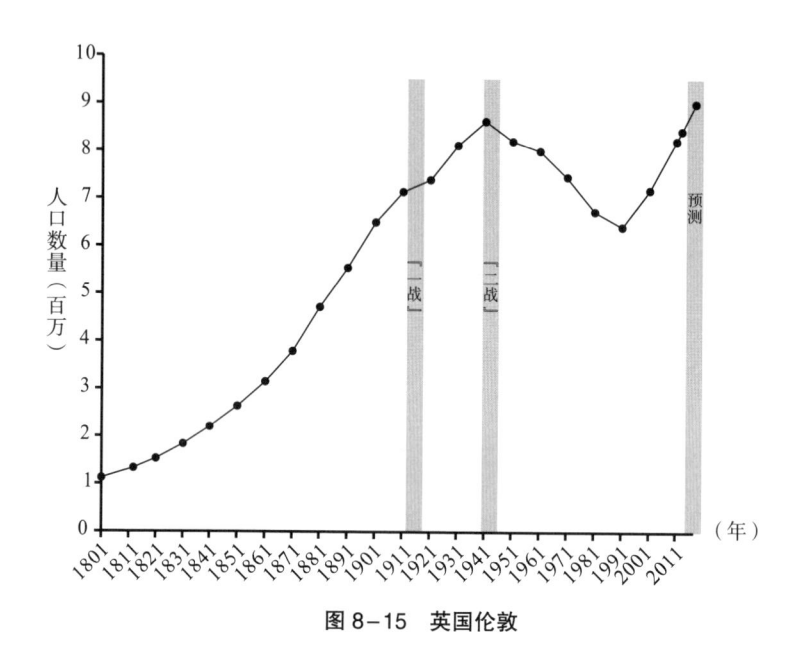

规　模

图 8-15　英国伦敦

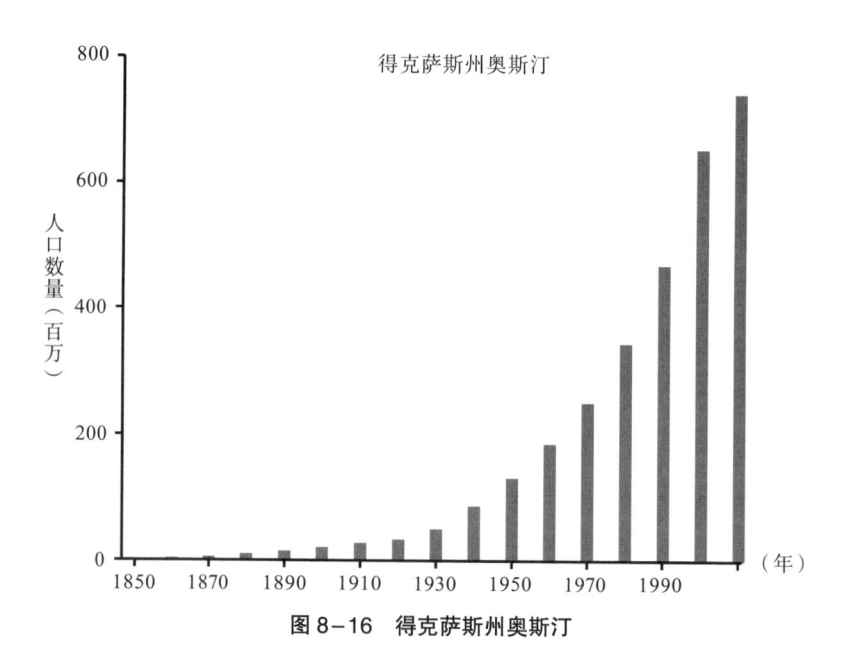

图 8-16　得克萨斯州奥斯汀

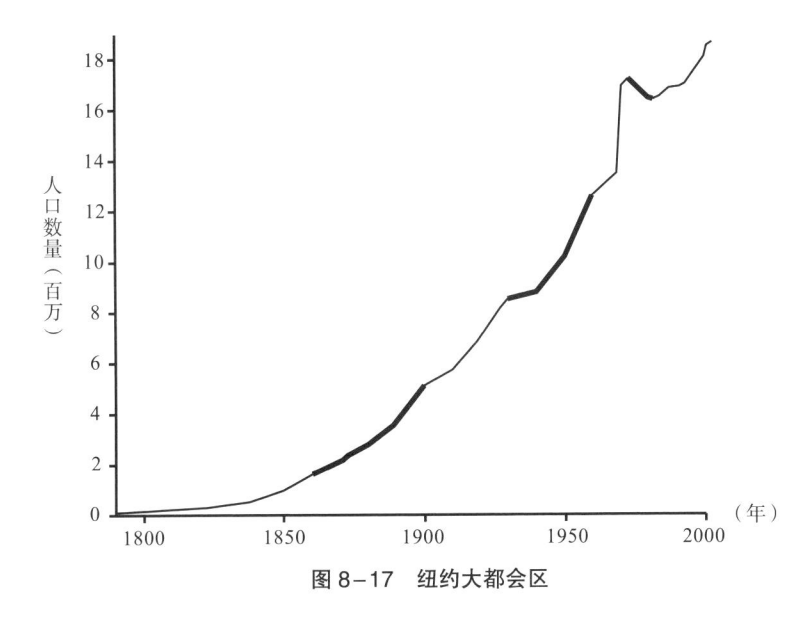

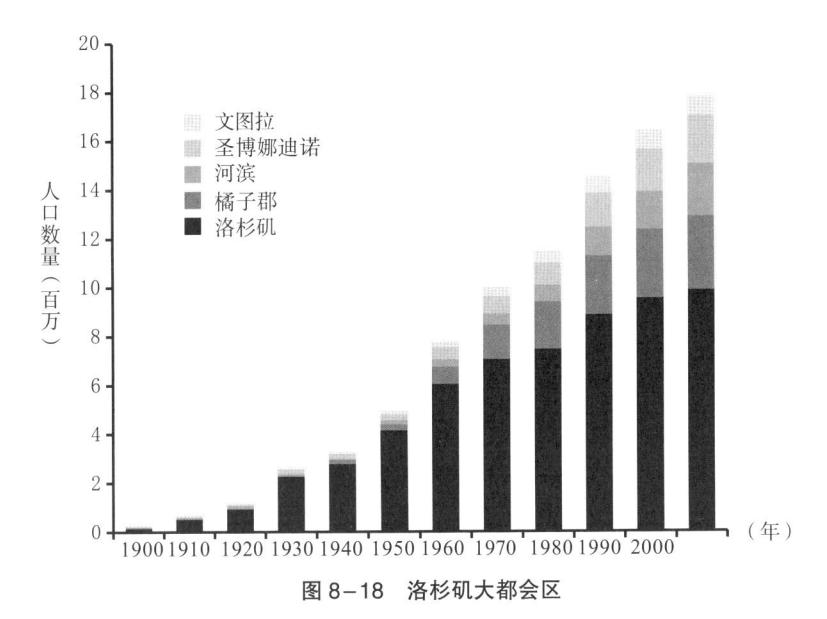

08 从流动性和生活节奏到社会联系、多样化、新陈代谢和增长

图 8-17 纽约大都会区

图 8-18 洛杉矶大都会区

图 8-13~图 8-18：全球各地不同城市的增长曲线，表明了开放式超指数级增长的普遍存在。按照顺序，这些城市分别是孟买、墨西哥城、伦敦、奥斯汀、纽约大都市区、洛杉矶大都市区。1850 年前不存在可信数据。

09
迈向公司科学

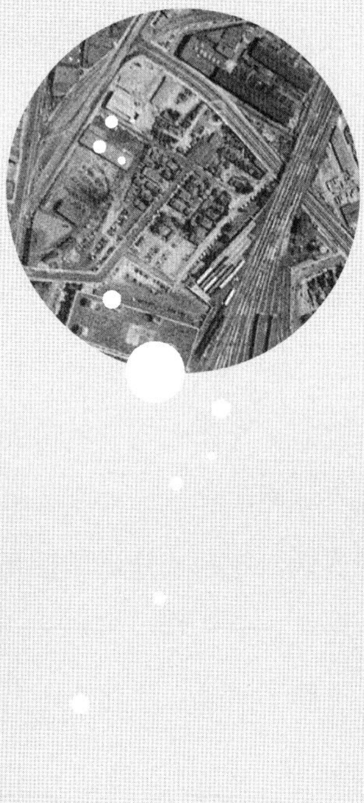

规　模

与人和家庭一样，公司是城市和国家社会经济生活的基本要素。创新、财富创造、企业家精神和就业岗位创造都是通过公司的形成和增长来实现的。公司在经济中占据统治性地位。例如，美国所有上市公司的总市值超过 21 万亿美元，比美国的 GDP 总额高出 15%。沃尔玛、壳牌、亚马逊、谷歌、微软等超大型企业的市值和年销售额均接近 0.5 万亿美元，这意味着，少数公司占据了市场总量的最大份额。

鉴于我们此前曾提到的个人收入的位序—规模频次分布（帕雷托法则）以及城市的位序—规模频次分布（齐普夫定律），这种不平衡现象并不令人感到惊讶的是，它反映出了公司市值和年销售额排名相似的幂律分布现象。[1]第 7 章中的图 7-15 对此进行了清晰的展示。因此，大公司的数量极少，而小公司的数量极多，中等规模的公司则遵循简单的系统性幂律分布法则。美国有近 3 000 万家独立运营的企业，绝大多数都是私人企业，它们只有很少的雇员，构成美国经济活动的主体的却只有大约 4 000 家上市公司。

鉴于这一结论，人们很自然会问，就像我们在谈到城市和生物体时一样，公司是否会以可评测的标准，如销售额、资产、开支和利润等按比例变化？公司是否展现出超越规模、个性和商业行业的系统性规律？若如此，是否存在一种堪比前几章中所提及的城市科学的量化及可预测的公司科学？是否有可能了解公司生命史的普遍性历史特征？它们如何成长、成熟，并最终消亡？

正如城市一样，存在大量有关于公司的著作，这可以追溯至亚当·斯密和现代经济学的创建时代。许多著作都是定性研究，通常都是从具体公司或商业行业的案例研究入手的，公司的普适动力学和组织特点都是凭研究者的直觉感知的。从历史上来看，公司被看作是必要的代理机构，组织人们集体劳动，利用规模经济的优势，减少制造者和供给者与消费者之间生产或服务的交易成本。为了让成本最小化以实现利润最大化和获得更大市场份额的动力，人们成功地创造了现代市场经济，进而向大量人群以其可以付得起的价格提供产品和服务。尽管存在许多陷阱、滥用以及意料之外的负面结果，这一自由市场信条仍在世界各地推动创造了前所未有的生活标准。由此可能导致一种粗糙而简单化的观点，就是公司对质量，更加重要的是对社会责任的忽视，这种社会责任是作为公司在追求利润最大化这一原始动力以外的基本补偿要素而存在的。

尽管近年来，源自生态学、进化生物学的观点开始逐渐占据优势，但大多数有关公司的著作都是从经济学、金融、法律和组织研究的视角出发的。此外，还有大量流行著作是来自成功的投资者和首席执行官揭示他们成功秘密的作品，他们在其中往往会解释一些公司成功而另外一些公司失败的原因，并提供解决方案。所有这些在不同程度上都就公司的性质、动力学和结构提供了洞见，但它们都没有像我在这本书中所做的这样，提供一个广阔的科学视角。[2]

学术界提出的用于理解公司的传统机制主要分为三个大类：交易成本、组织架构和市场竞争。尽管它们是彼此联系的，但经常被区别对待。在此前章节发展而来的框架语言中，这些要点可以被表述为如下几点：（1）交易成本最小化反映了优化原则驱动的规模经济，如利润最大化；（2）组织架构是一家公司内的网络系统，传递信息、资源和资本，用于支持、维持和推动公司增长；（3）竞争带来市场生态内在的进化压力和选择过程。

如果不创造复杂的组织架构，汽车、计算机、圆珠笔和保险产品组合就无法被大规模生产，若要在竞争市场内生存下来，这一组织架构就必须要具有适应性能力。就像在城市中一样，这使得能源、资源、资本

（公司的新陈代谢）与信息交流的整合成为必要，以推动创新和创造。从这个意义上来说，不同规模的公司都是经典的复杂适应系统，我想要探究的正是这一根植于比例范式的框架在多大程度上能够发展出用于理解公司增长、存活寿命和组织的定量机制性理论，并成为观察公司的传统方式的有益补充？

出人意料的是，现有的对公司性质进行的研究几乎都没有利用覆盖所有经济活动和公司历史的大数据。大多数研究还都是研究者受到复杂系统观点的启示而进行的，一个生动的例子便是发现公司的规模分布遵循齐普夫定律（图7-15所显示的那样）。这一洞见是由计算社会科学家罗伯特·阿克斯特尔（Robert Axtell）提出的，他曾求学于卡内基-梅隆大学的公共政策和计算机科学专业，并受到我此前提到的伟大博学者赫伯特·西蒙的影响。

阿克斯特尔当时身处弗吉尼亚州的乔治梅森大学，同时也是圣塔菲研究所的外聘研究员。他是研究基于主体建模的知名专家，这是一种用来模拟由许多部分组成的系统的运算技术。[3]从根本上来说，这一技术是通过假设多个代理（可以是公司、城市或个人）之间相互作用的简单法则，并具体实施这些代理如何随时间变化的算法，从而让由此得出的系统在计算机上运行。更加复杂的版本则包括了主体的学习、适应甚至是复制的规则，以建模模拟更为现实的进化过程。

随着性能强大的计算机的发展，基于主体的建模技术已经成为研究生态和社会体系中诸多问题的标准工具，如建模模拟恐怖主义组织的结构、互联网、交通模型、股市行为、流行病学、生态系统动力学和商业战略等。在过去几年中，阿克斯特尔利用基于主体的建模技术模拟了美国公司的整个生态系统，其中涵盖了超过600万家公司和1.2亿员工。这一野心勃勃的项目在很大程度上依赖于作为输入给模拟系统的条件的普查数据，并用这些数据来测试结果。

最近，阿克斯特尔和圣塔菲研究所的其他一些成员一同将这个项目延伸至模拟整个经济系统，这些成员包括牛津大学教授多因·法默（Doyne Farmer）和耶鲁大学著名经济学家约翰·吉纳科普洛斯（John Geanakoplos）。这真是一个富有雄心的项目，它需要众多方面的大量数据，从金融交易到工业生产，再到房地产、政府开支、税收、商业投资、外贸投资，甚至是消费者行为。他们希望，这一针对整体经济系统的综合模拟能够提供一个评价不同的经济刺激措施和策略的真实检验平台，如检验是否应该减税、增加公共支出。最重要的是，它也可能预测临界点或即将到来的危机，以避免可能的衰退，甚至是崩溃。[4]

不容乐观的是，此类有关经济真实运行情况的详细模型并不存在，政策通常是由相对有局限性、有时则是凭借直觉的经济运行观念来决定的。很少有人明白，经济是一个不断演变的复杂适应系统，我们将众多相互依存的组成部分解构为细之又细的半独立子系统将会带来误导性，甚至是危险的结论，经济预测的历史已经证明了这一点。就像长期天气预报一样，这是一个颇为艰巨的挑战，公平地说，我们应该承认经济学家十分擅长相对短期的预测，只要系统能够保持稳定。传统的经济学理论严重依赖于经济系统保持在一种近似平衡的状态中。艰巨的挑战是我们要能预测出外围事件、重大转变、重要时刻、破坏性经济灾难，而经济学家在这方面的表现大多令人感到沮丧。

颇具影响力的畅销书《黑天鹅》的作者纳西姆·塔勒布（Nassim Taleb）一直对经济学家十分严苛，尽管他自己曾经也学习商业和金融，或者这也是原因所在。[5]他曾在几家知名大学担任教职，包括纽约大学和牛津大学，曾聚焦于对用于描述突发事件的术语的创建以及对风险的深入理解。他曾用颇为夸张的言语，直言不讳地对古典经济学思维提出批评，如："多年之前，我注意到了有关于经济学的一件事，那就是，经济学没有一件事是对的。"他还曾呼吁人们撤销诺贝尔经济学奖，称经济学理论的破坏将是灾难性的。我或许不同意塔勒布的一些观点和辩论，但有这种敢于直言、标新立异、挑战正统的人的存在非常重要，也很有益，尤其是鉴于经济学有过如此糟糕的论断，而且经济论断对我们的生活又有着重大的影响。

基于主体建模的重要优点之一是，它有可能为解决某些重大问题提供一个替代框架，将整个系统视作一个统一实体，而非边边角角的总和；它坦然承认，经济通常并不处于平静状态之中，而是一个不断演变的系统；系统的一些特点源自无数构成部分之间的相互作用。

然而，基于主体建模的方法的确存在某些严重的不足。首先，一个重要的不足便是，在许多情况下，主体的表现、互动、做决策的具体规则常基于研究人员的直觉而定。其次，我们通常很难解读详细模拟的结果，并决定系统的不同组成部分和子单元之间的松散关系。因此，我们可能无法清楚地得知决定具体结果的重要驱动力是什么，或者适用于所有系统的通用原则所带来的后果的驱动力是什么。在极端情况下，基于主体模型的基本理念与传统的科学框架会背道而驰，而最重要的挑战便是将大量看上去完全不同、相互分离的观察结论缩小至极少的基本通则或规则。就像在生物学中一样，自然选择的原则适用于从细胞到鲸的所有生物体；或者像在物理学中一样，牛顿定律适用于从汽车到行星的所有运动物体。与之相比，基于主体建模的目的是为每一个具体的系统构建一个几乎是一对一的模型。限制其结构和动力学的一般法则和原理是第二位的。例如，在模拟一家具体公司时，每一个单独的工人、管理员、交易、销售、成本等都要被囊括进来，每一家公司由此都被视作一个独立的、独特的实体，人们通常不会考虑到它的系统性行为或其与全局的关系。

很明显，这两种方法都需要通用法则和系统性行为的普遍性和简约性，从而能够反映塑造整体行为的大背景和主要力量，而特定的模型则只能反映每一家公司的个性和独特性。在城市领域，规模法则揭示出，城市可测算的指标中有80%~90%仅需知道人口规模便可确定，剩余的10%~20%则是它们个性和独特性的表现，只能通过对其历史、地理和文化特性进行详细研究才能了解。正是本着这一精神，我现在探究规模效应在多大程度上可以被用于揭示公司所遵循的涌现规律。

1. 沃尔玛是比例扩大的乔木材公司吗？谷歌是体形更大的熊吗？

以标普500股票价格指数而闻名的金融服务公司标准普尔（Standard & Poor's）为我们提供了有关所有上市公司自1950年以来的数据库，总结了它们的财务报表和资产负债表情况，它被称作标准普尔公司会计数据库。与生物体和城市的类似数据库不同的是，该数据库并不是免费的。获取这些数据需要向标准普尔公司支付5万美元。对于大多数投资者、公司和商学院等目标客户群体而言，这可能微不足道。但对于我们这样经费有限的学术人员而言，这是一大笔钱，相当于一名博士后一年的工资收入。不幸的是，当我们组织"作为复杂系统的信息社会"项目，从比例变化的视角研究公司的时候，我们没有这么多钱。因此，针对公司的研究只能被搁置，项目的重点由此转向城市，有关城市的数据则是免费的。

对城市的研究后来被证明比我们预期的更令人兴奋，而且成果丰硕，因此我们又回到了该项目原本的重点——公司上面来了。即使我们最终通过美国国家科学基金会的探索基金获得了标准普尔公司会计数据库，对于公司的分析和理论框架仍不如城市完善，而且这一项目花费了我们很长的时间。尽管如此，我们仍取得了极大的进展，在我们的研究过程中出现了一幅连贯的画面，为粗粒度的公司科学提供了研究基础。

现代公司概念和我们今天看到的快速周转的市场至多只存在了几百年时间，大多数公司的存活时间并不长。与城市和城市系统演变的数百年甚至数千年时间相比，它太短暂了，与生物学生命大量生长的数十亿年时间更是形成了鲜明对比。由此一来，作用于公司之上的市场力量达到亚稳定结构的时间也更短，这种结构就像是城市和生物体遵守的系统性规模法则所表现的那样。

正如前几章所阐释的，规模法则是支撑不同系统的网络结构优化的结果，源自自然选择和"适者生存"所内在的连续反馈机制。在对城市的研究中，我们预期规模法则会显示出与理想规模法则相比更大的变化，因为与生物体相比，进化力量的作用时间更短。对这两种研究中的规模法则进行对比便可以证实这一预期，如图1-1中的动物代谢率与图1-3中的城市专利数量。与生物体相比，城市的比例变化分布范围更广。以此来推算"进化"时间框架更短的公司，如果它们的确会遵循比例变化，其数据围绕理想比例曲线的波动会比城市和生物体更大。

我们用于分析的数据来源于标准普尔会计数据库包括1950—2009年近60年间在美国市场上进行交易的所有28 853家公司。该数据库包括标准会计核算标准，如雇员人数、总销售额、资产额、开支、负债等，每一项又会被分为子类，包括利息支出、投资、库存、折旧等。以下流程图（图9-1）表明它们彼此之间是如何相互联系的。

09 迈向公司科学

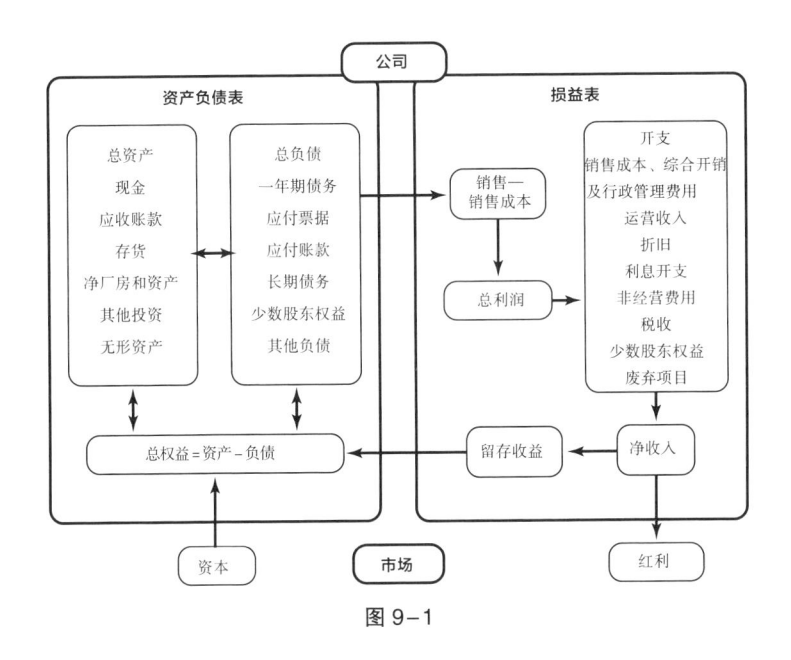

```
                           公司
    ┌─────────────────────┐   ┌────────────────────────┐
    │      资产负债表      │   │        损益表          │
    │  ┌──────┐ ┌──────┐  │   │         开支           │
    │  │总资产│ │总负债│  │   │  销售成本、综合开销    │
    │  │ 现金 │ │一年期│  │ 销售—  及行政管理费用   │
    │  │应收账│ │债务  │→│ 销售成本  运营收入      │
    │  │款    │ │应付票│  │    ↓        折旧        │
    │  │ 存货 │ │据    │  │  总利润   利息开支      │
    │  │净厂房│ │应付账│  │          非经营费用     │
    │  │和资产│ │款    │  │             税收        │
    │  │其他投│ │长期债│  │         少数股东权益    │
    │  │资    │ │务    │  │          废弃项目       │
    │  │无形资│ │少数股│  │                         │
    │  │产    │ │东权益│  │                         │
    │  │      │ │其他负│  │                         │
    │  │      │ │债    │  │                         │
    │  └──────┘ └──────┘  │   ┌──────┐     ┌──────┐  │
    │ ┌─────────────────┐ │ ← │留存收│  ← │净收入│  │
    │ │总权益=资产-负债 │ │   │益    │     └──┬───┘  │
    │ └─────────────────┘ │   └──────┘        ↓      │
    └──────────┬──────────┘                  ┌────┐  │
         ┌────┐    市场                      │红利│  │
         │资本│                              └────┘  │
         └────┘                                      │
                                                     
```

图 9-1

这一流程图是由马库斯·汉密尔顿（Marcus Hamilton）制作的，他是一名年轻的人类学家，我们聘请他作为博士后为我们的研究项目提供帮助。即便是在学生时期，马库斯也有自己的人生使命：让人类学和考古学变得更加量化、计算机化、机械化。有充分理由表明，人类学和考古学是社会科学中最未能充分意识到这一视角的学科。因此，马库斯的旅程异常艰难。但对我们而言，他是绝佳人选。在获得博士学位后，他与吉姆·布朗（Jim Brown）一起从生态学和人类学角度研究全球可持续性问题，并在后来加入了圣塔菲研究所。他开拓了某些十分吸引人的工作，试图从我们的比例变化视角去理解狩猎采集社会。他同何塞·洛沃与我一起研究出一项理论，来解释我们的狩猎采集祖先如何以及为何要做出定居并形成社区的重要转变，并最终如何形成城市。我最近与何塞和马库斯共同撰写了一篇论文，发表在主流人类学期刊上，这是我职业

规 模

生涯最至高无上的成就之一。

我们对公司比例变化的研究所得出的初步结果和结论十分引人注目，为理解公司的普遍结构和生命历史奠定了强有力的基础。图9-2~图9-5显示了所有28 853家公司的销售额、净收入和总资产，并与它们的雇员人数进行对数绘制。这些指标是每一家公司最主要的财务特征，也是它们财务状况和健康与否的评测基准。正如这些图所清晰地显示的那样，公司的确按照简单的幂律呈比例变化。如前文所预期的，它们呈比例变

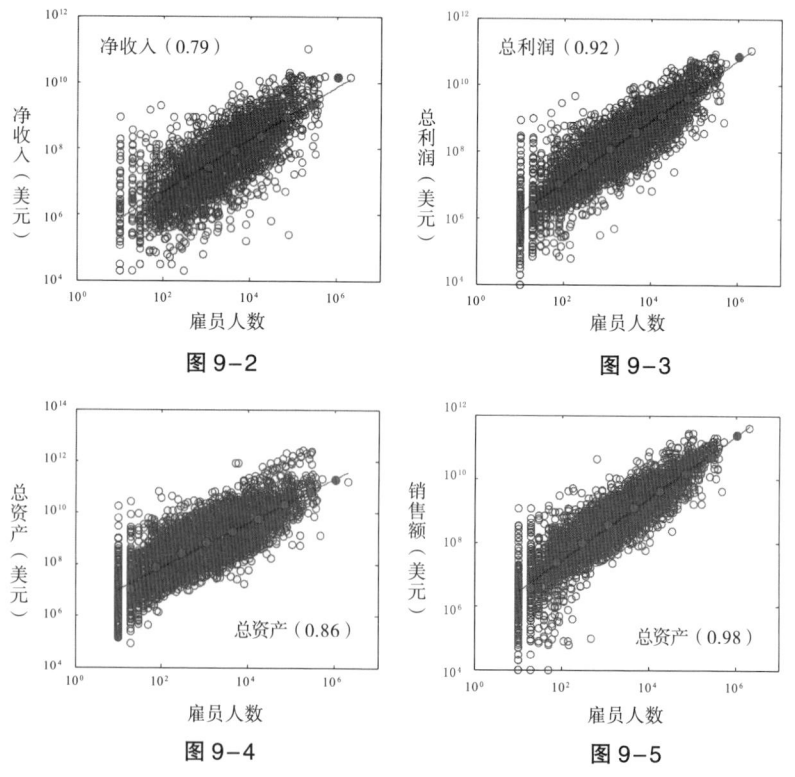

图9-2

图9-3

图9-4

图9-5

1950—2009年间美国全部28 853家上市公司的净收入、总利润、总资产和销售额与它们的雇员人数对数坐标绘图，图9-2~图9-5显示出较大方差的亚线性比例变化。点虚线表示了分区间统计的结果。

化的幅度与平均行为之间的偏差要大于城市和生物体。因此，从统计学角度而言，公司是近似比例变化，相互之间都是具有自相似性的：沃尔玛近似于更小的小型公司按比例扩大后的版本。即便这里的方差会更大，这一比例变化结果仍揭示了公司规模和发展动态中的显著规律性，鉴于不同行业、地点和工资水平的巨大差异，这一发现十分令人惊讶。

在对此进行更加详细的论证之前，让我们仔细考察比例规律是如何从拥有如此大变量的大数据中得出的，这一做法很具有启发意义。一个标准的策略便是将数据置入一系列类似于柱状的均匀分布的小区间内，然后得到每一个小区间的指标平均值。这一策略有效地将波动值进行了平均化，并将大量的数据点减少至相对较小的数量——这正是用于分隔整个区间的小区间数量。雇员人数的变化范围则从规模较小的年轻公司中的几名员工到沃尔玛等商业巨头的超过100万员工不等。为了阐明这个过程，图9-2～图9-5中的数据被分为8个均匀分布的区间，每一个区间都覆盖了一个数量级。由此一来，第一个区间内包括雇员人数少于10人的所有公司，第二个区间是雇员人数在10~100人的公司，第三个区间是雇员人数在100~1 000人的公司，以此类推，最后一个区间则是雇员人数超过100万的公司。

我们将每一个区间进行平均所得出的6个点都在图中标注为灰色的点。它们代表的是对数据进行高度粗粒度化约简后的结果，正如你所见，它们都呈一条笔直的直线，这支持了统计分布的基础是理想化的幂律的论点。由于区间的规模和数量都是随机的，我们也可以把所有的区间分为10个、50个或者100个，而非8个，来分别测试在数据的精度得到提升的情况下，这条直线是否依然笔直无比。结果显示的确如此。尽管区间分类并不是一个严谨的算数过程，但在精度不同的情况下获得近似

规　模

相同直线这一稳定结果对以下假设提供了强有力的支撑：平均而言，公司是具有自相似性的，它们遵守规模法则。第1章中的图1-4显示的便是这一区间划分的结果，取自阿克斯特尔的研究结果的图7-15也表明，公司遵守齐普夫定律。这些结果都表明，与城市和生物体相类似，公司遵守普遍的动力学，这超越了个体公司的个性和独特性，我们可以想象粗粒度的公司科学的未来。

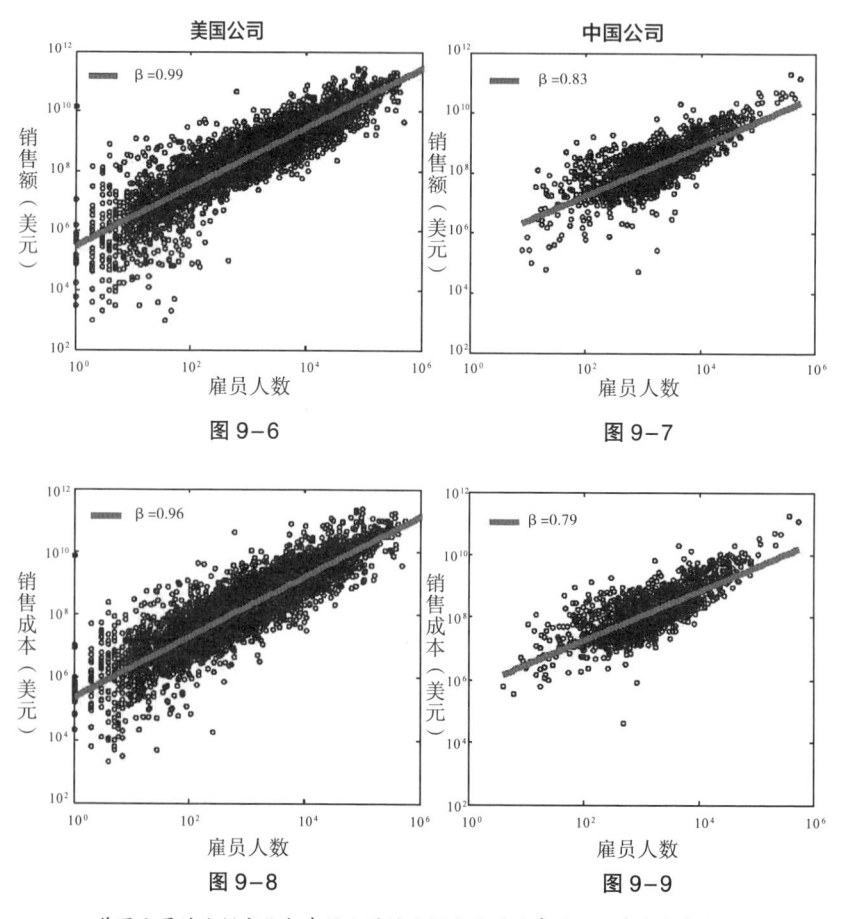

图9-6

图9-7

图9-8

图9-9

美国公司的比例变化与中国公司的比例变化对比表明，二者十分相似。

支持这一发现的其他证据则来自一个特殊的数据来源,即中国股票市场。2012年,北京师范大学系统科学学院的一名年轻学者张江加入我们的合作中。被我们称作"杰克"(Jake)的张江曾于2010年访问了圣塔菲研究所,并热心参与有关公司的研究项目。他获得了类似于标准普尔公司会计数据库的数据,其中涵盖了在新兴的中国股票市场上市的所有中国公司的数据。随着"文革"的结束和邓小平执政的开始,经济改革使得中国重建了证券市场,1990年年底,上海证券交易所开业。

当张江对数据进行分析时,他发现,同美国公司一样,中国公司也呈现比例变化的特点,正如图9-6~图9-9所示,这让我们感到十分欣慰。然而,同时令人感到吃惊的是,中国股票市场的运营还不足15年。很明显,在中国充满活力的快速发展背景下,竞争性自由市场的动力足以让系统性趋势开始相对快速的显现。毫无疑问,这与中国股票市场以及整体经济在极短的时间内快速增长有关系。上海证券交易所已经成为全球第五大证券交易所,在亚洲也仅次于香港证交所。其股票总市值已经达到3.5万亿美元,而纽约证交所和香港证交所的股票总市值分别为21万亿美元和7万亿美元。

2. 开放式增长的神话

公司比例变化的一个重要因素是,许多关键的指标都像生物体一样呈亚线性比例变化,而不是像城市那样呈超线性变化。这表明,公司比城市更像生物体,更加受到规模经济,而非规模收益和创新递增的主导,这对它们的生存历史,尤其是增长和消亡带来了重要的影响。正如我们在第4章中所见,生物学中的亚线性比例变化带来了受限的增长和有限的寿命,而我们在第8章中看到,城市的超线性比例变化则导致开放式增长。

规 模

它们的亚线性比例变化意味着，公司最终将停止增长并消亡，这一景象是许多首席执行官所不愿意看到的。事实并没有这么简单，因为有关公司增长的预测远比简单地从生物学类推要复杂得多。为了解释这一点，我会以简化的版本来阐释通用理论如何应用于公司领域，并重点聚焦决定公司增长和消亡的关键特点。

一家公司的可持续性增长最终是由其利润（或净收入）推动的，它被定义为销售额（或总收入）与总支出之间的差额；支出包括工资、成本、利息等。为了维持长期的增长，公司必须最终赢利，部分利润要用作向股东支付红利。他们可能会和其他投资者一起购买更多的股票和债券，帮助支持公司未来的增长和健康发展。然而，为了理解它们的普适行为，更好的做法是忽视红利和投资——这对小型、年轻的公司而言十分重要——并将重点聚焦在利润之上，这是推动大型公司增长的主要因素。

如我们所见，生物体和城市的增长是由新陈代谢和维护之间的差额驱动的。用这一语言来说，一家公司的总收入（或销售额）可以被想象为它的新陈代谢，而支出则可以想象为"维护"成本。在生物学中，代谢率会随着体积的变化而呈亚线性比例变化，因此，随着生物体体积的增长，能量的供应无法跟上细胞的维护需求，导致增长最终停止。另一方面，城市的社会代谢率呈超线性比例变化，随着城市的增长，社会资本的创造速度超过了维护的需求速度，导致越来越快的开放式增长。

那么，这一动力学如何在公司中演变？有趣的是，公司展现出了这一普遍主题的另一种变异，它走上了生物体和城市之间的道路。公司的代谢率既不呈亚线性变化，也不呈超线性变化，而是处于二者之间的线性变化。图9-5和图9-6显示了这一点，销售额与雇员人数在图中按对数绘制，显示了斜率接近于1。而另一方面，支出的比例变化则呈现出更加复杂的特点。它们开始时呈亚线性变化，但随着公司规模的扩大，最终转变为呈近似线性变化。由此，作为增长驱动力的销售额和支出之间的差额最终也呈近似线性比例变化。

这是一个好消息，因为从数学意义上来说，线性比例变化会导致指数级增长，这是所有公司所努力追求的。此外，这还表明，为何从平均意义上来说，经济会持续呈指数级扩张，其原因在于，市场的整体表现事实上是其所有组成公司的增长表现的平均值。尽管这对于整体经济而言是一个好消息，但对每一个独立的公司构成了重大挑战，因为每一家公司都必须要跟上指数级扩张的市场的脚步。因此，即使一家公司呈现指数级增长（好消息），这可能仍不足以使其幸存下来（坏消息），除非其扩张速度至少要与市场保持一致。这一原生的公司"适者生存法则"便是自由市场经济的本质。

更大的好消息是，年轻公司维护支出的非线性比例变化，受到投资和远大于自身规模的贷款能力的支持，使其能够快速增长。由此一来，公司的理想增长曲线便有着与生物学中经典的 S 型增长相同的特点：开始时相对快速，但随着公司规模的增长以及维护支出转变为线性增长，增速便开始放缓。然而，与生物学不同的是，前者的维护成本不会转变为线性增长，而公司则不会停止增长，但会持续呈指数级增长，尽管其速度更加适度。

让我们来看一下这个情景与数据的对比结果。图 9–10 显示了标准普尔公司会计数据库所有 28 853 家公司销售额扣除通胀因素后的销售额数据，并标绘了真实的年历表。为了将所有数据绘制在一张图中，代表销售额的纵轴取了对数。尽管这张图绘制得像是意大利面条，但该图出人意料地具有启发意义。它的整体趋势是明确的：正如我们所预计的那样，所有年轻的公司很快便脱离了起跑线,并迅速增长,然后增长逐渐减缓。而幸存下来的成立已久、更加成熟的公司则持续增长,但增速则缓慢得多。此外,这些成立已久、增长缓慢的公司的向上趋势都以相似的曲线沿着一条直线变化。在这个半对数标绘的图中,纵轴(销售额)是对数,而横轴(时间)则呈线性变化,近似直线变化的趋势意味着,从数学意义上来说,销售额随着时间的变化而呈指数级增长。因此,平均而言,所有幸存下来的公司最终都会步入稳定但又缓慢地呈指数级增长的趋势,正如我们所预计的那样。

这令人感到备受鼓舞,但当我们用每一家公司的增长与整体市场的增长进行对比时,我们便发现其中的陷阱变得显而易见。在这种情况下,正如图 9-12 所显示的那样,市场的整体增长被分离出来,所有大型成熟公司都停止了增长。在扣除通胀和市场扩张因素之后,它们的增长曲线就像是生物体典型的 S 型增长曲线,在成熟阶段停止增长,正如第 4 章图 4-3~图 4-6 所展示的那样。这一与生物体的极端相似性让人们继续发问,这一相似性是否会延伸至消亡,所有公司是否都会像我们人类一样终将消亡?

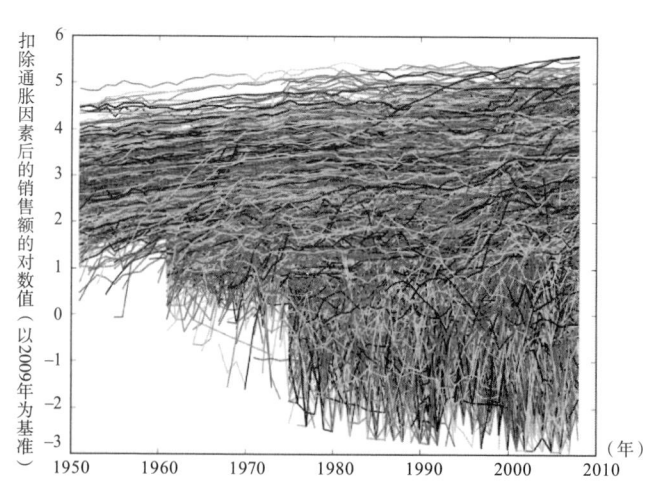

图 9-10 扣除通胀因素后的收入

图 9-11　美国大型公司的收入额

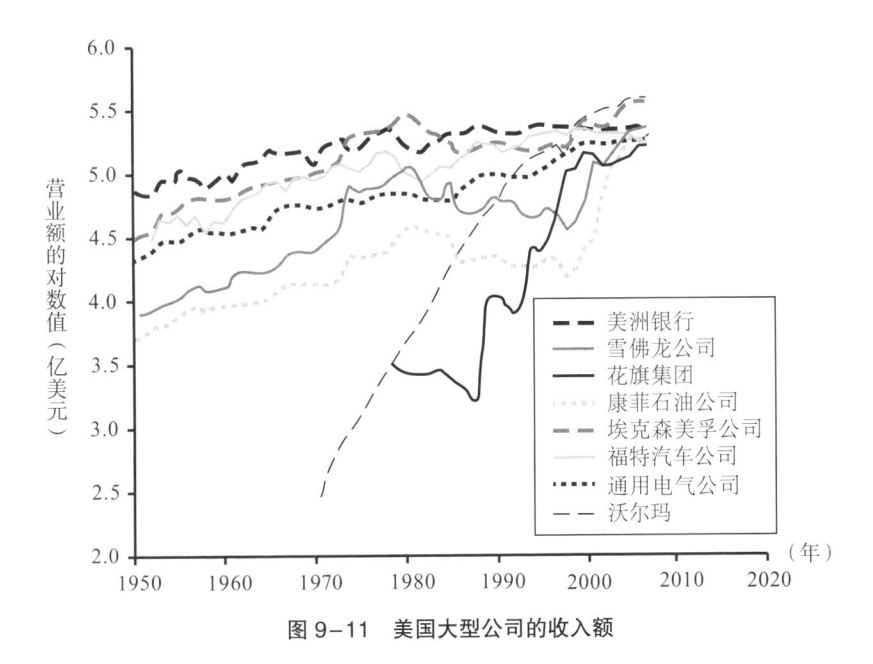

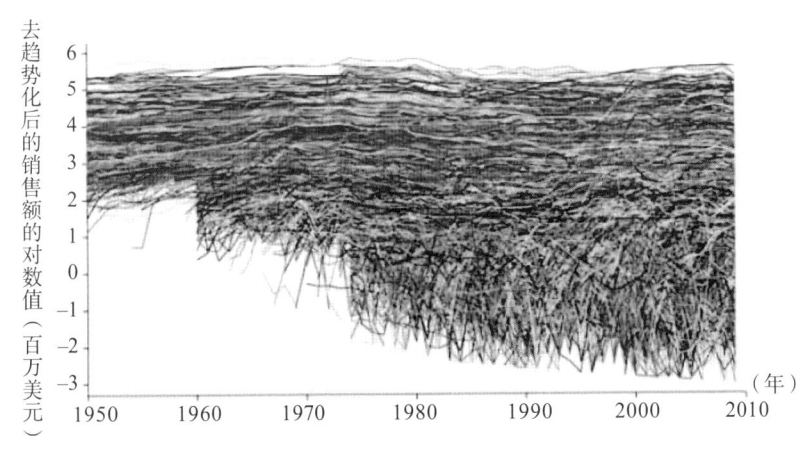

图 9-12　28 853 家上市公司相对于整体市场扩张的增长的情况

图 9-10 中的"意大利面"图显示了 28 853 家上市公司在扣除了通胀因素后销售额的增长状况，图中还标注了实际时间。注意：小规模、年轻的公司迅速呈"曲棍球式"增长，而大规模、成熟的公司则增长相对较慢。图 9-11 是一些历史最长、规模最大的公司的增长曲线，该图表明了它们相对较慢的增长速度。图中也显示了相对年轻的沃尔玛公司的销售额在经历迅速增长后趋于平缓的趋势。图 9-12 中的"意大利面"图显示了 28 853 家上市公司相对于整体市场扩张的增长的情况。在根据市场扩张进行调整后，最大规模的公司停止了增长。

403

3. 令人惊讶的公司死亡率的简单性

在经历过年轻时的迅速增长之后，几乎所有销售额超过1 000万美元的公司最终都随着股票市场的波动而波动，其中，许多公司的"鼻子"才刚露出水面。这是一个危险的状况，因为如果来了一场大波浪，它们很可能就会被淹死。即使利润呈指数级增长，更不用提遭受损失，如果无法跟上市场增长的步伐，公司还是会变得非常脆弱。如果一家公司没有足够强大的力量，无法经受市场内在的持续波动以及自身财务状况的波动，这种脆弱的局面便会进一步恶化。市场中一场稍具规模的波动，或者在错误的时间发生某些意料之外的外部冲击，就会给收支恰好平衡的公司带来灾难性后果。这会带来收缩和衰退，公司或许会复苏，但在严重的情况下，便会导致公司灾难性的消亡。

这一系列事件或许听上去有些耳熟，因为它与导致人类死亡的过程相差无几。我们同样在新陈代谢和维护成本之间保持着精妙的平衡，生物学家将这一状况称作"动态平衡"。生命内在的消耗所导致的不可修复损伤的逐渐累积，会让生命变得不再具有韧性，而且随着年龄的增长，我们会变得更加易受波动和危机的影响。当我们步入老年时，在青年或中年时期或许能够应对的流感、肺炎、心脏病或中风，在老年时期通常会是致命性的。最终，我们会达到一个阶段，即使是小的波动，如感冒或心颤，都会导致死亡。

尽管这一场景为公司的消亡提供了一个有用的比喻，但它只是全景的一部分。若要更深一步，我们首先必须定义公司的"死亡"，因为有许多公司是通过并购而消失，而非因清偿或破产而消亡的。一个有用的定义是，利用销售额作为公司生存能力的指标，即如果它依然在新陈代谢，它就存活着。因此，"出生"的定义便是公司首次报告销售之时，"死亡"

便是不再有销售额之时。根据这一定义,公司可能会通过不同的过程死亡:当经济和技术条件发生改变时,它们或许会分裂、合并或清偿。虽然清偿通常会导致公司消亡,但更为普遍的原因则是,它们是通过并购而消失的。

图 9-13

在 1950 年以来美国公开上市的 28 853 家企业中,截至 2009 年,共有 22 469 家公司已经消亡。其中有 45% 被其他公司并购,只有 9% 破产清算,3% 被私有化,0.5% 经历了杠杆收购,0.5% 被反收购,剩余的则是其他原因导致的消亡。

图 9-14~图 9-17 显示了 1950—2009 年间出生和死亡的公司,我们根据其存活时间绘制的生存和死亡曲线。[6] 这些曲线被分为破产清算和并购,并根据公司的销售额规模进一步分解。如图所示,这些曲线的普遍结构是相同的,无论数据如何分割,甚至是把公司分为单独的商业领

域。在所有情况下，幸存公司的数量在公开上市之后便迅速减少，不足5%的公司存活时间超过30年。相类似的是，死亡曲线显示，在50年内，死亡公司几乎占到了100%，其中50%在不到10年的时间里便告"死亡"。作为一家公司，要想存活下来真的太难了！图9-18用简单的指数近似估算了生存曲线，幸存的公司在该图中以它们的年龄对数标绘，按照这种方式，指数表现为一条直线。

你或许会认为，这些结果取决于公司是通过并购消亡还是通过破产清算消亡。然而，正如我们所见，它们都表现出了十分相似的指数生存曲线，只是死亡率数值略有不同。人们或许还会认为，这些结果取决于公司所属的产业。例如，与信息科技、交通运输或金融业相比，能源产业的动力学和竞争性市场力量或许完全不同。然而，出人意料的是，所有产业领域都表现出了类似时间框架内的类似指数的生存曲线，无论它们处在什么行业，也无论它们消亡的原因是什么，只有大约一半的公司存活时间超过10年。

这与另外一项分析是相一致的，该分析认为，当我们把公司分解为不同的产业领域时，它们呈比例变化的方式近似相同。正如图9-18所显示的那样，在每一个行业领域内，幂律所表现出来的指数同所有公司相近。换句话说，公司的普适动力学和整体生命史与它们所处的行业无关。这表明，的确存在一种普遍的动力学，它决定了公司的粗粒度行为，这与它们的商业行为或最终破产或并购或被收购没有关系。总之，这为公司的量化科学提供了强有力的依据。

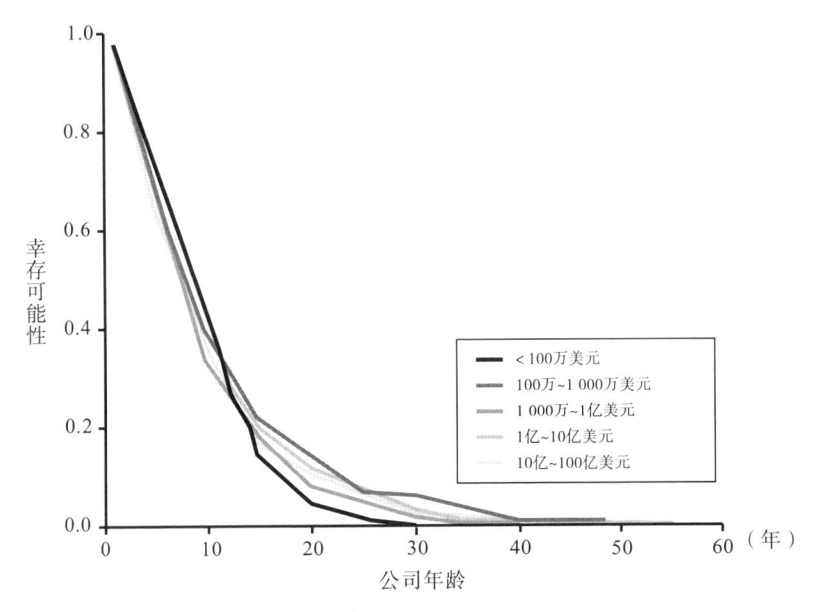

图 9-14　因破产清算而消亡的公司的生存曲线

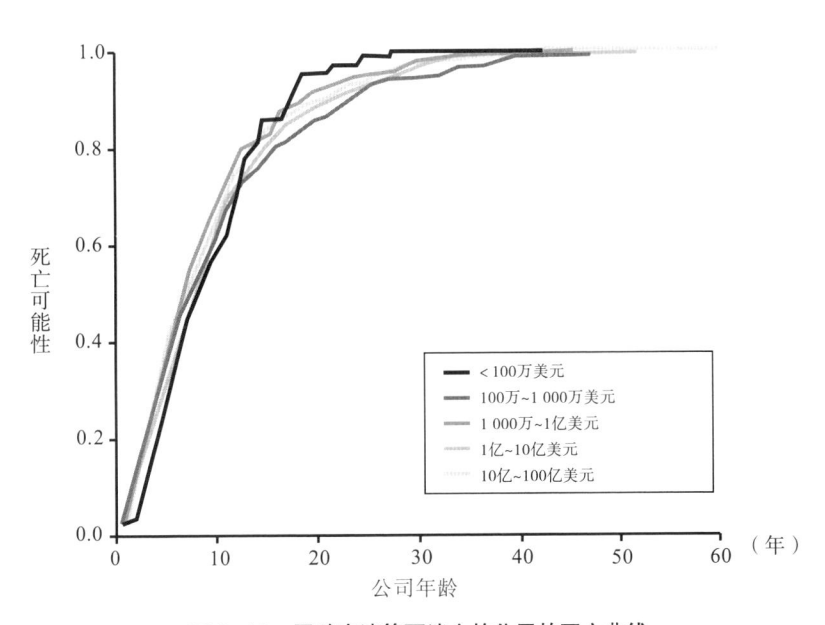

图 9-15　因破产清算而消亡的公司的死亡曲线

规 模

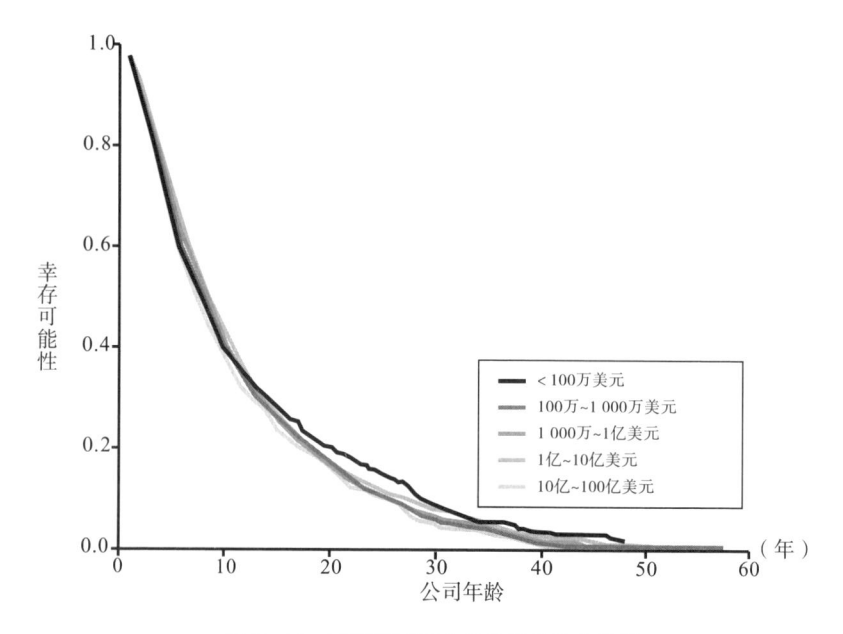

图 9-16 因并购而消亡的公司的生存曲线

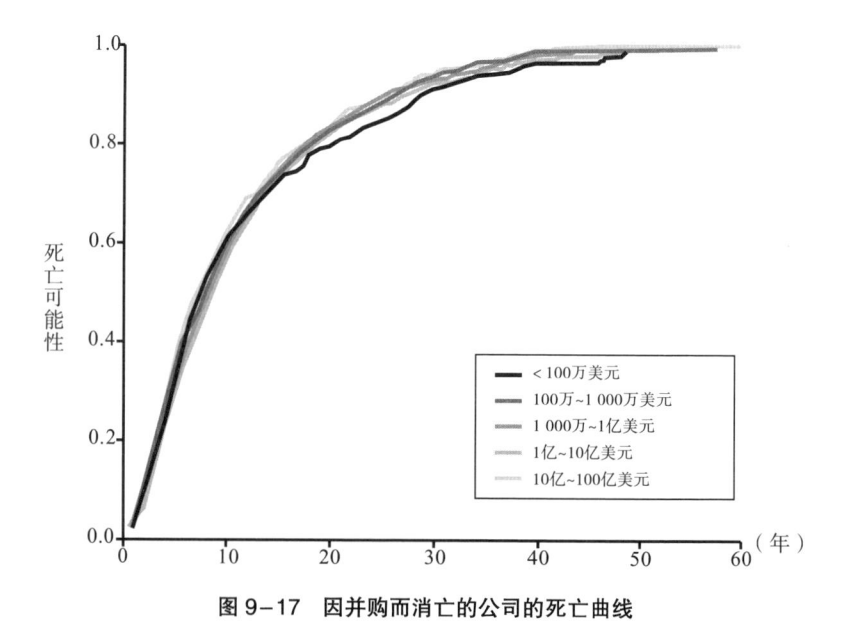

图 9-17 因并购而消亡的公司的死亡曲线

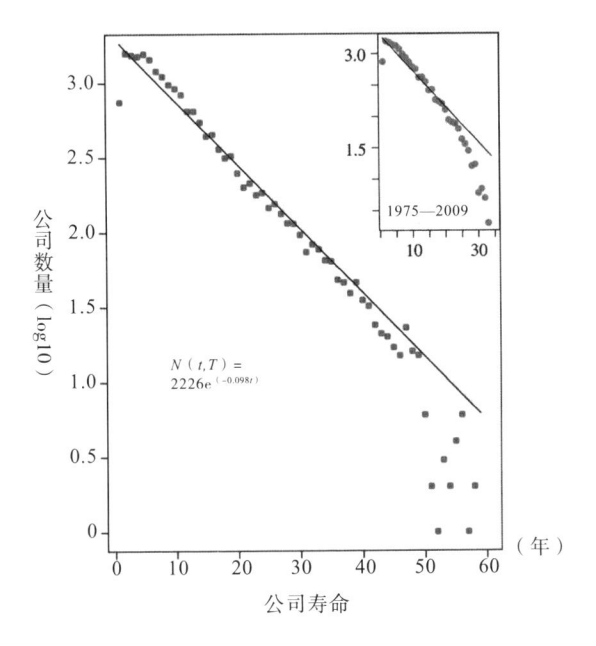

图9-18 幸存公司的数量及年龄

图9-14~图9-17是1950—2009年间美国上市公司的生存和死亡曲线,它们被分为破产清算和并购两种原因,并进一步根据其销售额分为不同规模的公司。请注意,它们的差异非常小。图9-18是幸存公司的数量(N),该图对数标绘了它们的年龄(t),因此直线表明了经典的指数衰退情况,显示出其恒定的死亡率。

这令人感到惊讶。毕竟,当我们想到公司的出生、死亡和一般的生命史时,我们应想到它们在市场中艰难地创建并自我维持,不断应对经济生活中难以预测的情况、不确定性和无法预知性,它们做出无数具体的决定,遭遇无数的事故,导致它们的成功和失败并最终消亡,很难相信它们全部都遵循如此简单的普遍规则。这一结论与另外一个令人感到惊讶的结论产生了共鸣,即生物体、生态系统和城市都要受同样的约束和限制,尽管它们的生命史存在显而易见的独特性和个性特征。

与公司有着相类似的指数生存曲线的还有许多其他集体系统,如细菌群落、动物和植物，甚至是放射性物质的衰变。此外，人们还认为，史前人类的死亡也遵循这样的曲线，这是在他们变成定居的社会生物，收获来自社区结构和社会组织的益处之前就存在的。我们现代人的生存曲线已经从经典的指数曲线进化出了超过50年的平稳期，正如第4章图4-15所示，它表明，与狩猎采集的祖先相比，我们现在的平均生存时间更长了，尽管我们的最大寿命值并未发生太大的改变。

描述诸多不同系统衰亡的指数的特性是什么？很简单，当任意时间的死亡率与存活数量呈直接比例关系时，指数便会出现。也就是说，在任意年龄阶段，相同时间段内死亡的幸存者比例都是相同的。我们举一个简单的例子便可以说明这一点：假如我们将时间段设定为一年，那么拥有5年历史的公司在6岁之前死亡的比例与50年历史的公司在51岁之前死亡的比例相同。换句话说，一家公司的死亡风险并不取决于它的年龄或规模。

人们可能一直担心的一个问题是，数据仅覆盖了60年的时间，存活时间超过这一时间段的公司将自动被排除在外。实际上，事实比这更糟糕，因为我们的分析只包括那些在1950—2009年间出生和死亡的公司，那些在1950年前出生，2009年仍然存活的所有公司都被排除在外。这可能会导致寿命预期中的系统性偏见。因此，我们需要一个更加完整的分析，将那些被删减的公司包括进来，它们的寿命至少等于或者超过它们在数据库中显示的时间段。这其实包括一大批公司，在已经覆盖的60年间，6 873家公司在2009年年底依然存活。幸运的是，还有一则成熟的复杂方法论存在，它被称作"生存分析"，恰好是被发展来解决这一问题的。

生存分析是医学中发展出来的方法论，用于预测经历了治疗干预的病人在测试条件下的生存概率。这些测试是在有限时间段内实施的,这便导致了我们目前所面临的问题,即许多对象是在测试期结束后死亡的。人们普遍应用的一种技巧被称作"卡普兰-梅尔估计量",它假定每一个死亡事件在统计学上均独立于任何其他死亡事件,这便让我们可以利用整个数据库,并对概率进行优化。[7]

我们利用这一技巧对标准普尔公司会计数据库中所有公司进行了详细分析,包括那些此前被删除掉的公司,结果显示,与此前的预测仅略有不同。美国上市公司的半衰期大约为10.5年,这意味着,无论在何时上市,都会有一半的公司在10.5年时间内消失。

有关此项研究的大部分艰苦工作都是由本科实习生马德琳·戴普（Madeleine Daepp）完成的,她是通过美国国家科学基金会创立的"本科生科研经验计划"加入我们的。该项目为本科生提供支持,让他们得以在整个夏天在涵盖所有科学领域的机构内从事真正的研究工作。在圣塔菲研究所,我们通常会有10名左右这样的年轻才俊,他们都被当作研究所的平等一员,并与研究人员紧密合作。对我们和他们而言,这都是很好的体验。马德琳加入我们时是圣路易斯华盛顿大学数学系的大三学生,并在马库斯·汉密尔顿的直接指导下工作。在仅仅10周的时间内,很难从无到有地完成这个项目,因此马德琳在随后的三年内几次返回圣塔菲研究所,最终完成并成功发表了一篇论文。我最近很高兴地得知,她已经被麻省理工学院的城市规划博士项目录取,这是世界上最好的城市规划博士项目之一。我希望在未来听到她的好消息。

我们在这里用来解决"不完整观察"的生存分析技巧是两名统计学家于1958年发明的,他们是爱德华·卡普兰（Edward Kaplan）和保罗·梅尔（Paul Meier）。这一生存分析技巧之后被应用于医学以外的领域，如用来预测人们在失业之后能够持续失业状态多长时间，或者机械零件多久后会失灵。有趣的是，卡普兰和梅尔各自向《美国统计学会会刊》递交了一份相似但又相互独立的论文，一位聪明的编辑劝说他们将两篇论文合二为一。之后，这篇论文被其他学术论文引用了超过3.4万次，这对于一篇学术论文来说是一个无比庞大的数量。例如，史蒂芬·霍金的著名论文《黑洞粒子的产生》被引用了不足5 000次。绝大多数论文在幸运的情况下能够被引用25次，尽管这一数字会因领域而不同。我自己的几篇质量上乘的论文被引用的次数不足10次，这实在令人感到气馁，尽管我是生态学中两篇被引用次数最多的论文的共同作者，它们每一篇的被引用次数超过3 000次。

4. 安息吧

尽管存在多方面的差异，但当我们通过比例视角去观察时，很难不为公司与生物体在增长和死亡上的相似性以及二者与城市的不同而感到吃惊。公司存在出人意料的生物性，从进化的角度来说，它们的死亡是产生创新活力的重要组成部分，而这个过程来自"创造性破坏"和"适者生存"。正如所有生物体必须死亡以使新生物绽放一样，所有的公司都必须消亡或改变，以使新的创新变种能够繁荣发展。与拥有发展缓慢的"老年"IBM或通用汽车相比，拥有谷歌或特斯拉带来的兴奋和创新更好，这是自由市场系统的基础文化。

公司的高流动性，尤其是持续的并购是市场进程的必要组成部分。当然，这意味着现在看上去战无不胜的谷歌和特斯拉最终也将消亡。从这个角度而言，我们不应该哀悼任何公司的死亡，这是经济生活的必要组成部分，我们只是应该关心那些因为公司消亡而受到影响的人的命运，无论他们是工人还是管理者。但愿我们能够驯服适者生存的潜在残酷性和贪婪性，减轻其恶劣的后果，这要通过构想出一个神奇的算法来实现，用以平衡政府管制、政府干预和不受控的猎獗资本主义之间的固有紧张关系。这一痛苦的挣扎在2008年金融危机期间展现了出来，让我们见证了那些或许早应该死亡的公司，正拼命在拯救就业岗位和保护工人生活的矛盾冲突之间挣扎，这些公司被认为"大到不能倒"。

这或许是老生常谈，但是事实是：没有任何事物能够保持不变。标准普尔和《财富》杂志都编纂500强公司榜单，跻身这两个榜单意味着无比的荣耀。作为著名商业咨询公司麦肯锡咨询公司22年的主管和高级合伙人理查德·福斯特（Richard Foster）分析了上榜公司的上榜期。他发现，在1958年，一家公司有望在标准普尔500强公司榜单上停留61年，而时至今日只能停留18年。在1955年的《财富》500强公司榜单中，只有61家公司在2014年依然在榜单上。这意味着12%的生存率，其他88%的公司则因破产、被兼并或因表现不佳而跌落到榜单之外。或许，最令人感到黯然神伤的是，跻身1955年榜单的大多数公司在今天没有人能够认得出来，完全被我们遗忘了。还能有多少人记得阿姆斯特朗橡胶公司或者太平洋蔬菜油公司呢？

2000年，理查得·福斯特撰写了一本商业领域颇具影响力的畅销书，书名是《创造性破坏》(*Creative Destruction*)。[8] 福斯特对圣塔菲研究所正在研究的复杂性观念十分感兴趣，便加入了圣塔菲研究所理事会，并劝说麦肯锡公司资助一个金融学教授职位，该职位由多因·法默担任。当我于20世纪90年代末刚接触圣塔菲研究所时，我便知道福斯特。我们使他确信，我们在生物学中研究的规模和网络理论能够为公司运转提供重要洞见。福斯特指出，目前还不存在有关公司的量化的、机制性的理论，而由于它们经常被拿去与生物体进行对比，所以这一方法或许能够为发展这样一门理论提供新的渠道。他慷慨大度地让我进入麦肯锡庞大的公司数据库中，并资助一名博士后开展这一研究。当时，我依然在洛杉矶研究高能物理学，对公司的了解远比现在要少得多。此外，对于生物学领域的研究依然处在初期阶段，我并不相信，生物学研究能够被延伸并应用于公司领域。因此，尽管我感谢福斯特这一慷慨举动，但我并没有继续进行这一领域的研究。回顾历史，这在当时或许是一个正确的决定，但它充分反映出福斯特拥有的先见之明，他能够看到规模研究方法可能会为理解公司提供有用的基础。在经过10多年时间对生物体、生态系统和城市进行广泛研究之后，我们才达到解决福斯特的挑战的地步。

不幸的是，我们无法直接将公司在标准普尔和《财富》500强榜单上的驻留时间与它们真实的寿命进行关联，必须要进行详细的分析，要考虑到它们的年龄以及它们是否死亡。尽管如此，这一发现依然在很大程度上阐明了看上去强大无比的公司的脆弱性，同时也是社会经济生活加速的一个显而易见的例子。

生存分析告诉我们，应该只会有极少数的历史悠久的公司存在。对这一理论进行外推并结合数据，我们可以预计，一家公司能够延续存在100年的概率只有0.0045%，而延续存在200年的概率仅为十亿分之一。不要对这些数字太过于较真，但它们的确让我们感受到公司长期生存的比例，并对揭示已经幸存了数百年的公司的特点提供了有趣的洞见。全球至少有1亿家公司，如果它们都遵守相类似的动力学，或许只有大约4 500家公司能够幸存100年，但没有任何公司会幸存200年。然而，众所周知，有许多公司都已经存在了数百年，尤其是在日本和欧洲。不幸的是，针对这些特殊例子，除了我们所知的许多历史事件，我们没有任何容易理解的数据集或任何系统性的统计分析。即便如此，我们依然能够从这些具有悠久历史的公司的普遍特点中了解到有关于公司长寿的某些有益的结论。

它们大多数规模不大，在高度专业的利基市场中经营，如古老的客栈、葡萄酒酿造厂、啤酒酿造厂、糖果店、餐馆等。它们与我们一直思考的标准普尔公司会计数据库和标准普尔以及《财富》500强榜单中的公司类型不同。与其中的大多数相比，这些特殊公司得以幸存并非是因为多样化或创新，而是因为持续为小众、专注的客户群生产被认为是高质量的产品。许多公司都是凭借声誉和连贯性得以长期存活了那么长时间，而且几乎没有什么增长。有趣的是，这些公司中有许多都是日本公司。韩国银行的数据显示，2008年，在5 586家拥有200年以上历史的公司中，有超过一半（3 146家）都是日本公司，837家是德国公司，222家是荷兰公司，196家是法国公司。此外，这些公司中有90%都超过了100年历史，而且雇员人数不超过300人。

此类幸存公司有许多知名的例子。例如，德国最古老的制鞋公司——爱德华·梅耶尔（Eduard Meier）于1596年创办于慕尼黑，成为巴伐利亚贵族们的供应商。时至今日，该公司依然只有一家商店，销售质量上乘的鞋，但不再制作鞋。吉尼斯世界纪录中全球最古老酒店是日本早川的西山温泉庆云馆，它创办于公元705年，由同一家族的52代人经营，在进行现代化改革之前，他们只有37个房间。它最吸引人的地方是温泉。世界上最古老的公司据称是株式会社金刚组，它于公元578年创办于日本的大阪。它也是一个家族企业，能够向上追溯至许多代，但在连续经营近1 500年之后，2006年，这家公司破产清算，并被高松公司收购。株式会社金刚组所垄断了1 429年的利基市场是什么？答案是建造美丽的佛寺。但可悲的是，随着"二战"之后日本文化发生改变，对佛寺的需求逐渐减少，株式会社金刚组也未能快速适应这一变化。

5. 为何公司会衰亡，而城市则不会？

规模法则的力量在于，它能够揭示出决定高度复杂系统主要行为的潜在原则。对于生物体和城市而言，这会导致以网络为基础的理论的产生，用于量化理解它们的动力学和结构的原则性特点，从而揭示生物体和城市的许多重要特性。我们对于二者的网络结构也知之甚少，无论是循环系统、道路网络还是社会系统。而另一方面，尽管有大量的文献资料聚焦于该学科，但除了它们的层级结构特点之外，我们对于公司的网络结构也知之甚少。标准公司组织架构图通常是自上而下，有着树形结构的，从表面上看，它代表了经典的自相似分形结构。这能够解释为何公司会展现出幂律变化的特点。

然而，不幸的是，我们并没有关于这些组织网络的广泛量化数据，这一点与城市和生物体的情形不同。例如，我们不知道每一层级有多少人在发挥作用，有多少公司的资金和资源在他们之间流动，他们之间在交流多少信息？即使其中一些数据是可以被获取的，我们也需要获取整个公司规模范围内的数据。此外，我们并不知道，"官方"的公司组织架构图是否代表真正的运行网络结构。谁和谁在真正进行沟通？他们之间沟通的频率是多少？他们彼此交流多少信息？我们真正需要的是，了解公司沟通交流的所有渠道，如电话、电子邮件、会议等，并对我们用来帮助研究城市科学的手机数据进行量化模拟。这种综合性的数据不可能存在，我们也不可能获取这些数据。公司很担心数据会被外部调查者曝光，除非公司为调查者支付极高的咨询费，并由此认为公司自身能够掌控局面。然而，如果你想要理解一家公司是如何运营的，或者希望发展出严肃的公司科学，我们最终仍然需要此类数据。

由此，我们并没有可与生物体或城市的网络理论相比拟的全面的机制性框架，以分析理解公司的动力学和结构，尤其是计算它们的指数值。尽管如此，正如我们能够构建出公司增长曲线的理论一样，我们也可以通过从已知理论进行外推，解决它们死亡的问题。

我此前曾强调，大多数公司的运营接近于销售额和支出保持微妙平衡的临界点，这使得它们很容易遭受波动和危机的侵扰。一场在错误时间产生的冲击会导致它们的覆灭。更加年轻的公司能够依靠最初的资金投入获得缓冲，而一旦最初的资金注入花完了，且无法产生巨大的盈利，它们将变得极为脆弱。这有时被称作"青春期缺陷"。

公司呈亚线性比例变化，而不像城市那样呈超线性比例变化的事实表明，它们是规模经济而非创新和创意胜出的具体体现。公司通常是高度受限的自上而下的组织，努力提高生产效率，降低运营成本，以实现利润最大化。与之相比，城市则是创新而非规模经济霸权胜出的代表。当然，城市并非受谋利动机的驱动，能够通过收税来平衡账目。城市更像是分散式的，权力分散于各个不同的组织结构之间，从市场到议会，再到企业和公民行动集团，任何一个机构都没有绝对的控制权。就这一点而言，与公司相比，城市流露出了一种自由主义、随心所欲的氛围，利用了社会互动所产生的创新的益处，无论这种互动是好的、坏的，还是丑陋的。尽管存在笨拙的低效率，与公司相比，城市是实施行动的地方，是改变的动因。总体来说，公司通常表现出停滞的景象，除非它们仍处于年轻阶段。

规 模

　　为了在追求更大市场份额和增加利润方面达到更高的效率，公司通常会在组织的微小层面增加更多的规则、规定、协议和程序，这导致官僚控制的增加，以管理、执行并监管规定的实施。这通常以牺牲创新和研发作为代价，而后者本应是公司未来和生存力长期保险政策的重要组成部分。我们很难获得有关公司创新的有意义数据，因为它很难被直接量化。创新并不一定是研发的同义词，尤其是将所有无关的活动都归结为研发开支可以带来巨大的税务优势。尽管如此，通过分析标准普尔公司会计数据库的数据集，我们发现，随着公司规模的增长，分配给研发的相对资源量会系统性下降。这表明，随着公司的扩大，对于创新的支持跟不上官僚和管理开支的增长。

　　规则和约束的逐渐增加通常会伴随着公司与消费者和供应商关系的停滞不前，这会使得公司变得不再灵活、更加僵化，由此无法对巨大的改变做出反应。在城市中，我们发现，一个非常重要的特点是，它们会随着增长而变得更加多样化。它们的商业和经济行为会不断扩大，新的领域会不断发展，新的机遇会不断出现。从这个意义上来说，城市是典型的多维度的，这与它们呈超线性比例变化、开放式增长以及社会网络的扩张是紧密相关的，这也是它们的灵活性、可持续性和看似永恒性的重要组成部分。

　　尽管城市的维度不断扩大，但公司的维度则从出生到青春期不断收缩，在进入成熟期后最终停滞，甚至是进一步收缩。当公司依然处在年轻阶段、竞争市场地位时，随着新产品的研发和新鲜创意的不断涌现，公司会有年轻的兴奋感和热情，其中一些创意或许是疯狂的、不切实际的，还有一些是壮阔的、有远见的。但市场力量在发挥着作用，因此，随着公司站住脚并获得独特身份，只有很少一部分创意会取得成功。随着公司规模的扩大，市场内在的反馈机制会导致其产品空间不断狭窄，并不可避免地导致更大的专业化。公司面临的巨大挑战是，如何在市场力量的正反馈和开发新领域、新产品的长期战略需求之间求取平衡，前者会强烈鼓励继续沿用经市场检验行之有效的产品，而后者或许是有风险的，不会立即带来回报的。

大多数公司都是短视的、保守的、不支持创新或风险观念的，乐于安全躺在功劳簿上，这或许是好的做法，因为这能够确保短期收益。由此，它们会变得越来越一维化。多样性的减少，再加上此前所提到的公司处于临界点的困境，都是公司的韧性下降并最终迎来灾难的指示。当公司意识到自己所处的状况时，通常都为时已晚。重新调整、彻底改造会变得越来越困难、成本越来越高昂。因此，当一场规模足够大、出乎预料的波动、变化或冲击到来时，公司便会陷入严重的风险之中，并容易被收购或干脆宣告破产。总之，正如黑手党所言，这是"死亡之吻"。[9]

10
有关可持续性的大一统理论的前景

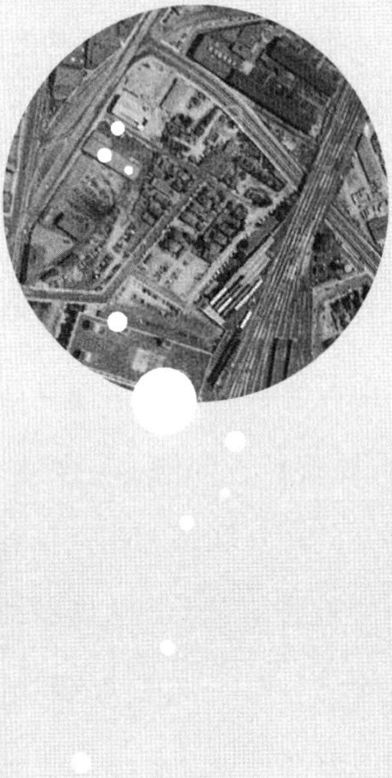

在最后一章，我想要把本书从头至尾发展而来的所有脉络贯穿起来，并把它们编织成为一幅画卷。我希望，它能够刺激人们对于我们业已创造出来的、在社会经济领域呈指数级扩张的宇宙有更进一步的思考和猜想。

21世纪所面临的重大挑战之一便是以下这一基本问题：从经济到城市，由人类构造的、业已存在5 000多年的社会体系，是否能够与产生了社会体系并已存在数十亿年的自然生物世界继续共存。为了支撑100多亿人以我们现有的生活标准和生活质量与生物空间和谐共存，我们需要更加深刻地理解社会与环境相结合的原则和潜在的系统动力学。我认为，一个重要的组成部分便是要加深对城市和城市化的理解。继续以有限的、单一体系的方法去解决我们面临的许多问题，而没能发展出一种统一的框架，有可能会使我们陷入挥霍巨大的资金和社会成本且未能解决真正重大的问题的风险之中，并由此带来可怕的后果。

在很大程度上，现有的策略未能正视复杂适应系统范式中内在的长期可持续性挑战的重要特点，即能源、资源、环境、生态、经济、社会和政治系统普遍存在的相互联系和相互依赖。我在第7章和第8章中讨论的内容得出的一个重要结果是，从创新到财富创造，再到犯罪和疾病，无论是好是坏，还是丑陋，所有社会经济行为都是定量相关的，正如规模法则的普遍性所表现的那样。目前所有应对全球可持续性挑战的方式都聚焦于相对具体的问题上，如未来能源资源的利用产生的环境后果，气候变化所带来的经济后果，未来能源和环境选择所造成的社会影响等。尽管这些研究的重要性显而易见，也是我们大部分研究努力的方向，但这些仍然不足够。它们将重点主要集中在了树木上，而忽视了森林。

10 有关可持续性的大一统理论的前景

我们应该承认，要在一个更加广阔的、更加完整和统一的视角的引导下，提出一个广泛的、跨学科的、跨机构的、跨国的倡议，这一倡议扮演了为我们的科学进程提供方向、解决这一问题并制定政策的核心角色。我们需要一个广泛的、更加一体化的科学框架，它包括量化的、可预测的、机制性的理论，以用于理解人类构造的社会和物理体系与自然之间的关系，我把这一框架称作"可持续性的大一统理论"。是时候该启动一个庞大的曼哈顿式的国际项目或阿波罗式的项目，专注于以一种一体化的、系统性的观念解决全球可持续性问题了。[1]

不断加速的跑步机、创新循环和有限时间奇点

在生物学中，作为规模经济和以亚线性比例变化为基础的网络原则带来了两个影响深远的后果。它们限制了生命的节奏，并限制了增长，大型动物寿命更长，进化速度更缓慢，心率更慢，而且程度都相同。与之相比，城市与经济则受社会互动的驱动，它们的反馈机制导致相反的行为。生命的节奏随着人口规模的增长而系统性加速：疾病传播更快、企业产生和消失的速度更快，甚至大城市中的人们步行速度也更快，所有这一切都遵守15%法则。此外，作为以超线性比例变化为基础的社会网络动力学则导致了开放式增长，而这恰恰是现代城市和经济学的基础。持续的适应，而非保持平衡才是基本的规则。

这是一个连贯的画面：基于网络动力学的相同概念性框架和有着相同数学结构的几何学导致二者出现完全不同的结果，而且都得到了大量不同的数据和观察结论的支持。然而，有一个重要的问题可能会带来重大后果。即便生物体、城市和经济的增长都遵守事实上相同的数学等式，它们的答案却有微妙但重要的区别，这是因为其中一个受亚线性比例变

化的驱动（生物体的规模经济），另外一个则受超线性比例变化的驱动（城市和经济规模收益递增）：在超线性比例变化的情况中，通常的答案都显示出了出人意料的奇妙特性，它在技术上被称作"有限时间奇点"，它是无法回避的变化的信号，或许还预示着前方潜藏着麻烦。

有限时间奇点意味着，支配人口、GDP、专利数量等一切被考虑因素的增长等式的数学答案在有限时间内会变得无限大，正如图10-1所显示的那样。这明显是不可能的，也是一些事情必须发生改变的原因。

在解决这一现象所带来的某些后果时，请让我首先进一步阐释它的某些重要特点。我们知道幂律和指数律函数都是持续增长的函数，并最终将变得无限大，但它们是在无限时间内实现这一点的。换句话说，对于这样的增长来说，它们的奇点被推向了无限远的未来时间，由此这种奇点相对于有限时间奇点的潜在影响而言是"无害的"。在超线性比例变化所引发的增长中，图10-1中的实线所代表的有限时间奇点方式要快过指数速度，这通常被称作"超指数"，我此前在讨论城市的增长时曾使用过这一词语。

这一增长行为显而易见是不可持续的，因为它在未来的有限时间内需要无限的、持续增长的能量和资源供应，以维持增长。该理论预计，如果不加控制，它将会导致转变到引发停滞并最终崩溃的阶段，正如图10-2所示。这种情况听上去像是改头换面后的马尔萨斯观点，即我们无法跟上需求的脚步，开放式增长最终将导致灾难，这一论点被数代经济学家所驳斥。

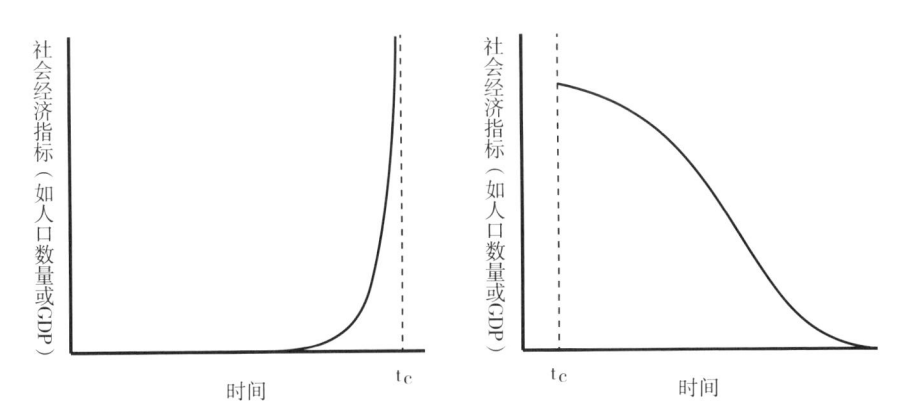

10 有关可持续性的大一统理论的前景

图10-1 超指数级增长和对有限时间奇点的趋近　图10-2 超越有限时间奇点后的崩溃

图10-1说明了一个有限时间奇点的现象：标绘的量化指标超指数级增长，在有限时间内变成无限，如垂直虚线所示。图10-2说明了停滞和超越奇点的崩溃。tc代表某一时间点。

这把我们引入了问题的关键。由于源自超线性比例变化的有限时间奇点的存在，这一情况肯定不同于马尔萨斯所说的情况。如果增长如马尔萨斯主义者、新马尔萨斯主义者以及他们的追随者和批评者所料想的那样是纯粹指数式的，能源、资源和食物的生产至少会在原则上与指数级扩张保持一致，因为经济或城市的所有相关特点都是有限的，即便它们持续在规模上不断扩大，并且变得越来越大。

如果经济增长是超指数级增长，且接近于有限时间奇点，这便无法达成。在这种情况下，需求会变得越来越大，最终在有限的时间内变得无限。根本不可能在有限的时间内供应无限的能量、资源和食品。因此，如果其他一切都不发生变化，这便必然会导致图10-2中所示的停滞和崩溃。迪迪埃·索尔内特（Didier Sornette）和安德斯·乔纳森（Anders Johansen）2001年在加利福尼亚大学洛杉矶分校所做的广泛分析表明，有关人口增长以及金融和经济指标增长的数据为以下这一理论预测提供了强有力的支撑：我们一直在超指数级增长，事实上正在迈向这一奇点。[2]

我想要强调的是，这一情况与经典的马尔萨斯观点存在性质上的差别，后者没有这一奇点的存在。奇点的存在表明，系统肯定会从一种相（phase）向另外一个有着完全不同特点的相而转变，就像是蒸汽冷凝成水，然后再结冰，这是同一系统内相变（phase transition）的具体体现，每个物相都有着完全不同的物理特性。的确，这一相变的潜在原因便是描述系统（水）某特性的热力学变量的奇异性，但这是在温度上的差异，而非时间上的差异。不幸的是，对于城市和社会经济系统而言，由有限时间奇点推动的相变来自于超指数级增长到停滞再到崩溃，这可能会导致灾难性的后果。

那么，如何才能避免这一崩溃的结果呢？是否能够在达到这一目的的同时确保开放式增长的持续？首先要认可的一点是，这些预测假定，增长公式的参数都不发生改变。因此，预先阻止潜在灾难的一个明确策略是，在达到奇点之前便进行干预，重新设定参数。此外，为了维持这些新参数下的开放式增长，公式中的策动项，即社会新陈代谢必须保持超线性，这意味着，新的动力学必须由带来创新、财富和知识创造的社会互动的正反馈力量驱动。这一干预不是别的，正是经常被提及的创新。一个重大的创新会有效地重设时钟，改变系统运行和增长出现的条件。因此，为了避免崩溃的结果，必须发起新的创新，重设时钟，让增长继续，避开即将到来的奇点。

因此，重大的创新可以被视作确保平稳过渡到新阶段的机制，绕开有限时间奇点黑洞内在的灾难性中断。在实现相变并重启时钟以避免停滞和崩溃后，整个过程就会从头来过，超指数级增长则会持续，最终导

10 有关可持续性的大一统理论的前景

致新的有限时间奇点的出现,它同样要被设法避开。整个连续的过程不断地重复,将可能的崩溃推至创造、发明和人类的聪明才智能够允许的未来。这可以被重述为一种定理:为了在资源有限的情况下支撑开放式增长,正如图 10-3 所示,需要循环重复范式转移的创新。

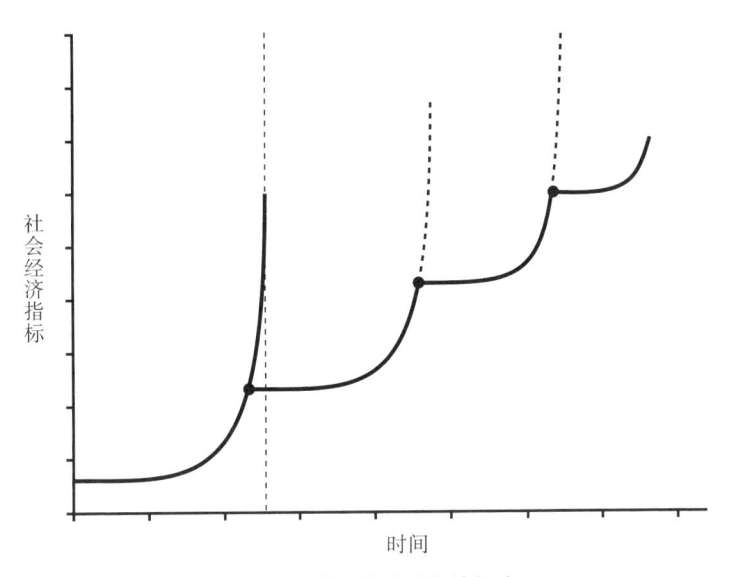

图 10-3 创新或范式转移周期的加速

图 10-3 所示是连续的超指数级增长轨迹,每一条都可能会导致有限时间奇点(竖虚线),并由此导致崩溃的发生,除非在奇点(黑点)之前便实现创新,重置时钟,再次开始整个周期。为便于说明,虚线代表后来的有限时间奇点,被黑点压制了。

在现实中,连续相之间的间断并不像图中所显示的那样突然和非连续性,但在每一个转变的相对较短的时间段内会被抹平。毕竟,工业革命并非始于具体的某一天,甚至是具体的某一年,而是在 1800 年前后的几年间发生的,这与其影响的时间框架相比,要相对短得多。[3]

这一结果并不令人吃惊,因为这便是人口和社会经济活动持续开放式增长的样子。从大的意义上来说，铁矿石、蒸汽、煤炭、计算以及最近的数字信息科技的发现是促进我们持续增长和扩张的重要创新因素之一。的确，这些连续不断的发现正是我们超凡智慧的证明。

马尔萨斯最初的论点中正是缺少了这一重要的特点，而从保罗·埃尔利希（Paul Ehrlich）和20世纪70年代的罗马俱乐部开始，大多数现代和最近的拥护者和提倡者随后提出的论点中也缺少了这一重要特点。他们的告诫遭到大部分经济学家驳斥的主要原因是，他们忽视了创新的重要作用，即使它是基于广泛的现象学推论出来的，缺少基础理论或机制性理解。商业和经济周期的概念，及其暗含的创新周期已经存在了很长时间，现在已经成为经济学和企业界的行业用语。只要人类依然具有创新能力，我们便可以通过持续不断的、更加天才的创新领先于任何迫在眉睫的威胁，这已经被视作理所当然，而且成为不容置疑的信条。

然而，不幸的是，事实并不是这样简单。还有另外一个重要问题，这是个大问题。理论指出，维持支撑持续的增长，连续创新之间的间隔必须变得越来越短。因此，范式转移的发现、适应和创新就必须以越来越快的节奏实现。不仅生命的一般性节奏会不可避免地加快，我们也必须以越来越快的速度创新！

这在图10-3中有所显示，它代表每一个新创新周期开端的黑点随着时间的推移变得越来越近。这意味着除了在我们攀登每一个增长曲线时生活节奏在不断加速，我们必须以更快的速度实现重大创新，并转变到新的阶段。在此前的第1章和第8章中，我在解释社会经济时间的压缩和生活节奏的加速时曾用过跑步机的比喻，然而这只是故事的一部分，还要继续扩展。我们不仅仅是生活在不断加速的跑步机上，而且在某个阶段，我们必须跳到另一台以更快的速度加速的跑步机上，并且早晚还要再次从这台跳到另一台加速度更快的跑步机上。整个过程必须在未来不断地加速重复。

这是一个非常奇特的场景,听上去像是某种奇怪的心理行为。如果我们不集体遭遇心脏病,很难相信这一行为能够持续下去。它甚至让西西弗斯的任务看上去不再那么艰巨。你或许还能想起来,诸神曾批评西西弗斯不停歇地将一块巨大的岩石推向山顶,而岩石会因为自身重量而很快滚下来,西西弗斯只能从头再来。世间流传着许多关于为何西西弗斯被如此严厉惩罚的阐释,但我最喜欢的说法是,他偷走了上帝的秘密并把死亡囚禁起来。无须多说,我们只需认识到我们的任务要比西西弗斯的困难得多,因为我们必须每一次以更快的速度将滚下来的岩石推向山巅。

图 10-4 《西西弗斯神话》

规 模

　　理论预测的这一快过指数级增长的连续加速循环与我们对城市、技术变革浪潮、世界人口的观察结论相一致（我已经提到了索尔内特和乔纳森的工作）。例如第8章图8-17中所显示的1790年至今的纽约市增长曲线。不同的连续增长阶段已经用黑色实线标绘。通过观察变化序列如何偏离光滑的"纯"超指数增长为主的背景曲线，我们可以看到反映在城市规模上的循环动力学的改变顺序，被清晰地显现了出来。正如图10-5所表明的那样，数据为循环的论点提供了支撑，它们的频率会随着时间系统性增加。嵌图显示，这些连续创新之间的时间间隔变得越来越短，这与理论中的量化预测相一致。

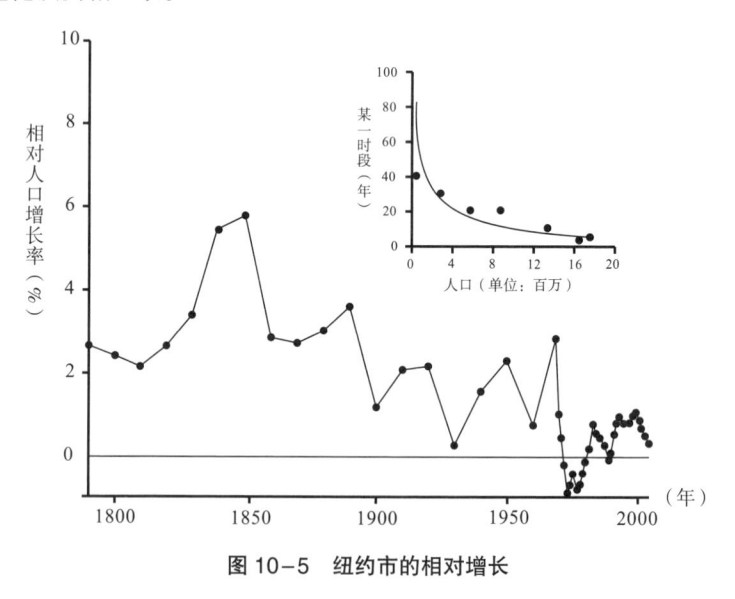

图 10-5　纽约市的相对增长

　　图10-5是从1790年开始绘制的相对于光滑超指数增长背景的纽约市的增长曲线，它彰显了连续的循环，而且其频率一直系统性地下降，这符合理论预测的量化结论（嵌图中的曲线）。

　　从更为广泛的意义上来说，有关重大创新循环不断加速的预测也得到了数据的强有力的支撑。其中的一个问题是，要决定大量可能的创新中，有哪些构成了重大的范式转移。从某种程度上说，这没有统一的观点，但我们大多数人可能都会同意，印刷、煤炭、电话和计算机等一些特定的发现和创新构成了重大的"范式转移"，而铁路和手机或许争议更多。可惜的是，并不存在现成的量化"创新科学"，因此也就没有普遍认同的、与重大创新和范式转移直接相关的标准或数据，更不用说有限时间奇点。因此，为了用数据来检验理论，我们必须依赖非正式研究和一定程度上的直觉感知。随着创新逐渐成为被研究调查得更为充分的领域，这一情况可能会发生变化，研究人员开始应对诸如什么是创新、我们如何衡量创新、创新如何发生、如何推动创新等问题。[4]

著名发明家、未来学家雷·库兹韦尔（Ray Kurzweil）列举并分析了有资格被称为重大创新的候选名单，很适合与我们的预测进行对比。[5]他的研究结果体现在图10-6和图10-7中，连续创新之间的时间间隔与每项创新的距今时间在图中以对数标绘。这里呈现出了两个版本：一个是半对数的（意味着纵轴是对数的，而横轴是线性的），另外一个则是横轴和纵轴均为对数的。请注意，位于两个图左上角的首个数据点告诉我们，生命起源于4×10^9（40亿）年前，又过了几乎20亿年，下一个重大创新出现了。有趣的是，当通过线性时间表的角度来看时（图10-6），所有事情似乎都是在我们最早的祖先于100万年前出现之后同时发生的。曲线的下落很陡峭，这凸显了时间的加速现象。这还表明，用对数标绘这些数据（图10-7）对于区分如此庞大的时间框架内发生的不同事件是多么明智。例如，通过这种方式标绘，100年前出现的电话可以暂时与1万年前出现的农业分隔开来。

规 模

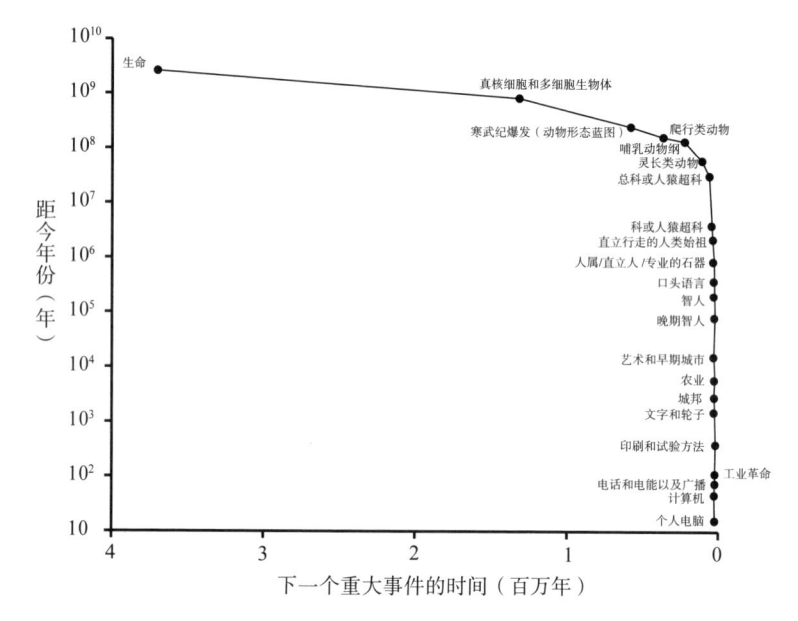

图 10-6 重要范式转移的加速节奏

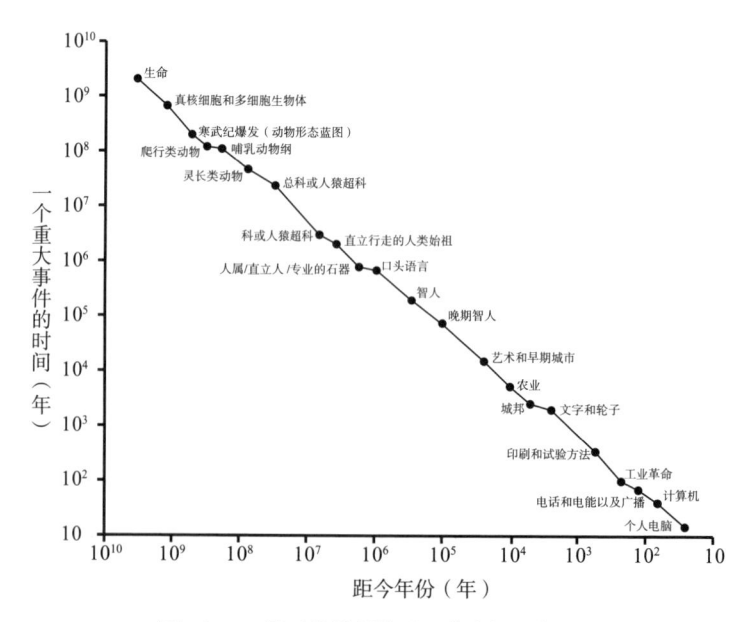

图 10-7 用对数绘制的重要范式轻移的加速节奏

432

10 有关可持续性的大一统理论的前景

我们的理论解释并预测了连续创新之间的时间间隔不断缩短的现象,以及它们是在多久之前出现的反比关系,这与两幅图中绘制的线在定量上是一致的。然而,我需要强调一点,即预测只是这些图的一部分,产生创新的原因在于令人类智慧陷入危险的社会经济动力学。我们的理论并未预测生物创新的速度,这便促使我提出一个开放性问题:相类似的奇点动力学是否在推动生物创新中也发挥了相似作用?究竟这种能够延伸至前人类时期仍然成立的简单幂律关系是一种巧合,还是库兹韦尔对范式转移进行明智选择的结果?无论是哪种情况,对于该理论的认同是令人信服的,也得到了过去几百年间更加详细分析的结果的支持。

奇点的一般概念在数学和理论物理学中发挥了重要作用。奇点是一个数学函数不再"表现良好"的时刻,比如变得像我此前讨论中提到的无限大。详细说明如何征服这一奇点推动了19世纪的数学产生了巨大的进展,这进而给理论物理学带来了重大影响。它最著名的后果是"黑洞"的概念,它源自试图理解爱因斯坦的相对论中的奇点结构。

库兹韦尔于2005年出版的著作《奇点临近》(*The Singularity Is Near*)使奇点概念变得流行起来。在此之前,很少有人在口语中使用这个词语。基于科幻作家、计算机科学家弗诺·文奇(Vernor Vinge)1993年所提出的"技术奇点"的早期概念,库兹韦尔提出,我们正在接近奇点,我们的身体和大脑将会因基因改造、纳米科技、人工智能而变得更加强大,将变成不再受生物学限制的混合机器人。这将会带来集体智慧,并且它远比目前所有人类的智慧加起来的总和强大得多。或者,正如文奇简单描述的那样:"在30年内,我将获得技术手段,创造超人类智能。再过不久,人类时代就将终结。"[6]这本书是他在1993年写就的,因此,文奇的预测是,上述改变可能将会在2023年发生,距离现在只有几年时间了。我并不认为它会应验。

　　这些都是奇妙的猜测，最终可能会实现，但目前仍然属于科幻的范畴。这一盲目乐观的未来观念与新马尔萨斯主义者的不祥预言是完全相反的，即便两种情况的结论都是基于相同的前提，即指数级增长是不可持续的，某些重大的事情必须发生。正如马尔萨斯主义者忽略了创新的重要角色，奇点支持者忽视了在全球范围内整个社会经济动力学的重要性，它其实是正在日益临近的奇点的主要驱动力。两种情况在更加广阔的框架内都无法保持稳定，以迎合量化机制性理论。因此，无论预测是什么，对它们进行科学评估都十分困难。或许，最大的概念性讽刺是，尤其是对于奇点支持者而言，他们的结论和猜测都是以指数级增长为基础的，而这其实并不会导致奇点的出现，至少在有限时间内不会。

　　尽管如此，指数级增长可能是非常不可持续的，原因正是马尔萨斯最初所倡导的观点，即我们将无法生产足够的食物或能源，我们将会用光所有必要的资源，如磷、石油或钛。与此同时，我们将无法发展出适当的科学技术来解决这些问题。此外，我们还可能会产生太多的熵，由此而来的污染、气候破坏以及其他所引发的改变。尤其是在气候领域，这些都变成了不可逾越的障碍，导致难以名状、意料之外、具有破坏性的后果。然而，我想要提醒的是，如果这些是指数级增长的结果，原则上就没有任何东西能够阻止我们实现乐观主义者的预测，并继续由创新带来增长，避免所有这些问题和威胁。但现实是完全不同的画面，我并不是乐观主义者，不认为他们会取得这些成就。

　　但情况并非如此，事实存在定量上的不同。正如我此前所强调的那样，我们一直在以超指数级速度扩张，而不仅仅是指数级速度，这是受社会经济活动的超线性比例变化驱动的，也是我们社会动力学内生的倍

10 有关可持续性的大一统理论的前景

增的结果。这一典型的现代人类动力学导致生命节奏的不断加速,为了战胜有限时间奇点所预示的迫在眉睫的威胁,我们做出重要创新的速度也必须加快。不断加速的"西西弗斯式"的画面一直困扰着我们。

"计算机时代"和"信息与数字时代"之间相隔的时间不超过30年,而石器时代、青铜时代和铁器时代之间则相隔数千年时间。我们在自己的手表和数字设备上测量时间的时钟是非常具有误导性的,它是由地球的每日自转和每年绕着太阳的公转决定的,这一天文学时间是线性的和有规律的。但我们社会经济生活的真实时钟则是由社会互动的集体力量决定的涌现现象——与客观的天文学时间相比,它在持续且系统性地加速。打个比方来说,我们是在不断加速的社会经济跑步机上生活的。1 000年前需要数百年时间才能出现的重要创新现在或许只需要30年时间。不久之后,就会只需要25年时间、20年时间、17年时间,等等。正如西西弗斯一样,如果我们坚持持续增长和扩张的话,我们注定将会这样做。由此而来的连续奇点将会不断持续并累积,最终导致数学家所称的本质奇点,即所有奇点之母。

伟大的约翰·冯·诺依曼(John von Neumann)是数学家、物理学家、计算机科学家、博学家,他的观念和成就对人类生活构成了重大影响,并在70多年前就得出了下列颇具先见之明的观察结论:"人类生命中不断加速的科技和改变过程使得我们不断接近于人类历史上的某些重要奇点,正如我们所知,这是不可持续的。"[7]冯·诺依曼于1957年去世,当时他只有53岁,仍然相对年轻。他生前所取得的诸多成就之一是他在量子力学的早期发展中发挥了重要作用,还有就是他发明了博弈论,这是经济建模的主要工具,此外还有现代计算机的概念设计,它通常被称作"冯·诺依曼体系结构"。

因此，我们是否可以想象每隔15年、10年甚至是5年，便能够达到类似于因特网的出现这种强大、有影响力的创新？这是典型的归谬法的观点，它表明，无论我们有多聪明，无论我们发明了多少精妙的小玩意儿和设备，只要我们继续像往常那样运营，我们便无法克服终极奇点的威胁。

来自理论的估计表明，我们将在未来20~30年时间内经历又一场范式转移。这比乔纳森和索尔内特的预估要短，他们认为应该至少为35年。当然，该理论无法告诉我们改变的性质是什么，我们只能疯狂地猜想。它或许是一些相对平常的事情，如无人驾驶汽车和相关的智能设备，或者是某些类似于库兹韦尔和奇点主义者的科学幻想。最可能的情况是，以上都不是，如果我们能够实现范式转移，它就将会是我们完全料想不到的。或许更大的可能是，我们无法实现范式转移，我们需要安心于开放式增长的整体概念，并寻找某些定义"进展"的新途径，或者满足于我们所得到的，并把我们的能量用于提高整个地球的生活标准，以拥有更高的生活质量。这将是真正的重大范式转移！

持续的增长和由此而来的生命节奏的不断加速会给整个地球带来深远的影响，尤其是城市、社会经济生活和全球城市化的进程。直到最近，重大创新之间的相隔时间要远远超过人类的工作寿命。即使在我自己的一生中，我也会无意识地假设，人的一生可以持续从事同一职业，使用同一专业技能。情况已经不再如此了，现在，一个典型个体的生活时间远远超过了重大创新之间的时间间隔，尤其是在发展中国家和发达国家。现在，进入工作岗位的年轻人有望会在其一生中见证几项重大的改变，这极有可能会中断他们职业生涯的连续性。

这一不断加快的变化速度给城市生活的方方面面都带来了沉重的压

力。这肯定是不可持续的,如果没有发生改变,我们就将步入大崩盘,迎来整个社会经济组织架构的可能性崩塌。挑战十分明显:我们是否能够回到更加"生物化"的阶段?我们从这个阶段进化而来,并且满足于某些版本的亚线性比例变化,以及随之而来的天然约束性,或者不增长、稳定的构造,这可能实现吗?我们能否拥有如世界各地的城市和社会组织所表现出来的那样,受观念和财富创造驱动的充满活力、创新、创造的社会?我们是否注定将陷入充斥着都市贫民窟的地球?科马克·麦卡锡(Cormac McCarthy)在小说《道路》(*The Road*)[8]中所提及的终极破坏幽灵真会出现吗?鉴于城市在我们现在面临的许多问题的源头上扮演独特角色,以及它们正继续作为超指数级驱动力迈向潜在的灾难,以科学可预测的量化框架理解城市的动力学、增长和进化对于实现地球的长期可持续性具有重要作用。或许在不远的将来,我们能够取得一个具有重大意义的突破,就是将有关全球气候变暖、环境、金融市场、风险、经济、健康、社会冲突以及作为社会构成的人类与周边环境相互作用的大量研究、模拟、数据、模型、理论和猜测等全部结合起来,提出一个大一统的可持续发展理论。

后　记

1. 21 世纪的科学

　　我从一开始就强调,指导本书所呈现的许多观点的基础哲学框架是采纳了受物理学视角启发的研究范式。由此,我所探究的一个重大主题便是:我们究竟能够在多大程度上发展出一个可量化、可预测、基于根本的普遍原则并超越了任何特殊系统细节的理论。科学的基本信条之一是我们周遭的世界最终是受普遍原则所支配的,我们应该在这一背景下审视有关生物体、城市或公司等高度复杂系统的规模法则。正如我努力向本书读者所展现的那样,规模法则反映了系统的规律性,它揭示了基础的几何和动力学行为,表明此类系统的量化科学是有可能实现的,至少可以说,它们让我们得以探索这一范式究竟能够被推行多远。

　　对于共性、规律、观念和概念的宏大综合的追求是科学的重要驱动力之一,它超越了具体问题或学科的狭隘范畴。毫无疑问,它也是现代智人的决定性特点之一,表现在我们众多的信仰、宗教和神话故事中,它帮助我们安于宇宙的神秘性。这一对综合与统一的追求是科学自起源于早期希腊思想以来的重要主题。早期希腊思想引入了原子和元素作为万事和万物基础构成成分的概念。

　　现代科学中的经典重大综合包括:牛顿定律,它告诉我们天道与地道没有什么差别;麦克斯韦将电学和磁学合二为一,为我们带来了短暂出现的以太(ether),还带来了电磁波;达尔文的自然选择理论提醒我们，人类只是动物和植物而已；热力学定律认为我们无法永久生存下去。所有这些不仅改变了我们思考世界的方式，也为能够使我们享受到生活水平的技术进步奠定了基础。尽管如此，它们在不同程度上都是不完整的。的确，理解它们应用的边界、它们预测能力的限度以及对例外、违反、失败的持续搜寻带来了更深层次的问题和挑战，推动着科学取得持续进步，并展现出了新的思想、技术和概念。

一个不断持续的、在现代物理学中占据统治性地位的重大科学挑战是，基础粒子及其相互作用的大一统理论，包括将其延伸至理解宇宙，甚至是时空的起源。如此野心勃勃的理论将是概念性的，基于极少的潜在可数学化的普遍原则，它整合并解释了自然界中的所有基本力，从重力到电磁，再到弱核力和强核力，吸收了牛顿定律、量子力学和爱因斯坦的相对论。光的速度、空间和时间的四个维度、所有基础粒子的质量等基础问题将会得到解答，掌管着宇宙起源和进化、银河系的构成以及地球生物层级的起源与进化的公式将会被推导出来。这的确是一个非比寻常的、富有巨大雄心的探索计划，它让数千名研究者花费了近百年的时间以及数十亿美元。用几乎所有指标来检验都表明，这一远未达成最终目标的、正在进行之中的探索计划取得了巨大的成功，例如，它带来了有关夸克是物质基础构造成分的发现，带来了希格斯粒子是宇宙质量、黑洞和大爆炸的起源的发现，并由此造就了多个诺贝尔奖。[1]

受其所取得的巨大成功的鼓励，物理学家将这一梦幻般的观念冠以"万物理论"的宏大名称。量子力学和广义相对论之间的数学一致性的要求表明，这一普遍理论的基础构成要素或许是微观弦振动，而非作为牛顿和其后所有理论发展基础的传统的基本点粒子。因此，这一观点有一个更加平实的副标题"弦理论"（string theory）。正如神和上帝的发明一样，万物理论隐含着最为宏大的观念，所有灵感中的灵感，即我们可以通过少数几个概念来概括并理解整个宇宙，即所有事物都遵守一系列简洁数学公式。然而，如同上帝的概念一样，这或许会是误导性的，并在知识领域上是危险的观念。

将某个领域的研究夸张地称作万物理论暗含了某种程度上的知识傲慢。真的可以想象存在能够囊括宇宙万物的超级等式吗？所有一切万物？生命在哪里？动物和细胞、大脑、意识、城市和公司、爱和恨、抵押贷款、今年的总统大选等，这些都在哪里？我们在地球上亲身参与的丰富多样性、复杂性和混乱性从何而来？最简单的答案是，这些都是万物理论内在的相互作用和动力学所产生的不可避免的结果。甚至连时间都被认为是产生于这些振动弦的几何学和动力学。在大爆炸之后，宇宙扩大并冷却，带来了从夸克到核子，继而到原子和分子，最终到细胞、大脑、情感和所有生命形态的复杂性，宇宙就此出现，成为某种天外救星。所有这一切都可以比作转动越发复杂的等式和计算手柄就可以得出的结果，至少在原则上，这些等式和计算是可以达到某种准确程度的解决方法。从性质上来看，尽管我不确定人们在多大程度上能够相信它这一极端版本的还原论或许存在部分的正当性，但无论如何，它都少了些"什么"。

这里的"什么"就包括了本书中所讨论的许多问题内在的概念和观念：如信息、涌现、意外、历史偶然性、适应、选择，以及复杂适应系统的所有特点，无论是生物体、社会、生态系统还是经济。这些都是由无数具有集体特点的个体成分构成的，它们的细节都是难以预料的，即使它们之间相互作用的动力学是已知的。与作为万物理论基础的牛顿范式不同的是，复杂适应系统的完整动力学和结构无法用一小部分等式编码。的确，在大多数非常有限的情况下是如此。此外，任意程度的准确度的预测也是不可能实现的，即便在原则上也是如此。

另一方面，正如我努力在本书中所展示的，标度理论为打造一个中间地带提供了强有力的工具，通过这一中间地带，我们可以发展出量化的框架，用于理解和预测许多此类系统的粗粒度行为。

或许，万物理论最令人惊讶的一个后果是，它意味着，从宏大规模的角度来看，包括其起源和进化在内，宇宙并不复杂，事实上出人意料的简单，因为它可以被编码为数量有限的等式，甚至可以是一个简单的基本公式。这与地球上的情况形成了鲜明对比。在地球，我们是宇宙特定地点发生的某些最为多样化、复杂化、混乱现象的组成部分，这需要附加的、非数学化的概念去理解。因此，当我们为寻找大自然所有基本力的大一统理论而鼓掌欢呼之际，我们也应该承认，它无法解释并预测一切事物。

由此，与寻求万物理论平行的是，我们需要着手开始对复杂性的大一统理论进行类似的追寻。发展出一个量化、分析、原则性、可预测的框架以理解复杂适应系统的挑战，无疑是 21 世纪科学最艰巨的挑战之一。作为其必然结果，我们急需发展出可持续性的大一统理论，以应对我们目前所面对的紧迫威胁。如同所有宏大的整合一样，这注定将是不完整的，很可能是无法企及的，但这又无疑将会激发重要的、革命性的新观念、新概念和新技巧，并将对我们如何继续前进以及我们目前所达成的成就是否能够持续带来重要影响。

2. 跨学科，复杂系统和圣塔菲研究所

尽管如此宏大的用语或许无法清楚地解释这一洞见，但它的确阐明了圣塔菲研究所的创办目的。这是一个无与伦比的地方，或许并不是每个人都喜欢它，但对于我们许多人而言，我们都怀有一种天真的、或许

是浪漫的情怀，希望成为追求"真相和美丽"的不拘一格的学者社区的一分子。但令人感到失望的是，我们并未在传统的大学校园内寻找到这种社区，而圣塔菲研究所是我们最接近于实现这一情怀的地方。我感到十分幸运和荣幸，能够在这样一个妙不可言的地方度过成果丰硕的数年时间，得到来自每一个可能的学术角落、拥有类似思想的同事的激励。

或许，英国科学作家约翰·惠特菲尔德（John Whitfield）最能够抓住圣塔菲研究所的氛围和特点，他在2007年写道：

> 这个研究所旨在成为真正的跨学科研究机构，它没有系别，只有研究员。圣塔菲研究所和复杂理论几乎已经成为同义词。现在坐落在城郊一座小山上的圣塔菲研究所肯定是作为科学家感到最有趣的地方之一。研究员的办公室、他们涌入享用午餐并举办即席研讨会的公共区域都有大落地窗，一眼望出去全是山脉和沙漠。从停车场出去便是徒步旅行路线。在圣塔菲研究所的厨房里，你可以听到古生物学者、量子计算专家、在金融市场工作的物理学家之间的对话。猫和狗在走廊中漫步，在办公室进进出出。这里的氛围就像是剑桥学院的高级活动室与谷歌或皮克斯等西海岸极客神殿的复合体。

这段话中的最后一句是我的话。我加入这一句话是因为我认为，惠特菲尔德正确捕捉到了两者的特点。一方面是牛津或剑桥学院的象牙塔形象，一大批学者全身心地投身追求知识的过程中，并依靠自己的"嗅觉"去理解知识；另一方面则是硅谷应对"真实"世界各种问题的前沿形象，寻求创新解决方案和新途径来应对生命的复杂性。尽管圣塔菲研究所是一家传统的基础研究机构，并不受程序性或应用型计划的驱动，但其解决的问题的性质决定了我们必须面对重大的社会议题。由此一来，除了拥有学者的学术网络之外，圣塔菲研究所还拥有十分活跃的商业网络（称作应用复杂网络），它是由多样化的公司组成的，其中一些是小型初创公司，还有许多公司则是大型知名公司，涵盖了多元化的商业领域。

圣塔菲研究所在学术界占据特殊的地位。其使命是通过更加偏重于量化、分析、数学和计算思维，解决前沿科技所有领域的基础性问题和重大问题。研究所不设系别或正式小组，而是有着努力推动长期、创造性、跨学科的研究的文化，涵盖了数学、物理、生物医学、社会和经济等各个领域。圣塔菲研究所的长期教员（但非终身教职）人数较少，拥有大约100名外部教员，他们都在别的机构任职，每个人隔断时间都会来圣塔菲研究室待上数天或者几周的时间。此外，研究所还拥有博士后学者、学生、新闻研究员，甚至是作家。它为许多工作小组、研究小组、研讨会、座谈会以及一大批访问人士（每年有几百人）提供支持。圣塔菲研究所已经成为一个令人难以置信的熔炉，研究所几乎没有层级结构，它的规模也足够小，每个人都很容易认识其他人。考古学家、经济学家、社会学家、生态学家、物理学家都可以每天互动交流，他们相互交谈，共同思考，一起谈天阔地，并在大大小小的问题上认真合作。

圣塔菲研究所的理念源自以下这一根本性假设：如果你把聪明人聚集到一个相互扶持、相互促进、充满活力的环境中，并让他们彼此能够自由互动和交流，就将自然而然地产生好事。圣塔菲研究所的文化旨在创造一个开放的、催化性的环境，让那些在传统的大学系别结构中难以推动实现的互动与合作受到鼓励。将高度多样化的思维融合到一起，为实质性、深度的合作做好准备以共同追寻高度复杂现象背后的根本原则、共性、简单性和规律，这是圣塔菲研究所的科学研究特点。从求知的意义上来说，圣塔菲研究所便是其所研究领域的具象化——一个复杂适应系统。

后　记

圣塔菲研究所在国际上被公认为"复杂系统跨学科研究的正式发源地",发挥着核心作用。我们意识到科学和社会所面临的大多数挑战性、令人激动、深远的问题都处在传统学科的界限之间。其中包括生命的起源,有关生物体、生态系统、流行病或社会的创新、增长、进化和系统韧性的一般性原则,自然界和社会中的网络动力学,医学和计算科学中的生物学研究范式,生物学和社会中的信息加工、能量和动力学的相互关系,社会组织的可持续性和未来,金融市场和政治冲突的动力学,等等。

我有幸担任圣塔菲研究所所长几年时间,对其理念、定位和成功有着自己的观点。你或许会认为这完全是我个人的夸张之词,那么就让我来转述其他人有关研究所特性的评论和观点。罗杰斯·霍林斯沃思(Rogers Hollingsworth)是威斯康星大学著名的社会科学家和历史学家,他对成功的研究机构的必要因素进行了深度调查。在美国国家科学委员会(负责监管美国国家科学基金会)某负责研究变革性科学的分委会上致辞时,他说道:

> 我和我的同事们对大西洋两岸大约175家研究机构进行了研究,从许多方面而言,圣塔菲研究所都是推动创造性思维的理想机构。

他援引《连线》杂志的话说:

> 自从1984年创办以来,这家非赢利性研究中心便聚合了来自不同领域的顶级专家研究细胞生物学、计算机网络以及其他构成我们生命基础的系统。他们发现的模型点亮了我们这个时代中一些最为紧迫的议题,在此过程中,成为复杂性科学的基础。

圣塔菲研究所最初是由一些知名科学家构思和策划的,其中包括几名诺贝尔奖获得者,他们大多与洛斯阿拉莫斯国家实验室有关联。他们担心,学术界已经被学科林立的专业化所统治,这带来了许多严重问题,特别是跨学科问题或社会性问题遭到忽视。获得学术职位、获得提升或教职、获得来自联邦机构或私人基金会的基金,甚至是入选全国性学院或学会的奖励系统,所有这些都越来越与你凸显自己是专注于某一狭隘分支学科的微小领域专家有关联。许多人无法负担得起对某些重大问题或议题进行思考和思索、冒风险或成为先锋的自由。现在的状况不仅仅是"发表还是发臭"(publish or perish)的问题,而是演变为更严重的"要么引入大笔资金,要么腐烂"的状况。大学之间的合作进程已经开始。托马斯·杨或者达西·汤普森等博学者和伟大思想家的美好时光已经一去不复返了。的确,学科内的思想家的确都很稀缺,更不用说跨学科思想家了,后者可以轻松地阐释跨越自身所处领域的思想和概念。圣塔菲研究所的创立正是对抗这种认知趋势的。

有关于圣塔菲研究所真正的科学议程的早期讨论或许集中于新兴的计算机科学、计算和非线性动力等洛斯阿拉莫斯国家实验室曾扮演重要角色的领域。然而当理论物理学家默里·盖尔曼(Murray Gell-Mann)开始介入其中的时候,他意识到,所有这些建议更多地是围绕技术而非思想观念和概念,如果研究所想要在科学进程中发挥重大影响力,其议程的范围就必须更加广阔、更加大胆,并能够解决某些真正宏大的问题。由此,复杂性和复杂适应系统便成为首要的主题,因为它们几乎覆盖了今天的科学和社会学面临的所有重大挑战和重大问题。此外,它们也总是跨越传统的学科边界。

时代发展的一个有趣迹象,以及我所认为的圣塔菲研究所影响力的一个主要迹象是,现如今,许多研究所都自称是多学科的、跨学科的或

后 记

交叉学科的。尽管这样的名称在某种程度上已经成为用来形容传统学科内子领域之间合作互动的时髦术语,而非被用作形容不同学科之间巨大差异的大胆跨越,但它们的确代表了形象和态度的一大转变。这一现象正在影响整个学术界,且已经被视作理所当然的了,尽管大学在不同程度上依然是直筒式的。以下我引用了斯坦福大学的官方主页,该校把自己重新塑造成如下形象,甚至声称自己一直是这样做的:

> 自创立之初,斯坦福大学便一直是跨学科合作的先行者,在各个领域产生了创新性的基础和应用研究。这很自然地推动了多学科之间的合作。

为了让你对于过去 20 年间观念上的巨大转变有所感知,我想讲述圣塔菲研究所创立之初的一则逸事。

圣塔菲研究所的另外两名创始人是 20 世纪学术界的重量级人物,他们二人都是诺贝尔奖获得者:菲利普·安德森(Philip Anderson),来自普林斯顿大学的凝聚态物理学家,曾对超导性进行研究,发明了对称性破缺机制等,为希格斯粒子的提出奠定了基础;另一位是来自斯坦福大学的肯尼斯·阿罗(Kenneth Arrow),他在经济学基础方面所做出的多项贡献具有极大的影响力,包括社会选择和内生增长理论等,他也是诺贝尔经济学奖有史以来最年轻的得主,他的 5 位学生后来也都获得了诺贝尔经济学奖。安德森和阿罗与知名凝聚态物理学家、圣塔菲研究所的创始人之一——戴维·皮内斯(David Pines)一道发起了让圣塔菲研究所一举成名的首个重大项目。该项目旨在从复杂系统的视角去解决经济学的基础性问题,例如,非线性动力学、统计物理学和混沌理论是如何为经济学理论提供新的洞见的。他们在 1989 年创建早期的研究小组后,《科学》杂志发表了一篇名为《奇怪枕边人》的文章[2]，对这一研究小组进行介绍：

> 这两位诺贝尔奖获得者形成了奇特的组合……在过去两年中，安德森和阿罗一直合作进行一项冒险事业，这是科学史上最为奇特的组合之一，经济学和物理学之间的结合，或者至少是相关联……这一突破性的冒险事业因为圣塔菲研究所的创办而成型。

时光流逝得太快了！时至今日，物理学家和经济学家之间的合作已不再罕见，物理学家和数学家大量涌入华尔街，他们中的许多人由此变得极为富有。但仅仅在25年前，这仍然是人们前所未闻的，尤其是两位如此杰出的思想家之间的合作。人们至今难以相信，这被外界视作奇怪、奇异的合作，并被冠以"科学史上最为奇怪的组合之一"的名号。或许，人们的视野的确在不断扩大。

当我成为圣塔菲研究所所长后，我偶然发现了某些智慧之语，让我想起了50多年前创办并运营如此成功的机构的人，他就是晶体学家马克斯·佩鲁茨（Max Perutz），他因为发现血红蛋白分子结构而与人共同获得了诺贝尔化学奖。佩鲁茨所使用的X光结晶学技术在20世纪初曾由威廉·亨利·布拉格（William Henry Bragg）和威廉·劳伦斯·布拉格（William Lawrence Bragg）这对奇特的父子组合率先使用，他们两人在1915年共同获得诺贝尔物理学奖，当时，劳伦斯只有25岁。他至今依然是诺贝尔科学奖的最年轻得主。

劳伦斯的研究具有前瞻性，他预见到X光结晶学技术将成为揭示作为构成生命基础的复杂分子结构（如血红蛋白和DNA）的强有力工具。他当初发展这一技术是为了探索普通物质的晶体结构。他极力鼓励他的学生佩鲁茨沿着这一方向开启研究项目，完全投身于揭示生命的结构秘密。1947年，所有科学领域最为成功的机构之———剑桥大学卡文迪许实验室旗下的医学研究委员会就此诞生，而劳伦斯正是卡文迪许实验室的主任。在佩鲁茨的指导下，医学研究委员会在短短几年之内便产生了不下9位诺贝尔奖获得者，其中便包括詹姆斯·沃森（James Watson）和弗朗西斯·克里克（Francis Crick），两人共同发现了DNA的双螺旋结构。

佩鲁茨取得巨大成功的秘密是什么？他是否发现了某种可以优化科学研究的魔法方程式？如果真的如此，我们如何利用这一方程式来确保圣塔菲研究所的未来成功呢？这些是我在担任圣塔菲研究所所长之后很自然会想到的问题。我得知，佩鲁茨在继续自己的研究项目的同时，还给予研究人员独立的空间，并平等对待每一个人，甚至拒绝了爵士头衔，因为他认为这可能会将他与年轻的研究人员分隔开来。他完全熟悉每一个人的工作，特别重视与不同的同事在喝咖啡、喝茶或吃午餐时一同坐一坐的机会。尽管他或许时常无法付诸行动，但至少在精神层面上他会如此。这些都是我希望做到的，当然，除了拒绝爵士头衔之外，这也是非常不可能的事。

然而，佩鲁茨真正启迪我的地方是我在阅读《卫报》发表的他的讣告中的话[3]：

> 顽皮的是，每当被问到是否存在组织研究的简单指导法则以使其变得高度有创造性时，他总是会说，不要政治，不要委员会，不要报告，不要裁判，不要访谈，只要少数具有良好判断力的人挑选出有天分、积极性高的人即可。这显然不是我们含糊不清的民主体制内实施研究的方式，但对于一个有着极高天赋和良好判断力的人而言，这样的回答并不是精英主义的体现。他只是希望，正如马克

斯已经亲身实践并证明的那样，这一做法对于想要让科学界最为优秀的人才蜂拥而至超过一切的人而言是正确的。

因此，他的确有方程式，而且十分奏效。现如今，很难相信这是真的：不要政治，不要委员会，不要报告，不要裁判，不要访谈，只需要聚焦于卓越，并利用极端良好的判断力。至少在原则上，这是我们在圣塔菲研究所所努力做的、而且至今仍然在做的事：找到最好的人才，信任他们，给予他们支持，不要用废话去干扰他们……好事自然会到来。这正是圣塔菲研究所创立的精神，也是从极具远见的乔治·考温（George Cowan）到戴维·克拉考尔（David Krakauer）等历任所长热情拥护的精神。这看起来很简单，那么，为什么并不是每个人都能够遵守马克斯的魔法方程式呢？你可以尝试着把这个方程式建议给美国国家科学基金会、美国能源部、美国国立卫生研究院等资助机构，慈善基金会，大学的教务长或系主任，或者你所在地区的议员，你就会很快得到答案。这个方程式很简单，在某种程度上甚至并不现实，而且说起来容易做起来难，这让人想起或许从来没有存在过的对科学和奖学金的最朴素的支持，但或许，这就是其力量所在。渴望如此雄心壮志的理念，努力打造一种精神和文化，让思想的发展和知识的追求不受季度报告、持续不断的申请书、监管委员会、政治把戏、官僚机构的霸权的阻碍，这应该超越其他一切的考虑。佩鲁茨已经通过例证表明，这是成功的重要因素。因此，在每年我向董事会提交报告的结论部分，总会在吹嘘完我们所取得的成绩、感叹完我们所面临的财务状况以及为研究活动筹措资金的困难之后，大声地念出这一魔法方程式，把它当作准则和期望，时刻提醒我们要弄清楚事情的优先顺序。

3. 大数据：范式 4.0 还是 3.1？

从丹麦天文学家第谷·布拉赫（Tycho Brahe）于 16 世纪开始对行星运动进行量化观察以来，测量在我们理解周围宇宙的过程中扮演了核心角色。数据为构建、检验、完善我们的理论和模型提供了基础，无论它们被用来解释宇宙的起源，还是进化过程的性质，或是经济的增长。

数据是科学、技术和工程学的命脉，近年来也在经济、金融、政治和商业中开始扮演越发核心的角色。缺少了海量数据的帮助，我在本书中提到的所有问题几乎都无法进行分析。此外，如果不能获取我在前几章中所依赖的数据，我们根本无法想象可以发展出复杂适应系统、城市科学、公司科学、可持续性科学的理论。一个很好的例子便是，我们用于检验社会网络和城市人口移动的角色时所用到的数十亿手机电话的数据。

信息技术革命在最近的进展中扮演了十分的重要角色，这不仅是指搜集数据，而且还包括对海量数据进行分析和组织，并将之转变为可控的形式，以获得洞见、推断出规律或者做出并检验预测。我用于输入文稿的 13 英寸屏幕的苹果 Air 笔记本电脑的速度和效能好极了，它分析和检索数据、筛选信息、进行复杂运算的能力也超乎寻常。我的小小 iPad（苹果平板电脑）比 25 年前全球最强大的超级计算机 Cray-2 还要强大，后者当时可能要耗资 1 500 万美元建造。另外，用于监测我们的身体、社会互动、运动、天气偏好、交通状况等周遭所有一切的多款设备所积累的数据量也令人难以置信。

全球联网设备的数量现在已经是全球人口的两倍多，而所有这些设备的屏幕面积总和已经大于人均一平方英尺。我们已经真正进入了大数据时代。现在被存储和交换的信息数量持续呈指数级增长趋势。所有这一切只是过去 10 年的事情，这是生命速度不断加快的又一个力证。吹嘘

规 模

式的承诺和夸张之词已经预示了大数据时代的到来，并称其是万能灵药，解决从医疗到城市化等所有迫在眉睫的挑战，同时也将进一步提高人们的生活质量。只要我们能够测量和监测所有事物，并把大量数据送入计算机这个庞然大物的口中，就将会奇迹般地产生所有问题的答案和解决方案。我们所有的问题和挑战都将被解决和被克服，所有人的生活都会变得美好起来。这一不断演化的范式极为贴切地概括了那日益占据我们生活的智能设备和方法论的洪流中。"智能"已经成为几乎所有产品的必要标签，无论是智慧城市、智慧医疗、智能恒温器、智能手机、智能卡，甚至是智能包裹箱。

数据很好，更多的数据会更好——我们都把这一信条视作理所当然，尤其是我们这些科学家。但这一理念是基于以下这一观点的，即更多的数据会带来对根本性机制和原则的更深刻理解，使得构建模型和理论的可信预测和进展能够有坚实的基础，并能够经受住持续的检验和改善。为数据而数据，或者说毫无意识地搜集大数据，而缺乏组织和理解它们的概念性框架，或许是真正糟糕的，甚至是危险的。仅仅依靠数据，或者说在数学上拟合数据，对于根本性机制不去追究和详细了解，将是具有欺骗性的，或许将导致错误的结论和意料之外的结果。

这一告诫与"相关性并不意味着因果关系"的经典警告紧密相连。仅仅是因为两组数据存在密切联系，并不意味着其中一组数据是另外一组数据的原因。有许多离奇的例子可以证明这一点。[4]例如，在1999—2010年的11年间，美国在科学、太空和技术领域总支出的变量与上吊、勒死和窒息自杀身亡案例的变量几乎相当。这两种现象之间不可能有任何因果关系——科学领域的开支下降肯定不是上吊自杀人数下降的原因。然而，在许多情况下，类似的明确结论并不如此明确。更为常见的是，

后 记

事实上，相关性通常是表明存在因果联系的，但只有在进一步调查以及建立机制性模型后，才能站得住脚。

这在医学领域尤其重要。例如，血液中的高密度脂蛋白（通常被认为是"好"的胆固醇）与心脏病的发病率存在着负相关关系，这意味着，服用药物提升高密度脂蛋白的数量应该能够降低遭遇心脏病突袭的可能性。然而，支持这一策略的证据并不令人信服：人工提升高密度脂蛋白水平似乎无法改善心血管健康状况。这或许是源于其他原因，例如，基因、饮食和运动都会影响高密度脂蛋白的水平以及患心脏病的概率，而它们之间则不存在直接的因果关系。甚至有可能是，这种因果关系被倒置，良好的心血管健康水平提升了高密度脂蛋白的密度。寻找出心脏病的主要原因明显需要一个覆盖范围更加广泛的研究项目，要搜集大量的数据，并为每一个因素开发机械论模型，无论是基因、生化、饮食还是环境。人们也已经把大量的资源投入在不同的医学专业中，以实施这一策略。

大数据应该主要在以下背景下观察：传统的科学方法需要痛苦的分析、模型和概念的开发，其预测将能够经受住检验，并用于发明新的疗法和策略。而现在，传统科学方法可以借助智能设备搜集大量相关数据的额外力量得到进一步增强。这一范式的核心是，持续不断的改善将会指导人们，什么样的数据是需要测量的重要数据，需要多少数据，它们需要有多高的准确度。我们为了获取数据而选择关注和测量的变量并不是随意的，在概念性框架不断改变的情况下，它们均得到了此前的成功与失败的指导。科学研究很像是钓鱼探险。

随着大数据的到来，这一经典的观念开始受到挑战。《连线》杂志2008年发表了一篇极富煽动性的文章，名为《理论的终结：数据将会让科学方法失去效能》，当时的编辑克里斯·安德森（Chris Anderson）写道：

大量数据以及处理这些数据的统计工具的可用性为我们提供了一个理解世界的全新方式。相关性取代了因果关系,即使缺少了连续模型、统一理论或者任何机制论解释,科学依然可以前进。面对数量庞大的数据,假设、建模、测试这一研究科学的方式已经过时。从语言学到社会学,人类行为的每一个理论也是如此。忘记分类学、本体论和心理学吧!谁知道人们为什么要做自己正在做的事情?关键在于他们做了这件事情,我们能够以前所未有的精确度对其进行跟踪和评估。有了足够多的数据,数字便会自己说话……现如今,在大数据时代成长起来的谷歌等公司并不满足于完美的模型。事实上,它们根本无须满足于模型,没有任何理由坚持原来的老方法。该是时候发问了:科学界可以从谷歌学习到什么?

我不会回答这个问题,但我想说的是,这一极端观点正在硅谷、信息技术行业以及企业界变得普遍流行起来。有关这一观点的不那么极端的版本也正在快速获得学术界的关注。在过去几年中,几乎每一所大学都开设了一个资金充足的中心或机构,全身心投向大数据研究。与此同时,也向另外一个热词——"跨学科"致敬。例如,牛津大学刚刚在一座全新、时髦、先进的大楼内开设了大数据研究所。该校表示:"这一跨学科的研究中心将把重点放在分析庞大、复杂、各种各样的数据集上,以分析疾病的成因和后果,如何预防和治疗等。"很明显,这是一个很相称的理由,尽管并没有强调理论或概念发展的重要性。

诺贝尔奖获得者、遗传学家悉尼·布伦纳(Sydney Brenner)则表达了一个完全相反的观点,我曾在第 3 章中引用过他的观点,他恰巧是我在前面所提到的马克斯·佩鲁茨所创办的剑桥大学那所著名研究所的主任。"生物学研究正处于危机之中。技术给了我们分析各种不同规模的生物体的工具,但我们湮没在数据组的汪洋大海中,我们渴望获得某种理论框架以进行理解。尽管许多人相信'多就是好',但历史告诉我们,'越少越好'。我们需要理论,需要有力地抓住我们研究事物的本质,以预测其他方面。"

在克里斯·安德森的文章发表不久后,微软在一本名为《第四范式:数据密集型科学发现》的书中发布了一系列引人入胜的论文。它们是微软计算机科学家吉姆·格雷(Jim Grey)的观点,不幸的是,他于 2007 年在海上失踪了。他预见到,数据革命将成为一项推动科学在 21 世纪发展进步的重大范式转移,他把它称作"第四范式"。他认为,其他三个范式分别为:实验科学(伽利略之前的时代)、理论科学(牛顿之后的时代)、计算科学。我的印象是,与克里斯·安德森不同的是,格雷把第四范式看成是前三个范式的结合,即理论、实验和模拟的统一化,但又增加了对数据搜集和分析的重视。从这个意义上来说,我很难不同意他的观点,因为这便是科学在过去数百年间进步的方式——其差别主要是数量上的,数据革命为我们提供了一个更大的可能性,来利用并推动我们长期以来所一直使用的战略。从这个意义上说,这更像是范式 3.1,而非范式 4.0。

但是,新鲜元素的出现,令许多人感受到了希望,就像安德森一样,这有可能会颠覆对于传统科学方法的需求。它让我们想起了机器学习、人工智能、大数据分析等技术和方法。这些技术有许多版本,但它们都基于这样一个观点,即我们可以设计这样的编程计算机算法,它以输入的数据为基础,不断进化和适应,从而解决问题,揭示洞见,并做出预测。它们都依赖于找寻和构建数据中的相关性的迭代过程,不会去关心为何会存在这种关系,而是会明确地认为,相关性取代了因果关系。这一方法吸引了许多人的兴趣,而且也给我们的生活带来了极大的影响。例如,它是谷歌等搜索引擎运转的核心技术,是设计投资策略和机构运营的核心技术,而且也为无人驾驶技术提供了基础。

它同时也带来了经典的哲学问题,即这些机器对问题的思考可以达到何种程度?我们这样说事实上意味着什么?它们是否已经比我们更聪明?超级智能机器人是否会最终取代人类?这些科幻小说似的幻想幽灵似乎正朝我们走来。的确,我们很容易会认同,雷·库兹韦尔等人为何会相信,下一个范式转移将会是人类与机器的结合,或者最终导致世界被智能机器人所统治。正如我此前所说,我对此类未来主义的思想存在相当的偏见,尽管他所提出的问题很吸引人,很具有挑战性,也需要得到解决。但人们的讨论需要更应该涉及另外一个可能的范式转移,它受到逐渐迫近的、与生命节奏不断加速相关的有限时间奇点的驱动,牵扯到全球可持续性的挑战以及将很快与我们的 40 亿~50 亿人口有关。

毫无疑问,大数据将会对人们生活的方方面面带来重大的影响,也将会给科学事业带来极大的裨益。它对于重大发现以及我们观察世界的新视角领域的成功将取决于它与更深层次的概念化思维以及传统的理论发展之间的一体化程度。安德森提出的设想,以及格雷提出的设想,便是计算机科学家和统计学家提出的万物理论。它带有某种相类似的傲慢和自恋,认为这就是理解一切事物的单一路径。它将在多大程度上揭示新的科学,这仍然是一个开放性问题。但如果和传统科学方法相结合,它肯定会更成功。

希格斯粒子的发现是大数据和传统科学方法论结合带来重要科学发现的绝佳例子。首先,我想提醒你的是,希格斯是物理学基础规律的关键，它遍布宇宙，让电子和夸克等所有基础物质粒子得以出现。它的存在是60多年前6位理论物理学家预测出来的。这一预测并非凭空而来，而是传统科学研究过程的最终结果，包括观察结论的解释以及更多实验的进一步推动，以检验预测的数学理论和概念，这是一个人们多年来开展的数千次科学实验进行分析的过程。

历经50多年，我们的技术才发展到足以对自然基本力的大一统理论的重要组成部分进行认真探寻的地步。在其中扮演核心角色的是大型粒子加速器的建设，质子在圆形管道中以接近光速相对地运行，并在高度受控的作用区对撞。这台被称作大型强子对撞机的机器就建在瑞士日内瓦的欧洲核子研究中心，花费了超过60亿美元。这一巨大的科学设备体积庞大，周长约17英里，观察和测量粒子对撞的两个主要探测器长150英尺，高75英尺，宽75英尺。

整个项目代表了人类前所未有的工程学成就，其产出是所有大数据之母，无法比拟。在每一个探测器内都有大约1.5亿个传感器，它们每秒钟监测大约6亿次对撞，每年会产生大约1.5亿拍字节[①]数据，或者每天150艾字节数据。我会让你感受下这样的规模意味着什么。包括所有插图在内，本书的Word文档不足20兆字节（20MB，这意味着2 000万个字节）。我的苹果Air笔记本电脑能够存储80亿字节（8GB）数据。视频网站网飞（Netflix）上存储的所有电影总量不超过4拍字节，即400万GB，或者说比这台笔记本电脑的容量大50万倍。每一天，全球所有计算机和其他信息技术设备所产生的数据量加在一起相当于大约2.5艾字节。1艾字节是10^{18}字节，或者说是10亿GB。

---

① 字节是信息的基础单位。——译者注

规　模

　　这太令人惊叹了，这一数据通常被当作是大数据革命的见证，但真正令人惊讶的是，它与大型强子对撞机所产生的数据量完全无法比拟。如果我们把每秒钟发生的6亿次对撞全部记录下来，就相当于每天150艾字节的数据量，这比全球所有计算机设备加在一起所产生的数据总量还要大60倍。很明显，这意味着，天真地让数据说明一切，通过设计机器学习算法来搜索最终导致希格斯机制出现的相关性显然是无效的策略。即使机器产生的数据减少为100万分之一，这一策略也不可能成功。那么，物理学家是如何实现大海捞针的呢？

　　关键在于，我们有着完善、清晰、经受过考验的概念框架和数学理论，引导我们找到方向。它告诉我们，对于搜索希格斯粒子来说，几乎所有对撞所产生的碎片信息其实是无用的、无关的。事实上，它告诉我们，在每秒钟发生的近6亿次碰撞中，只有大约100次碰撞是有用的，在整个数据流中只占大约0.00 001%。我们最终发现希格斯是通过设计一种复杂的算法，它是通过只聚焦于这一特别微小的数据子集而实现的。

　　这明白无误地告诉我们：科学和数据都不是民主的——科学是精英制的，并非所有数据都是平等的。根据你寻找或调查对象的不同，来自传统科学研究方法的理论都是必要的指南，无论是基础物理学中高度完善和量化的理论，还是社会科学中相对不完善、不那么量化的理论。它是一个强有力的约束，能够帮助我们缩小搜索范围，明确问题并理解答案。只要它是在更加宏大的概念框架的限制之下，越多的大数据被引入分析之中，就会产生越好的结果。这一概念框架可以被用于评判相关性的关联性以及它们与机械因果关系之间的关系。要想不被数据的海洋所湮没，我们就需要理解数据的理论框架，并牢牢把握住我们用于预测其他事物研究对象的性质。

最后一点：信息技术革命是我们最近的伟大范式转移，与之前的范式转移相似的是，它推动我们朝着"有限时间奇点"进发，我曾在第9章中思考过它的特性，一系列产生大量数据的卓越智能设备的发明使之成为可能。与此前的重大范式转移类似，可以预测的是，信息技术革命带来了生命节奏的加速，再加上全球各地随时的即时通信，它让世界各地之间的距离变得更近了。信息技术革命还带来了一种可能性，我们无须居住在城市环境中便可以从城市社会网络和集聚动力学中获益，而这正是超线性比例变化和开放式增长的源头。我们可以转而发展更小的社区，甚至是农村社区，但我们就如同生活在大都市区的心脏地区一样。这是否意味着，我们可以避免生命节奏的持续加速、有限时间奇点和崩溃的前景呢？那个让我们在过去200年间实现社会经济领域大幅扩张的系统，或许也将会把我们带向最终的陨灭，我们是否发现了逃避这一极具讽刺意味的窘况的方法，鱼与熊掌能否兼得？

这显然是一个开放的问题。的确有迹象表明，这一动力学正在开始发展，但到目前为止，其发展规模还非常小。事实上，能够在原则上去城市化并保持与事物的核心密切相连的大多数人都不会选择这样做。甚至连地处城郊的硅谷也开始侵入旧金山市中心地区，这导致了传统商业与过量的高科技生活方式之间的冲突。据我所知，没有任何一位高科技极客会在加利福尼亚州的山脉高处运营。大多数人似乎还是更喜欢传统的城市生活。城市人口并没有减少，反而正在复苏并且不断增长，这部分上是因为实时社会联系的吸引力所致。

此外，我们总是认为，没有什么事物能够与信息技术革命所带来的变革相媲美，如苹果手机、电子邮件、短信息、脸谱网、推特等。但想

规 模

一想铁路在19世纪带来的改变或者电话在20世纪初所带来的改变。在铁路出现之前,大多数人一生中不会走出离家20英里以外的范围。突然之间,布莱顿到伦敦变得相对容易了,芝加哥到纽约也变得相对容易了。在电话发明之前人们需要数天、数周乃至数月才能传递成功的信息现在变得可以实时沟通了。这些变化太令人惊讶了。相对而言,与信息技术革命相比,这些变化给我们的生活,尤其是对生命节奏的加速以及我们对于空间和时间的内在感应所带来的影响要大得多。但它们并没有带来去城市化的现象,或者导致了城市的萎缩。相反,它们导致城市呈指数级扩张,并使得郊区成为城市生活不可或缺的一部分。这样的范式是否还会继续有待我们进一步观察,尽管我认为,生命还将继续加速,城市化仍将是我们朝着奇点进发过程中的主导力量。城市如何演变将会在很大程度上决定地球的可持续性发展。

附言和致谢

由于本书的讨论范围和涵盖领域如此庞大又多样化,以至于撰写本书一个意料之外的挑战是:确定一个合适的题目,用几个简洁的词语或甚至是半段文字便可以说明主要的信息。在提出一些相对蹩脚的可能性,如"规模真的很重要""生命之树的比例变化""万物的度量"之后,我最终确定下来这个有些隐晦的题目"规模",因为它正是本书的统一主题。然而,"规模"(scale)对不同的人而言意味着不同的东西。对于一些人而言,它意味着地图和图表;对一些人而言,它意味着音乐;对一些人而言,它意味着对蔬菜或肉进行称重;而对一些人而言,它则是粗糙表面上的一些留存物。这些明显不是本书的主要内容,因此,我把这本书命名为"规模"只是希望寻找一个琅琅上口的副书名,推迟了书名的意义变得更加明确的挑战。

偶然间,我发现了更为宏观的规模景象,如"宇宙的规模"。于是,我提出了一个有些宏大的副书名"在生命的复杂性中寻找简单性和统一性,从细胞到城市、公司和生态系统,从毫秒到千年"。这些至少抓住了本书的一些精髓,尤其是宏观的广阔视角与我要解决的现实世界问题之间重要的相互作用。尽管这个建议标题有些冗长和拗口,它依然没有捕捉到本书的许多核心观点,而这些观点则是企鹅出版社的编辑斯科特·莫耶斯(Scott Moyers)认为需要着重强调的。到目前为止,最有创意的建议来自我的儿子乔舒亚,他是南加州大学的地球科学教授。他提出了缩略的题目建议:"规模:规模控制生命的一切存在"。这个副书名琅琅上口、夸张、显得聪明,我希望自己能够大胆地使用这个题目。但我敢肯定,如果我这么做,肯定会被斯科特等人否决,而且他们的确这样做了。

我主要是从理论物理学家的视角来对待本书中提出的所有问题,理论物理学家的语言是数学。由此一来,一根贯穿本书始终的主线便是,强调基于基本原理发展出一个更加量化、可计算、可预测的理解框架,作为对传统、更加定性、偏向叙事的观点的补充,后者在社会学、生物学、医学和商业文学中占据统治性地位。尽管如此,这本书中并没有一个简单的等式。我非常认真地对待原子核的发现者、"核时代之父"欧内斯特·卢瑟福爵士(Lord Ernest Rutherford)的告诫:"一个你无法向酒吧男侍者解释的理论或许不是好理论。"我并不确信他是对的,但我的确很关注他的话语中的精神。因此,我希望自己能够成功地让本书的论点和解释保持在适当的非技术层面,让非本专业读者读起来不那么困难。这样一来,我不得不采取一定程度上的"诗的破格",提取出复杂技术或数学观点的精华和实质,将之转变为简单的口语化解释,希望我的科学界同僚能够迁就、容忍我的过于简单化、虚假陈述或者由此带来的严谨性的缺乏。

本书所呈现的问题、难题和解释都是通过我的个人视角加以解决的。因此,本书既不是百科全书,也不是覆盖这些问题和题目的海量文献的全面评论。一个主要的目的是要表明,当通过规模视角进行观察时,在我们生活的世界的极端复杂性、多样性和显而易见的混乱性之下,潜藏着令人吃惊的统一性和简单性。本书所思考的几乎一切都已经由深邃的思想家撰写了大部头,无须赘言,我是站在许多人已经理解并分析的基础之上。我曾尝试在合适的地方标明出处，但我无法提及为本书的观点和概念的发展做出贡献的所有人，我希望我没有因此冒犯太多人。

本书中的许多观点和几乎所有例证都是基于我在过去 20 年间与一大批天才同事共同进行的大量工作。并非所有的宏大主题或具体问题都得到了平等的重视。我必须要做出选择，其中一些要么被忽略，要么只是短暂关注。最终选择的话题和主题以及对它们进行探讨的深度部分上是由它们的概念意义决定的，这部分上是因为它们被判断为大众关心的重要议题，部分上也是源自我的怪癖视角。本书通篇我都在强调宏观的概念框架，并解释基础的观点，而不是沉溺于细节，尽管我试图不逃避地深入下去，并在我认为必要的时候呈现细节。因此，就像科学事业本身，有许多地方没有交代清楚，也还有许多未得到解答的问题。然而，对于我已经为他们打开的领域，怀有好奇心的读者去探索时应该不会感到困难，参考本书最后所列出的资料将会引发他们特别的兴趣。

在进行科学阐释的间歇，我偶尔点缀了一些在不同重要概念的发展过程中扮演了关键角色的参与者的逸事，这些关键概念在本书中发挥了重要的作用。我重点聚焦于一些具有大智慧的杰出人士，他们改变了我们看待世界的方式，但并未获得应有的承认，甚至在一些情况下，他们在科学界内部也未获得认可。其中一些名字或许是你从来没有听说过的，如阿道夫·凯特勒、托马斯·杨、威廉·弗劳德。我还加入了一些个人逸事，来说明我是如何开始考虑这些问题的，以及我是如何从沉迷于基础粒子、弦、暗物质以及宇宙的进化中跳脱出来，去尝试理解细胞和鲸、生命和死亡、城市和全球可持续性，以及公司为何会灭亡。

这一转折中的关键节点是我与著名生态学家、杰出科学家吉姆·布朗的会面。在第 3 章中，我曾经讲述过此次偶遇与我此后与圣塔菲研究所的长期关联是如何发生的，以及它是如何促使改变我一生的合作关系的出现。我也介绍了吉姆的学生、杰出的生态学家布赖恩·恩奎斯特所扮演的重要角色。布赖恩是最早加入我们的"规模小组"的少数优秀年轻人之一，并开始就本书章节中所阐释的问题进行研究。其他人还包括生态学家杰米·吉罗利（Jamie Gillooly）、德鲁·艾伦（Drew Allen）、左文云（Wenyun Zuo）；物理学家范·萨维奇（Van Savage）、侯辰（Chen Hou）[①]、亚历克斯·埃尔曼（Alex Herman）、克里斯·肯佩斯（Chris Kempes）；计算机科学家梅拉妮·摩西（Melanie Moses）。此项合作另外一位重要的成员是著名生物化学家伍迪·伍德拉夫（Woody Woodruff），他退休之后回到了田纳西州的家乡。

在第7章中，我着重讲述了"城市小组"作为"规模小组"的自然产物是如何演变的。它实际上最初是一个更加庞大的社会学项目——作为复杂系统的信息社会的一部分，该项目得到了欧盟的慷慨资助。意大利统计学家、经济学家戴维·拉内（Daivd Lane），荷兰人类学家桑德尔·范德莱乌（Sander van der Leeuw）以及法国城市地理学家丹尼丝·皮曼（Denise Pumain）也参与到合作中来，他们都是各自领域的领军人物。如果没有他们最初的刺激、热情和支持，我怀疑这些可能都不会发生。第7章和第8章中所阐释的城市项目的大多数分析工作均由年轻研究员完成，他们是物理学家路易斯·贝当古、连惠珍和迪尔克·黑尔宾（Dirk Heilbing），城市经济学家何塞·洛沃（José Lobo）和戴比·斯特鲁姆斯基（Debbie Strumsky），人类学家马库斯·汉密尔顿（Marcus Hamilton），数学家马德琳·戴普（Madeleine Daepp），工程师马库斯·施

---

① 以上中文名均为音译。——编者注

莱费尔（Markus Schlapfer）。其他曾间断参与并做出重要贡献、影响了我的观点的合作者包括生态学家里克·恰尔诺夫（Ric Charnov），系统生物学家阿维夫·贝里曼（Aviv Bergman），物理学家亨里克·詹森（Henrik Jensen）、米歇尔·格文（Michelle Girvan）、克里斯蒂安·库纳特（Christian Kuhnert），投资分析师爱德华多·维埃加斯（Eduardo Viegas），以及我曾经在第 8 章中提到的建筑师卡洛·拉蒂。

我真的很幸运，能够和上述每一位共事，我非常感谢他们对我的帮助。我专门明确指出他们各自的专业背景，是为了凸显这一合作的跨学科特性，这对于解决本书中提到的话题和问题是十分必要的。他们个人和整体对于概念理解、解决重大问题的责任感和热情充满了我们每一次会议和互动中。他们对于问题的探索和洞见，他们的技术和概念贡献以及他们参与密集小组讨论的热情是我们最终获得成功的重要因素。我敢肯定，其中一些人可能会担心我对我们工作成果的呈现，对此，我提前为可能产生的窘境道歉。我对本书中的所有错误和不正确阐释承担全部责任。

我很高兴的是，所有年轻的研究员都在很好的大学开始了成功的职业生涯，他们在各自的科学领域打响了名声。在与我个人的互动中，有两位尤其重要，他们是范·萨维奇和路易斯·贝当古。这可能是因为，两人都接受过理论物理学的教育，我们讲的语言完全一致。路易斯现在是我在圣塔菲研究所的同事，他在第 7 章我提到的有关城市的研究中扮演了核心角色。萨维奇之前曾经是圣塔菲研究所一名博士后研究员，最终他离开圣塔菲研究所前往哈佛大学，后来又到了加州大学洛杉矶分校，在那里成为一位知名理论生态学家。在我们共同研究的许多问题之中，我想要提及两个问题，它们并未在本书中进行应有的详细讨论，但非常吸引人、具有挑战性，而且十分重要。其中一个是睡眠的量化理论，该理论解释了为何鲸只睡几个小时，老鼠要睡 15 个小时，我们人类要睡 8 个小时。与萨维奇的年轻聪慧学生曹军玉（Junyu Cao）一道，我们将这一理论延伸至了解婴儿和少儿的睡眠模式，并为研究大脑早期形成提供了重要的洞见。另外一项则是与亚历克斯·埃尔曼一道研究出了首个量化理论，用于理解肿瘤的生长、代谢率和血管结构，我们希望能够为最终攻克癌症提供新的治疗策略。

我未能关注到这样一个事实，即本书第 3 章和第 4 章中所谈到的一些生物学研究工作并非没有遇到批评的声音，这些研究工作带来了重要的影响，从许多专业书籍无数次引用以及从《金融时报》到《纽约时报》等大众媒体广泛关注中便可见一斑。全球各地的知名媒体就此撰写了许多专题文章，其中也包括从国家地理频道到英国广播公司等电视频道。《自然》杂志夸张地将其称作是"万物生物理论"，"对生物学的重要性就如同牛顿对物理学的贡献"，这些都是些奉承话，显然高估了这一理论。《自然》杂志的另外一篇文章说："该理论对许多事情进行了解释。它的雄心和规模令人吃惊。任何如此无所不知的新理论都会引来很大的质疑和抱怨，同样也会吸引很多的羡慕眼光。至今尚未出现其他可比拟的理论，尽管其不可避免地存在限制。"

在撰写本书的过程中，我做出了一个战略决定，不直接应对质疑性的抱怨，并将精力集中在增进读者的理解上。这样做的一个主要原因是，从我们略带偏见的视角来看，所有的批评声音都不令人信服。一些批评声音根本不正确，其他许多批评声音只是聚焦于特定系统的简单技术性问题，这些问题通常至少会有其他的解释。此外，几乎所有担忧都集中在哺乳动物的代谢率上，未能意识到整个框架的广度，以及它基于生物学、物理学和几何学的基础原则,为大量不同的实验比例关系提供了简约化的解释。无须赘言,许多科学文献都对这些批评声音进行了回应,通过本书末尾注释中提到的参考书目便可了解到。

许多其他同事和朋友也为我完成本书提供了精神和学术上的热情支持和鼓励,尤其是当我个人的热情不断消退之时。圣塔菲研究所提供了完成本书此前章节中提到的大多数观点所需的恰当环境和人力组合。本书曾多次提到过有关圣塔菲研究所的逸事,我在后记中也拿出篇幅来肯定它们的优点以及我为何相信,圣塔菲研究所的使命代表了21世纪科学的重要预兆。我尤其感激的是十分活跃的埃伦·戈德堡(Ellen Goldberg),他曾经担任圣塔菲研究所所长一职,他劝说我加入圣塔菲研究所。正是这一举动重启了我的智力时钟,并赋予了我更好的生活。能够遇到处在不同职业生涯的众多杰出个人——从学生到诺贝尔奖获得者——就像是把一个孩子带到了糖果铺。

在此背景下,我还希望对延伸的圣塔菲研究所社区表示感谢,感谢他们扩大了我的科学视野,并帮助我开始了解到研究复杂适应系统的一些细微之处和挑战。我特别想要提到的是巴勃罗·马凯(Pablo Marquet)、约翰·米勒(John Miller),默里·热尔曼(Murray Gell-Mann),胡安·佩雷斯-梅卡德尔(Juan Perez-Mercader),戴维·克拉考尔(David Krakauer),科马克·麦卡锡(Cormac McCarthy)以及比尔·米勒(Bill Miller)和迈克尔·莫布森(Michael Mauboussin),他们分别是圣塔菲研究所历任和现任理事会主席。多年来,他们无一例外地坚定给予我热情的支持和鼓励,我非常感激他们所有人。我尤其感谢科马克痛苦地阅读并编辑极为详细的原稿,给出大量反馈,极大地改善了最终的成书。尽管我接受了他大多数语法和句法结构的建议,但我一直与他辩论他对于分号和感叹号的厌恶,以及他对于牛津逗号的坚持。

除了我的亲密伙伴之外,我还欠一些非科学界人士一句感谢,他们都感到,我有一些非常有趣的事情可以讲述,并热情地鼓励我为普罗大众写一本书。是他们的反馈让我改变了想法,并撰写一本非技术类的通俗读物,读者对象并非我的那些科学界同事。他们是历史学家尼尔·弗格森(Niall Ferguson),艺术策展人和评论家汉斯·乌尔里希·奥布瑞斯特(Hans Ulrich Obrist),作家、演员萨姆·谢泼德(Sam Shepard),亚马逊公司创始人杰夫·贝佐斯(Jeff Bezos),赛富时公司创始人马克·贝尼奥夫(Marc Benioff)。当马克给我送来一幅巨大的源质(传统的卡巴拉教派形象,代表生命的精神统一)画作并让我每天对着它冥想时,我真的很感动。我不能说我在宗教上遵循了他的建议,但它的确赋予我灵感,让我在遭遇困难时能够与大背景时刻相连。由此而论,我还需要对理查德·乌曼(Richard Wurman)表达特殊的感谢,他是TED(技术、娱乐、设计)的最初创始人,一直对我的工作赞赏有加。

尽管理论研究只需要一支铅笔和一张纸,但缺少了大量资金的支持也将是无法完成的。我很幸运地得到了来自多个来源的资金支持,不仅包括公共机构,也包括私人机构,构成本书基础的研究也得以完成。我非常感谢洛斯阿拉莫斯国家实验室和能源部支持我在生物学领域的探索和冒险,尽管我依然在该实验室领衔一个高能物理项目。在关键的初期阶段,美国国家科学基金会物理分会奖励了我一笔奖金,用于生物学中的规模理论的研究。我很感谢物理分会当时的负责人鲍勃·艾森斯坦(Bob Eisenstein)以及项目经理罗尔夫·辛克莱(Rolf Sinclair)敢于支持这一研究,要知道,这在当时并不流行。多年来,国家科学基金会一直支持生物学领域的研究工作,并延伸至我们在城市科学上的初期工作。这在很大程度上得益于不可替代的克拉斯坦·布拉格耶夫（Krastan Blagoev）的远见，他后来创建并运营了一个名为"活系统物理学"的项目，其目标是要解决传统学科之间发生交叉时出现的重要问题。

非政府机构也提供了许多支持，包括休利特基金会、洛克菲勒基金会、布赖恩和琼·兹瓦恩基金会，以及尤金和克莱尔·陶慈善基金。尤金·陶（Gene Thaw）十分慷慨地为研究工作和本书的写作提供了支持。从苏珊·埃尔特（Susan Herter）到谢里·汤普森（Sherry Thompson），再到凯蒂·弗拉纳根（Katie Flanagan），该基金会前后几任总裁推动建立了十分特殊的关系。尤金是一个特别的人，一个有着旧派风范的绅士，打着领结，穿着粗花呢夹克衫，他很有文化素养，发自内心地关心这个世界。他是一位著名收藏家、评论家和经纪人，多年来一直热心支持艺术。他明年就将90岁了，纽约摩根图书馆博物馆将会展出他收藏的画作，包括皮拉内西、伦布兰特、塞尚和毕加索的画作，而大都会艺术博物馆也将展出他无与伦比的印第安人艺术和手工艺品收藏品。尤金对于戏剧和艺术的热情与他对于环境和全球可持续性挑战的热情相当，正因为如此，他才自愿为我们的研究工作提供支持。他是我所知的最接近于传统资助人形象的人。当我着手撰写本书时，他对于我的研究进程的支持使得我能够自由地跟随想象力和好奇心去探索。我非常感谢尤金的慷慨和耐心。

除了陶基金会现在正在提供的支持以外，如果没有我的代理人、铁面无私的约翰·布罗克曼的督促和劝诫，本书不可能完成。我至今无法确定他如此决心让我撰写本书的原因。这是一场长期而又艰巨的工作，约翰以及他的儿子马克斯一直和我在一起，我非常感谢他们的支持。约翰曾温柔地威逼我写下了本书的最初提纲，并最终在意大利贝拉吉奥的洛克菲勒基金会中心内完成。这是非常合适的背景，我非常感谢洛克菲勒基金会招待我的妻子杰奎琳和我在此地驻留一个月时间，这段时间内我非常高产。尽管洛克菲勒基金会并没有为整个基础研究提供全面支持，但依然十分慷慨地为我对城市的研究提供了主要资金支持。洛克菲勒基金会主席朱迪斯·罗丁（Judith Rodin）很支持我，但我也必须感谢我们的项目专员本杰明·德拉佩纳（Benjamin de la Pena）极力为我争取。

如果不是我的完美编辑、企鹅出版社的斯科特·莫耶斯，本书就不会完工，也肯定不会像现在这样连贯。他一直在坚持不懈地为我工作，他一直都很鼓舞人心、思想深邃、彬彬有礼、极度耐心，而且善解人意。当他看到这本书从最初计划的中等篇幅变成了现在的庞然大物，他一定吓坏了，这本书花费了两倍于计划的时间才宣告完成。他对书稿精心细致的编辑、他的探索性问题以及他的明智建议都是无价的。斯科特，我怎么感谢你都不为过。除了斯科特之外，企鹅出版社的整个团队也是无与伦比的：克里斯托弗·理查兹（Christopher Richards）和基娅拉·巴罗（Kiara Barrow）在《纽约客》杂志的西娅·特雷夫（Thea Traff）的帮助下，将我所有混乱不清的图表编辑整理得清楚、有条理。

最后，我要满心喜悦地感谢我的家庭，感谢他们在这一长期过程中所给予我的巨大支持和付出的耐心。我们的孩子乔舒亚和德沃拉一直在身旁为我鼓劲，每当我犯错时，总是激励我，并为我偶然取得的成就而极力欢呼。我肯定，在这本书完成后，他们肯定也会松一口气。我最深深的感谢要献给我的妻子杰奎琳，她一直都是我的道德、精神和智力同伴，这不仅仅是在本书的写作过程中，而且也贯穿我们一起度过的近55年岁月，这是一段多么美妙的旅程啊！她的诚实、聪慧和深厚的爱是我们共同生活的坚实基础，为我探索和理解生命的意义增加了厚度。

注 释

01 大背景

[1] 众所周知，这很难估计，数量在 500 万 ~1 万亿之间。最新的预测数字是 870 万。请见 Camilo Mora, et al., "How Many Species Are There on Earth and in the Ocean?" *PLOS Biology* 9(8)(Aug. 23, 2011): e1001127。

[2] 尽管每个人都熟悉单位瓦特（W），但对于它的含义仍然感到很困惑。不幸的是，它通常被认为是一种能量单位，但实际上，它是每单位时间内使用能量或产生能量的速度单位。能量的单位是焦耳（J），1 瓦特就是 1 焦耳 / 秒。由于 1 小时有 3 600 秒，一只 100 瓦特的灯泡每小时耗能 36 万焦耳。电费单通常是以千瓦时为单位计算上月消耗电能的。因此，一只 100 瓦特的灯泡点亮 1 个小时使用 0.1 千瓦时的能量。

[3] 代谢率的比例变化是由马克斯·克莱伯首先提出的，请见 M. Kleiber "Body Size and Metabolism," *Hilgardia* (1932); 6: 315–51。图中的数据源自 F. G. Benedict *Vital Energetics: A Study in Comparative Basal Metabolism.* Washington, DC: Carnegie Institute of Washington, 1938。

[4] H. J. Levine, "Rest Heart Rate and Life Expectancy," *Journal of the American College of Cardiology* 30(4)(1997): 1104–6.

[5] L. M. A. Bettencourt, J. Lobo and D. Strumsky, "Invention in the City: Increasing Returns to Patenting as a Scaling Function of Metropolitan Size," *Research Policy* 36(2007): 107–120.

[6] L. M. A. 贝当古（L. M. A. Bettencourt）和 G. B. 韦斯特（G. B. West）基于瑞士苏黎世联邦理工学院教授 F. 施魏策尔（F. Schweizer）提供的数据而得出。每个点都代表一系列规模相似的公司的平均值。囊括近 3 万家美国上市公司的更加详细的图请见第 9 章图 9–1~图 9–4。

[7] 正如我将在第 3 章中阐述的那样，人类遵守这一近似的一般性规律是最近的事情。在发达国家，人们的寿命在过去 150 年间增长了近两倍。现在，我们一生中的心跳次数达到了近 30 亿次。

[8] 有关城市和城市化详细数据的来源请见联合国的报告，如《世界城市化前景》（*World Urbanization Prospects*), https://esa.un.org/unpd/wup/Publications/Files/WUP2014–Highlights.pdf。

[9] 对几种诺贝尔奖而言也是如此。

[10] 一个采访中引用了史蒂芬·霍金的话，"Unified Theory Is Getting Closer, Hawking Predicts," San Jose *Mercury News*, Jan. 23, 2000; www.mercurycenter.com/resources/search。

[11] 有一些颇受欢迎的书籍专门阐述有关复杂性的新科学。其中包括：M. Mitchell, *Complexity: A Guided Tour* (New York: Oxford University Press, 2008); M. M. Waldrop, *Complexity: The Emerging Science at the Edge of Order and Chaos* (New York: Simon & Schuster, 1993); J. Gleick, *Chaos: Making a New Science* (New York: Viking Penguin, 1987); S. A. Kauffman, *At Home in the Universe: The Search for the Laws of Self-Organization and Complexity* (Oxford, UK: Oxford University Press, 1995); J. H. Miller, *A Crude Look at the Whole: The Science of Complex Systems in Business, Life, and Society* (New York: Basic Books, 2016)。

[12] 那些熟悉幂律数学的人知道，3/4次幂规模法则意味着，严格地说，当体积增长一倍时，代谢率的增长倍数为 $2^{3/4}$，即 1.68，增长了 68%，因此略低于所引用的 75% 的增长幅度。为便于阐述，我将在本书中举出类似的数学例子时忽略这一差别。

[13] 有几本很好的书籍总结了生物学中不同的异速生长率。其中包括：W. A. Calder, *Size, Function and Life History* (Cambridge, MA: Harvard University Press, 1984); E. L. Charnov, *Life History Invariants* (Oxford, UK: Oxford University Press, 1993); T. A. McMahon and J. T. Bonner, *On Size and Life* (New York: Scientific American Library, 1983); R. H. Peters, *The Ecological Implications of Body Size* (Cambridge, UK: Cambridge University Press, 1986); K. Schmidt-Nielsen, *Why Is Animal Size So Important?* (Cambridge, UK: Cambridge University Press, 1984)。

[14] 这些观点最初来自 G. B. West, J. H. Brown, and B. J. Enquist, "A General Model for the Origin of Allometric Scaling Laws in Biology," *Science* 276 (1997): 122–26。总结一般性理论及其应用的非数学评论请见 G. B. West and J. H. Brown, "The Origin of Allometric Scaling Laws in Biology from Genomes to Ecosystems: Towards a Quantitative Unifying Theory of Biological Structure and Organization," *Journal of Experimental Biology* 208 (2005): 1575–92; and G. B. West and J. H. Brown, "Life's Universal Scaling Laws," *Physics Today* 57 (2004): 36–42。旨在对这一框架进行具体阐释的不同技术论文将在后文的适当位置进行引用。

[15] 详细阐述这些结果的重要论文是 L. M. A. Bettencourt, et al., "Growth, Innovation, Scaling, and the Pace of Life in Cities," *Proceedings of the National Academy of Science USA* 104 (2007): 7301–6。阐述具体主题的论文将在后文的适当位置进行引用。简短的概述详见 L. M. A. Bettencourt and G. B. West, "A Unified Theory of Urban Living," *Nature* 467 (2010): 912–13, and "Bigger Cities Do More with Less," *Scientific American* (September

2011）: 52–53。

[16] M. I. G. Daepp, et al., "The Mortality of Companies," *Journal of the Royal Society Interface* 12（2015）:20150120.

02　万物的尺度：规模法则

[1] 该书书名通常被缩写为《关于两种新科学的对话》(*Dialogues Concerning Two New Science*)。经典的英文版是 1914 年亨利·克鲁（Henry Crew）和阿方索·德萨尔维奥（Alfonso de Salvio）的译本，最初是由麦克米伦出版社于 1914 年出版的，1954 年由纽约多佛出版社重新出版发行。

[2] 引自爱因斯坦的完整表述值得重申，因为它强调了关于科学的一句重要格言："纯粹用逻辑方法所得到的命题，在现实中是完全空洞的。伽利略看到了这一点，尤其是他向科学界孜孜不倦地传播这一点，使他成为现代物理学之父——事实上也成为整个现代科学之父。"引自爱因斯坦的"On the Method of Theoretical Physics," in *Essays in Science*（New York: Dover, 2009）, 12–21。

[3] J. Shuster and J. Siegel, *Superman*, Action Comics 1（1938）.

[4] 对那些擅长数学的人来说，这是因为 $(10^1)^{3/2}$=31.6, $(10^2)^{3/2}$=1 000。

[5] M. H. Lietzke, "Relation Between Weightlifting Totals and Body Weight," *Science* 124（1956）: 486.

[6] L. J. West, C. M. Pierce, and W. D. Thomas, "Lysergic Acid Diethylamide: Its Effects on a Male Asiatic Elephant," *Science* 138（1962）: 1100–1102.

[7] 儿童泰诺剂量指导可以在如下网址找到：www.tylenol.com/children-infants/safety/dosage-charts（accessed September 25, 2016）。对婴儿而言，请见 www.babycenter.com/0_acetaminophen-dosage-chart_11886.bc（accessed September 25, 2016）。

[8] 例如, Alex Pentland, *Social Physics: How Good Ideas Spread—The Lessons from a New Science*（New York: Penguin Press, 2014）。

[9] 网络上有许多现成的 BMI 计算器，你可以很容易获知自己的 BMI，例如，美国国立卫生研究院的这一计算器：www.nhlbi.nih.gov/health/educational/lose_wt/BMI/bmicalc.htm。

[10] 例如，T. Samaras, *Human Body Size and the Laws of Scaling*（New York: Nova Science Publishers, 2007）。

[11] G. B. West, "The Importance of Quantitative Systemic Thinking in Medicine," *Lancet* 379, no. 9825（2012）: 1551–59.

[12] 一篇引人入胜的关于 19 世纪汽船发展的概述，包括伊桑巴德的重要角色，详见 Stephen Fox, *The Ocean Railway*（New York: Harper-Collins, 2004）。

[13] Barry Pickthall, *A History of Sailing in 100 Objects*（London: Bloomsburg Press, 2016）.

[14] 有关"瓦萨号"从诞生到灾难性的启航，再到奇迹般的复活的故事在邻近其沉没地斯德哥尔摩市中心一家专门建造的博物馆中进行了很好的展示。它被打扫干净并恢复如初，保存得很好。这是一家很好的博物馆，也是到斯德哥尔摩的游客必去的地方之一，已经成为瑞典最有名的旅游景点。

[15] 费曼在一套精美的丛书［R. Feynman, R. B. Leighton, and M. Sands, *The Feynman Lectures on Physics*（Boston: Addison-Wesley, 1964）］中对纳维－斯托克斯方程进行了深入的技术探讨。

[16] Lord Rayleigh, "The Principle of Similitude," *Nature* 95（1915）: 66–68.

03　生命的简单性、一致性和复杂性

[1] John Horgan, *The End of Science: Facing the Limits of Science in the Twilight of the Scientific Age*（New York: Broadway Books, 1996）.

[2] Erwin Schröinger, *What Is Life?*（Cambridge, UK: Cambridge University Press, 1944）.

[3] 引自史蒂夫·乔布斯 2005 年 6 月 12 日在斯坦福大学的毕业典礼上的演讲。

[4] 更多的是指删节版：D'A. W. Thompson, *On Growth and Form*（Cambridge, UK: Cambridge University Press, 1961）。

[5] M. Kleiber, "Body Size and Metabolism," *Hilgardia* 6（1932）: 315–51.

[6] 除了此前曾引用过的参考外，还请见 G. B. West, J. H. Brown, and W. H. Woodruff, "Allometric Scaling of Metabolism from Molecules and Mitochondria to Cells and Mammal," *Proceedings of the National Academy of Science* 99（2002）: 2473; V. M. Savage, et al., "The Predominance of Quarter Power Scaling in Biology," *Functional Ecology* 18（2004）: 257–82。

[7] 朱利安·赫胥黎的经典作品，最早出版于 1932 年，最近再版: Julian Huxley, *Problems of Relative Growth*（New York Dover, 1972）。J. B. S. 霍尔丹在 1926 年 3 月的《哈泼斯杂志》（*Harpar's Magazine*）上发表过一篇题为《论正确的规模》的论文，详见 http://irl.cs.ucla.edu/papers/right-size.html。

[8] 请见上条参考文献。

[9] J. H. Brown, *Macroecology*（Chicago: University of Chicago Press, 1995）.

[10] S. Brenner, "Life's Code Script," *Nature* 482（2012）: 461.

[11] 最近的两篇论文敦促要通过理论途径更好地整合生物学和生态学，详见 P. A. Marquet, et al., "On Theory in Ecology," *Bioscience* 64（2014）: 701; D. C. Krakauer, et al., "The Challenges and Scope of Theoretical Biology," *Journal of Theoretical Biology* 276（2011）: 269–76。

［12］第一篇详细阐述这一方法的论文是：G. B. West, J. H. Brown, and B. J. Enquist, "A General Model for the Origin of Allometric Scaling Laws in Biology," *Science* 276（1997）: 122。相对非技术性的概述请见：G. B. West and J. H. Brown, "The Origin of Allometric Scaling Laws in Biology from Genomes to Ecosystems: Towards a Quantitative Unifying Theory of Biological Structure and Organization," *Journal of Experimental Biology* 208（2005）: 1575–92; G. B. West and J. H. Brown, "Life's Universal Scaling Laws," *Physics Today* 57（2004）: 36–42; J. H. Brown, et al., "Toward a Metabolic Theory of Ecology," *Ecology* 85（2004）: 1771–89。

［13］生理学家将主动脉解构为几个子部分（升主动脉、主动脉弓、胸主动脉等）。

［14］G. B. West, J. H. Brown, and B. J. Enquist, "A General Model for the Structure and Allometry of Plant Vascular Systems," *Nature* 400（1999）: 664–67.

［15］有关循环系统的生理学的传统技术性概述请见：C. G. Caro, et al., *The Mechanics of Circulation*（Oxford, UK: Oxford University Press, 1978）; Y. C. Fung, *Biodynamics: Circulation*（New York: Springer-Verlag, 1984）。

［16］然而，存在一些微妙之处，树木的一些部分是朽木，不参与经过其枝杈流体流动的流体流动学过程，即便其在树木的生物力学中起着重要作用。这一理论表明，这并不能改变活跃网络的体积随树木总质量按线性比例变化的结果。

［17］B. B. Mandelbrot, *The Fractal Geometry of Nature*（San Francisco: W. H. Freeman, 1982）.

［18］对理查森的尝试的绝佳总结，包括恰当的引用，请见：Anatol Rapaport, *Lewis F. Richardson's Mathematical Theory of War*, University of Michigan Library。可在如下网址下载：https://deepblue.lib.umich.edu/bitstream/handle/2027.42/67679/10.1177_002200275700100301.pdf?sequence=2。

［19］L. F. Richardson, *Statistics of Deadly Quarrels*, ed. Q. Wright and C. C. Lienau（Pittsburgh: Boxwood Press, 1960）.

［20］A. Clauset, M. Young, and K. S. Cleditsch, "On the Frequency of Severe Terrorist Events," *Journal of Conflict Resolution* 51（1）（2007）: 58–87.

［21］L. F. Richardson, in *General Systems Yearbook* 6（1961）: 139.

［22］Benoit Mandelbrot, "How Long Is the Coast of Britain? Statistical Self-Similarity and Fractional Dimension," *Science* 156（1967）: 636–38.

［23］Rosario N. Mantegna and H. Eugene Stanley, *An Introduction to Econophysics: Correlations and Complexity in Finance*（Cambridge, UK: Cambridge University Press, 1999）.

［24］J. B. Bassingthwaighte, L. S. Liebovitch, and B. J. West, *Fractal Physiology*（New York:

Oxford University Press, 1994）.

［25］Mandelbrot, *The Fractal Geometry of Nature*.

［26］例如, Manfred Schroeder, *Fractals, Chaos, Power Laws: Minutes from an Infinite Paradise*（New York: W.H. Freeman, 1991）。

04　生命的第四维：生长、衰老和死亡

［1］G. B. West, J. H. Brown, and B. J. Enquist, "The Fourth Dimension of Life: Fractal Geometry and Allometric Scaling of Organisms," *Science* 284（1999）: 1677–79.

［2］M.A.F. Gomes, "Fractal Geometry in Crumpled Paper Balls," *American Journal of Physics* 55（1987）: 649–50.

［3］G. B. West, W. H. Woodruff, and J. H. Brown, "Allometric Scaling of Metabolic Rate from Molecules and Mitochondria to Cells and Mammals," *Proceedings of the National Academy of Science* 99（2002）: 2473–78.

［4］G. B. West, J. H. Brown, and B. J. Enquist, "A General Model for Ontogenetic Growth," *Nature* 413（2001）: 628–31.

［5］G. B. West, J. H. Brown, and B. J. Enquist, "A General Quantitative Theory of Forest Structure and Dynamics," *Proceedings of the National Academy of Science* 106（2009）: 7040; B. J. Enquist, G. B. West, and J. H. Brown, "Extensions and Evaluations of a General Quantitative Theory of Forest Structure and Dynamics," *Proceedings of the National Academy of Science* 106（2009）: 7040.

［6］C. Hou, et al., "Energetic Basis of Colonial Living in Social Insects," *Proceedings of the National Academy of Science* 107（8）（2010）: 3634–38.

［7］A. B. Herman, V. M. Savage, and G. B. West, "A Quantitative Theory of Solid Tumor Growth, Metabolic Rate and Vascularization," *PLoS ONE* 6（2011）: e22973.

［8］Van M. Savage, Alexander B. Herman, Geoffrey B. West, and Kevin Leu, "Using Fractal Geometry and Universal Growth Curves as Diagnostics for Comparing Tumor Vasculature and Metabolic Rate with Healthy Tissue and for Predicting Responses to Drug Therapies, Discrete Continuous," *Dynamical Systems Series B* 18（4）（2013）.

［9］G. B. West, J. H. Brown, and B. J. Enquist, "A General Model for the Structure and Allometry of Plant Vascular Systems," *Nature* 400（1999）: 664–67; B. J. Enquist, et al., "Allometric Scaling of Production and Life-History Variation in Vascular Plants," *Nature* 401（1999）: 907–11.

［10］Max Jammer, *Einstein and Religion*（Princeton, NJ: Princeton University Press, 1999）.

[11] J. F. Gillooly, et al., "Effects of Size and Temperature on Metabolic Rate," *Science* 293 (2001): 2248–51; J. F. Gillooly, et al., "Effects of Size and Temperature on Developmental Time," *Nature* 417 (2002): 70–73.

[12] 选自英格玛·伯格曼1968年的电影《狼之时刻》的开场。

[13] Claudia Dreifus, "A Conversation with Nir Barzilai: It's Not the Yogurt; Looking for Longevity Genes," *New York Times*, February 24, 2004.

[14] T. B. Kirkwood, "A Systematic Look at an Old Problem," *Nature* 451 (2008): 644–47; Geoffrey B. West and Aviv Bergman, "Toward a Systems Biology Framework for Understanding Aging and Health Span," *Journal of Gerontology* 64 (2009): 2.

[15] H. Bafitis and F. Sargent, "Human Physiological Adaptability Through the Life Sequence," *Journal of Gerontology* 32 (4) (1977): 210, 402.

[16] H. J. Levine, "Rest Heart Rate and Life Expectancy," *Journal of American College of Cardiology* 30 (4) (Oct. 1997): 1104–6. See also M. Y. Azbel, "Universal Biological Scaling and Mortality," *Proceedings of the National Academy of science* 91 (1994): 12453–57.

[17] A. T. Atanasov, "The Linear Allometric Relationship Between Total Metabolic Energy per Life Span and Body Mass of Mammals," *Bulgarian Journal of Veterinary Medicine* 9 (3) (2006): 159–74.

[18] T. McMahon and J. T. Bonner, *On Size and Life* (New York: Scientific American Books—W. H. Freeman & Co., 1983).

[19] J. F. Gillooly, et al., "Effects of Size and Temperature on Metabolic Rate," *Science* 293 (2001): 2248–51; J. F. Gillooly, et al., "Effects of Size and Temperature on Developmental Time," *Nature* 417 (2002): 70–73.

[20] R. L. Walford, *Maximum Life Span* (New York: W. W. Norton, 1983); R. L. Walford, *The 120-Year Diet* (New York: Simon & Schuster, 1986).

05 从人类世到城市世:一个由城市主导的地球

[1] E. Glaeser, *The Triumph of the City* (New York: Penguin Books, 2012).

[2] L.M.A. Bettencourt and G. B. West, "A Unified Theory of Urban Living," *Nature* 467 (2010): 21, 912.

[3] 两本著作为此提供了详细的背景信息。G. Clark, *A Farewell to Alms: A Brief Economic History of the World* (Princeton, NJ: Princeton University Press, 2008); I. Morris, *The Measure of Civilization: How Social Development Decides the Fate of Nations* (Princeton, NJ: Princeton University Press, 2013). 这两本著作都具有煽动性,而且某种程度上存在争议。

[4] P. Ehrlich, *The Population Bomb* (New York: Ballantine Books, 1968).
[5] D. Meadows, et al., *The Limits to Growth* (New York: Universe Books, 1972).
[6] J. Simon, *The Ultimate Resource* (Princeton, NJ: Princeton University Press, 1981).
[7] P. M. Romer, "The Origins of Endogenous Growth," *Journal of Economic Perspectives* 8(1)(1994):3–22.

06 城市科学的序曲

[1] J. Moore, "Predators and Prey: A New Ecology of Competition," *Harvard Business Review* 71(3)(1993):75.
[2] 有关该项目结果的总结，请见 D. Lane, et al., *Complexity Perspectives in Innovation and Social Change* (Berlin: Springer-Verlag, 2009)。
[3] Jane Jacobs, *The Death and Life of Great American Cities* (New York: Random House, 1961).
[4]《理性》杂志2001年6月期对比尔·施泰格瓦尔德（Bill Steigerwald）的采访。
[5] B. Barber, *If Mayors Ruled the World: Dysfunctional Nations, Rising Cities* (New Haven, CT: Yale University Press, 2013).
[6] B. Bryson, *Down Under* (New York: Doubleday, 2000).
[7] 例如，请见 L. Mumford, *The City in History: Its Origins, Its Transformations, and Its Prospects* (New York: Harcourt, Brace & World, 1961)。

07 走向城市科学

[1] C. Kuhnert, D. Helbing, and G. B. West, "Scaling Laws in Urban Supply Networks," *Physica A* 363(1)2006:96–103.
[2] 在所有围绕城市的讨论中，一个困扰着我们的重要问题是，城市的定义到底是什么。我们对此都有一种直观的理解，但为了寻求量化理解，我们需要更加精确。通常而言，我在这里提到的城市并不是政治或行政定义上的城市。例如，旧金山的人口只有85万，而紧邻的都市区的人口则为460万。从其动力学、增长和社会经济结构来说，很明显，后者才是我们所说的旧金山或其他城市。它通常包括郊区和其他社区，它们有着独特的名称，但在功能上属于大都市网络的一部分。这一点得到大多数城市居民、行政机构和政府的认可，人们推出了更大范围的类别以适应这一更符合现实的城市形态。例如，这些聚居地在美国被称作都市统计区，在日本被称作都市区，在欧洲则被称作大型城市区。然而，它们并没有统一的定义，因此在不同国家之间进行比较时需要保持谨慎。几乎所有用于绘制比例图

表的数据都基于城市的实用型定义。

[3] L.M.A. Bettencourt, et al., "Growth, Innovation, Scaling, and the Pace of Life in Cities," *Proceedings of the National Academy of Science* 104(2007): 7301–6.

[4] L.M.A. Bettencourt, J. Lobo, and D. Strumsky, "Invention in the City: Increasing Returns to Patenting as a Scaling Function of Metropolitan Size," *Research Policy* 36(2007): 107–20.

[5] 参见 B. Wellman and S. D. Berkowitz, *Social Structures: A Network Approach Sciences* (Cambridge, UK: Cambridge University Press, 1988); M. Granovetter, "The Strength of Weak Ties: A Network Theory Revisited," *Sociological Theory* 1(1983): 201–33, in P. V. Marsden and N. Lin, eds., *Social Structure and Network Analysis* (Thousand Oaks, CA: Sage, 1982); Claude Fischer, *To Dwell Among Friends: Personal Networks in Town and City* (Chicago: University of Chicago Press, 1982); R. Sampson, "Local Friendship Ties and Community Attachment in Mass Society: A Multilevel Systemic Model," *American Sociological Review* (1988)。

[6] M. Batty and P. Longley, *Fractal Cities: A Geometry of Form and Function* (Cambridge, MA: Academic Press, 1994); M. Batty, *Cities and Complexity* (Cambridge, MA: MIT Press, 2005).

[7] M. Batty, *The New Science of Cities* (Cambridge, MA: MIT Press, 2014).

[8] 参见 A.-L. Barabási, *Linked: The New Science of Networks* (New York: Perseus Books Group, 2002); M.E.J. Newman, *Networks: An Introduction* (Oxford, UK: Oxford University Press, 2010)。

[9] Stanley Milgram, *The Individual in a Social World: Essays and Experiments* (London: Pinter & Martin, 1997).

[10] D. J. Watts, *Six Degrees: The Science of a Connected Age* (New York: W. W. Norton, 2004).

[11] S. H. Strogatz, et al., "Theoretical Mechanics: Crowd Synchrony on the Millennium Bridge," *Nature* 438(2005): 43–44.

[12] 这很有趣：S. H. Strogatz, *The Joy of X: A Guided Tour of Mathematics, from One to Infinity* (New York: Houghton Mifflin Harcourt, 2013)。

[13] P. Zimbardo, *The Lucifer Effect: Understanding How Good People Turn Evil* (New York: Random House, 2007).

[14] S. Milgram, "The Experience of Living in Cities," *Science* 167(1970): 1461–68.

[15] R.I.M. Dunbar, *How Many Friends Does One Person Need?: Dunbar's Number and Other Evolutionary Quirks* (London: Faber & Faber, 2010).

[16] R.I.M. Dunbar and S. Shultz, "Evolution in the Social Brain," *Science* 317(5843)

（2007）：1344—47.

［17］G. K. Zipf, *Human Behavior and the Principle of Least Effort*（Boston: Addison-Wesley, 1949）.

［18］将这些论点与第 4 章中谈到的潜藏于生物学 1/4 次幂规模法则中的生命 4 个维度的概念相结合，路易斯·贝当古表示，在城市现象中观察到的 0.15 其实是 1/6 的近似值。L.M.A. Bettencourt, "The Origins of Scaling in Cities," *Science* 340（2013）：1438—41.

08　从流动性和生活节奏到社会联系、多样化、新陈代谢和增长

［1］引自歌德和作曲家卡尔·弗里德里希·策尔特（Carl Friedrich Zelter）之间的通信集。A. D. Coleridge, trans., *Goethe's Letters to Zelter*（London: George Bell & Sons, 1887）. 尽管在其所处的年代已十分著名，但策尔特时至今日仍被人铭记主要是因为他与歌德的关系。我很感激我的朋友、研究歌德的学者戴维·莱文（David Levine）让我注意到这一段引文。

［2］尽管它最初出版于 1914 年，但现在又再版了。J. G. Bartholomew, *An Atlas of Economic Geography*（London: Forgotten Books, 2015）.

［3］C. Marchetti, "Anthropological Invariants in Travel Behavior," *Technological Forecasting and Social Change* 47（1）（1994）：88.

［4］G. B. West, "Big Data Needs a Big Theory to Go with It," *Scientific American* 308（2013）：14; originally published as "Wisdom in Numbers."

［5］M. Schläpfer, et al., "The Scaling of Human Interactions with City Size," *Journal of the Royal Society Interface* 11（2014）：20130789.

［6］此类排名的例子见《经济学人》杂志，www.economist.com/blogs/graphicdetail/2016/08/daily-chart-14，以及《福布斯》杂志，www.forbes.com/sites/iese/2016/07/06/the-worlds-smartest-cities/#7f9bee254899。

［7］L.M.A. Bettencourt, et al., "Urban Scaling and Its Deviations: Revealing the Structure of Wealth, Innovation and Crime Across Cities," *PLoS ONE* 5（11）2010: e13541.

［8］圣何塞市早期受益于 IBM 首个美国西海岸研究机构于 1956 年落户于此。

［9］北美产业分类体系链接如下：www.census.gov/eos/www/naics/。

［10］H. Youn, et al., "Scaling and Universality in Urban Economic Diversification," *Journal of the Royal Society Interface* 13（2016）：20150937.

［11］G. U. Yule, "A Mathematical Theory of Evolution, Based on the Conclusions of Dr. J. C. Willis, F.R.S.," *Philosophical Transactions of the Royal Society B* 213（402—10）（1925）：21—87; H. A. Simon, "On a Class of Skew Distribution Functions," *Biometrika* 42（3—4）（1955）：425—40. 偏好依附在当代的网络理论中十分流行，得益于 A.-L. Barabási and R.

Albert, "Emergence of Scaling in Random Networks," *Science* 286（5439）（1999）: 509–12。
［12］数字 0.4 来自律师数量与城市规模比例关系的指数与图 8–11 和图 8–12 中所显示的齐普夫定律企业多样性的比例关系之间的相互作用。
［13］L. Mumford, *The City in History*（New York: Harcourt, Brace & World, 1961）.
［14］从更具体的工程热力学意义上来说，A. 沃尔曼（A. Wolman）曾就城市代谢做出估计，"The Metabolism of Cities," *Scientific American* 213（3）（1965）:179–90。最近的估计请见：C. Kennedy, S. Pincetl, and P. Bunje, "The Study of Urban Metabolism and Its Applications to Urban Planning and Design," *Environmental Pollution* 159（2011）: 1965–73。

09　迈向公司科学

［1］R. L. Axtell, "Zipf Distribution of U.S. Firm Sizes," *Science* 293（5536）（2001）: 1818–20.
［2］有关公司传统观念的概述，请见 G. R. Carroll and M. T. Hannan, *The Demography of Corporations and Industries*（Princeton, NJ: Princeton University Press, 2000）; and R. H. Coase, *The Firm, the Market, and the Law*（Chicago: University of Chicago Press, 1988）。
［3］例如，请见 J. H. Miller and S. E. Page, *Complex Adaptive Systems: An Introduction to Computational Models of Social Life*（Princeton, NJ: Princeton University Press, 2007）。
［4］J. D. Farmer and D. Foley, "The Economy Needs Agent-Based Modeling," *Nature* 460（2009）: 685–86.
［5］N. N. Taleb, *The Black Swan: The Impact of the Highly Improbable*（New York: Random House, 2007）.
［6］M.I.G. Daepp, et al., "The Mortality of Companies," *Journal of the Royal Society Interface*, 12:20150120.
［7］E. L. Kaplan and P. Meier, "Nonparametric Estimation from Incomplete Observations," *Journal of American Statistical Association* 53（1958）: 457–81; R. Elandt-Johnson and N. Johnson, *Survival Models and Data Analysis*（New York: John Wiley & Sons, 1999）.
［8］R. Foster and S. Kaplan, *Creative Destruction: Why Companies That Are Built to Last Underperform the Market—and How to Successfully Transform Them*（New York: Doubleday, 2001）.
［9］有关并购和收购以及如何在相关的框架下进行理解和讨论，请见 E. Viegas, et al., "The Dynamics of Mergers and Acquisitions: Ancestry as the Seminal Determinant," *Proceedings of the Royal Society A* 470（2014）: 20140370。

10　有关持续性的大一统理论的前景

［1］首次出现在 G. B. West,"Integrated Sustainability and the Underlying Threat of Urbanization," in Global *Sustainability: A Nobel Cause*, ed. H. J. Schellnhuber (Cambridge, UK: Cambridge University Press, 2010)。

［2］A. Johansen and D. Sornette, "Finite-Time Singularity in the Dynamics of the World Population, Economic and Financial Indices," *Physica A* 294 (3–4)(2001) : 465–502.

［3］在重大创新之间的时间段内，该情况也不会固定不变。然而，与发生在重大创新出现的转折点之间的剧烈、非连续的相变相比，这些改变都相对较小、较为平缓。

［4］例如，可参见 W. B. Arthur, *The Nature of Technology: What It Is and How It Evolves* (New York: Free Press, 2009); H. Youn, et al., "Invention as a Combinatorial Process: Evidence from U.S. Patents," *Journal of the Royal Society Interface* 12 (2015) : 20150272。

［5］R. Kurzweil, *The Singularity Is Near: When Humans Transcend Biology* (New York: Viking, 2005)。

［6］V. Vinge, "The Coming Technological Singularity: How to Survive in the Post-Human Era," *Whole Earth Review* (1993)。

［7］这引自伟大的数学家斯塔尼斯拉夫·乌拉姆在冯·诺依曼于 1957 年去世之后所致给他的悼词："Tribute to John von Neumann," *Bulletin of the American Mathematical Society* 5 (3), part 2 (1958) : 64。

［8］C. McCarthy, *The Road* (New York: Alfred A. Knopf, 2006).

后　记

［1］两本非技术性书籍概述了对于物质的基础构成以及大一统理论的有趣追求，这一理论是用来理解它们彼此之间的相互关系，还包括对宇宙的变迁和时空的起源等问题的讨论。S. Carroll, *The Particle at the End of the Universe* (New York: Dutton, 2012); and L. Randall, *Warped Passages* (New York: Harper Perennial, 2006).

［2］"Strange Bedfellows," *Science* 245 (1989) : 700–703.

［3］A. Tucker, "Max Perutz," *Guardian*, Feb. 7, 2002; www.theguardian.com/news/2002/feb/07/guardianobituaries.obituaries

［4］请见 www.fastcodesign.com/3030529/infographic-of-the-day/hilarious-graphs-prove-that-correlation-isnt-causation。

图片说明

图 2–6：Public.Resource.Org/CC BY 2.0

图 3–6：(mitochondrion): Blausen.com staff, "Blausen gallery 2014" from Wikiversity Journal of Medicine;(ant): Katja Schulz/CC BY 2.0;(ants' nest): Natural History Museum: Hymenoptera Section/CCBY 2.0; (Dubai): Henrik Bach Nielsen/CC BY 2.0

图 3–7：(circulatory system of the brain): OpenStax College/CC BY 4.0; (cell network): NICHD/CC BY2.0; (tree): Ales Kladnik/CC BY 2.0

图 3–10：(Romanesco cauliflower): Jon Sullivan/PDPhoto.org; (dried-up riverbed): Courtesy of BernhardEdmaier/Science Source;(Grand Canyon): Michael Rehfeldt/CC BY 2.0

图 4–1：(ant): Larry Jacobsen/CC BY 2.0;(shrew): Marie Hale/CC BY 2.0;(elephant): Brian Snelson/CCBY 2.0;(Paraceratherium): Dmitry Bogdanov/Wikimedia Commons;(blue whale): Amila Tennakoon/CC BY 2.0

图 4–2：Courtesy of Alamy

图 4–10：(tumor network): JACOPIN/BSIP/Alamy

图 4–17：(aging woman): Courtesy of Image Source/Alamy;(marathon runner): Courtesy of Sportpoint /Alamy

图 5–2：(long-term real growth in U.S. GDP): Courtesy of Catherine Mulbrandon/Visualizing Economics.com

图 5–3：(Earth, on left): NASA

图 6–1：(São Paulo): Francisco Anzola/Wikimedia Commons;(Sana'a): Rod Waddington/Wikimedia Commons;(Seattle): Tiffany Von Arnim/CC BY 2.0;(Melbourne): Francisco Anzola/CC BY 2.0

图 6–2：(Los Angeles): Courtesy of Aerial Archives/Alamy;(New York subway map): CountZ/English Wikipedia/CC BY-SA 3.0

图 6–3：(Masdar city center): Courtesy Laboratory for Visionary Architecture (LAVA);(Le Courbusier's designs): © FLC/ARS, 2016

图 7–7：(central place theory, Mexico): Courtesy of Tony Burton/Geo-Mexico

规　模

图 7-8：(Paris): Courtesy of the Lincoln Institute of Land Policy;(bacterial colony): Courtesy of Microbeworld user Tasha Sturm/Cabrillo College

图 7-10：(flow of trucks to and from Texas): U.S. Department of Transportation, Federal Highway Administration, Office of Freight Management and Operations

图 7-11：(social network, left): Martin Grandjean/CC BY-SA 3.0;(social network, right): Courtesy of Maxim Basinski/Alamy

图 8-2：(Liverpool fast lane): Courtesy of PA Images/Alamy

图 9-13：(GM): Carol M. Highsmith's America/Library of Congress, Prints and Photographs Division; ("Going Out of Business"): timetrax23/CC BY 2.0;(Lehman Brothers): Courtesy of Yuriko Nakao /Reuters/Alamy;(TWA): Ted Quackenbush/Wikimedia Commons